魂(マブイ)の新聞──『沖縄戦新聞』沖縄戦の記憶と継承ジャーナリズム──

藤原 健

『沖縄戦新聞』は2004年7月7日～2005年9月7日の琉球新報に掲載された全14号をまとめて、2005年9月に箱入り解説書付きで発刊された

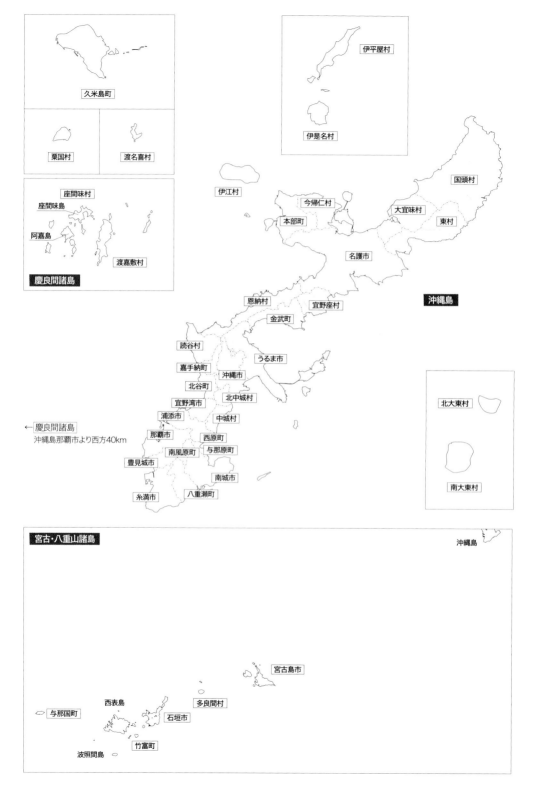

魂の新聞　目次

序　章　7

第1章
沖縄戦を記憶/記録することの意味　14

第1節　迫り来る「時」〜戦争体験者の退場と意識変化の兆し　14
第2節　屋嘉比収の視座/歴史への想像力　〜「土地の記憶」に根ざした当事者性の獲得　18
第3節　沖縄戦の背景としての「琉球処分」以降の偏見・差別　29

第2章
戦後沖縄の新聞ジャーナリズムと沖縄戦報道　37

第1節　記録の模索　(沖縄戦報道の低迷期。1969年まで)　44
　　1　「琉球新報」と「沖縄タイムス」の出発　44
　　2　戦後5年、沖縄(本島)の新聞状況　48
　　3　『鉄の暴風』
　　　　〜「住民の視点で沖縄の新聞記者による沖縄戦記録を」　51
　　4　分断、続く苦悩〜講和発効、孤立感と「目前の問題」　57
　　5　戦後10年前後〜日本本土の沖縄(戦)認識　60
　　6　「初の6・23」に大田昌秀の「反戦の誓い」
　　　　〜1960年代の「慰霊の日」の紙面　63

第2節　記憶の掘り起こし
　　　　（沖縄戦報道の覚醒期。1970年前後〜1980年）　71
　　　1　『沖縄県史』編纂〜記憶の顕在化　71
　　　2　虐殺の元指揮官をめぐって　77
　　　3　「憲法」への想い〜「復帰」の日の紙面　84
　　　4　33回忌（ウワイスーコー）
　　　　　〜「個人の体験」から「全体の体験」へ　87

第3節　記憶継承の転機　（沖縄戦報道の質的充実期。
　　　　「命どぅ宝」の（再）発見。1981年〜1994年）　89
　　　1　異例の「統一アピール」と「消えた住民虐殺」
　　　　　＝教科書検定問題への取り組み　89
　　　2　記者が（再）発見した「命どぅ宝」　94
　　　3　「1フィート運動」と「沖縄からのアピール」　99
　　　4　沖縄と昭和天皇　104

第4節　記憶継承の定着
　　　　（沖縄戦報道の工夫期。記憶抹消に抗して。1995年〜）　109
　　　1　仲宗根政善の遺したもの　109
　　　2　少女暴行事件の衝撃〜鮮明になった新聞の立ち位置　114
　　　3　新聞が暴いた新平和祈念資料館展示の変更／改ざん　121

第3章
『沖縄戦新聞』〜その意味と意義 135

第1節 「そのとき」と「いま」を結んで沖縄戦を可視化 135

1 どんな戦争であったのか／沖縄戦への視点
〜あらかじめの「見取り図」 135

2 『沖縄戦新聞』の概要／「線」と「面」としてとらえ、因果を提示する 137

3 戦記としての特徴 138

第2節 「サイパン陥落」に始まる沖縄戦の前奏 164

1 サイパン・「もうひとつの沖縄」〜第1号を中心に 164

2 学童疎開と対馬丸の悲劇〜第2号を中心に 171

3 あぶり出した第32軍の実態〜第3号を中心に 175

4 軍と「慰安所」・「慰安婦」〜第5号を中心に 181

5 戦時行政と新聞〜第4号、第5号を中心に 184

第3節 戦場の記憶 189

1 「集団死」と住民虐殺をめぐって〜第6号を中心にほぼ全号 190

2 言葉にならない戦場の記憶／「戦争遺跡を歩く」考
〜第7号―第13号 204

第4節 戦闘終結と新たな戦時体制
〜「捨て石」から「要石」、「踏み石」へ 214

1 軍隊は住民を守らない〜第14号を中心に 215

2 戦場後〜第14号を中心に 220

3 さらなる共感へ〜どこまで踏み込んで沖縄戦を描いたか 228

第4章
負の歴史を背負いつつ
～「戦後60年」の記者たちの沖縄戦　233

- 第1節　社告の変転　233
- 第2節　身近な沖縄戦～記者たちの心　244
  1. 家族の沖縄戦体験　244
  2. 沖縄戦に関心を抱いたきっかけとその時期　247
  3. 取材での配慮、苦労　249
  4. 編集での工夫　250

- 第3節　『沖縄戦新聞』の力～記者たちの覚醒　253
  1. 『沖縄戦新聞』の意義と意味。
     取材後、記者として個人として変化したこと　253
  2. 『沖縄戦新聞』が残した課題、取材を通して感じた自らへの課題　256
  3. 課題を踏まえ、『沖縄戦新聞』の80年版をつくるには　258

- 第4節　新聞人の責任～記者たちの覚悟　263
  1. 沖縄で活動する新聞記者として、沖縄戦に向き合うことの意味　263
  2. 沖縄戦への誤解（殉国など）を解き、その実相を伝え、
     継承するために必要なもの　266

- 第5節　未来に伝える沖縄戦　272
  1. 現場から考える　273
  2. 記者を志したそれぞれの動機と強い問題意識　274
  3. 祖父母の戦争　277

4　「チビチリガマ損壊事件」を根絶するために　*278*
　　5　「未来に伝える沖縄戦」の意義と課題について　*281*
　　6　沖縄の新聞／記者と沖縄戦　*283*
　　7　今後の沖縄戦報道に求められるもの　*285*
　　8　記憶を引き出し、広げる　*286*

終　章　*291*

補章　継承の「かたち」　*295*

　　1　青山学院高等部入試問題の波紋　*296*
　　2　継承者としての「説明員」　*301*
　　3　「説明員」の目を通して　*305*
　　4　ひめゆりの心　*310*
　　5　当事者としての自覚　*312*

年表と参考・引用文献　*315*

「琉球新報」「沖縄タイムス」の沖縄戦関連の主な企画連載・特集年表　*316*

参考・引用文献　*378*

あとがき　*396*

＜凡例＞
一、本文中の年号表記は、西暦を原則とし統一した。
一、人名は敬称を略した。
一、引用文は原文通りとしたが、旧漢字は新漢字に改め、明らかな誤字・脱字等は修正・補足した。
　　字句を原文通りに残す場合は、該当箇所の右に（ママ）と付した。

序　章

　那覇市の波上宮に接する小さな丘、旭ヶ丘公園の一角に「戦没新聞人の碑」がひっそりと立っている。凝固岩を削ってできた碑の表面は一部が変色し、背後のガジュマルが影を落とす。新聞の活字体で刻まれた碑文を読む。

　「一九四五年春から初夏にかけて沖縄は戦火につつまれた　砲煙弾雨の下で新聞人たちは二ヵ月にわたり新聞の発行を続けた　これは新聞史上例のないことである　その任務を果たして戦死した十四人の霊はここに眠っている」

　碑文に直接の言及はないが、1945年5月末、最後は首里城地下の壕に潜んで発行し続けた沖縄の新聞は全国で唯一、戦争による廃刊を余儀なくされた。民間人の犠牲が正規軍のそれを上回る沖縄戦では、記者も命を落とし、新聞は命脈が尽きた。

　碑文にある「任務」の質を考えるためにも、戦前、戦中の新聞をめぐる動きを駆け足でまとめておこう。

　「満州事変」（1931年勃発）を機に、日本は次第に戦時経済に移行し、生活関連物資の33種が閣議決定で使用制限品目とされた。このなかに、新聞にとって命綱ともいえる紙・パルプも含まれていた。これを受けて全国の新聞社の自主的統制機関であった日本新聞聯盟が加盟各社の発行部数に応じた用紙配給案を政府に答申し、同時に政府が新聞社の統合に着手した。大都市圏の全国紙は存続、その他の地域では「1県1紙」に統合するとされ、沖縄では日米開戦の前年、「琉球新報」[1]、「沖縄朝日新

---

[1] 1893年9月15日、沖縄初の新聞として創刊。「琉球処分」といわれた廃琉置県から14年経っていたが、県内では旧体制を守ろうとする「頑固党」と新体制を推進しようとする「開化派」が対立していた。「琉球新報」は住民の「国民的同化」を推進する論陣を張った（『琉球新報百二十年史』13頁）。1940年、「沖縄新報」に統合。45年7月26日、民心安定と米軍政の周知を図る目的で創刊された新聞（第1号は無題紙）が、その後「ウルマ新報」「うるま新報」と題字を変え、51年9月10日、「琉球新報」となり、現在に至っている。第2章第1節で詳述。

聞」、「沖縄日報〔3〕」が統合して「沖縄新報〔4〕」となった。廃刊になったのは、この「沖縄新報」である。戦没したのは「沖縄新報」の12人と、沖縄で発行はしていなかったが、ニュースを送り続けた「朝日新聞」と「毎日新聞」の各1人だった。

　日本では戦時下の新聞のほとんどが戦争を煽り続けた。軍に批判的な論陣を張った記者もいたが、それは例外中の例外だった。戦争相手を「暴戻」としたり、「鬼畜」とも呼ぶ見出しが紙面に躍った。

　「沖縄新報」も戦争に協力した。沖縄戦前年の「10・10空襲」の際、号外を発行したものの、「流言を恐れて」被害を過小にしか伝えなかった。沖縄戦の年の1月27日付紙面では、住民の疎開に関連して第32軍（沖縄戦を戦った日本軍）参謀長の「県民が餓死するからといっても軍はこれに応じるわけにはいかぬ。われわれは戦争に勝つ重大任務遂行こそ使命であれ、県民の生活を救うがために負けることは許されるべきではない」という住民無視の恐るべき発言に特段の批判を加えることなく、その言葉を垂れ流し的に報じている。見出しは、「敵若し上陸せば合い言葉〝1人10殺〟で征け」。参謀長の大言壮語そのままであった。住民の生活よりも軍の論理を優先して紙面化することを「任務」とした新聞は、廃刊になる前からもう、死に体と化していた。

　こうした負の歴史に向き合うと、胸が痛む。しかし、沖縄戦体験者の心に耳を澄まし、継承者から戦争体験の継承の意義を学ぶとき、たとえ戦後生まれであっても、代を継いだ新聞人の姿勢が実は問われていることを強く思う。

　私は戦跡を巡る際、ある「新聞」に必ず目を通してから出発する。「琉球新報」が戦後60年の節目に取り組んだ『沖縄戦新聞』である。2004年7月から翌年9月までの間、14号にわたって発行された。「サイパン

2　1915年11月10日、「琉球新報」の記者5人が退社して創刊。
3　1931年11月3日創刊された「沖縄日日新聞」が翌年1月に改題して創刊。
4　3紙統合で社員150人、発行部数1万1千部。言論統制下で形だけの新聞と化した（『沖縄大百科事典』）。沖縄本島に米軍が上陸する直前からは首里城内の壕で新聞発行を続けたが、米軍が壕に迫ったため1945年5月25日付を最後に廃刊。『鉄の暴風』によると、沖縄新報北部支社は7月3日まで避難先の沖縄本島北部の本部半島でガリ版刷りの新聞発行を続けたという（311頁）。

陥落」から「南西諸島の日本軍降伏」までの1年2カ月の時空間で沖縄戦をとらえ、戦後生まれの記者たちが「今の情報と視点」で徹底的に住民の側に寄り添い、本紙とは独立した形で沖縄戦を伝えた。その1面社告は毎号、戦意高揚に加担した過去の新聞の歴史を自らも背負っていることを言明して先人の責任を引き受けた。さらに、最終号で読者に向かってこう記している。

「『戦（いくさ）のためにペンを執らない』。戦後60年の今、報道の現場に立つ私たちは、この企画を通してあらためて誓いたいと思います」

人間が人間でなくなる。軍隊は住民を守らない―民衆知として今に伝えられる沖縄戦の実相を報じ続ける使命が戦後の新聞人にはある。新聞は国家のためにあるのではない。住民のためにある。苦い歴史の教訓は、「任務」の質を新聞人に突きつける。

歴史とは、現在と過去の絶え間ない対話である―英国の歴史家、政治学者であり外交官でもあったE・H・カー[5]はその著書『歴史とは何か』で繰り返し指摘している。歴史研究者にとっての不可欠で基本的な思考方法だが、それは研究者に限定された資質や能力ではない。現代に生きる私たちにとって未来への展望は、過去に主体的に向き合って検証したうえで現在を点検することから始まるのではないか。

「いま」に向き合う新聞も、過去を直視し、そこから派生する経緯・経過を凝視、分析してこそ現在を映す媒体たり得る。戦後の沖縄を代表する「琉球新報」と「沖縄タイムス[6]」の2紙は沖縄戦の記憶を「いま」も生きる沖縄固有の「土地の記憶[7]」として認識し、その継承に力を注いできた。過重な基地負担の「いま」が沖縄戦（と同時並行で始まった米軍による占領統治）の「そのとき」の記憶と密接につながっているため

5　1892―1982年。清水幾太郎訳『歴史とは何か』（岩波新書）は1962年の初版以後2016年までに85刷を重ねるなど、翻訳された多くの著作が日本でも幅広く読まれている。
6　1948年7月1日、戦前の新聞人である高嶺朝光らを中心に創刊。沖縄住民の視点に立った同社の戦記『鉄の暴風』（1950年発刊）は、新聞記者の手による沖縄戦の記憶継承の礎となった。第2章第1節で詳述。
7　第1章第2節で詳述。

である。

　「沖縄新報」が廃刊になった後、沖縄で新聞は組織的戦闘が終結後の収容所で新たなスタートを切った。後に「琉球新報」と題字を改めるこの新聞は当初、米軍のお墨付きを得てスタートした。2年後、当時の社長、瀬長亀次郎ら幹部が沖縄人民党を結成すると、米軍は対抗紙としてその翌年「沖縄タイムス」の誕生を認めた。その屋台骨を支えたのは、戦闘激化で命脈を絶たれた「沖縄新報」の主要メンバーだった。

　米軍統治の27年間、言論統制という試練にさらされながらも両紙の新聞人に共通していたのは、戦争熱を煽った戦中の新聞づくりを反省し、「二度と戦争のためにペンを執らない」との固い決意を抱いたことであった。そして、それは、日本本土に沖縄が復帰して以後も一貫している。

　本書は、「沖縄戦の記憶／記録を継承するという思想」について、継承媒体としての両紙に着目し、具体的な分析対象として戦後60年の節目に展開した「琉球新報」の『沖縄戦新聞』を選び、取材記者の内面にも迫った。また、「いまの情報、視点」で沖縄戦を描いたこの異色の「新聞」が生まれた背景として、両紙の沖縄戦関連企画・特集の流れを、戦後沖縄史の中で併せ検討した。

　ここでは思想を、状況に立ち向かうなかでわき起こる思念の塊としてとらえる。それは、沖縄戦体験を戦場での出来事という過去（「そのとき」）

8　1907─2001年。沖縄県豊見城村（現豊見城市）生まれ。旧制第七高等学校時代から社会主義運動にかかわった。戦後、「沖縄朝日新聞」、「毎日新聞」沖縄支局記者などを経て1946年、「うるま新報」社長。在任中、沖縄人民党の結成にかかわり、米軍の圧力で社長を辞任。その後も弾圧を受けながらも、政治活動に専念。1970年の国政参加選挙で当選。1990年に政界を引退するまで通算7期、衆議院議員を務めた。その間、日本共産党副委員長。

9　1947年7月、結党。中野好夫、新崎盛暉『沖縄戦後史』（岩波新書、1976年）によると、結党メンバーには戦前の社会主義運動の体験者がかなり含まれていた。初代委員長は浦崎康華、常任中央委員は瀬長亀次郎、兼次佐一など。瀬長が「うるま新報」の社長、浦崎は同紙の前原支局長、兼次は同紙の本部支局長。「党の目的」は「労働者、農民、漁民、俸給生活者、中小商工業者及全勤労大衆の利益を代表し、ポツダム宣言の趣旨に則りあらゆる保守反動勢力と闘い、政治、経済、社会、文化の各分野に於いて、民主主義を確立し、全沖縄民族の解放を目指す」とした（24～25頁）。

にのみに力点を置くのではなく、生き残った人の戦場後の生活に抱え込んだ自責、慚愧、悔恨などの想念が記憶のマグマとなって交錯し、かつそれらが合わさった現在（「いま」）の塊を形成しているとみることにつながるであろう。体験者の語りの内にこのような視点で分け入っていくことにより、継承の質は強化されるのではないか。こうした継承作業は家族、地域、学校などさまざまな環境で、多様な形態を通じて行われているが、本書は戦場で廃刊を余儀なくされ一度は死んだ沖縄の新聞が戦後によみがえり、「いま」と向き合い続けることで培った思想に注目し、継承の今後のあり方についても考えた。

『沖縄戦新聞』とは新聞でありながら、その枠を超えようとした不思議な新聞であった。「いまの情報、視点」で住民の目線に依拠した沖縄戦を再現したが、同時に、戦争を煽り、戦争を食い止めることができなかった当時の新聞／記者に対して、新聞人としての深い反省を込めた「社告」の掲載を続けた。新聞は事実に基づいて「いま」を分析し、論じる責務がある。それをなぜ、沖縄戦当時の新聞／記者は果たせなかったのか。果たそうとしなかったのか。長期に及んだ『沖縄戦新聞』の展開は戦場の再現だけにとどまらず、常にこうした自己検証を自らに強いていた。再現することで当時の記者たちが果たせなかった沖縄戦の実相を活写し、責任を明示して「戦争に加担しない」という覚悟を読者に向かって確認する。新聞のあるべき姿を沖縄戦の記憶継承のなかで模索しながら、より良き未来に向かって進みたい。そんな強い想いが『沖縄戦新聞』に込められていたことを実感する。

　第1章で検討する沖縄近現代思想史研究者、屋嘉比収[11]が『沖縄戦新聞』

10　鹿野政直『沖縄の戦後思想を考える』岩波書店、2011年、5頁。
11　1957—2010年。沖縄生まれ。沖縄大学で沖縄近現代思想史・沖縄学を講じた。著書に『沖縄戦、米軍占領史を学びなおす　記憶をいかに継承するか』（世織書房、2009年）、『＜近代沖縄＞の知識人　島袋全発の軌跡』（吉川弘文館、2010年）。共編著に屋嘉比編『友軍とガマ　沖縄戦の記憶』（社会評論社、2008年）、屋嘉比他編『沖縄の占領と日本の復興』（青弓社、2006年）、論文に「『日琉同祖論』という言説」（九州史学研究会編『境界のアイデンティティ』岩田書院、2008年）など。専攻分野をベースにして、住民運動支援の視点を持つ雑誌『けーし風』の編集運営委員として活動。「琉球新報」「沖縄タイムス」2紙に寄稿も続けた。

序章　11

を「理想に対する執念」と位置づけた講演記録が残っている。

> 戦後60年のときに、「琉球新報」が『沖縄戦新聞』という非常に画期的な新聞を出しました。これはどういうことかというと、戦争時の情報は大本営が統制していますので一般ではむろん事実を知ることができなかった。しかし、60年たった現在の研究状況を踏まえた視点から、当時の戦争の状況をとらえて新たに記事にしたのが、この『沖縄戦新聞』になります。逆に言うと60年前でいえば、今日の「琉球新報」の『沖縄戦新聞』はお伽話にあたることになります。しかし、われわれは60年後に生きていて当時の状況や情報がどうだったかを知っていますので、逆にお伽話の位置から現実をとらえ返しているということになるわけですね[12]。

この講演の本題は1970年前後の「反復帰論」[13]を現代にどう評価するかというもので、「反復帰論」を「少し異なったお伽話の概念」という視点でとらえかえし、「お伽話」を積極的に引き受けて語り続けることが重要であり、それが時間を経ていつか「現実」になるような「理想に対する執念」として読み替えることを提起した。これと同じ意味で屋嘉比は『沖縄戦新聞』を読み解き、思想の課題として受け止めていたことになる。

そんな執念すら感じさせる「新聞」を、本書は思想の対象として位置づけた。

では、この『沖縄戦新聞』をどう分析するか。

沖縄の新聞ジャーナリズムについてこれまでの研究の多くは、社説を

12　屋嘉比収、基調講演「『反復帰論』を、いかに接木するか」『情況』2008年10月号「特集　来たるべき沖縄の自己決定権」28頁〜29頁。
13　沖縄の日本本土復帰が現実味を増した1960年代後半から、「沖縄タイムス」の記者、新川明と川満信一、琉球大学の岡本恵徳らが論じた。主張の柱は、沖縄の独自性に着目し、反国家・反権力を指向する思想的営為で、沖縄の復帰でもなく、独立でもなく、国家を否定し、国家を超えることに主眼があった。

中心とする「論」を研究対象としているが[14]、新聞は多彩な顔を持っている。社会面や文化面の連載には記者の企画力や展開力、独特な筆致が反映されやすく、社説以上に読者の反響も多い。であれば、こうした連載（企画特集も含む）の分析が、「論」を支える理念や思想の発見に欠かせないのではないか。こうした観点から、社説に加え文化面や社会面などでの企画力と工夫した紙面展開総体を戦後沖縄史の流れのなかで検討したうえで、発信者である新聞／記者の思想の課題として考えた。

　具体的には、両紙の沖縄戦関連の企画連載と特集の流れをたどりながら分析しつつ、実際に『沖縄戦新聞』を担当した記者（2017年時点で在籍する16人が対象）へのアンケートとインタビューを活用して記者の内面に迫り、非体験者が体験の当事者性を獲得していく過程も考察しながら、読者と「土地の記憶」をより強く共有しようとした新聞／記者が沖縄戦の継承にかかわることの意味を提示することを試みた。

　分析はまず、両紙の文化面、社会面などで展開された沖縄戦関連の企画連載と特集のすべてをリストアップして検討することから始めた。掲載時期を区分し、それぞれの企画連載・特集の特徴を分析しながら時代の動きを概観したうえで、『沖縄戦新聞』を読み込んだ。その結果、沖縄戦の報道について「沖縄の記者」として「長期にわたり」、「住民の視点で」、「未来への継承」を意識してきた両紙の思想が『沖縄戦新聞』にも貫流し結実していたこと、さらに、戦後生まれの記者たちが取材を通して「二度と戦争のためにペンを執らない」という覚悟と決意をあらためて獲得していく過程も浮き彫りになった。

---

14 「琉球新報」、「沖縄タイムス」の紙面を俯瞰した先行研究は、辻村明、大田昌秀『沖縄の言論』（1966年）、門奈直樹『沖縄言論統制史』（1996年）、同『民衆ジャーナリズムの歴史』（1983年）。論文として吉岡至「日本の中の沖縄の新聞─ローカルジャーナリズムの立ち位置─」（2011年）、同「戦後沖縄における新聞ジャーナリズムの営為と思想─『琉球新報』と『沖縄タイムス』を事例として」（2012年）、山腰修三「沖縄社会における反基地感情のメディア表象：沖縄地方紙の言説分析（1995年9月－11月）を中心に」（2011年）などがある。辻村、大田は米軍統制下の沖縄の言論状況を論じ、門奈は戦後沖縄の新聞ジャーナリズムが「歴史への責任としての反戦・平和の言論」をいかに築いてきたかの分析に力点を置いた。吉岡は『沖縄戦新聞』の意義にも触れつつ、その発行年の特定の期間の社説を中心に両紙の論調を分析した。山腰は1995年の米兵による少女暴行事件に端を発した反基地運動の高まりに果たした両紙の論調を分析した。

第1章
沖縄戦を記憶／記録することの意味

第1節　迫り来る「時」
　　　　～戦争体験者の退場と意識変化の兆し

　沖縄戦は、戦後70年以上の時が過ぎても沖縄住民にとって忘れがたい記憶として語り継がれてきた。だが、「琉球新報」が2001年以降、5年ごとに実施している沖縄県民意識調査（【資料Ⅰ】として別掲）では、積極的に「二度と戦争をさせないために、もっと戦争体験を語り継ぐべき」とする人の割合が2001年から2016年までの15年間で68.4％から55.9％に低下し、「沖縄の近・現代史で最も重要な出来事」で沖縄戦は毎回トップにランクされながらも、トップとする人の割合は52.8％から45.7％に減った。この要因は、常に数値を押し上げてきた沖縄戦体験者の減少にあると分析されている。ただし、「現在の程度で語り継げばいい」と、やや消極的な人は回を追うごとに増えており、積極派と合算すれば戦争体験を語り継ぐことの大切さを意識している人の割合はまだ、90％を超える。

　しかし、調査をさらに吟味すれば、総数は4.8％にすぎない「分からない」のうち、20歳代は8.7％とほかの年齢層よりも多く、若者の沖縄戦への関心の低さがうかがえる。

　「戦争のことはもうあまり語り継ぐ必要はない」と「戦争のことは1日も早く忘れるべきだ」は、総計値を合わせると、前回を0.7ポイント上回る3.1％だった。年代別では、沖縄戦を直接体験したり、荒廃した戦後を幼少期に過ごした70歳代以上でそれぞれ3.5％、1.8％だったが、2項目とも前回の3.7％、2.6％から減少した。これは沖縄戦体験の風化への危機感が70歳代以上、60歳代の数値に表れているとされた。

地域別では、「現在の程度で語り継げばよい」と考える人の割合が沖縄本島中部で42.2％（前回30.8％）、南部で37.3％（同32.3％）だった。特に中部は「もっと戦争体験を語り継ぐべきだ」と考える人が全地域で唯一、5割を切る49.7％（同63.9％）となっており、米軍基地が集中しながらも「共生」を余儀なくされている中部の現実を逆照射する結果だった。前回、「もっと戦争体験を語り継ぐべきだ」が7割を超えた北部、八重山は今回、69.2％（同73.9％）、67.8％（同73.7％）と数値を下げた。

　いずれにせよ、体験者の減少は今後、いっそう加速する。2021年に予定される次の調査では、意識を示す数値に劇的変化が現れる可能性もある。

> **資料 I** 沖縄戦についての県民意識の推移(「琉球新報」の「沖縄県民意識調査」)

　第 1 回目の調査は沖縄県内の 20 歳以上の男女 1500 人を選挙人名簿から無作為に抽出し、2001 年 12 月 7 日から 9 日まで面接で実施。1086 人から回答を得た。有効回収率 72.4%。第 2 回の対象者は 20 歳以上の男女 2014 人で、選挙人名簿から無作為に抽出、2006 年 11 月 9 日から 12 月 11 日まで面接で実施。回答者は 1064 人。有効回答率 52.8%。第 3 回の対象者は 20 歳以上の男女 2000 人を選挙人名簿から無作為に抽出、2011 年 11 月 1 日から 24 日まで面接で実施。回答者は 1137 人。有効回答率 56.9%。第 4 回は沖縄県内 41 市町村を 5 地区に分類し、人口比に応じた割合で 55 地点を抽出するエリア・ランダム・サンプリング法で実施。2016 年 10 月 15 日から 11 月 25 日、各地点の対象世帯を調査員が訪問し、面接で 20 歳以上の 1047 人から回答を得た。設問は毎回、ほぼ同じで、調査時ごとの意識の動きをさぐるのが目的。

　「沖縄戦の体験を語り継ぐことについて、どう思いますか」の設問について、「二度と戦争をさせないため、もっと戦争体験を語り継ぐべきだ」が 68.4%(2001 年)→ 60.7%(2006 年)→ 64.0%(2011 年)→ 55.9%(2016 年)▽「現在の程度で語り継げばいい」が 19.4%(2001 年)→ 29.7%(2006 年)→ 29.8%(2011 年)→ 36.2%(2016 年)▽「戦争のことは一日も早く忘れるべきだ」が 3.2%(2001 年)→ 2.3%(2006 年)→ 0.9%(2011 年)→ 0.9%(2016 年)▽「戦争のことはもうあまり語り継ぐ必要がない」が 2.8%(2001 年)→ 2.6%(2006 年)→ 1.5%(2011 年)→ 2.2%(2016 年)▽「分からない」が 5.1%(2001 年)→ 3.8%(2006 年)→ 3.8%(2011 年)→ 4.8%(2016 年)—という結果だった(「無回答」は 2001 年の 1.1% が最高で、以後は 1 %にも達していない)。「もっと語り継ぐべきだ」と「現在の程度で語り継げばいい」を合算すると「戦争を語り継ぐ」ことの大切さを意識している人は 2001 年が 87.8%と 90%を下回っていたが、以後は毎回、90%台で推移している。

　調査は「あなたは沖縄の近・現代の出来事で何が最も重要だと思いま

すか。3つ挙げてください」とも聴いている。結果は毎回、「沖縄戦」が1位で、上位5つの推移は以下の通り。

　2001年＝①「沖縄戦」52.8％ ②「日本復帰」47.1％ ③「米兵少女乱暴事件及び基地縮小を求める10・21県民大会」38.5％ ④「沖縄サミット開催」35.4％ ⑤「首里城復元」19.8％ ▽ 2006年＝①「沖縄戦」52.1％ ②「日本復帰」44.8％ ③「米兵少女乱暴事件及び基地縮小を求める10・21県民大会」26.5％ ④「沖縄サミット開催」23.8％ ⑤「米軍再編・普天間飛行場県内移設で日米合意」22.2％ ▽ 2011年＝①「沖縄戦」50.0％ ②「日本復帰」31.2％ ③「興南高校が甲子園春夏連覇」30.2％ ④「米軍再編・普天間飛行場県内移設問題」28.2％ ⑤「沖国大に米軍ヘリ墜落」27.2％ ▽ 2016年＝①「沖縄戦」45.7％ ②「米兵少女乱暴事件及び基地縮小を求める10・21県民大会」31.1％ ③「尖閣諸島問題」24.1％ ④「オスプレイ強行配備」23.8％ ⑤「米軍再編・普天間飛行場県内移設問題＝辺野古移設＝以降の一連の動き」22.1％。

　調査時点での時事問題に左右されている傾向もあるものの、米軍基地に関連する事柄は現に直面する歴史的問題として受け止められていることの反映であり、今にも影を落とす「琉球処分」や「人類館事件」など明治期の出来事も常に一定の割合で挙げられている。

　次回の調査は2021年に予定されている。その時点でこれまでより以上に沖縄戦の体験者が減っていることは明らかだ。2016年の場合、年代別では「もっと語り継ぐべきだ」と考えている人の割合は、70歳代以上が65.9％で全体を押し上げていたが、他の年代は軒並み60％を割り込んでいる。また、過去4回の調査対象者は20歳以上の男女だったが、今後は新たな有権者となった18歳と19歳にも調査が及んでいく可能性が出てきた。体験者の減少と調査対象の10歳代への拡大で、「最も重要な出来事」として沖縄戦を挙げる人の割合が今後、どう変化していくか注目しなければならない。

第2節　屋嘉比収の視座／歴史への想像力
　　　　～「土地の記憶」に根ざした当事者性の獲得

　こうした現状を踏まえ沖縄戦の記憶継承の意味を考えるため、死の間際までこの問題を追究し続けた沖縄近現代思想史研究者、屋嘉比収の思索をたどることから始めたい。

　沖縄は、「戦争の記憶」が息づく場である。その「戦争の記憶」を抜きにしては沖縄の「土地の記憶」は語れない。それは、日常の平穏な生活空間が戦場と化し、理不尽な苦難を強いられた土地への想像力の喚起、と言い換えることができよう。屋嘉比がこうした思索を深めた直接のきっかけは、反戦地主の知花昌一の存在である。知花は 1996 年、読谷村の米軍楚辺通信所（通称、「象のオリ」）にある私有地を、国が「不法占拠」しているとして、その明け渡しを求める訴訟を起こした。「戦争につながることに土地を貸したくない」というのが訴訟の根本的な理由だった。戦後生まれの知花は地元の自然壕（ガマ）で沖縄戦時に起きた「集団自決（強制集団死）」と呼ばれる惨劇について聴き取り調査を行っており、1987 年の海邦国体で、読谷村の球場に村との協定を一方的に破棄して急きょ掲揚された「日の丸」の旗を引き下ろして焼却したこともある。こ

屋嘉比収

うした行動と生き方について、知花が住民から消え去ることのないこの地に固有の「土地の記憶」の重要部分を占める「集団自決」という戦争の記憶を学び、それを新たに共有していったと屋嘉比は分析した。[1]

　さらに屋嘉比は沖縄の「土地の記憶」に焦点を定めることで、英国の作家でありジャーナリストのジョージ・オーウェル[2]が「ナショナリズム覚書」[3]や「ナショ

1　屋嘉比収「沖縄、土地の記憶　パトリオティズムの思想」『沖縄を読む』情況出版社、1999 年、132 頁。
2　1903 ― 1950 年。スペイン内戦の 1937 年、反ファシズム戦線の兵士として参加。全体主義的な管理社会の世界を描いた『1984 年』（1949 年に脱稿、日本では 1950 年に刊行）は 2002 年、ノルウェー・ブック・クラブの「史上最高の文学 100」に選ばれた。

ナリズムについて[4]」で展開した思考を想起する。つまり、国家という抽象的な組織原理への熱狂的な一体化である「ナショナリズム」とは別に存在する、具体的な土地の具体的な人々への愛着である「パトリオティズム」の思想で、「パトリオティズム」は「ナショナリズム」と重なり合うが、決して同じではない、人間の「まともな感情」の一つであることに思い至ってこう記している。

> 「パトリオティズム」の考え方は、今日の「ナショナリズム」の問題を考察するときにも重要な論点を提示しているように思われる。それは「国民国家」を批判しそれを相対化するクニ（地域）の思想として、考えることができるのではなかろうか。それはナショナリズムに回収されない、ナショナリズムそのものを相対化する固有の具体的な土地や人びとに根ざしたクニの思想である。沖縄のパトリオティズムは、日本のナショナリズムを批判し、日本国家のあり方を相対化する思想として存在する。そしてその思想は、沖縄の「土地の記憶」に根ざす生き方と通底している[5]。

言い換えれば、「国民国家」を想定しないナショナリズムは存立することはないが、「国民国家」を想定しなくてもパトリオティズムは存在し続けるということになるのであろう。なぜなら、パトリオティズムは「国家」という抽象概念に対してではなく、具体的な土地と人びとへの愛着に支えられているからである。そして、それは、「個への自覚」であるアイデンティティにつながる思索ではなかろうか。実際、屋嘉比は別の論文で「私が沖縄のアイデンティティを強調するのは、日本国家のアイデンティティを相対化し、批判するための論点として位置づけたいからである」としている[6]。ただし、屋嘉比のいう「沖縄のアイデンティ

3　ジョージ・オーウェル、鶴見俊輔編訳『右であれ左であれ、わが祖国』（平凡社、1971年）に収録。
4　ジョージ・オーウェル、小野寺健編訳『オーウェル評論集』（岩波文庫、1982年）に収録。
5　屋嘉比、注1前掲論文、133頁。

第1章　沖縄戦を記憶／記録することの意味

ティ」は、帰属性の意味だけにとらえられるものではない。文化的アイデンティティも「沖縄固有の伝統文化」という固定化されたものでもなく、次のように論じている。

 アイデンティティを歴史的・制度的場のなかで生産され更新されるものとしてとらえなおして考えてみたい。それは、沖縄のアイデンティティの起源や本質を探究するあり方ではなく、いまなお続く沖縄の「歴史の痛覚」を「歴史としての現在」において語りなおすことによって、＜沖縄のアイデンティティ＞を新たに創っていこうとするあり方である。[7]

　知花の行動、生き方への評価から始まった屋嘉比の思索による沖縄の「土地の記憶」とは、土地に根ざして常に過去と現在を往還する住民の想念のことで、過去に閉じこもることではない。過去の記憶を「歴史の痛覚」として現在の時点で発見し、語りなおすことで「生産され、更新される」ものであり、沖縄の実存にかかわる価値を新たに創っていくことに気づくことにあるのではなかろうか。本書は、こうした意味で「土地の記憶」をとらえ、「いまの情報、視点」で沖縄戦を描いた『沖縄戦新聞』に「土地の記憶」を重ねていく。

　屋嘉比は自著『沖縄戦、米軍占領史を学びなおす　記憶をいかに継承するか』(2009年)のなかで、二重の危機感を隠さなかった。いや、この危機感こそが、屋嘉比を突き動かしたといえる。沖縄戦体験者の減少への切迫した思いと、一方で、沖縄戦を殉国美談として実相の書き換えを企図する歴史観の主張の高まり。屋嘉比は、こうした状況に真正面から向き合い、沖縄戦後史につながる沖縄戦の記憶を思想として括ることを試みた。それは、沖縄戦と米軍占領が不離一体の戦後史として流れて

6　屋嘉比収「沖縄のアイデンティティを語ること、そして語りなおすこと」新崎盛暉、比嘉政夫、家中茂編沖縄大学地域研究所叢書7『地域の自立　シマの力(下)〜沖縄から何を見るか　沖縄に何を見るか』コモンズ、2006年、145〜146頁。
7　屋嘉比、注6前掲論文、147頁。

いる現況を、いかに読み解き、その思索の営為を未来にどう活かすかの問いかけである。

屋嘉比は自らの問題意識を、こう述べている。

> 平和の礎の前で戦争を体験した老婆の祈る姿を見て感銘を受けながらも、体験者が年々減少する状況のなかで、このような情景がいつまで続くのであろうかとの懸念も、正直なところ否定しえない。その状況を見ながら、もはや問題は、沖縄戦体験者の側の語り手側にあるのではなく、それを継承しようとする非体験者である私たちの聞き手側にあるのではないか、と思わざるをえないのだ。[8]

そして、非体験者による「当事者性の獲得」が継承の要であることを導き出す。

> そのような危機意識のもとで沖縄戦の継承について考えると、私たち戦後世代は、非体験者であるにもかかわらず、沖縄に生まれ育ったという＜特権＞により、体験者の体験にもたれかかり、その視線で安易に語りすぎているのではないか、という自省の声が聞こえてくる。今、戦後世代の私たちに問われている緊要なことは、非体験者としての位置を自覚しながら、体験者との共同作業により沖縄戦の＜当事者性＞を、いかに獲得していくことができるかにある、と言えるのではなかろうか。[9]

「当事者性の獲得」には、非体験者による想像力の喚起が欠かせない。そのためには、いかなる手立てと視点が必要か。屋嘉比は三つの視点をあげる。

一つは、沖縄戦の体験談を「共有し分かち合う」という視点、とする。

8　屋嘉比収『沖縄戦、米軍占領史を学びなおす　記憶をいかに継承するか』（世織書房、2009年）「はじめに」ⅱ頁。
9　屋嘉比、注8前掲書、「はじめに」ⅱ頁。

継承という語句の語感には、一つの確定化された事実認識を世代の責務として次世代へと手渡し伝えていくというイメージがある。その沖縄戦の事実認識を、次の世代に確実に継承していくことは非常に大事なことである。と同時に、戦後世代が沖縄戦を考えるうえで大切なことの一つは、その次世代への継承とともに、沖縄以外の戦後世代に対し非当事者の自覚を持って横に開き、体験者の語る沖縄戦の教訓を多くの人びとと共有し分かち合って＜当事者性＞を獲得する努力を行っていくことが重要ではなかろうか[10]。

　二つは、沖縄人に「なる」ことをあげている。ここでいう沖縄人とは、出自としてではなく、多様な定義の束としてとらえている。

　仮に沖縄戦の体験者を沖縄人と規定すると、戦後世代の非体験者である私たちは沖縄人ではないということになる。沖縄人でない私たちが、沖縄戦の体験を分有しながら＜当事者性＞を獲得していくことによって、どのような沖縄人になるのか。そのことは、出自に関係なく沖縄戦の認識は広く開かれており、それをいかにとらえるかは非体験者である私たち自身に問われていることを意味する。（中略）沖縄出身であるから沖縄戦を知っており、自分が常にその中心に位置しているとの感覚を絶えず疑う、という考え方へと自ずとつながっていくことであろう。そしてそのことは、戦後世代が沖縄戦の教訓を分有することによって、沖縄戦そのものを相対化し、アジアに対する加害の問題を考えるうえで、一つの重要な糸口となると思われる[11]。

10　屋嘉比、注8前掲書、「はじめに」iii頁。屋嘉比は「体験者にとって沖縄戦は、今なお三人称として客観的に語ることができない出来事であり、同時に決して終った過去ではなく、現在形として継続している出来事である」ことに気づき、継承しようとする戦後世代に体験者の語り口が乗り移っていることに注目した。つまり、一つ目の視点として強調するのは、非体験者が体験者の語りを繰り返し聞くことで＜当事者性＞を獲得し、沖縄戦の教訓を分有しながら外に開いて語り直していくことが重要とする視座である。
11　屋嘉比、注8前掲書、「はじめに」iv〜v頁。

三つは、沖縄戦や米軍占領下という「大きな物語」に対して、家族史や個人史的な「小さな物語」から考える視点である。屋嘉比は、沖縄近現代文学研究者で思想家でもあった岡本恵徳[12]から受け止めた「私だったらどうするか」という視点で、「私の主体的な視点から断片をつなぎとめて、それらの問題群を考えてみることも大事」とする。

> 　ある出来事からどのような記憶を想起し、その断片をどうつなげていくかは非常に重要な意味を持ってくる。果たして戦後世代の私たちは、同時代の出来事から、沖縄戦や米軍占領下の出来事へと連なる記憶の連鎖をどのようにたぐり寄せることができるのか。(中略)そのような記憶の想起のあり方は、沖縄戦や米軍占領下を考えるうえで、決して手放してはならない視点であると私は考える。それは客観的な事実認識の継承とともに、戦後世代の非体験者が記憶の断片をつなぎとめながら、「私だったらどうするか」という想像力を介した＜当事者性＞を拡張し獲得しようとする視点へとつながるものである。[13]

　屋嘉比は、沖縄戦の記憶を継承するには、戦争体験を持たない人びとが体験に真摯に耳を傾け、同じような非体験者に語り／伝えることで体

12　1922—2015年。沖縄県宮古島に生まれ、琉球大学在学中に文芸雑誌『琉大文学』に池澤聡のペンネームで小説などを発表。米軍政に対する抵抗の文学を目指した。沖縄の共同体について「水平軸の発想」を提起、CTS(石油備蓄基地)建設に反対するなど、琉球大学教員として文学を講じる一方で住民運動にもかかわった。屋嘉比の思想に大きな影響を与えた岡本は、沖縄戦の記憶に関し、「『記憶』を語るとき、人はニュートラルな状態にあるのではない。すなわち、どのような契機で過去を想起するのか、また、どのような立場でそれを語るか、という『回想』の契機と『発話』する際の主体の『現在』がたえず問われているということである。このことを『沖縄戦』にひきつけて言えば、『何故に沖縄戦の記憶を想起し、語るか』『どのような姿勢で沖縄戦の記憶に接しようとするのか』ということの重要性を意味するであろう。そして、そこではむろん『語り手』だけでなく、『受け手』の側の主体のあり方も問われるはずである」(「記録すること　記憶すること―沖縄戦の記憶をめぐって」沖縄大学地域研究書叢書7『地域の自立　シマの力＜下＞』コモンズ、2006年、333頁)と記している。
13　屋嘉比、注8前掲書、「はじめに」xi頁。

験を共に分かつ（分有する）。そして、沖縄戦の相対化も念頭に置いてアジアへの想像力を養っていくことが必要だとして「当事者性の獲得」を通じて歴史をながめ、現代に切り結ぶ。屋嘉比にとって歴史を学ぶということは、想像力で出来事を「学びなおす」ことにほかならない。その成果を共有し分かち合い、未来に継承することで、戦後生まれで沖縄戦の体験者ではない非当事者が当事者性を獲得する。この繰り返しの知的営為／実践が集積されて思想に昇華する──と、静謐で積み木を重ねるような丹念な文体で語り、ことばを絞り出す。[14]

　屋嘉比の論理は、「琉球新報」「沖縄タイムス」2紙の記事を引用し、時には2紙に寄稿しながら、「土地の記憶」を内に秘め人権・自治・反戦に立脚した読者＝住民の視点を核としている。「発話の位置」、言い換えると「どちら側に向いているか」とも言うべき視点を常に点検し、民衆のダイナミズムを通奏低音として意識しながら歴史を再審する意義を説いた。[15]

14　新城郁夫、鹿野政直『対談　沖縄を生きるということ』（岩波現代全書、2017年）で屋嘉比の「当事者性の獲得」について、鹿野は「屋嘉比さんは非当事者である自分がいかにしたら当事者になれるかということで、ものすごく苦しんでいる。それまでは沖縄のことや沖縄戦のことは、沖縄の人なら当然語れるというのが、ある意味でごく当たり前だったんだ。だからヤマト、『本土』の人間からすると、所詮自分たちは語れないのかとか、なるほど感心するほかないとか、そういうところがあった。沖縄の人でなければ沖縄戦のことは語れない、そこに沖縄の人びとにとっての一種の既得権があったと思うんです。そこに屋嘉比さんが鋭くメスを入れていったんだ。これはきつかったと思います」と評価している（23頁）。これに対して「非常に勇気のある、しかし必要なことでしたね」と応じた新城は自著『沖縄の傷という回路』（岩波書店、2014年）で「岡本（恵徳）の『わたし自身が起こすかも知れぬ』という言葉を『当事者性の獲得』という思考への促しとして翻訳しあらたに再定義しようと試みる屋嘉比は、その言葉をもってして、『集団自決』を生き死んでいった人々に自己移入して同一化を果たそうとしているのではない。むしろ、いかなる心的機制において人々が互いの死を思念するという共同性のなかに束ねられ、そしていかなる忘却の政治においてその現在性が『過去』のものとされていこうとしているかを、『集団自決』を通して問うているのが屋嘉比であり、その屋嘉比が学びなおしている岡本の思考のあり方であるように思える」と記している（73頁）。
15　沖縄をいかに「経営」するかに関心を持ち、「沖縄が日本に帰属している意味を再定義することをこころがけている」として米軍基地の過重負担の現状を追認する「沖縄イニシアティブ」の主張を例に、その発話は日本本土に向けたものか、沖縄に向けたものかを峻別する論理の意義を屋嘉比は強調する（「植民地状況、歴史認識、沖縄のアイデンティティ」『EDGE』第11号、28頁）。

それは、体験を聴き取り、発信していこうとする側のモラルのありようの提示でもあり、まさに、取材し記事化することを業とするジャーナリストの役割そのものに重なる。「二度と戦争のためにペンは執らない」と決意した戦後沖縄の新聞人が指針として受け止めるべきモラルと視座に連なる論理を、屋嘉比は直接言及することはなかったものの、確信的に展開していたとも言える。
　屋嘉比の思索プロセスを、ジャーナリズムと歴史学の側面からながめてみる。
　鶴見俊輔[16]は、取材対象に向かうジャーナリストの想像力に関連して以下のように指摘する。

　　書かれるものの前に語られるものがあり、その前に経験されるものの総体、さらにその前に存在するものの総体があるという単純な事実がもっとわれわれの考えかたの中に入ってこなければならない。[17]

　こうした想像力を歴史分析に活かすという観点について、オーストラリア国籍の日本近代史研究者、テッサ・モーリス＝スズキ[18]の考察は次のようになる。すなわち、歴史の研究は①原因や結果の事実の知識及び知的理解＝解釈、②想像力や共感＝一体化という二つの要素の密接なつながりによって形づくられる[19]。こうしたとらえ方が、「今生きているわたしたちをすっぽり包んでいるこの構造、制度、概念の網は過去における

16　1922―2015年。哲学者であり、評論家として平和運動など幅広い活動で知られた。都留重人、丸山真男らとともに戦後日本の進歩的知識人とされる。
17　鶴見俊輔『現代日本思想体系第12巻ジャーナリズムの思想』筑摩書房、1965年、10～11頁。
18　1951年―。英国生まれ。オーストラリア国立大学教授。戦時中の日本の戦争犯罪について積極的に論文を発表している。主な著書に『辺境から眺める　アイヌが経験する近代』（2000年）、『批判的想像力のために』（2013年）、『過去は死なない　メディア・記憶・歴史』（2014年）など。
19　テッサ・モーリス＝スズキ『過去は死なない　メディア・記憶・歴史』岩波現代文庫、2014年、30頁。

想像力、勇気、肝要、貪欲、残虐行為によってかたちづくられた、歴史の産物である」[20]との認識に至る。そして、想像力の内容を「連累」という、過去との関係性で説明する。

> 「連累」とは以下のような状況を指す。
> わたしは直接に土地を収奪しなかったかもしれないが、その盗まれた土地の上に住む。わたしは虐殺を実際に行わなかったかもしれないが、虐殺の記録を抹殺するプロセスに関与する。わたしは「他者」を具体的に迫害しなかったかもしれないが、正当な対応がなされていない過去の迫害によって受益した社会に生きている[21]。

この指摘は、歴史を過去に押し込めるのではなく、現在との関連で読み解いていく視点につながってくる。テッサ・スズキはさらに続けて、過去についての知識は、自分がどんな人間であるか、今どのように生きるかを決定する[22]、そして「連累」に着目することで「歴史への真摯さ」が生まれる、と展開する。

> 「歴史への真摯さ」とは、なによりも、過去の意味を理解する努力である。歴史のさまざまな声に耳を傾けるということは、同時に過去の出来事の状況をより広範に把握し、矛盾するいくつかの物語の信憑性を判断し、さまざまな形態の証言や証拠の意味を評価し、過去と現在との関係の説明となるパターンを探求しようとするプロセスでなくてはならない[23]。

ジャーナリズムと歴史学からのこうした提起は、体験を聴き取り共有

---

20 テッサ・スズキ、注19前掲書、35頁。
21 テッサ・モーリス＝スズキ『批判的想像力のために　グローバル化時代の日本』平凡社ライブラリー、2013年、66～67頁。
22 テッサ・スズキ、注19前掲書、315頁。
23 テッサ・スズキ、注19前掲書、316頁。

し分かち合うために不可欠なものを「想像力の喚起」による当事者性の獲得とした屋嘉比の指摘と重なる。

では、ジャーナリズムを支えるジャーナリストに必要な資質とは何であるのだろうか。鶴見は、聴き手としてのジャーナリストが何を聴き取るべきか、それを表現する際の吟味の必要性に踏み込んでいく。

> ジャーナリストにとって、何がいまのジャーナリズムにとっては表現できないかを繰り返し自ら測定しようとする努力が、すぐれた報道の与件となる[25]。

この点についても、屋嘉比は沖縄戦の記憶継承の新たな試みとして、「島クトゥバ」による映像記録に注目した[26]。国家言語たる日本語では表現しきれない体験。文書などで実証性を重視する法廷のような場では不採用となるであろう体験者の想いと体系化されない記憶。これらを引き取って当事者に「なる」という実践が記録の質を高めている例は、「すぐれた報道の与件」に連なるものといえよう。

屋嘉比は沖縄戦下の住民という視点で市町村史の編纂に携わった経験や住民運動を支援する活動がジャーナリストの要件につながる「目」を創りあげ、聴き取りや発話、意味を読み取る際の思索を重ねていった、と推しはかることは可能である。

屋嘉比にとって、現在と歴史は安易に区分できないものだ。沖縄戦の歴史的経験や沖縄の近現代史に学び、沖縄の「土地の記憶」に根ざした「地域感情」を決して手放さないことが重要だとする[27]。

沖縄２紙は、もとより、アカデミズムとは別の世界にある。しかし、地方紙として地域の「土地の記憶」に根ざした視点で読者＝住民に寄り

24　屋嘉比、注８前掲書「はじめに」ⅱ～ⅲ頁。
25　鶴見、注17前掲書、11頁
26　沖縄戦体験者の証言を記録する際、読谷村楚辺集落の字誌『楚辺誌』で試みられた島クトゥバによる映像収録。住民の身体化された語りとして、従来の証言では汲み取ることができなかった沖縄戦の実相に迫った。
27　屋嘉比収「植民地状況、歴史認識、沖縄のアイデンティティ」『EDGE』第11号、28頁。

第１章　沖縄戦を記憶／記録することの意味

添いながら紙面を展開し、沖縄戦と米軍基地の存在が分かちがたく結びついている歴史の流れと、これに規定された現況に向き合った報道を続けて今に至る。

　思想とは「状況にかかわる中で、状況にどのように立ち向かうか」という営為としてかたちづくられていった思念の塊であり、住民の思念の束を取材対象とし、文字化し、具体的なものとして報道する両紙の営為は、屋嘉比の視座を借りて思想として論じることが可能になる。

『沖縄戦新聞』第6号（2005年3月26日付15面）

第3節　沖縄戦の背景としての
　　　　「琉球処分」以降の偏見・差別

　第3章で『沖縄戦新聞』を読み込んでいくが、ここで沖縄戦の背景にあった日本本土の沖縄（と沖縄住民）への偏見・差別について検討しておきたい。これが日本兵による住民虐殺や住民が集団で強制的に死に追い込まれた事件を生んだ直接、間接の要因、遠因であり、『沖縄戦新聞』で示される実相のなかにしばしば見え隠れする。

　沖縄戦を認識する場合、特に沖縄の戦後思想を「沖縄戦を主題とし、心の血を流しながら記録として結晶させるところから出発した。住民にとって、あるいは国民としての沖縄県民にとって、戦争とは何であったのかを考えるところからの出発」として位置づけるとき、戦闘行為や住民が巻き込まれた悲惨な状況のみに目を注ぐわけにはいかない。結果として沖縄戦の実相につながった歴史的要因の分析が欠かせないからである。

　沖縄戦の総括的な認識として、嶋津与志は沖縄戦を日中戦争勃発以後の歴史の流れに位置づけ、「15年戦争の最終段階としての日米両軍の最後の作戦」とする。中国への侵略が破綻し欧米列強と戦端を開いた末の敗戦につながる戦争の最終局面、というとらえ方だ。

　では、なぜ、そこに至ったのか。石原昌家は「沖縄戦に至る道のりは長い」、「遠くは明治国家の『富国強兵』策にまでさかのぼる」としている。そこまでの歴史の積み重ねを検討することで沖縄戦の意味が見出されるというのだ。こうした視点を得て、沖縄戦について「沖縄近代の総決算」と「総動員体制の極限」という二つの論点が屋嘉比によって検討される。

　すなわち、「前者は、近代日本国家による沖縄への差別的偏見の歴史

28　鹿野政直『沖縄の戦後思想を考える』岩波書店、2011年、22〜23頁。
29　嶋津与志『沖縄戦を考える』ひるぎ社、1983年、87頁。
30　石原昌家「識者の視点・『国体護持』の沖縄戦／住民守らない軍隊」『沖縄戦新聞』第11号（2005年6月23日付）中面。

のなかで、沖縄戦の悲劇を、その差別から脱却するために日本国家へ同化しようとした沖縄近代史の総決算として位置づける認識」であり、「後者は、沖縄戦を総力戦体制の極限としてとらえ、とくに戦争完遂のために一般住民を戦場動員した軍隊の論理に焦点を当てて分析する認識」である。この二つは相反するものではなく、相互に影響を与えながら、沖縄戦の全体像についての認識を形成する。

　「差別から脱却するために日本国家へ同化しようとした沖縄近代史の総決算」としての沖縄戦とは何か。その意味を考えるとき、「近代日本国家による沖縄への差別的偏見の歴史」に注目しなければならない。

＜近代国家・日本と沖縄差別＞
　支配層（武士階級）内部の編成替えと天皇を頂点とする中央集権によって近代国家の道を歩み始めた明治政府は、ひたすら欧米列強と並列する地位に日本を高めようと「富国強兵」政策を遂行した。列強の圧力をかわしながら、一方で列強並みの領土確定・拡張の方向に舵を切った。このアジアで唯一の近代国家は、その手始めに、実質的には薩摩の属国でありながらも清国の朝貢国だった琉球王国を強引に廃して沖縄県として版図に組み込んだ（1879年、「廃琉置県＝琉球処分[32]」）。

　以後、共通語（標準語）を強制し、伝統的な文化・習俗を低く見る日本への同化政策を推し進めた。沖縄側も日清戦争（1894〜1895年）で日本が勝利して以後は、教育現場を中心に急速に「皇民化教育」が進み、知識層でも同化を封建制から脱却する近代化への方策としてとらえる勢力が強まった。「琉球新報」の主筆だった太田朝敷は1900年、県立高女での「良妻賢母」をテーマにした講演で「沖縄の今日の急務は何であるかと云へば、一から十まで他府縣に似せることであります。極端に云へば、クシャメ（引用者注、くしゃみ）する事まで他府縣の通りにすると

31　屋嘉比、注8前掲書、77〜78頁。
32　財団法人沖縄県文化振興会史料編集室『沖縄県史　各論編5　近代』（沖縄県教育委員会、2011年）は総論第1部「明治国家と琉球処分」第2章第1節「廃琉置県方針と廃琉処分の諸相」（西里喜行）で、琉球藩を廃止し強権で沖縄県に移行させる政府の諸施策「廃琉置県」について論述している。

云う事であります」という言葉を残している[33]。

　ただし、太田の同化論の目的は「沖縄県民の勢力を発展する事」であり、「此目的を達せしむる第一の手段は即ち同化なり」だが、同化を唱えていても太田の「大和人」への対抗意識と憎悪は激しいものがあった[34]。

　このような沖縄を日本本土はどう見ていたか。

　1894（明治27）年、沖縄を修学旅行で訪れた熊本県尋常師範学校の生徒（近藤栄次）が遺した『沖縄県修学旅行日誌』を分析した伊佐眞一によると、20歳に満たない生徒の視線はこうである。

> 　『日誌』は沖縄人を「土人」と呼び、その生活を「不潔」の極致とみなし、最終的に沖縄社会を「野蛮」と断定するなど、中国的なものへの露わな反感とともに、沖縄のすべてについて「差別の視線」で一貫している[35]。

　この修学旅行が行われ『日誌』が書かれたのは、日清戦争直前のことであった。沖縄がかつて朝貢・冊封体制に組み入れられていた清国への崇拝を「撲滅せんことを望む」と、近藤の同級生が沖縄師範生との交流の場であいさつしたという[36]。こうした「明治天皇制国家の征服史観」（伊佐）が「琉球処分」からわずか15年の段階ですでに日本本土の若年層に浸透し、沖縄への偏見と差別が生じていたことを押さえておくべきだろう。

　さらに、日本軍の沖縄（人）観も検討する。明治期の沖縄に対する蔑

33　琉球新報1900年7月5日付2面「女子教育と本縣」。
34　小熊英二『〈日本人〉の境界』新曜社、1998年、281頁。
35　「琉球新報」1999年5月12日付朝刊オピニオン面連載、伊佐眞一「105年前の沖縄　近藤栄次『沖縄県修学旅行日誌』」第1回。伊佐はこの中で、彼等の旅行に先立つ2カ月前に来沖していた一木喜徳郎・内務書記官の『取調書』と同年5月に刊行された笹森儀助の『南嶋探験』とこの『日誌』を比較し「この両書と師範生の記述とでは、分量だけでなく内容の詳細さ・結晶度においてとうてい比較の段ではない。しかし、3点のいずれにも深い刻印をとどめている沖縄に対する統治者の眼（態度）はいかんとも覆いがたい」とし、「この『日誌』を一木・笹森報告書の『学生版』」と位置づけている。
36　「琉球新報」1999年5月12日付朝刊、伊佐、前掲連載。

視・差別意識が、沖縄戦の「守備軍」にまで連綿と続き、住民のスパイ視、虐殺につながった背景をみて取れるからだ。

1910（明治43）年度の「沖縄警備隊区徴募概況」[37]は、「本県下一般の軍事思想は不充分なり」とし、「（沖縄住民は）歴史的に勇気欠如し居るものの如し」（原文はカタカナ）と断じた。

1922（大正11）年12月、沖縄連隊区司令部が「県出身兵卒教育の参考に資する目的を以て編纂」した報告書「沖縄県の歴史的関係及人情風俗」[38]は沖縄の「一般的人情」として「主権者の興廃及三百年来圧迫政策の関係と教育程度の低級と交通困難なる孤島の影響とを受け一種の特質を生せり…趣を異にする点多し」とし、14点もの短所を列挙。長所はわずか2点に過ぎなかった。

それによると、短所は①「皇室国体に関する観念徹底しあらす」、②「進取の気象（ママ）に乏しく優柔不断意志甚だ薄弱なり」、③「遅鈍悠久にして敏捷ならす」、④「排他的にして淡泊快活ならす因循姑息なり」、⑤「権利義務の観念乏しく上司の命なれば服従する風あるも比較的実行を欠く」、⑥「協同心公徳心慈善的観念乏し」、⑦「義侠又は侠骨といふか如き犠牲的精神は皆無といふも過言に非す之支那思想□（ママ）感化か」、⑧「無気力無節制責任観念乏し」、⑨「利己心強く一時的暴利の為には将来の信用如何も顧さる風あり」、⑩「家庭に於ける児童の教育に就いては何等顧さる者多し」、⑪「盗僻（ママ）あり」、⑫「独断力行の風なし」、⑬「向上発展の気概なし」、⑭「情操の念乏し」―と書き連ねている。一方、わずか2点の長所は、①「服従心に富む」、②「従順なり」―とした。

沖縄住民へのこうした偏見・差別観は昭和期にも引き継がれた。

1934（昭和9）年1月、沖縄連隊区司令官、石井虎雄は沖縄住民の意識について「憂の最大なるは事大思想なり」とし、「沖縄か名実共に帝国の一部となりしは極めて近代のことにして日清戦役当時に於いても県

37　防衛省戦史資料室蔵。
38　沖縄県教育庁文化財課史料編集班『沖縄県史　資料編23　沖縄戦日本軍資料　沖縄戦6』沖縄県教育委員会、2017年、504～505頁。

内は日清両党に分れて相争ひ清国側を支持するものは矮小日本何するものそ必すや大清の一撃に敗亡」することを少年時代に信じたのが、「現代の支配階級なり」とした。「依頼心甚たしく強」く、「武装の点より見れは殆ど無力」で「一般に惰弱」なことも特質としてとらえた[39]。

当時の日本軍極秘文書からうかがえる沖縄住民への不信感は、ついに住民を「スパイ」と見なすところまでになる。沖縄戦を控えて1944（昭和19）年に編成された第32軍の2代目司令官、牛島満中将は就任にあたっての訓示で「防諜に厳に注意すべし」と明言[40]。沖縄戦が始まった翌年4月には「爾今軍人軍属を問わず標準語以外の使用を禁ず　沖縄語を以て談話しある者は間諜とみなし処分す」とする命令が全軍に出された[41]。

第一次世界大戦後の戦後処理をめぐって開催されたパリでの講和会議（1919年）で日本政府は、米国・カリフォルニア州での日系移民差別問題を念頭に、国際連盟規約に人種差別撤回を盛り込むよう提案した（欧米列強により否決）。この提案が審議されているのと同じ時期、日本は朝鮮での三・一独立運動に対する流血の弾圧を進めていた[42]。欧米列強から「有色人種」として差別されながら、周辺地域を侵略・差別する日本の当時の位置取りを確認できる。

朝鮮では日本政府が「一視同仁」「内鮮一体」を掲げ、誰も差別せず、全ての人を平等にみて一様に仁愛を施すとした植民地政策を打ち出したが、肝心の朝鮮民衆の心に響かず、弾圧が続く実態とは乖離していた。

沖縄ではこのような日本本土発の標語はなく、逆に「日琉同祖」[43]を沖縄側から唱える思潮が差別への対抗言説として生まれた。しかし、「人

39　陸軍次官、柳川平助にあてた「沖縄連隊区司令部　庶発第二六号　沖縄防備対策送付之件」（防衛省戦史資料室蔵）。原文はカタカナ。
40　沖縄県教育庁文化財課史料編集班、注38前掲書、511頁。
41　沖縄県教育庁文化財課史料編集班、注38前掲書、50頁、511頁。
42　1919年3月1日、ソウルで民衆が太極旗を掲げ「独立万歳」を叫んで示威に立ち上がった。その後の中国の「五・四運動」にも大きな影響を与えた反帝国主義民族蜂起の先駆けで、20年3月までの参加者は200万人とされる。朝鮮総督府は日本本土からの増援部隊も動員して弾圧に乗り出し、1年間で死者約7600人、負傷者約4万5500人、検挙者約4万9800人の犠牲者を出した。

類館事件」に象徴される蔑視と差別は維持されたまま沖縄戦を迎えたことは、先の日本軍極秘文書でもみたとおりである。

　沖縄は、台湾、朝鮮のような植民地とは異なり、日本本土から遅れたとはいえ制度的な同質性は外形上、確保された。しかし、「差別から脱却するために日本国家へ同化しようとした沖縄近代史」にみえるのは、特異とされた言葉、風俗、習慣といった日常生活のすべてを廃し、「日本人になる」ことを最優先とした政府の徹底した皇民化教育などの強制的施策と、これに心理的葛藤を抱きながらも生活改善運動などを通じて応じていった沖縄側の姿である。それは単に上からの押しつけとしてだけでなく、住民の間にもあるべき生活道徳として受容され、戦争協力の発条となった。

　にもかかわらず、「本土決戦」を遅らせることを唯一の目的とした日本軍は沖縄住民を守らず、あまつさえ「スパイ」と見立てた住民を虐殺にまで及んだことが、沖縄戦の「総決算」として刻印された。

　沖縄戦に臨むにあたって、軍と住民は以下のような関係にあった。

　　軍は沖縄県民を戦争協力にかりたてるにあたって、〝それでもお前は日本人か〟という殺し文句を使った。本土ならば、〝非国民〟呼ばわりされて、しかし、個人的な問題ですむところを、沖縄では、県民全体の忠誠心が問われたのである。
　　一方、県民の方は「忠誠心はローマを距るにしたがって強い」という諺のとおり、異常な日本人意識をもたざるをえなかった。

43　日本人と琉球（沖縄）人は、民族的な起源が同じとする説。16世紀の京都五山の僧侶らによって唱えられた源為朝の琉球渡来説が琉球に伝わり、これが17世紀に編纂された琉球最初の正史『中山世鑑』に影響を与え、明治以降は沖縄学の伊波普猷によって展開された。

44　1903年、大阪での第5回内国勧業博覧会で設けられた「学術人類館」にアイヌ、朝鮮、台湾、中国、インド、アフリカの人びととともに「琉球人」が「展示」された。沖縄県側から激しい抗議の声がわき起こり、問題化した。ただし、その主張は、これらの人びとと沖縄住民の同一視を非難し、「展示」された「琉球貴婦人」が実は「娼妓」であったことを差別的辞で強調するなどの限界があった（「琉球新報」1903年4月7日付社説「同胞に対する侮辱」）。

45　冨山一郎『増補　戦場の記憶』日本経済評論社、2006年、78頁。

それはふつうの意味の僻地心理というだけでなく、日本人として本土の同胞と同じようには扱ってもらえないことにたいする憤懣からであった。軍が期待したように「何くそ！　おれたちも立派な日本人だぞ！」という勇猛心が、若い人たちをふるいたたせたのはいうまでもない。しかも、戦局が不利になってくると「沖縄人はスパイだ！」といわれるようになった。[46]

　その忠誠心の極限が、女子学徒隊の「皇国臣民の誓い」に表れている。日本人以上に「日本人になる」ことを通じて国家に報じるという、以下は痛ましいほどの心情の吐露である。

　　お母様、いよいよ、私たち女性も学徒看護隊として、出動できますことを心から喜んでおります。お母様も喜んでください。私は『皇国は…』の信念に燃え、生き伸びてきました。軍部と協力して働くのは、何時の日かと待っておりました。いよいよそれが私たちに報いられたのです。なんと私たちは幸福でしょう。大君に帰一し奉るにあたって、私たちは、もっともいい機会を与えられました。今、働かねばいつ働きますか。しっかりやる心算で居ります。
　　お母様！私の身体は、すべて大君に、捧げたのです。その身体を私は、大事にみがきあげ、できるだけの忠義をつくすつもりでおります。[47]

　台湾、朝鮮を植民地として獲得した日本本土からみれば、沖縄は実は、軍事上の最前線としての地位から後退し、しばらくは重要拠点でもなかった。1898年、日本本土から遅れて施行された徴兵令以後も他府県並みの郷土部隊は置かれず、徴兵事務の窓口である沖縄連隊区司令部があったのみで、他の軍事施設は設けられなかった。沖縄で徴集された

46　比嘉春潮、霜多正次、新里恵二『沖縄』岩波新書、1963年、30～31頁。
47　金城和彦、小原政雄編『みんなみの巌のはてに』光文社、1959年、119頁。

兵士は九州各地の部隊に分散して配置された。

　沖縄に本格的な軍事施設の建設が始まったのは、1941年7月。沖縄本島と西表島に要塞が設けられ、10月の完成と同時に要塞司令部、要塞重砲兵連隊、陸軍病院が置かれた。その年の12月、日本軍が米国に奇襲をかけて戦線は太平洋、東南アジアに拡大し、形勢が不利になった1943年9月に大本営が「絶対国防圏」を設定したため、沖縄の役割は南太平洋を支援するための航空基地化へと転換した。そして、「絶対国防圏」が破綻した1944年7月以降、沖縄への偏見と差別感を抱いたままの駐屯日本軍が急増。米軍が沖縄上陸作戦を決定し、沖縄本島を主舞台にした地上戦に突入していく。その戦いは「軍隊は住民を守らなかった」という歴史的事実が民衆知となって、「土地の記憶」に刻まれることになる。

第2章
戦後沖縄の新聞ジャーナリズムと沖縄戦報道

　＜時期区分について＞
　本章では、戦場で「死んだ」沖縄の新聞が米軍占領という新しい状況のなかで再出発し、戦後のジャーナリズムをいかに形成したか、とりわけ沖縄戦をどのように報じてきたかを検討する。
　戦後60年の企画として展開した『沖縄戦新聞』を構成する柱は、「沖縄の記者が」、「長期にわたって」、「住民に寄り添って」沖縄戦の記憶を呼び起こして新聞紙面に「いまの情報、視点」で再現して記録し、「未来に継承する」──ことにあった。そして、沖縄戦当時の新聞人が念じてもできなかった「沖縄戦の実相を報じる新聞」をあらためてつくることを目標とした。こうした柱と視点は戦後60年の節目の年を迎えてにわかにわき上がったものではない。1945年7月に米軍の収容所内で誕生しその後、装いを新たにした「琉球新報」と1948年に創刊された「沖縄タイムス」両紙が、戦後沖縄社会の時間軸のなかで試行錯誤を重ね互いに刺激し合いながらつくりだしたさまざまな企画連載、特集の理念や思想を『沖縄戦新聞』が反映し、発展させたととらえるべきであろう。
　このような観点から以下、両紙の戦後の出発・歩みと沖縄戦関連の企画連載・特集記事に社説も加えた紙面展開を概観し時期を区分しながら論じるが、両紙が向き合った沖縄戦後史の概略を歴史学の先行研究がどのように時期区分しているかを最初にみておく。
　新崎盛暉が1976年に著わした『戦後沖縄史』は、沖縄の戦後史を「米軍の沖縄占領、軍政府の設立にはじまり、日本への返還によって終る。それは、第二次世界大戦の終了およびベトナム戦争の終結という世界史的な画期と密接な関連をもつと同時に、日本戦後史の一環でありながら、

相対的同時性をもって展開する」とし、1972年の返還までの期間を沖縄の政治社会の動向を踏まえて以下のように九つの時期に小区分している。[1]

第1期　1945年4月ないし6月から1949年後半までの軍事占領初期。沖縄に上陸した米軍がニミッツ布告によって軍政府設置の方針を明確にした時点、あるいは、日本軍の組織的抵抗が終わって米軍の支配権が確立した時点から、米国の軍事基地建設が本格化する以前までの時期。

第2期　1949年後半から1951年9月あるいは1952年4月までの米軍による統治方針が確立した時期。米国が5千数百万ドルの沖縄軍事基地建設予算を計上した1950会計年度の開始から対日平和条約の締結あるいはその発効の時期。

第3期　対日平和条約の締結ないし発効から、1956年6月までの暗黒時代。沖縄を軍事支配する法的根拠を得たとするアメリカが、沖縄を要として米比、米台、米韓などの軍事条約網を張りめぐらし、沖縄では恒久的な基地の建設をおしすすめた時期。

第4期　1956年6月「島ぐるみ闘争」の爆発から、1958年後半、通貨のドル切り替え、日米安保条約改定交渉の開始、土地闘争の終結にいたる時期。

第5期　1958年後半から1962年1月まで。この時期には、米国の対沖縄政策の部分的修正が一時的、表面的には、ある程度効果をあげた相対的安定期。

第6期　1962年2月1日から1964年末まで。琉球立法院が国連総会の植民地解放宣言を引用しつつ「アメリカの沖縄支配は国連憲章に違反する。すみやかに施政権を日本に返還せよ」と満場一致で決議したいわゆる2・1決議を起点とする。

第7期　1964年末から1967年2月まで。この時期には、第一次佐藤・ジョンソン会談、ベトナムにおける「北爆」の開始、佐藤首相の沖縄訪問、日米両政府の経済援助比率の逆転、教育権分離返還抗争の提起などが相次いだ。

1　新崎盛暉『戦後沖縄史』日本評論社、1976年、1～9頁。

第8期　1967年2月から1969年2月まで。教公2法（地方教育区公務員法、教育公務員特例法）阻止闘争から2・4ゼネストまでの時期。
第9期　1969年2月以降。2・4ゼネストを「回避」させることによって沖縄返還交渉の最大の障害物をとり除くことに成功した日本政府は、沖縄返還という「国民的願望」を先取りしつつ、日米安保体制の再編強化にむかって突きすすみ、1972年5月15日の沖縄返還にたどりつく。この間、1970年のコザ暴動、1971年の沖縄返還協定粉砕ゼネストなどがあった。

　この流れのなかで、新聞と同じ活字媒体に描かれた沖縄戦の記録文学はどのような現れ方をしたであろうか。仲程昌徳は新崎の時期区分に目を配りながら、1982年刊行の『沖縄の戦記』で以下のように区分している。[2]

第1期　敗戦から1949年まで。本土出身の兵士によって書かれた作品を中心として沖縄戦が紹介された時期。
第2期　1950年から1960年代前半まで。沖縄出身の体験者によって書かれた実録類の出現した時期。
第3期　1960年代後半から1970年代初期まで。沖縄戦を体験しなかった本土在住の作家たちによって沖縄戦が書かれた時期。
第4期　1970年代初期から現在（1982年）まで。非戦闘員であった人びとの戦争体験を集め記録化した時期。

　記録文学に加え、研究書や市販された沖縄戦関係書の刊行状況を次にみる。吉浜忍は2000年時点で目録を作成し、「沖縄の戦後の時代状況と沖縄戦関係刊行物の発刊数がどのように関連しているかを機械的に区分して」、その特徴を分析した。吉浜の時期区分は次のようである。[3]

2　仲程昌徳『沖縄の戦記』朝日新聞社、1982年、12頁。
3　吉浜忍「沖縄戦後史にみる沖縄戦関係刊行物の傾向」財団法人沖縄県文化振興会公文書管理部史料編集室『史料編集室紀要』第25号、沖縄県教育委員会、2000年、56〜61頁。

（1）1940 年代・50 年代
（2）1960 年代
（3）1970 年代
（4）1980 年代
（5）1990 年代[4]

　目録にリストアップされたのは、1946～1999 年刊行の 775 冊で、吉浜は刊行数の年次ごとの推移をグラフ化している。（1）の時期は年に数冊程度でグラフは低空飛行している。刊行数が増えていくのは日本本土への復帰（1972 年）が具体化し始める（2）の後半以降で、グラフに表示された刊行数の最初の山は（3）の沖縄戦戦没者の 33 回忌（ウワイスーコー）翌年の 1978 年（28 冊）、次の山は（4）の「1 フィート運動」の始まり（1983 年、25 冊）、戦後 40 年の節目（1985 年、38 冊）、そして現在に至るまでの間で最大の山を形成したのは（5）の戦後 50 年（1995 年、72 冊）だった。

　沖縄戦関係刊行物はその後も増え続け、吉浜は 2015 年現在までに刊行された 1236 冊についても再び分析し、今度は時期を以下のように区分している。[5]
（1）1945～1971 年
（2）1972～1994 年
（3）1995～現在（引用者注、2015 年）

　前回同様に刊行数を年次ごとにグラフ化している。前回の分析以後の山は戦後 60 年（2005 年、50 冊）、戦後 70 年（2015 年、37 冊）と続き、

---

[4]　屋嘉比収は吉浜の時代区分（1999 年までに刊行された 775 冊の分析）を引用し、「① 1940 年代～1950 年代　本土在住作家・軍部作戦中心、② 1960 年代　旧日本軍の戦闘記録の刊行物が中心、③ 1970 年代　行政機関による沖縄戦体験記録の発刊、④ 1980 年代～1990 年代　多種多様なジャンルでの刊行、平和ガイドブック、⑤ 1970 年代以降の市町村史誌における沖縄戦体験記録の発刊」というまとめ方をしている（屋嘉比収「戦後世代が沖縄戦の当事者となる試み」『沖縄戦、米軍占領史を学びなおす』、10 頁）。

[5]　吉浜忍「沖縄戦記録・研究の歩み」沖縄県教育庁文化財課史料編集班『沖縄県史　各論編 6 沖縄戦』沖縄県教育委員会、2017 年、727～736 頁。

展示の改ざんが発覚した県平和祈念資料館開館（2000年、34冊）などの年でも山が形成されている。1980年代以降は沖縄戦体験記録を刊行する市町村が増え、沖縄戦継承を主旨とする刊行も増加した。

　以上のような時期区分とそれぞれの時期の特徴に、両紙の企画連載・特集の流れ（本書「附録」参照）を重ね合わせてみると、両紙の沖縄戦報道について次のような概要がみえてくる。

1 ：仲程が時期区分した第2期に、沖縄の戦記文学における「3本の柱」とされ後世にまで読み継がれる『鉄の暴風』（1950年）、『沖縄の悲劇―姫百合の塔をめぐる人々の手記―』（1951年）、『沖縄健児隊』（1953年）が次々に出版されたが、米軍占領時期の新聞では時代を画するような沖縄戦関連の企画連載・特集は1970年以前まではほとんどない。新崎の時期区分である第1期から第8期にみられるように1950年代後半の「島ぐるみ闘争」から日本本土への返還前後に至るまでの間、補給と出撃の基地として朝鮮戦争、ベトナム戦争に巻きこまれ緊張を強いられながら激しく動いた日常のなかで住民は「目前の問題」に追われ、新聞もその報道に主眼を置いていたためと考えられよう。しかし、この時期、1970年に渡嘉敷島での住民虐殺に関与した元大尉と、1972年には久米島で同様事件を指揮した元兵曹長と対峙した両紙が虐殺という実相報道に正面から取り組んだことと、『鉄の暴風』の取材の瑕疵を指摘した作家、曽野綾子と沖縄の識者との間で沖縄戦をめぐる認識について文化面を舞台にした論争が展開されたことには注目しておかなければならない。

2 ：本格的な企画連載が社会面に登場したのは「復帰」以後で、1977年の戦没者33回忌（ウワイスーコー）からである。自治体史編纂が沖縄全体に広がり、それまで語る機会や手段を持てなかった一般住民の個別の戦争体験が沖縄全体で共有されるきっかけとなった。これに「1フィート運動」（1983年12月～2013年3月）も加わって記憶の確認作業も進み、それまで識者に頼りがちだっ

6　仲程、注2前掲書、11頁。

た沖縄戦の語りが住民にまで広がった。これに伴って新聞の企画連載の記事量が目立って増え、内容も充実していった。この時期は、仲程の区分した第4期に重なる。吉浜が示したグラフの山が幾重にも形成され始めた時期でもある。

3：画期をなしたのは、教科書検定で住民虐殺が削除されようとした1982年。それまでの企画連載・特集をはるかにしのぐ量の記事が展開され、識者との連携も企画されて質も向上した。新聞／記者の企画力が問われるのも、この時期からである。

4：両紙の企画連載・特集は1980年代以降、年を追うごとに増え続け、現在では掲載時期を特定しない日常の報道として定着している。これは沖縄戦の諸相が記録や証言の掘り起こしで次々に明らかになっていったこと、沖縄戦の記憶改ざん・抹消の動きが沖縄の実存そのものの危機にかかわるものとして受け止められたこと、体験者の激減で記憶継承が喫緊課題になったこと―などが継承媒体としての新聞／記者の当事者性の自覚を促していることが要因であろう。

こうした概要を踏まえ、本章は以下のように区分した時期を節に括って展開する。

第1節　記録の模索（沖縄戦報道の低迷期。1969年まで）。激しく動いた日常のなかで住民は日々の生活と「目前の問題」に追われ、新聞もその報道に主眼を置いていたため、沖縄戦の記憶を呼び戻す企画連載・特集に取り組む余裕がなかった時期。

第2節　記憶の掘り起こし（沖縄戦報道の覚醒期。1970年～1980年）。沖縄戦時に住民虐殺に関与した元軍人の発言が問題化し、33回忌（ウワイスーコー）という区切りで戦没者の霊に住民があらためて向き合い、個人の体験・記憶を沖縄全体で共有すべきものというさまざまな動きが生まれた時期。

第3節　記憶継承の転機（沖縄戦報道の質的充実期。「命どぅ宝」の発見。1981年～1994年）。住民虐殺を教科書から削除しようとした国の動きに「記憶を消すな」という運動が高まり、「1フィー

ト運動」や自治体史の編纂などで継承活動が盛んになった時期。
第4節　記憶継承の定着（沖縄戦報道の工夫期。記憶抹消に抗して。1995年〜）。体験者の激減という現実に、「体験者なき継承」が喫緊課題となり、新聞が多様な工夫を凝らして沖縄戦の継承報道に力を注ぐ時期。

第1節　記録の模索（沖縄戦報道の低迷期。1969年まで）

1　「琉球新報」と「沖縄タイムス」の出発

　沖縄戦当時、沖縄で発刊する唯一の新聞だった「沖縄新報」は戦闘の最中、男子学徒たちが首里城本殿裏の森に掘った壕に平版印刷機、活字、無線機を運び込んで発行を続けた。記者は数人でチームを組み、朝のうちに砲弾の途絶えるのを見計らって200〜300メートル離れた軍の司令部壕に向い、情報将校から発表を聴き、さらに離れた県庁壕で取材して夕方、壕に戻ってローソクや豆ランプの灯りを頼りに記事を書いた。こうしてできた2ページタブロイド版の新聞（1944年の「10・10空襲」以後、無料となっていた）も、それを配達する術はすでになく、兵士、警察官、動員された男子学徒隊員などによって壕から壕に配られた。死の危険も迫るなかでの新聞づくりだったが、軍司令部の南部撤退に伴って社員も撤収、避難を余儀なくされ、1945年5月25日をもって廃刊となった。

　「戦場の新聞」の紙面内容は、現実の戦況と大きく隔たり、不利を有利ないしは不利ではないように見せかけるものだった。例えば、天長節（天皇誕生日）の4月29日付紙面。

　　　4月1日（引用者注、米軍の沖縄本島上陸日）より4月28日迄に判明せる地上総合戦果左の如し　人命殺傷18275名、飛行機撃墜35機、飛行機撃破62機、戦車擱座炎上294輛、□動貨車爆破71輛、給水車爆砕11輛、装甲車爆砕10輛、発電車爆砕1輛、弾薬糧秣集積所爆砕26ヶ所、幕舎永以上63、砲破壊28□　（引用者注、□は読み取り不能箇所）。

　　　沖縄本島より確認せる海上総合戦果左の如し　轟沈　航空母

7　仲本政基『新聞人の沖縄戦記　壕の中で新聞を発行』（私家版、2015年。初出・那覇市企画部市史編集室『那覇市史　資料編第2巻中の6』那覇市、1974年）。

8　沖縄タイムス社『激動の半世紀　沖縄タイムス社50年史』沖縄タイムス社、1998年、29頁。沖縄本島北部では「沖縄新報」北部支社の記者がガリ版で独自の「陣中新聞」をつくり、7月初めまで北部周辺の住民に戦況を知らせたことが記録されている。

艦1隻、戦艦2隻、巡洋艦10隻、駆逐艦6隻、大型13隻、中型5隻、小型2隻、掃海艇3隻、艦種不詳12隻、計54隻　撃沈　巡洋艦2隻、駆逐艦13隻、大型1隻、中型2隻、小型5隻、艦種不詳23隻、輸送船7隻、計53隻　撃破炎上　戦艦3隻、巡洋艦7隻、駆逐艦4隻、大型18隻、中型1隻、小型10隻、艦種不詳58隻、輸送船8隻、計109隻　火柱161本。

「現地軍発表（4月28日午後18時）」に基づく記事で数字こそ詳細をきわめるが、戦場で銃砲火にさらされながら逃げまどう住民の目撃や実感とは明らかに乖離し、新聞と記者の「使命は重かったが、大本営発表は相変わらず誇大宣伝で、沖縄戦の戦況も『敵に甚大な損害を与えたり、わが方の損害軽微』式の紋切り型になっていた」。新聞は、事実を覆い隠す軍の宣伝機関と化し、ついにはその命脈を絶ったのである。

「沖縄新報」の専務だった高嶺朝光は「ジャーナリストの戦争責任は、（引用者注、戦争に荷担した紙面をつくり続けた）私たちみんなが同等に負わねばならなかった」と述べ、「私たちも戦時中のジャーナリストとしての責任を痛感し、捕虜生活の日々に虚脱の醜態をさらして、新聞を再刊する意欲すら失っていた」と記した。

高嶺ら新聞人が呆然自失状態にあったとき、新たな新聞が産声を上げる。日本が降伏前の1945年7月25日、沖縄本島・石川の収容所で「戦後」初の新聞が創刊された。日本の降伏は近いという事実を知らせる必要からつくらせた米軍の周到な情報戦略の一環だった。米軍は戦時中の

9　「沖縄新報」1945年4月29日付1面「一万八千余を殺傷／戦車二九四輌その他火器多数」。
10　仲本、注7前掲書、16頁。
11　高嶺朝光『新聞50年』沖縄タイムス社、1973年、371頁。
12　高嶺、注11前掲書、340〜341頁。
13　収容所内での新聞としては、1946年5月4日発刊の「沖縄新聞」もあった。捕虜となった日本軍の軍人、兵士向けの新聞で、米軍の公認のもとに捕虜が編集し毎週土曜日に発行。第25号で終刊した。短歌、俳句などを載せた「ぶんげい」欄などがあり、収容所の捕虜たちの心情を読み取ることができるが、「発刊の辞」や「主張」などの論述について仲程昌徳は「沖縄タイムス」1981年4月11日付朝刊文化面「収容所の声『沖縄新聞』に触れて＜下＞」で「帰還していく『祖国』のことにのみに目が向けられている。彼等の今いる土地の住民をまったく視野に入れていない」と指摘している。

新聞を軍部と表裏一体のものとみており、「沖縄新報」に在籍した新聞人にはかかわらせない方針だった。編集責任者に非転向の社会主義者で石川の収容所で作業班長をしていた島清を任命し、編集スタッフは元教師ら未経験者が集められた。

新聞発行に携わる際の条件として、島は「私は日本の軍国主義に同調しなかったが、貴国のミリタリズムに対しても例外ではない。米国のやり方には納得しかねるものがある」として①新聞は県民のものとし、私の責任で発行する。②人事、編集、運営等一切、私の権限に属する。③軍は援助だけで、干渉はしない―との約束を取り付けた[15]。しかし、こうしたやりとりがあったとしても、創刊の経緯から実態は米軍の情報統制下にあったことに変わりはなかった。

創刊号はタブロイド２ページ、謄写版印刷で以後、週刊となった。題字はなかったが、第２号から「ウルマ新報」とした。８月８日付で広島への原爆投下を報じ、８月15日付では「渇望の平和、いよいよ到来、条件を受諾す」と日本降伏を伝えた。発刊の辞は活字印刷となった第６号（８月29日）に掲載された[16]。

「ウルマ新報」は翌年５月、米軍政府と沖縄民政府の機関紙に指定され、同月には「うるま新報」と題字を変えた。1947年４月１日、民間企業として第１号の認可を受け、発刊から６年後の1951年９月、「琉球新報」に改題し、現在に至っている。戦前の「琉球新報」とは直接の資本のつながりはないが、改題を機に社史の継続をうたった。

「沖縄タイムス」が創刊されたのは、1948年７月１日。創刊２日前の

14　吉本秀子は『米軍の沖縄占領と情報政策』（春風社、2015年）で、米国の沖縄占領期の情報政策を「軍事占領的な要素を修辞的技法で包み隠しながら、好ましいイメージに変えようとする広報宣伝要素が多く含まれている」と指摘している（15頁）。

15　島清『わが言動の書－沖縄への報告－』沖縄情報社、1970年、197頁。

16　琉球新報社『琉球新報百年史』（1993年）参照。発刊の辞は「各地、各処に散乱する必要器具を蒐集し整備を急ぎ、ようやく活字新聞を進呈できた。本紙をもって批判を仰ごう等、不遜の気はいささかもない。諸氏に早く国際電波を中継しようという想いが、五号までの謄写印刷、今回の発刊となった。号を重ねるにつれ、最善をつくし、準備を急ぎたいとこい願っている」とあり、この後に、発刊に関与した米軍大尉、軍曹と島らスタッフの名前が並んでいる（169頁）。

6月29日、米軍の経済政策「B円[17]切り替え」を号外の形でスクープするという世界の新聞史上でもまれな異例のスタートだった。創刊号はガリ版刷り2ページだったが、その社告には新聞人の強い想いがうかがえる[18]。[19]

　取材、編集の未経験者が多かった「ウルマ新報・うるま新報」に対し、「沖縄タイムス」の中心となったのは、「沖縄新報」に身を置いていた記者たちだった。前出の高嶺のほか、編集局長だった豊平良顕、監査役の座安盛徳も「沖縄タイムス」に合流した。

　米軍が「沖縄タイムス」の発行を許可したことについて、高嶺は次のように述懐している。

　　「うるま新報」の独占を改めて、競争紙を認めるという考え方になっていたようだ。それは「うるま新報」の瀬長亀次郎君らが政治運動を始めたのを警戒して、対抗紙を育てようとしたのかもしれない[20]。

17　米軍が占領後の沖縄で通貨の代用として流通させた軍票。沖縄戦終結直後のしばらくの間、貨幣制度は停止されていたが、46年、このB円と新日本円を法定通貨として貨幣経済が復活。48年7月以降は日本円の使用は停止され、B円に統一。その後10年間、沖縄の通貨として使われた。

18　「沖縄タイムス」6月29日付号外は社告で「本社は去る5月15日新聞発行の正式認可を受け7月1日創刊することになったが創刊発行に先立ち軍特別による通貨切換の重要性に鑑みて本号外を発行しました」とした。また、軍政府談話の一部が「翻訳上の誤り」だったとして、その部分を訂正した号外を翌日も発行した。

19　沖縄タイムス社、注8前掲書、27頁。創刊号の社告は「われわれは終戦いらい新聞の復興に不断の努力をつづけてきたが、今日までその時を得なかった。今回はからずも軍政府との了解がなり、われわれ新聞人にたいして沖縄タイムスの発刊が許されたので、同人一同欣然として直ちに発刊準備に着手、印刷機材の整備に奔走し、いよいよ発刊の段取りとなったが、甚だ遺憾のことには目下のところ読者に満足を与えるだけの新聞をつくることに、なお多少活字の不足を発見して落胆した。しかし、われわれがここでいたずらに時を過ごし、活字の整備される日を待つことは、郷土再建の一翼をになうわれわれの重大な使命にたいしいささか不忠実に過ぎることを思い、ここに不本意ながら謄写印刷による新聞発行を決意した」と述べている。

20　高嶺、注11前掲書、363頁。

沖縄本島の新聞界は、「沖縄タイムス」の創刊以後、「沖縄毎日新聞」（1948年7月12日、名護市で創刊）、「沖縄ヘラルド」（1949年12月12日創刊、1951年2月「沖縄新聞」に改題、同年9月「沖縄朝日新聞」に改題、1954年に再び「沖縄新聞」に改題）、「琉球日報」（1950年2月12日創刊、1951年「琉球新聞」に改題）、「沖縄日日新聞」（1959年7月創刊）、「沖縄時報」（1967年8月創刊）が相次いで生まれたが、「沖縄タイムス」以外はいずれも後に廃刊。「うるま新報」から改題した「琉球新報」と「沖縄タイムス」の2社だけが今日まで存続している。

2　戦後5年、沖縄（本島）の新聞状況

　戦争が終わったものの1945年から数年間は、住民にとって「ひどい状態[21]」が続いていた。戦後、収容所生活を余儀なくされていた住民は徐々に元の居住先に帰り始めるが、米軍の指定する場所を転々と移動させられる例も少なくなかった。この間、米軍は広大な土地を囲い込み、米軍施設とその周辺の立ち入りを禁止した。戦争前とは一変した環境に将来的な展望など描けるはずもなく、戦火で生活を徹底的に破壊され絶望的な貧困に直面していた住民にとって、今現在を生き抜くことが何よりも重要なことだった。肉親を失って刹那主義的になりながら、混乱と荒廃の時代を生き抜こうとするバイタリティーだけがその支えになっていた[22]。

　この時代、戦没者の遺骨[23]は至る所で野ざらしにされたままだった。生き残った住民が戦没者を弔うには、まず、遺骨の収集から始めなければならなかった。当時、戦没者を弔う「慰霊の日」はまだ制定されておらず[24]、まとまって沖縄戦を語り、一斉に戦没者に手を合わせる機会は持て

21　中野好夫、新崎盛暉『沖縄戦後史』（岩波新書、1976年）は米国のニュース雑誌「タイム」1949年11月28日号に沖縄を訪れた記者の報告記が掲載されたことを紹介している。それによると、「軍規は世界中の他の米駐屯軍のどれよりも悪く、その1万5000の沖縄駐屯米軍部隊が、絶望的貧困のなかに暮らしている60万の住民を統治してきた」「沖縄は米国陸軍の才能のない者や除け者の態のよいはきだめになっていた。去る9月に終る過去6カ月間に米軍兵士は、殺人29、強姦18、強盗16、傷害33という驚くべき数の犯罪を犯した」という実態であった（22〜23頁）。

22　中野、新崎、注21前掲書、34〜35頁。

ないでいた。こうした事情もあり、両紙も日本本土の「終戦の日」や広島、長崎の「原爆忌」に合わせて８月に社説や戦争関連の記事を掲載していた。この流れは、サンフランシスコ講和条約と日米安保条約が発効（1952年）し、沖縄が日本本土から分離されて米軍支配が継続されて以後もしばらく続く。

　上記の理由から戦後５年までのこの時期、「うるま新報」、「沖縄タイムス」とも記者の手による沖縄戦に関連した企画・連載は紙面にほとんど現れない。1949年の中国共産党政権による中華人民共和国の誕生、翌年の朝鮮戦争勃発という戦後の東アジアを大きく変える状況に沖縄の米軍基地が向き合うことになり、新聞も、読者である住民も眼前の「新たな戦争」に関心を向けざるを得なかったことも影響している。

　それでも、「うるま新報」が1949年10月28日付から翌年２月４日付まで日本本土在住の作家、石野径一郎（沖縄・首里出身）が雑誌『令女界』に発表した小説『ひめゆりの塔』を転載して連載（２月４日の第58回以降は「原稿未着のため当分、休載」として途中で終了）した。記者の手による企画ではないが、雑誌への発表がきっかけで登場人物のモデルとされる人物の戦争責任問題が起き、大きな反響を呼んでいたなかでの連載となった。

　ここで戦後５年にあたる1950年の紙面を読んでみよう。両紙とも６月23日、沖縄キリスト教会、仏教連合会、ひめゆり同窓会など６団体が共催して沖縄劇場で開いた「世界平和促進大会」の模様を伝えてい

23　1995年に「平和の礎」が建立されるまでに判明した沖縄戦の全戦没者は20万656人。うち米軍は１万2520人。県外出身日本兵戦没者は６万5908人。沖縄県出身の軍人・軍属は２万8228人。一般住民は約９万4000人とされた。しかし、一般住民の犠牲者数は1944年の人口から46年の人口と疎開者数を差し引いて算出されており、確定されたものではなかった。その後、「平和の礎」の刻銘作業を通して戦没者数は23万6095人に書き換えられたが、これも確定数ではない。

24　1962年、当時の立法院によって「慰霊の日」が設けられた。当初は32軍司令官が自決し組織的戦闘が終結したとされる６月22日だったが、その後、立法院行政法務委員会に招かれた沖縄観光協会事務局長が高級参謀だった元軍人から直接聴き取ったとして「23日」への変更を主張。論議が深まることなく1965年から６月23日に改められ、今日まで続いている。いずれにしても軍司令官の自決を基準にし、これを組織的戦闘の終結としたことに変わりない。

る。米軍からも牧師、軍政幹部が出席。「米琉日の戦没者」の慰霊を行い、米軍幹部は「一米国市民の立場から米国の平和政策」について講演した。大会はトルーマン・米大統領、スターリン・ソ連首相にあて「戦争の残酷さを身をもって体験した我々は、冷たい戦争の終焉と一切の戦争を不可避とする世界平和機構の設立を念願してやまない」との宣言を採択した。のちの「慰霊の日」につながる「沖縄戦終了の6月23日」に日程を組んでいることや、この2日後に朝鮮戦争が勃発することになる緊迫した状況から、沖縄住民の戦争を忌避する気持ちを発信しようとした試みであったことが伝わる。

とはいえ、大会は米軍に配慮した性格が強かった。当時、米軍はその占領政策を合理化するための「米琉親善」をうたっており、この年の5月26日が「米琉親善日」とされた。ペリーの艦隊が初めて沖縄に寄港した日を祝してということだが、「琉米」ではないところに、米軍支配とそれに迎合せざるを得ない時代の雰囲気が現れている。両紙も、「世界平和促進大会」をはるかにしのぐ大きさで「米琉親善の日」を報じた。

両紙とも1949年11月から日刊に移行（月ぎめ購読料は当初B円換算30円）、それまでの隔日刊行を脱した。しかし、狭隘な紙面（朝刊2ページ。後に4ページ、夕刊2ページ）には変わりなく、思い切った企画に取り組みにくい事情もあった。これを補い、活字に飢えていた住民の要望に応えるため、「沖縄タイムス」が1949年2月『月刊タイムス』を、「うるま新報」が同年12月『うるま春秋』という月刊雑誌を米軍の許可を得て発刊した。日本本土の出版物は戦後しばらく闇船で運ばれ、正式に輸入ができるようになったのが1950年2月。読者が手にするのは2～3カ月遅れだったが、またたく間に売れつくしたという。[27]

この時点で「沖縄タイムス」は「沖縄の新聞記者が書く沖縄戦記録」を狭い紙面での連載としてではなく、まとめて読める単行本として発刊を企画し、取材を始めていた。その記録、『鉄の暴風』は1950年8月15日、

---

25 「うるま新報」1950年6月24日付2面、「沖縄タイムス」1950年6月24日付2面。
26 大会を予告し「沖縄人の平和運動」を論じた「沖縄タイムス」1950年6月15日付社説の表現。
27 沖縄タイムス社『沖縄の証言　激動の25年史』沖縄タイムス社、1971年、302~303頁。

出版環境が整っていなかった沖縄ではなく東京の朝日新聞社から出版される。これに合わせ「『鉄の暴風』が出来上がるまで」の座談会を前日の8月14日付で掲載し、このなかで「同月（8月）28日横浜出港の『大月丸』に積み込まれ、9月初めには沖縄の読者に届くことになった」と伝えた。

この『鉄の暴風』は後々にまで沖縄ジャーナリズム、とりわけ新聞の沖縄戦報道に大きな影響を与えることになる。

3 『鉄の暴風』〜「住民の視点で沖縄の新聞記者による沖縄戦記録を」

『鉄の暴風』は、創刊して1年も経たない「沖縄タイムス」で1949年5月、豊平良顕が発案し、原稿がまとまった段階で座安盛徳が朝日新聞社と出版の交渉にあたった。『鉄の暴風』という、後に沖縄戦を象徴する題名は執筆者2人のうちのひとり、牧港篤三が名付けた。[28]

牧港は高嶺、豊平、座安と同じく「沖縄朝日新聞」から「沖縄新報」、そして戦後の「沖縄タイムス」と記者の道をたどってきた。

『鉄の暴風』の「まえがき」（初版）には、住民の目からみた沖縄戦の実相を描く意味が込められている。

　　軍の作戦上の動きを捉えるのがこの記録の目的ではない。沖縄住民が、この戦争において、いかに苦しんだか、また、戦争がもたらしたものは、何であったかを、有りのままにうったえたいのである。このことは、いかなる戦場にもなかったことであるし、いかなる戦記にも書かれなかったことである。（中略）幸か、不幸か、当時一県一紙の新聞紙として、あらゆる戦争の困苦と戦いながら、壕中で新聞発行の使命に生きた、旧沖縄新報社全社員は、戦場にあって、つぶさに目撃体験した、苛烈な戦争の実相を、世の人々に報告すべき責務を痛感し、つい

---

28 牧港は詩人としても活動を続けたが、「沖縄タイムス」1994年10月16日付朝刊の連載「先輩記者に聞いた」（戦後50年企画）第2回でインタビューに答え、「私の詩的発想」として命名の経緯を明かした。これをまとめた記事は「詩人・牧港の感性と事実を見つめる記者の視点が題名となり、文章となって表れる」と書いている。

に終戦4年目の1949年5月、本書編纂を、旧沖縄新報編集局長、現沖縄タイムス社理事豊平良顕【監修】、旧沖縄新報社記者、現沖縄タイムス記者牧港篤三【執筆】、現タイムス社（ママ）記者伊佐良博【執筆】の3人に託し、一年を経て、上梓の運びに至った（引用者注、伊佐良博は太田良博のこと）。

『鉄の暴風』は新聞紙上での連載企画ではない。しかし、「沖縄の記者が」、「住民視点で」描く沖縄戦という、後に戦後沖縄の新聞ジャーナリズムに継承される精神と手法を具体化した点で画期をなし、「古典」として今に継承されている。

沖縄戦に関しては、この時点ですでに本土出身の古川成美の『沖縄の最後』（1947年11月）と『死生の門』（1949年1月）が続けざまに出版されていた。それは古川自身が沖縄戦を戦った部隊の幹部候補生という経験を通して、2冊とも日本軍の戦闘を描いたものだった。

だが、沖縄戦が際立っているのは、住民の死者が兵士のそれを上回ったことだ。とりわけ戦闘終盤の本島南部では、軍民混在状態となって混乱の極みに達した。沖縄戦は兵士のみの戦闘ではなかった。巻きこまれた住民への視点を欠いた描写は沖縄戦の実相に向き合ったものとは言えず、公平を欠いたものとして比嘉春潮など日本本土在住の沖縄出身の識者から批判の声があがっていた。[29]

創刊間のない「沖縄タイムス」が『鉄の暴風』の取材に取りかかったのは『死生の門』が刊行された直後のことであり、「沖縄戦の記録は、やはり沖縄人の手で書かれるべきで、この事実を子孫に伝え、沖縄人が、いかに今後、人類社会の平和を希求するものであるかを世界に訴えるよすがにもしたい」（発刊の趣意）という沖縄の新聞人としての矜恃と責任感からであった。[30] 出版に当たっては、琉球大教授（当時）に依頼して翻訳した英文の原稿を米軍司令部へ提出した。初版の序文には、米軍のヒューマニズムが称揚されているが、出版の許可条件を満たすためで、

29　仲程、注2前掲書、15～21頁。
30　沖縄タイムス社、注27前掲書、302頁。

その後の改訂版では削除している。

　『鉄の暴風』を嚆矢として1950年代は、沖縄出身者による戦場記録が出版された時期にあたる。仲宗根政善『沖縄の悲劇—姫百合の塔をめぐる人々の手記—』（1951年）と大田昌秀・外間守善『沖縄健児隊』（1953年）はそれぞれ女子学徒隊の元引率教師、元男子学徒隊員という当事者の手による代表的な記録で、『鉄の暴風』とあわせた三部が沖縄戦の「記念碑的作品」と評価されている。いずれも、沖縄戦とは何であったのかを問い、戦後沖縄の思想形成に貢献したとされる。[31]

　なお、『鉄の暴風』は、琉球放送（AKAR）のラジオ番組で1950年10月1日の午後7時45分から朗読放送され、活字に接する機会が少ない層の記憶を呼び返し、体験者自身も知らなかった沖縄戦の全容と実相がより広く伝わっていくことになった。[32]

　その構成・内容は次のようになっている。

まえがき・ひめゆりの塔の歌
第1章　嵐の前夜（①揺らぐ常夏の島、② 10・10空襲、③死の道連れ、④逃避者）
第2章　悲劇の島（①集団自決、②運命の夸舟）
第3章　中・南部戦線（①米軍上陸、②北・中飛行場の潰滅、③神山島斬込み、④軍司令部の壕、⑤南へ南へ、⑥鉄火地獄、⑦伊敷・轟の壕、⑧月下の投降、⑨防召兵の話、⑩牛島・長の最期、⑪出て来い）
第4章　姫百合之塔（①女学生従軍、②南風原陸軍病院、③泥濘の道）
第5章　死の彷徨（①第3外科の最後、②運命甘受、③女学生の手記、④草蒸す屍、⑤壕の精、⑥平和への希求（姫百合之塔由来記）

31　鹿野政直『沖縄の戦後思想を考える』岩波書店、2011年、14頁。
32　沖縄タイムス社、注27前掲書、305頁。放送への反響として女性の手紙を紹介している。
　「いかなる物語や投書よりも感銘深く〝鉄の暴風〟を聞いております。アナウンサーの迫力あるお声、荘重な音楽――静かな心に涙して、亡き友をしのびつつ、この時間をラジオの前にうずくまっております。平和を人々に植えつける、いいお仕事です」。

第 6 章　北山の悲風（①北へ北へ、②山岳戦、③真部・八重潰ゆ、④国頭分院の最後、⑤さ迷う兵隊、⑥護郷隊（ゲリラ）、⑦敗戦、⑧武士道よさらば）
第 7 章　住民の手記（①山、②飢餓）
附録　　戦闘経過概要

　太田良博（伊佐良博）によれば、太田が執筆した部分は、第 2 章の「集団自決」、第 3 章の「神山島斬込み」の 3 項、神山島斬込みの部分、同章の「牛島・長の最期」、第 4 章の「女学生従軍」、「南風原陸軍病院」、「泥濘の道」、第 5 章の「第 3 外科の最後」、「運命甘受」、「女学生の手記（これは女学生の手記に手を加えただけ）」、「草蒸す屍」、「平和への希求（姫百合之塔由来記）」、第 6 章の「武士道よさらば」、附録の「戦闘経過概要」で、その他の大部分は牧港が書いた。初版 438 ページのうち、74 ページが板良敷朝基の手記、230 ページが牧港、134 ページが太田の執筆部分という割合だった[33]。
　牧港は当時を振り返って、こう述べている。

　　戦記執筆前に日本の戦記出版類をたいてい読み、太田君もトルストイの『戦争と平和』を精読したということでした。私自身があの戦争の体験者だった関係で、体験を多く取り入れもし、戦場の人間心理の追究ということも、リアルな面を傷つけぬ程度は試みました。戦記の性格上、あまりに文学的な表現はカットされました。米軍占領下の重苦しい時代でしたから、米軍関係のことをリアルに書けば、アメリカさんは歓迎すまい、といった、今から思うと、つまらぬ思惑があったのも事実です。タイムリーな企画ではあったが、書く条件は苦しかった。それに、空襲下にも壕を与えられず、アイゴーと泣いた朝鮮の婦人（日本軍に徴用され最後までかしずいていた慰安婦と呼ばれた特殊婦人）や、同じように徴用され、腰に一剣も帯びず、ただ戦闘

---

[33]　太田良博『太田良博著作集③戦争への反省』ボーダーインク、2005 年、164 頁。

帽をかぶせられて、こき使われ、挙げ句の果ては見捨てられた朝鮮の軍夫のことなど、十分にかけなかったのが唯一の心残りです。[34]

太田も自ら課題を指摘している。

主要な事実で漏れたものもある。久米島の住民虐殺事件やコノキヤ（ママ。引用者注、大宜味村渡野喜屋のこと）での日本兵による那覇疎開民集団虐殺事件などである。対馬丸による疎開学童遭難については、一項を設けるべきだったと思う。[35]

表現の誇張、独断、感傷は避けるのがその方針だったが、「悲劇の島」での「集団自決」での文章は、その方針から逸脱した部分も散見され、事実関係の詰めも甘かった[36]ことが、約20年を経過して露呈する。そして、「集団自決」の軍命令の有無についての言及が、その後、軍命令はなかったとする論者に糾弾された。

曽野綾子の『ある神話の背景　沖縄・渡嘉敷島の集団自決』（1973年）は『鉄の暴風』の記述の一部のあいまいさを指摘し、これに基づいた風説の見直しを図った。しかし曽野は、米軍に指示されて投降勧告にきた住民を日本軍が殺害したり、家族が心配で部隊から離れた防衛隊員を斬殺したりしたことを当時の軍の論理として当然であるとする。その視点は住民に注がれておらず[37]、事態を重視した「沖縄タイムス」は曽野の指摘直後に沖縄在住の識者による批判を連載、「琉球新報」も太田に反論の場を設定した。さらに「沖縄タイムス」は1985年、曽野と太田の2

34　沖縄タイムス社、注27前掲書、306〜307頁。
35　太田、注33前掲書、165頁。
36　太田は「沖縄タイムス」1986年8月15日付朝刊文化面に「『鉄の暴風』の取材背景　終戦41年にあたって」として寄稿。『鉄の暴風』で自ら執筆した座間味島の隊長だった元少佐について「不明死を遂げた」とした記載が誤りで、現存していたことが判明したと「お詫び」した。島民からの取材をもとに執筆したとし、「その言葉を信じるしかなかった」と釈明したが、裏付けを欠き事実と異なることから現在ではこの部分は削除されている。

人に論争の場を設け、社会的にも注目された[38]。

『鉄の暴風』の問題点について、嶋津与志は1950年前後の沖縄社会の状況からしてやむを得ない時代的制約があったとみるべきとしたうえでこう指摘する。

> 取材範囲の狭さとか、住民の戦時生活の細部への目配りが不充分であるとか、実地検証を欠いているとか、弱点は少なくない。（中略）問題なのは同書がその後も改訂もされずに誤記を数多く含んだまま版を重ねていること、そして強いていえば、私たちが同書を過去のものとして駆逐できるだけの、同書にとって代わるだけの決定版を生み出しえなかったことこそ反省すべきであろう[39]。

取材の瑕疵による弱点や課題を抱えながらも、『鉄の暴風』は沖縄戦を「住民の視点で」「沖縄の記者が書く」という発想の出発点だったことは重ねて強調しておきたい。沖縄の新聞が沖縄戦について取り組む際の姿勢を指し示したことに変わりないからだ。本章第2節以降で嶋の言う「同書にとって代わるだけの決定版」を記者の側から模索する姿がみえる。

---

37 『ある神話の背景』（文藝春秋社、1973年）はその後2006年、『沖縄戦・渡嘉敷島「集団自決」の真実』と改題してワックから出版。そのなかで曽野は「私はそれまでの人生で、絵に描いたような悪人に出会ったことがないので、もし本当にそういう人物がいるなら是非会ってみたい、と考えたのが作品の出発点」（4頁）と執筆の動機を明示。「私はそこにいなかったから」、「私は神ではないから」（296頁）という理由で渡嘉敷島の隊長だった元大尉を「巨きい罪の巨魁」として告発は不可能とした。

38 曽野の指摘をめぐっては、「沖縄タイムス」が1973年6月8日付朝刊から21日付朝刊まで9回にわたって岡本恵徳、星雅彦、いれいたかしの3人がそれぞれの立場から批判。「琉球新報」も太田が1973年7月11日付朝刊から25日付朝刊まで「琉球新報」で「渡嘉敷島の惨劇は果たして神話か」と反論。1985年には「沖縄タイムス」が紙上論争を企画。太田が「沖縄戦に〝神話〟はない」を4月8日付朝刊から10回、曽野が「沖縄戦から未来へ向かって」を5月1日付朝刊から5回、太田はさらに「土俵をまちがえた人」を5月11日付朝刊から6回展開した。これを受け「沖縄タイムス」は6月11日付朝刊から5回、「『太田・曽野論争』と沖縄戦」を石原昌家、大城将保、いれいたかし、仲程昌徳、宮城晴美の5人の寄稿で展開した。

39 嶋津与志『沖縄戦を考える』ひるぎ社、1983年、114〜115頁。

4　分断、続く苦悩〜講和発効、孤立感と「目前の問題」

　『鉄の暴風』が切り開いた沖縄戦記録へのアプローチは、しかし、新聞の紙面上での展開にすぐには結びつかなかった。

　1952年、日本が主権を回復した講和条約で沖縄は日本本土から分断され、1954年には米国大統領が一般教書で沖縄基地の無期限保有を宣言、「銃剣とブルドーザー」による強引な基地建設が急速に進むなど1956年半ばまでは、「沖縄の住民にとって暗黒の時代であった」[40]。すなわち、講和条約第3条で沖縄支配の合法的根拠を得たとする米軍は、徹底した軍事優先と反共政策を前面に押し出し、軍用地への民有地強制接収や政治的弾圧を強行した。これに抗う住民は「島ぐるみ闘争」と呼ばれた運動を展開していく。その動きは以下のようであった。

　1956年6月、米軍が軍用地として強制接収した農地を「1年の地代がコーラ1本分に劣る」ほどの安価で買い上げるよう米国議会が米国政府に勧告（プライス勧告）した。1954年1月、アイゼンハワー大統領が年頭教書で宣言した「沖縄基地無期限保有」を正当化するもので、同じ年の3月に米国民政府が住民側に通告した「軍用地料一括払い」の方針を決定的にする内容だった。一方、地元沖縄の琉球政府主席、立法院議員、全市町村長・議員がそろって総辞職をかけてこうした圧力に対抗。立法院は「軍用土地処理に関する請願」が全会一致で可決された。この決議の骨子である4項目（一括払い反対、適正補償、損害賠償、新規接収反対）が「4原則」と呼ばれ、その後の土地闘争の統一原則となった。住民の抗議集会の参加者も全人口の2割〜5割の規模に達した。この闘争は沖縄戦以降続いてきた米軍の占領統治を終わらせる突破口を切り開き、日本本土への復帰運動を活発化させる契機ともなった[41]。

　この事態を受け、新聞はよりいっそう米軍、基地を見据え、住民の立場に寄り添う姿勢を求められ、米軍による言論弾圧や自らがペンを抑える自己規制を跳ね返す権利意識を磨くきっかけをつかむことにもなった。講和条約発効後の1952年11月、立法院は「琉球人民の基本的人権

40　中野、新崎、注21前掲書、59頁。
41　中野、新崎、注21前掲書、83〜108頁。

の擁護について」を決議し、両紙とも大きく紙面を割いてこれを報じた。沖縄戦に絡んだ住民と新聞のこの時期の関心は、「戦傷病者戦没者遺族等援護法」（1952年4月制定。以下「援護法」）の沖縄への適用の要請と適用後の手続きにあった。

また、米軍の圧力が強化された分、新聞は「祖国・日本」の独立を祝福したうえで、「祖国」への復帰に言及する記事が現れ始める。講和条約発効日（1952年4月28日）付の両紙を読む。

「琉球新報」は「きょう講和条約発効／独立日本国際社会へ／近代国家の基礎成り」、「沖縄タイムス」は「きょう講和発効／国際社会に復帰／一歩々々民主革命遂行」の見出しで共に1面トップで扱った。両紙の見出しは異なるが、「共同通信」からの同じ配信記事を使っている。記事は条約を締結した吉田内閣の今後の取り組みにも触れており、「琉球新報」は「吉田内閣基本方針／立国の基礎を反共に置く／機を見て再軍備宣言」と見出しを立てて「きょう…発効」と抱き合わせた。「沖縄タイムス」は記事が言及した吉田内閣については見出しがなく、同じ記事でも扱いに違いが出た。

次に「共同通信」の配信ではない独自の記事を読んでみよう。

新聞の主張が鮮明になる社説で、「琉球新報」は講和条約発効日に「講和発効と琉球」の見出しで「喜ぶべくしてただ喜んではいられない」という沖縄住民の気持ちを隠さず、次のように書いている。

　　講和が平和を意味し、戦争によって流された無量の血から手を洗い浄めることであるなれば、講和はこよなくうれしいものであり雀躍して喜ばなければならぬはずである。ところが20世紀後半の現在における講和は必ずしも平和を意味せず、むしろ新しき戦争への準備が与えられたもののような異常な世界と

---

42 「沖縄タイムス」52年2月1日付朝刊「沖縄の遺家族援護費　琉球人にも与えよ」。同社説「遺家族援護　日本に期待」。「琉球新報」も52年2月12日付朝刊で日本政府が援護法の要綱を閣議決定したことを報じた。「琉球新報」57年2月22日付朝刊「どうなる学童や住民の集団自決／戦闘協力者の範囲」は援護法適用範囲に関心が続いていることを示している。

なっている。(中略) かくして講和の実現は喜ぶべくしてなおただ喜んでだけではいられないのである。これがわれわれ琉球住民にいかなる意味を持つものであるかは、全く未知数である。未知数はいかにしてかはっきりと早急に知らねばならぬし、これを明らかにするためにわれわれは努力せねばならぬ。(中略) 知ることは生きる力となるのである[43]。

「沖縄タイムス」は翌日付社説で「歴史の峠に立ちて」の見出しで沖縄の自立を強調した。

　講和条約が発効して国際社会へ復帰した祖国日本の慶事を、われわれ琉球住民は無量の感慨をこめて祝福したい。それにしても取り残された嘆息が深く、もがいたところでどうともならぬ諦めがわれわれの胸を締め付ける。(中略) だから日本復帰は嫌だという事大主義を唱える訳ではない。日本の厳しい現実を直視して、日本への依存心を自戒すべきだと言いたいのである。日本独立の朗報にすっかり気をよくして、今後の日・琉関係の好転が、琉球の復興を一際目立って促進するかも知れぬという、楽観がいささかでも抱かれたら、悔を将来に残す恐れなしとしない。(中略) そこでわれわれ琉球住民の個々が、あるいは琉球全体が健やかな民主的成長を遂げる為には、徒な孤児意識を捨て、国際社会人としての成長を念願しなくてはならない[44]。

社説はそれぞれ問題点と課題を指摘したが、「琉球新報」は1952年4月23日付の「こども版」に奈良県の小学生の作文「早く日本に帰ってください」を載せるなど、祝賀ムードに日本本土への復帰願望が重なっている。こうした沖縄の想いを日本本土はどう受け止めていたか。

---

43 「琉球新報」1952年4月28日付朝刊社説。
44 「沖縄タイムス」1952年4月29日付朝刊社説。

5　戦後10年前後〜日本本土の沖縄（戦）認識

　戦後10年にあたる1955年、「朝日新聞」が1月13日付朝刊で「米軍の『沖縄民政』を衝く」という特集記事を掲載した。分断以後、沖縄は日本本土からは「忘れられた島」であったが、米軍の直接統治下の沖縄の現実を初めて日本本土に紹介した記事として、「閉鎖された沖縄社会に祖国からさしこんだ一条の光りであった」[45]。ただ、日本本土の沖縄への関心がすぐに高まるものでもなかった。むしろ、沖縄の両紙に掲載されたこの時期の「共同通信」配信の記事を読んでいくと、日本本土の沖縄への視線の冷たさが伝わってくることに気づく。

　例えば8月の戦争関連報道である。1955年8月7日付朝刊は、両紙とも1面で「共同通信」の配信記事を使って「廣島の悲劇を繰り返すな／あれから10年思い出も新たに／きのう平和式典」と広島市の「原爆戦没者の慰霊を兼ねた平和記念（ママ）式典」を報じた。14日付夕刊でも両紙そろって「共同通信」の記事を「あす終戦10周年記念日」と1面で扱い、翌15日付朝刊でも1面で「安定へ一應体制整う／きょう終戦十周年記念日」とした。「安定」という言葉に、沖縄の実情をとらえていない視野の狭さをうかがわせる。記事の前文に続く本文の書き出しが、それをさらに裏付ける。

　　　新憲法は制定され、これによって自由の保障、人権の尊重、男女平等の保障が確立し、各部門において多くの制度が大きく改革された。[46]

　米軍統治下の沖縄では当時、憲法の効力は及んでいない。強権的な米軍の布令・布告が自由の保障や人権の尊重に優先していた。この記事は、その沖縄が全く視野に入っていない内容である。沖縄の読者はどういう思いで記事を読んだであろうか。

　沖縄はこのとき、「目前の問題」に追われていた。「終戦の日」に、手

45　中野、新崎、注21前掲書、82頁。
46　「琉球新報」1955年8月15日付朝刊1面、「沖縄タイムス」同。

の届かない憲法を賛美できるような状況にはなかった。その苛立ちが地元沖縄の記者が書いた「琉球新報」の８月15日付社説にうかがえる。

> （この十年の年月は）われわれの住む琉球が戦後の混乱から立ち上がり、政治、産業、経済、教育などあらゆる面でようやく平常に復するに至った期間でもある。その反面、目前の問題に追われどうしで解決が遅れてきた琉球の根本的な重大問題が数ヶ月後に予定されている米下院調査団の来島を機に新しい局面打開が期待されている一例によって象徴されるように、統治者たる米軍当局においても、琉球住民の側でも解決を急ぐべき期に到来している。[47]

この年の沖縄は、米軍用地をめぐる問題が緊迫する中で８月15日の「終戦の日」を迎えていた。この社説にあるように「目前の問題に追われどおし」の状況を伝えることが続いていた。沖縄の新聞にとって、憲法不在の状況で「各部門において多くの制度が改革」できるはずもない現実があり、区切りを迎えた10年前の沖縄戦の記憶を伝える特段の企画を展開する余裕もなかったのである。社説が書かれた１カ月後の９月、６歳の幼女が米兵によって強姦されたうえ惨殺された事件、「由美子ちゃん事件」が発生し、「目前の問題」の深刻さをいっそう浮き彫りにした。

講和条約発効に伴う分断は、沖縄戦の認識にも影響を与えた。それは、米軍の直接統治という沖縄が新たに直面した現実の対応に追われ、『鉄の暴風』が描いた戦場の実相がしばらく後景に退くことを意味した。

軍用地をめぐる「島ぐるみ闘争」の一環として沖縄からの代表団が1956年６月に日本本土に送られ、日本政府が米国政府と折衝するよう要請行動を起こすと、一転してそれまで無関心だった日本本土の新聞が大きく報じ、７月投票の参議院議員選挙を控えて米軍基地返還や沖縄の日本本土復帰をスローガンにした政治集会が全国各地で開かれるなど、

---

47 「琉球新報」1955年８月15日付朝刊社説。

にわかに沖縄の置かれた状況が政治問題となった。すると、急に沖縄への同情も新聞論調に現れた。

こうした連帯と同情の基盤となったのが、沖縄戦に関する認識だった。

鳥山淳は、これを分断された沖縄への「倒錯した感謝と憐憫」だったとする[48]。1953年に公開された映画『ひめゆりの塔』が沖縄でも日本本土でも大ヒットしたことで沖縄戦は「可憐な少女たちの悲劇」として語られがちで、学徒たちの「殉国」イメージが増幅していた。

また、戦災校舎復興運動への支援を求めて沖縄教職員会の屋良朝苗[49]らが1953年、日本本土を行脚した際の趣意書で「祖国防衛の盾となり、『ひめゆり隊』『健児隊』を始め、幼けなき小学生に至る迄国に殉じ」として訴えて「軍民一体化」、「祖国への思慕」などが強調されていたことも思い起され、実相が捨象された沖縄戦の認識に影響を与えた[50]。

教職員会は後に「国民教育運動」[51]を主導する。琉球政府が1958年に公布した教育基本法の前文「われら日本国民として」をよりどころとし、米軍占領下の沖縄で日本人としてのアイデンティティ獲得を目指したものだった。これは「本土の保守政治家との交渉においても役立った[52]」という実利的側面もあったが、具体的運動として米軍圧政に対する抵抗のシンボルとしての「日の丸」の購入と掲揚を奨励し、学力向上を標準語教育の推進に求めた。こうした雰囲気は日本本土を告発することにもつながる沖縄戦の実相解明に、結果として心理的ブレーキをかけるものとなった。

これに加え、もうひとつの流れが実相から目をそらせる方向に作用し

---

48 鳥山淳「沖縄戦をめぐる聞き書きの登場」倉沢愛子他編『岩波講座アジア太平洋戦争6　日常生活の中の総力戦』岩波書店、2006年、384頁
49 1902―1997年。沖縄県読谷村生まれ。広島高等師範学校（現広島大）を卒業後、沖縄、台湾で教職に。沖縄戦後、沖縄群島政府文教部長、教職員会長などを歴任、「祖国復帰」の推進役ともなる。1968年、行政主席選挙で革新共同候補として立候補、当選。復帰後は76年まで沖縄県知事。
50 鳥山、注48前掲論文、384頁。
51 1963年の第9次教研集会で教職員会が日本本土と沖縄の子どもたちの学力格差解消策として「日本人意識を持たせるべき」と展開した日本人意識育成運動。
52 小熊英二『〈日本人〉の境界』新曜社、562頁。

た。「戦傷病者戦没者遺族等援護法」(「援護法」)に関する論議が高まってきたことはすでに本節4「分断、続く苦悩」で触れたが、その後沖縄にも適用されるようになり、市町村を窓口にして日本政府に提出する「戦闘参加申立書」の記入が求められた。申立書には、弾薬・食糧の運搬、陣地構築、食糧供出、壕の提供、「集団自決」など20項目が列挙され、戦場での行動がそのいずれかに該当することを証明しなければならなかった。事実は日本兵による食糧強奪であっても「食糧提供」、壕からの追い出しも「壕の提供」などとされ、「戦闘参加」はあくまで自発的行動と位置づけられた。この制度による「戦闘参加」の認定者は1965年8月末までに4万7400人にのぼり、沖縄戦認識に微妙な影を落とした。[53]

6 「初の6・23」に大田昌秀の「反戦の誓い」
～1960年代の「慰霊の日」の紙面
＜1962～1965年＞

「慰霊の日」は「住民の祝祭日に関する立法」により1962年6月22日から施行された(1965年からは現行の23日)。しかし、「琉球新報」「沖縄タイムス」の両社史ともに年表、本文に、この「慰霊の日」についての言及がない。法定祝祭日には公共建築物等での「日の丸」掲揚がキャラウェイ高等弁務官により許可され、休日として初めての「慰霊の日」に「日の丸」が翻ったという特異な日であったにもかかわらず、である。当時、米軍圧制下の沖縄では「日の丸」の掲揚は禁止され、第1節で述べたように教職員会が中心となって掲揚要請運動を続けていた。

ただ、初めての「慰霊の日」を紙面が無視したわけではない。

「琉球新報」は6月21日付夕刊社会面に6段ハコ組で「あす初の慰霊の日」とし、1面コラムでも上映中だった映画『太平洋戦争と姫ゆり部隊』に触れ、「慰霊の日」にちなむ話題としている。当日の22日付朝刊社会面「きょう慰霊の日」、同夕刊社会面「み霊よ眠れ安らかに」、翌23日付朝刊は社説「きのうは初の〝慰霊の日〟」と社会面「豪雨の中で平和

---

53 鳥山、注48前掲論文、385～386頁

大会」―と展開した。

「沖縄タイムス」も21日付朝刊社会面「あす慰霊の日」、22日付朝刊社説「〝慰霊の日〟に際して」、22日付夕刊社会面「戦跡つぎつぎ巡礼／19万の戦没者の慰霊」、23日付朝刊社会面「きのう各地で慰霊祭」―と同様に展開した。ただ、いずれにも特別の企画記事はなく、前日の告知と当日の動きを伝えるだけにとどまった。

翌1963年は、「琉球新報」が連載を企画した。6月21日付夕刊1面で元積徳高女学徒看護隊として従軍した古波津照子の体験記「血みどろ従軍看護婦」を開始、26日まで5回にわたって連載した。21日付夕刊社会面「あす慰霊の日」、22日付朝刊1面「きょう『戦没者慰霊の日』」―と続き、前日、当日の展開は前年を踏襲したが、この年から「慰霊の日」当日の夕刊を休刊することを22日付朝刊で告知し、法定休日に合わせた。

「沖縄タイムス」は夕刊を継続して発行し、対応に違いがあったが、紙面は前年とほぼ同じつくりだった。なぜこうした紙面に終始したのだろうか。

一つは、慰霊の趣旨が徹底していなかったためと考えられる。「慰霊の日」が始まった1962年、両社の社説はそれなりの意義を伝えてはいるが、住民がこぞってこの日に慰霊の気持ちを捧げるという姿にはまだ、なっていなかった。

二つは、沖縄から靖国神社への春と秋の参拝規模が大きくなり始めていたことや、沖縄戦を戦った第32軍の司令官の自決の日を「慰霊の日」とすることへの違和感も依然として残っていたこともあげられる。

三つは、1960年代に北海道から鹿児島県までの46都道府県が糸満市・摩文仁など沖縄本島南部にそれぞれの「慰霊の塔」を競うようにして建立したこともあって、「慰霊の日」に合わせて日本本土から来沖する日本遺族会の参拝がさらに増え、その動きの方に報道の力点が置かれていたことも影響していた。1964年も過去2年と同様に目立った企画はなかった。

しかし、「慰霊の日」が前年までの6月22日から今日まで継続している23日に変更された1965年は、戦後20年の節目の年にあたった。そ

れを意識した企画や意欲的な紙面が「初の6・23」で目につく。
　「沖縄タイムス」は、当日朝刊の最終面（8面）のほぼすべてを大田昌秀の寄稿「慰霊の日に　亡き友をしのぶ」で埋めた。大田はすでに1953年、『沖縄健児隊』を著わしており、沖縄戦研究に心血を注いでいた。この日の寄稿文の前半で、沖縄戦当時、自らも一員だった鉄血勤皇隊の師範隊461人のうち288人が命を落としたことを表にして記述し、中盤・後半は亡くなった3人の学友それぞれに「君が…」と呼び掛け、その最期の様子までを「手紙」形式の文体でまとめている。そのうちの1人に向けたものはこうである。

　　仲地君。君が銃、剣道の猛者だけで編成した斬込隊に編入されたとき、誰もがそれを当然のこととして受けとり羨んだものだ。剣道二段、常に教練教師のお気に入りだった君が、斬込隊に出られぬはずがなかった。堂々たる体躯に恵まれ、美丈夫だった君は斬込隊の隊長格としてぼくたち他の隊に属した者の羨望の的だった。
　　君の活躍ぶりは、みんなの期待通りのものだった。三十九度の高熱の時でさえ、君は学友のとめるのも聞かず、弾丸運びに真先に飛び出した。ぼくたちは、君のそんな鉄のような意志力と頑健な肉体に、不死身を感じ、一種の畏れを抱いたほどだった。
　　戦況が日一日と味方に不利になり、仲間の者が一人減り、二人減っていくにつれて、君が一人で壕の隅っ子（ママ）に身をちぢめ、両手で頭をかかえている姿を見受けるようになった。ぼくたちは、見てはならぬものを見たように、あわてて目をそらした。（中略）五月の末、首里撤退の日が近づいたころ、ぼくたちは、君の言動の奇矯さにいいしらぬ身震いを覚えた。君は食事もとらず、うつろな眼を大きく見開き、壕の天井の一角をまばたきもせず凝視していた。かと思うと、突然、立ち上がって、「ホラ、敵の将校だ。追え！」と大声で叫ぶと銃に着剣して猛烈な勢いで壕外に飛び出した。そんなとき、ぼくたちは「馬

鹿やろう、しっかりせい」などと四、五人がかりで、無理やりに君を取り押さえ、手足をしばって壕の奥にころがしておいた。

　君の色つやのよい豊かな頬は、一月余りの間にすっかりそげ、大きな眼ばかりがギラギラ光っていた。誰もせんさい（ママ）になるのを恐れ、君の内面をのぞこうとする者はいなかったものね。

　撤退の途中、繁多川までくると君はいつの間にか隊列を離れて、いったいどこへいったのかしら。斬込隊員五十七人中、戦死七人、行方不明四十一人、君もその一人に含まれてしまったのだ。仲地君、ぼくたちは、今も、君が学校時代のあの快活な笑顔で、どこからともなく飛び出してきそうな気がしてならない。[54]

抑えた筆致が、かえって戦場の実相を映し出す。こうした非業の死を目にしながら大田は生き残った。亡き友のために口を開き、書き記すことが自らの使命と覚悟した大田の強い意志が行間にうかがえる。日本本土から来沖した遺族会が中心だった当時の慰霊行事とその報道に抗うような、「沖縄の目」による沖縄戦記事の登場だった。

＜1967〜68年＞
　この時期、ベトナム戦争がエスカレートし、本格介入した米軍の前線基地となった沖縄では反戦気運が高まった。「琉球新報」はカメラマンの石川文洋を「本社特派員」としてベトナムに派遣し、1967年4月1日から夕刊でそのルポ「ベトナム戦争と民衆」を掲載した。その目が注がれていたのは、明らかに「民衆」であった。
　この年の「琉球新報」10月13日付朝刊には、同様に特派されていた

---

[54] 「沖縄タイムス」1965年6月23日付朝刊8面「慰霊の日に　亡き友をしのぶ／反戦の誓いも新たに」。

新垣正恭記者が「戦火の中の南ベトナム」をルポし、一般住民の苦しみを活写した。その新垣が年も押し迫った12月28日、南ベトナム解放民族戦線に身柄を拘束され、約1週間、解放戦線の兵士らとともに過ごすことを強いられた。

新垣の記者証には国籍を示す部分に「NAHA」と記載され、当初、解放戦線側は南ベトナムに派兵していた韓国軍関係者と疑った。パスポートは「JAPAN」だったが、記者証を発給した米軍が沖縄は日本国には属していないが、沖縄という国も存在しないため、「NAHA」と勝手に記載していたと思われる。拘束直後は、これが原因で疑いがなかなか晴れなかった。しかし、解放戦線側が沖縄の置かれた政治的環境を理解した後は、「日本はベトナム戦争について和平の仲介などといっているが、沖縄問題の解決なくしてそれをいうのは筋違いである」と話すまでになった。[55]

解放戦線の兵士にジャングルへ連行される途中、南ベトナム政府軍側から猛烈な砲撃を受けた。新垣はこのとき「これまでたびたび、沖縄戦当時の砲撃のことを聞かされてきたが、その恐怖と砲撃の爆発力のすさまじさというものが実感としてわかった」と書いた。[56]

新垣はこの体験を柱に1968年1月29日付夕刊から「見てきたベトナム」の連載を始める。ちょうどこの日、解放戦線がかつてない規模の攻勢をかけ、一時は首都サイゴンの米国大使館を占拠する事態までに拡大した（テト攻勢）。このため、連載は深刻なベトナムの状況を同時進行的に描いた生々しいルポとなった。

＜1969年＞

佐藤・ニクソン会談で1972年に沖縄の施政権が日本に返還されることが決まったこの年の「慰霊の日」は、教職員会の呼びかけで「反戦の日」と設定された。当時、「琉球新報」朝刊最終面にあった「こども面」

---

55 「琉球新報」1968年1月26日付朝刊6面「〝私はベトコンにつかまった〟／たたる〝国籍不明〟／一晩で数千発の砲弾」。
56 「琉球新報」、注55前掲紙面。

の「ニュースの窓」はその意味を、こう解説している。

> 沖縄の学校の先生方で組織されている教職員会では、この日を「反戦の日」としました。すでに反戦アピールのビラを出し活動を始めていますが、この動きは戦争を身を以て体験した沖縄ではきわめて当然のことといえます。（中略）沖縄戦で児童や学生がたくさん死んだ原因は、ひとつは当時の先生たちが戦争に反対する勇気を持ち合わせてなかったことにもあるといえます。沖縄の先生たちはこのような苦い経験があり、慰霊の日を反戦の日にしたのは、過去の時代を反省し、二度と戦争を起こさせてはならない、と決意したからにほかなりません。特にことしは、70年安保の前年といわれています。安保条約は、戦争に巻きこまれるふしがたくさんある、と多くの先生たちはみており、これに反対して、戦争とかかわり合うものいっさいをなくす運動を活発に進めねばならないといっており、この動きは「反戦の日」設定の直接の背景になっているということもいえます[57]。

子ども向けではあるが、当時の時代の雰囲気と、「反戦の日」に込められた意味を簡潔に言い表している。そして、「慰霊の日」当日の社説は、「先生たち（大人たち）の反省」に触れたこの解説を受けるかのようにこう書いた。

> われわれとしては慰霊の日を、住民の立場からとらえたい。高名な軍司令官、著名人の戦死の日時、場所は、その物語とともに記録としていつまでも人の記憶に刻みこまれ、語り草となる。しかしその背後には、父が、兄弟が、あるいは姉妹がいつ、どこでどのようになくなったのかもわからない何百あるいは何千の遺族がいるだろう。（中略）沖縄戦は生徒を死出の道連れ

---

[57] 「琉球新報」1969年6月22日付朝刊「こども面」「ニュースの窓」。

にしたばかりでなく、一般の非戦闘員や婦女子までも犠牲にした。（中略）当時の社会の構成員として、大人は一体何をしたかを深く静かに反省すべき必要があるだろう。沖縄には戦後、幸か不幸か本土でみられたような戦争責任の追及はなかった。もしあったとしたら社会の機能は完全にマヒしたかもしれないし、いまさらやる必要もない。しかしみんなが心に〝踏み絵〟をもつ必要はあろう。「慰霊の日」に心の踏み絵を出すことによってこそ戦死者の真のめい福は祈れよう。[58]

　ベトナム戦争を身近に感じ取る時代の雰囲気のなかで人々の内省が深まり、社説にあるように、軍の視点ではない、住民の視点で沖縄戦を描く時代が到来したといえる。

【第1節のまとめ】
　戦後沖縄の新聞界は複数紙が競合したが、いずれも狭隘な紙面で連載や特集を掲載するスペースも乏しかった。また、今日のように「慰霊の日」はなく、戦没者をまとまって慰霊する行事がどの機関・組織からも企画されず、その分、沖縄戦を掘り下げる紙面も出来にくかった。この時期の沖縄は、朝鮮戦争とベトナム戦争で米軍の補給・出撃拠点となり、「戦争」が身近にあった。住民は生々しい沖縄戦の記憶を抱えながらも、こうした「戦時色」のなかで「島ぐるみ闘争」に象徴されるように、米軍の圧政に苦しみ、抗いながら復興・復旧のための生活に追われていた。沖

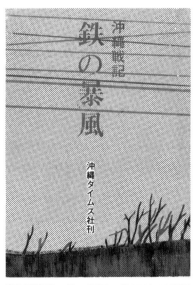

『沖縄戦記　鉄の暴風』（1970年10月30日）、第三版

---

58 「琉球新報」1969年6月23日付朝刊社説。

縄戦の実相を反映したとはいいがたい援護法による「戦闘参加者」の適用を受けて生活をしのぐ人も増え、実相につながる住民の証言収集や継承活動には容易に移っていけなかった。新聞はまだ、「目前の問題」報道に追われ、「指導性」を発揮するところまでには至っていなかった。[59]

しかし、新聞人の責務として「沖縄タイムス」が紙面展開とは別の形で単行本『鉄の暴風』を発刊し、住民の視点に焦点を当てた取材手法は、後の沖縄戦報道に大きな影響を及ぼすことになる。未曾有の地上戦を体験した沖縄と「本土決戦」を避けられた日本本土の間で沖縄戦の認識についてのズレが生じ始めた時代でもあった。

---

59 辻村明、大田昌秀『沖縄の言論』（南方同胞援護会、1966年）はこの時期の新聞について「戦後沖縄の『新聞の指導性』をみるとき、新聞が戦争直後から沖縄民衆のあいだに潜在的に存在していたものを引き出し、意見の形成を助け、明瞭なる目的をあたえる役割を果たしたとはいえない、と結論せざるをえない。むしろ逆に、もり上がる一般民衆の声が新聞論調を変え、やがて新聞に指向すべき目標をあたえたともいえるのである」と指摘している（96～97頁）。

第2節　記憶の掘り起こし
　　　（沖縄戦報道の覚醒期。1970年前後～1980年）

1　『沖縄県史』編纂～記憶の顕在化

　1960年代の後半以降、本格的な歴史編纂の動きが生まれ、加速した。この時期、内戦が激化していた南ベトナムに米軍が本格介入し、沖縄が米軍の最前線基地となっていた。『鉄の暴風』の執筆者のひとり、牧港篤三は1970年の改訂版に「20年後のあとがき」として「ベトナムの戦場から運ばれた、ベトナムの土のこびりつく、戦車の放列（野積み）を見ると、20年という時間の経過は感じられない[60]」と書いた。

　南ベトナムに解放民族戦線が結成されたのが1960年。5年後には米海兵隊が南ベトナム中部のダナンに上陸、北ベトナムへの爆撃（北爆）も始まり、戦況は南ベトナムの内戦から、解放民族戦線＋北ベトナム軍対米軍＋南ベトナム政府軍の熱戦へとエスカレートした。北爆へは嘉手納基地に配備された戦略爆撃機B52が発進、地上戦には沖縄で訓練を受けた海兵隊が出撃した。ベトナム特需で沖縄経済は活況を呈するが、テレビニュースで伝えられる戦時下のベトナムの民衆の姿が、沖縄住民に沖縄戦の体験を思い起こさせた。

　こうしたなか、「明治百年」の区切りに、「琉球新報」が「沖縄百年」、「沖縄タイムス」が「沖縄現代百年史」の長期連載を1967年1月1日朝刊からそれぞれスタートさせた。

　「沖縄百年」は歴史家の新里金福と作家の大城立裕の寄稿で「人物編」が104回、7月1日からの「歴史編」が161回、計265回に及ぶ年間企画だった。「沖縄現代百年史」は歴史研究者、名嘉正八郎の執筆で、6

60　沖縄タイムス社『鉄の暴風』第3版、沖縄タイムス社、1970年、435頁。70年以後の改訂でも、牧港はその都度の「あとがき」で「終始一貫して変わらぬことは、米軍基地の存在であり、復帰と同時に自衛隊の駐屯、基地の再編強化」（80年）を憂い、「読者諸兄は過去の沖縄戦を、追憶の形ではなく、現実のものと想像し把（とら）えることが可能ではないかと考える」（93年）として「沖縄、沖縄人は戦争の恐怖から解放されていない」ことを訴えかけた。

月20日まで120回。沖縄戦に関連しては5月30日の第105回から最終回の第120回まで16回を割いている。その後も続く予定だったようだが、「筆者の都合で」沖縄戦をもって「沖縄現代百年史」は終了した。

　名嘉は沖縄県史編集主任の肩書で連載に取り組んでいた。その証言採録による戦場の再現の方法は、『鉄の暴風』の精神と手法を引き継いでさらに強化・徹底したものであり、その後、両紙が沖縄戦企画に取り組む際の視点、企画の切り口に大きな影響をもたらした。

　県史編纂は、1963年から始まった。琉球政府が県史発刊事業の編集審議会を設置。委員長に『鉄の暴風』を監修した豊平良顕が就任し、沖縄戦についても記録方法やその手法などの審議が始まった。住民の側の戦争体験記録を主に編集すべきという方針が決まり、1967年から個人体験記と座談会記録を収集、採録活動が開始され、1971年、『沖縄県史　第9巻　各論編八　沖縄戦記録1』が発刊。1974年には『沖縄戦記録2』の刊行が続いた。[61]

　名嘉は編集実務を担い、各地を回って戦争体験者を集めた座談会を開き、これをテープに収めて記録していった。

　この時代は、1964年の佐藤内閣発足後、日本本土復帰に向けた動きが具体化し、やがて米軍支配の破綻を受けて施政権が日本に返還（1972年）されるまでの政治状況をはさむ。それは、日本本土復帰後も沖縄の米軍基地はなくなるどころか逆に規模・機能が拡大し、沖縄住民の間で「反戦」の機運が一気に高まる時期に重なる。住民にとっては、復帰に加え沖縄戦から30年、そして33回忌という大きな節目が続き、沖縄と

61　『1』は「琉球政府編」、『2』は「沖縄県教育委員会編」として出版された。『1』と『2』の編纂方法は異なるが、鹿野政直によれば「最大の相違点は、1では、話者の口調を最大限に活かそうとしたのにたいし、2では、録音された体験者の口述を、執筆者が、特徴的と考える項目に分類して原稿化したことにある」「言い換えれば、1では、語りの加工度をミニマムにまで抑えようとしたのにたいし、2では積極的に加工しようとしている。したがって1では、人びとの体験をまるごと捉えるという点でヒトを軸とするのにたいし、2では体験は、それぞれの局面での、コトの性質にしたがって分類された。その結果として2では、まとめ役としての歴史学の専門家たちが主役となり、体験者の談話自体は、聴き取りの日時も場所も記されることはなかった」「沖縄戦という体験と記憶」『アジア・文化・歴史　第4号』、アジア・文化・歴史研究会、2016年、1〜2頁。

日本本土との関係や沖縄戦の意味をあらためて問うべき環境だったとも言える。県史の沖縄戦記録編纂は、こうした時期に行われたことを押さえておかなければならない。そして、この試みと成果が、記憶の掘り起こしと継承を根幹に据える、その後の両紙の沖縄戦報道にとって、体験者に向き合う際の手法、取材に不可欠な要素さえも明記していた点で決定的な影響を及ぼしたことを強調しなければならない。このため、ここでは県史の取り組みについてさらに詳しくみておこう。

県史の編纂作業では、これまでの沖縄戦記録の問題点について①沖縄戦体験記の大部分は、日米の軍事行動の記録が主流になっていて庶民の言語に絶する体験については、軍事行動を説明する材料の一部としてつけ足し程度にしか書かれていない、②軍事行動の記録が主流であるということと関連して、記録のほとんどが、いわゆる砲煙弾雨のなかの戦争体験に限定されている、③庶民の戦争体験に照らしてみると、これまでの戦記物の記述はきわめて不正確なものが多い、④沖縄県民の犠牲を、殉国の美談として描いていることに対する疑問―を列挙。これらを克服することに主眼を置き、体験談採録にあたって、①陣地構築（飛行場、陣地構築など）、②増産諸統制ならびに供出（野菜、芋、家畜など）、③疎開（九州、本島北部）、④防衛召集（戦闘、前線への弾薬、食糧運搬、負傷兵の後送、船舶特攻隊の後方任務など）、⑤一般県民の戦闘中の後方任務（前線へ弾薬、食糧運び・負傷兵の看護、炊事など)、⑥壕生活（水、食、生理、出産、スパイ嫌疑、その他特異な生活）、⑦友軍将兵に壕を追い出されて（とくに親子連れなど）、⑧米軍の砲爆撃と死体の状況、⑨県民の生死観（人間性の喪失、動物的心情など）、⑩投降（投降心理の推移）、⑪収容所（負傷者、食糧問題、死体埋葬、軍民の分離、その他）、⑫村への復帰（食、衣、住、遺骨収集、農作物の異常繁殖、協同作業、復興など）―の 12 点が留意された[62]。

この留意点は、援護法の「戦闘参加申立書」の項目に重なる部分があ

62　安仁屋政昭「総説　庶民の戦争体験記録について」『沖縄県史 10　沖縄戦記録 2　各論編 9』沖縄県教育委員会、1974 年、1096 〜 1100 頁。
63　本章第 1 節 5「戦後 10 年前後〜日本本土の沖縄（戦）認識」の項参照。

るが、ここでは、軍への協力という矮小化された区分を目指したのではなく、この区分によって住民がどのように行動したか（させられたか）の実相を浮き彫りにしていくためのものである。「戦争記録編執筆上の留意点」として沖縄住民の側に立ち、強制的大動員から極限における人間の苦悩、その後の収容所の捕虜生活の実態までを記録することが明記されたことで、「戦闘協力史観」とは全く異なる視点で臨んだことがわかる[64]。証言は座談会方式で集められ、戦場に限定せず、戦争の準備段階から戦後の復興の初めまで、地域的にも主戦場となった中・南部だけでなく北部や離島、沖縄住民の移住・出稼ぎが多かったサイパンなどにも視野を広げ、沖縄戦を多角的な諸相でとらえようと試みている。

　「県史」編纂以後、各地で地域史の発掘が始まった。別掲の【資料Ⅱ】はその主な成果である。

『沖縄戦新聞』第1号（2004年7月7日付18面）

64　鳥山、注48前掲論文、391頁。

資料Ⅱ　主な地域史

　那覇市では「那覇市民の戦時・戦後体験記録委員会」（代表・池宮城秀意、副代表・大田昌秀、太田良博）が設置され、公募による体験者自身の記録、編集記録委員による聞き書き、体験者の座談会記録を編集内容とした。県史の編集方針を踏襲しており、74年に『那覇市史　資料編　第2巻中の6　戦時記録』を出版。81年には『戦時編』と『戦後・海外編』を出版し、さらに『沖縄の慟哭』と題しても刊行した。

　他の市町村では80年代に入って同様の動きが活発化し、自治体ごとの記録がまとまるにつれて沖縄戦の記憶が顕在化するきっかけになった[65]。82年『宜野湾市史　第3巻　資料編2　市民の戦争体験記録』、石垣市史編纂室による83〜85年『市民の戦時・戦後体験記録』第1〜3集、84年『浦添市史　第5巻　資料編4　戦争体験記録』、84年『南風原町沖縄戦戦災調査1　喜屋武が語る沖縄戦』、85年『同2　兼城が語る沖縄戦』、85年『北谷町民の戦時体験記録集　第1集』、名護市戦争記録の会による85年『語りつぐ戦争　市民の戦時・戦後体験録　第1集』、87年『西原町史』、87年『宜野座村史』、89年『座間味村史』。90年代も90年『中城村史　戦争体験編』、90年『渡嘉敷村史』、92年『北谷町史』、94年『知念村史　戦争体験記』、96年『城辺町（宮古島）史　戦争体験編』、96年『竹富町史　戦争体験記録』、97年『与那原町の学童疎開　疎開関係目録』、98年『糸満市史　戦時資料（下）』、99年『伊江村史　証言資料集成　伊江島の戦中・戦後体験記録　イーハッチャー魂で苦難を超えて』、99年『東風平町史　戦争関係資料』、99年『佐敷町史　戦争』、2000年『嘉手納町史　戦時資料（上）』など。

　21世紀に入っても01年『豊見城村史　戦争編』、02年『金武町史　戦争・本編』『同　戦争証言編』『同　戦争・資料編』、02年『読谷村史

65　県史に先立つ55年12月、沖縄市町村会が『地方自治7周年記念誌』を発行している（非売品）。編纂特別委員に仲宗根政善、豊平良顕らが加わり、比嘉春潮も編集に協力。そのねらいは「焼土から建設への歩みを始めた郷土の足跡を残すべき」とし、自治体それぞれの戦争の傷跡を住民の被害状況も詳述しながら記録。住民の具体名も記述している。

第2章　戦後沖縄の新聞ジャーナリズムと沖縄戦報道

戦時記録編上』、03年『糸満市史　戦時資料（上）』、03年『嘉手納町史　戦時資料（下）』、04年『読谷村史　戦時記録編下』、04年『玉城村史　戦時記録編』、05年『具志川市史　戦時記録編』『同　戦時体験Ⅰ、Ⅱ』、10年『北中城村史　戦争論述編』『同　戦争証言編Ⅰ、Ⅱ』、11年『与那原町史　与那原の沖縄戦』、13年『南風原町史　戦争本編　戦世の南風原　語る　のこす　つなぐ』、15年『新大宜味村史　戦争証言集　渡し番　語り継ぐ戦場の記憶』、16年『名護市史本編・3　名護・やんばるの沖縄戦』、17年『沖縄県史　各論編6　沖縄戦』などが続いた。

　このなかで84年に刊行された『浦添市史』は悉皆調査に象徴される実証的科学的な分析をその最大の特徴とし、沖縄戦体験記録集の編集において画期的な編集方針と内容を提示した。この悉皆調査の質と精度を高めたのが『読谷村史』と『具志川市史』とされ、沖縄の市町村史における戦時体験記録編の双壁と評価されている。こうした戦場体験を記録していく取り組みは、字史の編集にも取り入れられ、読谷村楚辺地区の『楚辺誌　戦争編』（92年）では、戦時中は日常語だった「島クトゥバ」での語りを映像に収めている（出典・吉浜忍「沖縄戦後史にみる沖縄戦関係刊行物の傾向」財団法人沖縄県文化振興会公文書管理部史料編集室『史料編集室紀要　第25号』沖縄県教育委員会、2000年など）。

『沖縄の慟哭』

『名護市史本編・3　名護・やんばるの沖縄戦』

『沖縄県史 各論編6 沖縄戦』

66　屋嘉比収「戦後世代が沖縄戦の当事者となる試み」『沖縄戦、米軍占領史を学びなおす』15〜16頁。

2　虐殺の元指揮官をめぐって

　離島で住民虐殺や「集団自決（強制集団死）」に関与した日本軍の元指揮官をめぐり、日本本土復帰前の沖縄で世論が沸騰した。いずれも、「軍の論理」で自らの責任を明言せず、言い訳に終始した。第3章第3節「戦場の記憶」に関連するため、ここでは元指揮官と対峙した当時の両紙の報道を丁寧に追うことにする。

　＜赤松元大尉＞
　戦争体験者の証言が集められつつあった最中の1970年3月26日、渡嘉敷島の住民が強制的に集団で死に追い込まれた事件や住民虐殺にかかわったとされる元指揮官、赤松嘉次大尉が沖縄を訪れ、沖縄側からの反発を受けた[67]。赤松元大尉と元部下は29日、那覇市内で記者会見し、次のように報じられた。

　　記者会見は記者団からの要請で行われたものだが、この中で赤松氏は「私の知らないことも来沖してわかった。不祥事件については指揮官としての私に責任のあることなので、深くおわびします」と述べたが、集団自決の問題にふれると「異常状態では平常では考えられない行動に出てしまうことがあり、同じようなことで自決していったのではないか」と自決命令を下さなかったとの説明をした[68]。

　両紙とも本文で赤松元大尉の言い分をさらに詳しく紹介している。「沖縄タイムス」は記者とのやりとりを省いて談話としてまとめているが[69]、

67　渡嘉敷島の戦没者を慰霊する「白玉の塔」の説明板（2008年3月1日付）によると、援護法関係の公簿から推定して島民330人が沖縄戦で亡くなった。島民が次々と強制的な死に追い込まれた一方、山中に立てこもった赤松元大尉らは民間人を虐殺しながら生き延び、敗戦後、投降した（林博史「強制された『集団自決』『強制集団死』」『沖縄県史各論編6　沖縄戦』2017年、520～521頁）。
68　「琉球新報」1970年3月30日付朝刊社会面。
69　「沖縄タイムス」1970年3月30日付朝刊社会面。

「琉球新報」は一問一答として以下のように紹介した。

（「集団自決を命じたことはないというが、住民を守るべきあなたが生きていて、住民が死んでいる事実をどう思うか」の質問に）戦場という特殊な場のことであって、生きているからどう、死んだからどうということはいえないのではないか。どこから飛んでくるかわからないタマに当たってすぐそばで倒れるのに、自分はタマに当たらなかったということと同じで、運としかいいようがない。生き残った者は日本の再建に努力する。これが人間の道だと思う。また、自決の問題では、普通の状態でも自殺する人がいるように、同じような状態で戦場では、強制されないのに自殺していったと考えられる。（「あなたがとった態度は立派だと思うか」の質問に）これでよかったと思う。しかし、責任者だから命令をしたとかしなかったとかいうことは、いろんな事情があったにせよ、私の指揮、作戦が悪かった。住民の犠牲もあるが、兵隊も死んでいる。戦場では本当に運だ。[70]

これを「赤松事件」と位置づけた「琉球新報」は会見が報じられた同じ日付の朝刊の社説で「沖縄戦の精神的精算」と題し、次のように指摘した。

事件は、はからずも沖縄県民の戦争後遺症や戦争責任の精算というテーマを提起した（中略）そしてこの精算とは、沖縄戦による一般住民への被害はどうして起きたのか。そういったことが二度と起こらないためにはどうすればよいかということに全県民が真剣に取り組むことから生まれよう（中略）（「最後の知事」だった島田知事や日本軍の総指揮官だった牛島中将について、住民保護がなされなかったという視点からみれば、それ

---

70 「琉球新報」1970年3月30日付朝刊社会面。

ぞれ「自らの命をかえりみず沖縄に赴任した立派な知事」や「名将」の評価に疑問が生じると批判したうえで）戦争責任の追及ということになれば、価値や評価の大きな転換となるが、沖縄ではこれがほとんどなされていない。沖縄では戦争の混乱が長く続き、こういった精神革命まで手が回らなかったという状況である。沖縄戦をすっかり精算しなければ、平和憲法の適用を受ける日本国民として、大きな立ち後れを感じることになろう。沖縄戦の体験からわれわれは何かを学び取り、その具現に力をいれるべきだろう。そのときこそ、真の意味で沖縄戦の精算をなしとげたのであり、新生平和日本国民としての発言力を獲得することになるだろう。[71]

　ここで言及された「赤松事件」における住民被害の背景や「戦争責任」について、「沖縄タイムス」では文化面コラム「唐獅子」で長堂英吉が「死と美意識」[72]、星雅彦が「25年前は昨日の出来事」[73]で、それぞれに論じた。また、朝刊文化面で儀部景俊が「戦争責任について　赤松氏の来県に寄せて」を上下2回、連載した。[74]

　この「赤松事件」は読者にも大きな衝撃を与えた。「琉球新報」の「声」、「沖縄タイムス」の「読者から」の欄（いずれも朝刊）には4月中旬にかけ、読者の意見が繰り返し掲載された。「戦争犠牲者は国のいしずえか」（「沖縄タイムス」4月3日付）、「甘かった赤松元大尉の来県」（「琉球新報」4月4日付）、「赤松氏をめぐって」（「沖縄タイムス」4月4日付）、「赤松元大尉来島に思う」（「琉球新報」4月7日付）、「赤松元大尉当時の行動」（「沖縄タイムス」4月7日付）、「『鬼の赤松か』」（「沖縄タイムス」4月8日付）、「正しい戦史の編さんを望む」（「沖縄タイムス」4月9日付）、「赤松元大尉は真相公表を」（「琉球新報」4月10日付）―など。このうち、「甘かった赤

71　「琉球新報」1970年3月30日付朝刊社説面。
72　長堂英吉「死と美意識」「沖縄タイムス」1970年4月1日付朝刊文化面。
73　星雅彦「25年前は昨日の出来事」「沖縄タイムス」1970年4月3日付朝刊文化面。
74　儀部景俊「戦争責任について　赤松氏の来県に寄せて」「沖縄タイムス」1970年4月3日付〜4日付朝刊文化面。

松元大尉の来県」と「赤松大尉当時の行動」は伊江島の住民からである。

　当時、米軍に占領されて渡嘉敷島に移されていた伊江島の島民のなかから女性3人を含む計6人が赤松隊に米軍の降伏勧告を2回にわたって伝えに行かされ、「スパイ」として斬殺された。「赤松元大尉の当時の行動」の行間に、その当時から続く怒りが読み取れる。もうひとり、「甘かった赤松大尉の来県」の投稿者は、戦後、米軍相手に伊江島の民有地強制接収に抗い続けた阿波根昌鴻である。「25年後の今日もなお、当時のように県民を自由にできると、甘く考えて沖縄にやってきたことは疑う余地がない」と書いている。

　＜鹿山元兵曹長＞
　「赤松事件」をめぐる騒動が尾を引いていた1970年の8月15日、「琉球新報」が2年後にさらに沖縄に大きな衝撃を与えることになる「鹿山事件」を予兆させる紙面を展開した。朝刊2社面すべてを使い、「問われる〝日本国民の条件〟／日本軍の久米島住民虐殺事件／証言／玉砕回避努力に／斬殺、砲火の報復／これでも日本人か！／お前たちはスパイだ／米軍より恐ろしい日本軍／久米島の人柱／自存せよ」と全面展開した。記事に指揮官だった「鹿山」の名前は出てくるが、戦後の消息は不明のままだった。

　その久米島住民虐殺にかかわった「鹿山」の行方が、週刊誌『サンデー毎日』によって判明したのが、1972年3月。これを受け、ただちに「琉球新報」が「徳島にいた『久米島虐殺』の指揮官」と社会面トップで報じた。

　『サンデー毎日』では「K」と匿名だった鹿山正元兵曹長は「琉球新報」の記事には実名で登場し、「ワシは悪いことをしたと考えていないから

75　1901年―2002年。平和運動家。沖縄の反戦地主を象徴する存在とされ、伊江島の土地闘争の先頭に立った。55年から翌年にかけ、土地を米軍に奪われた住民とともに「乞食行進」と呼んで沖縄本島全域を7カ月かけて回り、「乞食をするのは恥であるが、武力で土地を取り上げ、乞食をさせるのはなお恥です」と訴えた。著書に『米軍と農民』（岩波新書、1973年）、『命こそ宝　沖縄反戦の心』（岩波新書、1992年）など。
76　「琉球新報」1970年8月15日付朝刊2社面。

良心のかしゃくもない。ワシは日本軍人としての誇りを持っている」と胸を張り、久米島について「那覇は知らんが、久米島は離島で一植民地である」とし、「沖縄に行きたいか」という記者の質問に「とんでもない。二度と沖縄には行かない。いい思い出はないからだ」と語ったことから、日本本土復帰を目前にしていた沖縄社会に「赤松事件」同様の憤激を生み、再び沖縄戦の悪夢の記憶を呼び起こさせた。

　地元議会や国会も動く事態に合わせ、「琉球新報」は以後も続報を連発。3月31日には2社面のほとんどを使って久米島現地に広がった「複雑な波紋」をルポ。さらに、県内住民の声を「全県あげて糾弾を」として見出しを掲げたほか、虐殺事件のあった地元具志川村役場の日誌や具志川村青年学校日誌などをもとに当時の青少年健全育成県民会議事務局次長が編集した『久米島の戦記』から抜粋した日記を10段囲みで扱った。[80]「琉球新報」のこうしたキャンペーンは、4月はほぼ連日、断続的には年末まで続いた。

　読者の反応も早かった。第一報を報じた翌日から「琉球新報」に投書が寄せられ始め、3月27日付朝刊の「声」は「ねむるな沖縄の心／久米島住民虐殺者を告発する」と「鹿山元隊長は即刻謝罪を」の2本を紹介した。以後、投書は4月末まで途切れることがなかった。これを機に自衛隊の賛否、日本政府や日本人批判までに意見は広がり、公害問題や

77　沖縄戦当時、久米島には鹿山正元兵曹長率いる隊員30数人の海軍の沖縄方面根拠地隊電波短信隊が駐屯していたが、米軍上陸直後の1945年6月27日から8月20日の間に、住民20人がこの「鹿山隊」により相次いで虐殺された。一連の事件については、沖縄県教職員組合戦争犯罪追及委員会編『これが日本軍だ　沖縄戦における残虐行為』（沖縄県教職員組合、1972年）、大島幸夫『沖縄の日本軍　久米島虐殺の記録』（新泉社、1975年）、大田昌秀『久米島の「沖縄戦」　空襲・久米島事件・米軍政』（沖縄国際平和研究所、2016年）など参照。なお、「沖縄タイムス」も1969年6月22日付朝刊社会面で「終戦秘話／帰国の日を待つ遺骨／朝鮮出身の谷川さん一家・久米島／突然日本兵が襲撃／女こどもをつぎつぎ斬殺」として取り上げているが、記事のテーマは遺骨の引き取りであり、この時点でも、手を下した日本軍兵士のその後の消息は分からなかったとみられる。

78　『サンデー毎日』1972年4月2日号（3月20日発売）で鹿山元兵曹長への初の単独インタビューを「沖縄のソンミ事件」として特報した。

79　「琉球新報」1972年3月25日付朝刊社会面。

80　「琉球新報」1972年3月31日付朝刊2社面。

復帰不安をテーマにした投書を上まわった。[81]
　特報から1カ月間、「琉球新報」の「声」に寄せられ、掲載された投書の見出しを以下に列挙する。

　「鹿山は起訴できる／『時効停止』の条件は十分」（3月28日付）、「鹿山をきゅう弾する／『日本のアイヒマン』に激しい怒り」（3月29日付）、「鹿山に沖縄の怒りを」（3月30日付）、「鹿山をさばこう／死んだ人々は生き帰ってこない」（3月31日付）、「鹿山を裁判に送れ」（4月1日付）、「鹿山を殺人罪で告発しよう」（4月2日付朝刊）、「鹿山告発に勇気ある証言を」（4月3日付）、「鹿山を裁判に」（4月5日付朝刊）、「亡霊におびえる鹿山兵曹長」（4月6日付）、「憤激を結集しよう／本土は〝沖縄の心〟を踏みにじる」と「虐殺の正当化を許すな」の2本（4月7日付）、「まさにヤクザ集団／許せぬ久米島の虐殺事件」（4月8日付）、「旧日本軍は無能だ／沖縄住民をスパイとは言語道断」と「虐殺事件に誠意で対処」の2本（4月9日付）、「遺族の身を考えよ／政治家はあまりに無責任」と「鹿山元兵曹長は恥を知らぬ」と「〝時効成立〟などではない」の3本（4月11日付）、「住民虐殺は個人的犯罪」（4月12日付）、「鹿山は明らかに処罰できる」（4月13日付）、「甘やかされているのは鹿山」と「鹿山にも反省の機会与えよ」と「鹿山を裁判にかけよう」の3本（4月17日付）、「冷静に時勢をみつめよう」（4月18日付）、「鹿山告発で法を曲げるな」（4月20日付）、「日本軍は捕虜を虐殺した」（4月22日付）、「鹿山調書の公表を」（4月27日付）。

　これほどの反響を生んだのは、「テレビ対決」で鹿山の肉声が伝わり、[82]

---

81 「琉球新報」1972年5月1日付朝刊「声」の「4月の投書から」。
82 「赤松事件」の赤松元大尉は、来県したものの渡嘉敷島での慰霊祭には出席せず、あいさつも元部下が代読。本人の肉声はテレビ・ラジオニュースで断片的に伝えられるだけだった。

「琉球新報」が「沖縄の皆さんえ」という鹿山直筆の「手紙」を原文のまま掲載したことも大きい。

　まず、1972年4月4日、鹿山元兵曹長と久米島で日本軍に虐殺された遺族が、それぞれ東京と沖縄のテレビ局(民放のニュースショー)に出演し、番組内で「対決」した。番組終了直前から東京のキー局に134本、沖縄局に30本の視聴者から電話で感想や意見が寄せられた。注目すべきは、沖縄と日本本土の沖縄戦への意識の乖離が顕著だったことである。[83]「テレビ対決の一問一答」も含めて翌日の朝刊で詳報した「琉球新報」は、横凸版見出し「こころの断層くっきりと」と書いた。[84]

　鹿山元兵曹長の「手紙」掲載は4月15日付朝刊。「沖縄の皆さんえ」と題した「手紙」は以下のようであった。

　　軍人として最大なるものは死と云ふことになって居ります。／この死に対して悠然として死につくことを教育され、又そう信じて居ります。／国家に忠誠を誓って悠然として死を恐れない精神、態度それが軍人の本領であると云ふこと、一般の人が云ふ責任をとる　とは大変違ったものであると云ふことですこれがこの度の報道関係の方々に接した時の私の態度や言動となって居ります。／私の信念は　お国の為に　であった。(中略)おさない子供までも処刑した私の行為については何も申上げることが出来ません。(中略)復員以来自分の上に背負はされている世の中からのあらゆるもの以上に自分自身に対する反省の中に云ひ知れない　云いあらわせない心の痛みの中に生きつづけて居ります。これも軍人であった、指揮官であったものの宿命と思ひその苦衷にたえてこそ／元軍人であり男であり自分一人でなすべき罪のつぐないであれば人に云ふべきすじあいのものではないと考えています。(ママ)[85]

---

[83] 日本本土の視聴者は「戦争の犠牲は沖縄だけではない」、「沖縄を甘やかすな」など7割以上が沖縄に対して批判的であった(大島、注77前掲書、168頁)。
[84] 「琉球新報」1972年4月5日付朝刊2社面。
[85] 「琉球新報」1972年4月15日付朝刊社会面。

これを読んだ遺族は「彼がどんな教育を受けようが、それをまっとうして人殺しをしたことを、戦後27年も過ぎたいまでも誇りにしていることだ。われわれ遺族はこういういいわけを聞こうとは思わない。本当に悪いことをしたと思っていたのなら、記者のインタビューを受けたときに、率直に謝罪しなかったのか。彼には反省の色がないとしか理解できない。それだけに糾弾をやめるわけにはいかない」と憤った。[86]
　「琉球新報」は「対決」の当日夕刊から「久米島虐殺と波紋」を連載（3回）。[87]「沖縄タイムス」は18日朝刊から「27年目の怨念　掘り起こされる戦争犠牲」を5月7日まで14回にわたって連載、沖縄本島でもあった日本軍による住民虐殺のケースにも迫った。[88]
　「対決」に寄せられた日本本土の視聴者の反応は、50年代の「感謝と憐憫」とは異なり、日本本土復帰を目前にした沖縄住民の心をざわめかせた。「赤松事件」と「鹿山事件」は、「日本軍と住民」の記憶を改めて想起させ、元指揮官から発せられた「居直り」にも近い感覚とこれに違和感を覚えない日本本土の一部の受け止め方は、両紙にとって沖縄戦の実相の掘り起こしと、その記憶継承のための取り組みの重要性、意味と意義を強く認識させ、これをいっそう促進・強化する契機になった。

3　「憲法」への想い～「復帰」の日の紙面

　この時期の最も大きな節目は1972年5月15日、日米両国首脳の共同宣言に基づく沖縄返還協定が発効、沖縄の日本本土復帰が実現したことである。ただし、27年間に及んだ米国統治は終わったものの、米軍基地はそのまま維持（後に強化）され、両紙の論調も楽観からは遠かった。歴史的な日を迎えたその日の「琉球新報」は1面で「変わらぬ基地　続く苦悩」と横凸版見出しをつけ、「いま　祖国に帰る」と縦見出しを付けながらも、「沖縄県　きびしい前途／なお残る『核』の不安」と現実

---

86 「琉球新報」1972年4月15日付2社面。
87 「琉球新報」1972年4月4日付夕刊2社面。
88 「沖縄タイムス」の連載は、「久米島・鹿山事件」を8回。さらに「今帰仁村渡喜仁」と「大宜味村白浜」でもあった日本軍による住民虐殺をそれぞれ2回、「まとめ」として村上仁賢（今帰仁の牧師）、宮里政玄（琉球大教授）の分析を各1回続けた。

を厳しく見据えた。「新生沖縄県民の誓い　全国民と平和、自治の確立へ」と題した社説でも沖縄戦に触れ、こうした問題点を指摘して次のように論じた。

> 　戦争の悪夢を身をもって体験し、さらに長期間にわたる米軍基地と同居し、米軍政下にあって、戦争と平和について確固たる信念を持つ沖縄県民として沖縄基地の撤去、縮小を含む日米安保条約の再検討について、積極的に発言し、国民の理解と協力を得ていかなければならない。
> 　沖縄県民は憲法の適用外にあったにもかかわらず、日本国民として憲法を目標に、米軍政に批判を加え、試行錯誤を重ねながら、着実に自治の幅を広げてきた（中略）四分の一世紀にわたる異民族支配の中で手さぐりで体得した平和、自治、福祉の尊さを、再び沖縄県民はもちろん本土の国民に同じ屈辱と苦しみを味わわせないために国民世論及び国の政治に反映させるのが、沖縄県民の責務だと信ずる。[89]

「沖縄タイムス」はこの「自治」を1面の見出しに据え、横凸版で「新生沖縄、自治へ第一歩」とし、「日本国民の地位回復／27年の米統治おわる／復帰協は抗議大会開催へ」の縦見出しにも厳しい現状を反映させた。その社説「現在の歴史の時点で……」は沖縄県民として新たに向き合うことになる憲法についてやや抽象的に論述し、沖縄戦やその後の米軍統治について直接の言及はない。それだけ「アメリカ世（ゆ）」から「ヤマト世（ゆ）」への「世（ゆ）がわり」に直面した現実を受け身ではなく能動的に受け止めるにはいかになすべきかという切迫した思いが当時の沖縄社会にあり、憲法への期待感、信頼感がこれを支えていたと言えよう。社説は「日本への復帰は、沖縄の地位の正常化を意味するかもしれないが、現実には異常な政治状況のなかにおかれることになる。それを現在の歴史としてどうとらえるか。そこにわれわれの選択の問題が

---

[89] 「琉球新報」1972年5月15日付朝刊社説。

ある」という前書きで始まり、その結びはこうである。

> 現在を歴史としてとらえ、それに参加するには、いくつかの視点があるかもしれない。しかし現段階の共通の課題としては、やはり現在の憲法の原点への理解を深め、実践していくことではないのか。個の確立を通じて、まず自分自身に対処することによって、同時に強力な集団の権利と連帯をつくりあげていくことではないだろうか。[90]

「沖縄タイムス」は同じ日の18面をすべて使い、「日本国憲法全文」を掲載した。解説も評論も添えられてはいなかったが、憲法への想いが逆に強く伝わってくる。翌16日の社説でも憲法が綴られた。

> ＜新生沖縄県＞は、多くの不安な荷物を背負って、きのう誕生した。正確な言いかたをすれば、5月15日午前零時を期して、沖縄は米国の軍事統治を脱出し、日本国憲法のもとに帰った。自分の意志に反し無理やりに、憲法のない政治体制の中へ放り出されていた100万にも及ぶ国民が、自分の国の憲法下に戻ったのだから、これはたしかに歴史的なできごとである。（中略）＜沖縄県＞──それはたんに地方公共団体としての法人格が復活したことをいっているのではなく、そこに住む100万の県民が、＜主権在民＞を骨格とする憲法によって、個人の尊厳を土台とするあらゆる国民的権利を、取り戻したことを指しており、それであるがゆえに歴史的なのである。[91]

この想いで現実を直視する。憲法を手にして沖縄の新聞ジャーナリズムは沖縄戦報道でも切っ先がさらに鋭くなっていく。

---

90 「沖縄タイムス」1972年5月15日付朝刊社説。
91 「沖縄タイムス」1972年5月16日付朝刊社説。

4　33回忌（ウワイスーコー）〜「個人の体験」から「全体の体験」へ

　1977年は戦没者の33回忌の年だった。沖縄では「ウワイスーコー（終わり焼香）」と呼ばれる伝統的な宗教行事として、一連の法事に区切りをつける。しかし、戦没者は平時の死者ではない。通例の慰霊行事で終わらせることには割り切れない感情を持つ遺族も多かったはずである。「慰霊の日」に当たって平良幸市知事が例年の追悼行事に加えて一歩踏み出した「平和宣言」を行い、世界の平和を沖縄から積極的に取り組んでいく姿勢を示したのも、こうした遺族や住民の心をくみ取ったものであった。これを踏まえて「琉球新報」は「慰霊の日」の社説で「33年忌、平和への決意」として次のように書いた。

　　平良沖縄県知事は33年忌の慰霊の日に当たり内外に「平和宣言」を行った。沖縄戦を生き残った庶民の戦争体験を記録に残そうという動きも活発化してきている。戦後処理を1日も早く終わらせ、戦争につながるおそれのある基地の撤去をはかるとともに、悲惨な戦争の体験を、くわしく、正確に記録、戦争資料を保存し、戦争を知らない子供たちに、戦争を否定し、平和を維持する決意を固めさせ子孫にも継承させる。それが33年忌に当たって戦没者への誓いでなければならない。[92]

　この節目の年、「琉球新報」は「33年忌への鎮魂譜」（6月13～27日付朝刊、12回）、「沖縄タイムス」は「悲しみの歳月　沖縄戦33回忌」（6月17～23日付朝刊、6回）と「生活の中の6・23　33回忌を迎えて」（6月20～24日付夕刊、4回）をそれぞれ社会面で展開した。「沖縄タイムス」は文化面でも「汚名の軌跡　ある教師の復権」を連載（6月14～24日付朝刊、9回）し、スパイ容疑を掛けられて日本軍に虐殺された教師に焦点を当てた。いずれも沖縄戦と向き合った住民の視点に貫かれている。

　最も長く展開されたのが「琉球新報」の1面連載「これが沖縄戦だ

92　「琉球新報」1977年6月23日付朝刊社説。

33年忌」である。大田昌秀が米国で入手した写真と寄稿で構成され、米軍が慶良間諸島に上陸した「3月26日」(1945年)の翌日に当たる「3月27日」から南西諸島の日本軍が降伏調印した「9月7日」(同)まで、休むことなく129回にわたって続いた。また、終了と同時に『写真記録 これが沖縄戦だ』として出版された。新聞連載でも、出版された本でも、とりわけ生々しい写真が戦場の実相をより具体的に伝える効果を生んでおり、読者＝住民の記憶をいっそう強く当時に引き戻し、想像力も呼び覚ました。また、長期にわたる連載によって他人の体験を自身のそれと重ね合わせることができるようになり、戦没者への慰霊も戦争の記憶の継承も個々の遺族のものにとどまらず、沖縄全体に広がっていく契機となったと位置づけられよう。映像と記憶喚起の連鎖は、後の「1フィート運動」でさらに広がっていくことになる。

【第2節のまとめ】
「復帰」前後から県市町村史の編纂を中心とした沖縄戦の記憶の掘り起こし事業が始まり、さまざまな証言の発掘によって個々の記憶が住民全体の記憶に広がるきっかけとなった。それは新聞／記者が沖縄戦についての取材対象を新たに獲得できたことを意味する。一方、渡嘉敷島でいわゆる「集団自決（強制集団死）」や住民虐殺に関与したとされる元隊長が来沖（1970年）し、久米島でスパイ容疑をかけた住民を「処刑」＝虐殺した元指揮官が遺族と〝テレビ対決〟(1972年)した。復帰を前に、「加害者」側から忌まわしい記憶を引き出された住民の強い反発を招くと同時に、「日本軍とは何であったのか」を問うキャンペーン、連載に両紙は取り組んだ。これを機に浮き彫りになったのは、沖縄戦に対する日本本土の受け止めが1950年代の「同情と憐憫」に交じって、「沖縄だけが戦争でつらかったのではない」という冷淡さが表面化し始めた時代に変わっていったことでもあった。多くの矛盾を残したままであったが、「復帰」後の沖縄ジャーナリズムは沖縄戦の記憶継承の意味を、国民主権、基本的人権の尊重、平和主義を掲げた日本国憲法の理念に重ねることで追求することになった。

第3節　記憶継承の転機（沖縄戦報道の質的充実期。「命どぅ宝」の（再）発見。1981年～1994年）

1　異例の「統一アピール」と「消えた住民虐殺」
　　＝教科書検定問題への取り組み

　復帰からまる10年を迎えた1981年6月23日、「琉球新報」と「沖縄タイムス」が足並みをそろえて朝刊1面に「平和と非核を求める」とした「統一アピール」を掲載した。ライバルである両紙が全く同じ文面で共同宣言とも言えるアピールを載せたのは極めて異例のことだ。全文を読んでみよう。

> 　太平洋戦争最後の決戦場として国内唯一の悲惨な地上戦を強いられた沖縄県民にとって、最近の政府による軍事優先への急傾斜は、まことに憂慮すべきこととして受け止めざるを得ない。
> 　改憲論議に始まり、有事法制や徴兵制の研究、教科書検定制度の強化、予算編成方針における防衛費の〝聖域化〟など、言論の自由が圧殺され軍国主義に突き進んだ戦前の暗黒時代を、われわれに想起させるものがある。
> 　また、米政府高官らによる相次ぐ発言で表面化した日本への核持ち込みの疑惑も解明されていない。これは沖縄も含めた日本の核基地化を事実上黙認したことになり日本の国是である「非核三原則」のなしくずしを意味する。
> 　国民は、平和にして文化的な生活を享受する固有の権利がある。沖縄県民の本土復帰も、日本国憲法下「平和で豊かな県づくり」を志向することにあった。
> 　われわれは、日本が核時代の軍拡競争熱にあおられて平和憲法の精神を見失い、再び軍国への道を歩むことを恐れる。ここに人類を絶滅の危機から救うためにも、米ソ超大国をはじめとする世界の核保有国に核廃絶を訴えるとともに政府が非核三原則を堅持することを強く要求する。[93]

なぜ、このアピールが生まれたか。文面にあるように憲法は当時、改憲論議にさらされていた。警鐘を鳴らさなければ、政府は軍事優先へ急傾斜するばかりだという危機感が背景にうかがえる。アピールの直接のきっかけは、核持ち込み疑惑だった。

　1981年の5月18日、「毎日新聞」が朝刊で「米艦船、核搭載で日本に寄港」の見出しで米軍による日本への核持ち込み問題に関するライシャワー元駐日大使の発言をスクープした。その内容は、①核の持ち込みとは核兵器の日本への陸揚げ、貯蔵を意味する。②核兵器積載の米国の艦船、航空機の日本領海・領空通過は核持ち込みにあたらないとの日米間の口頭合意がある。③これに基づき米艦船は核積載のまま日本に寄港している―というもの。発言者の地位の重さ、経歴、識見から、それまでの非核三原則と事前協議の空洞化論争に重大な影響を持つのは当然で、米軍基地が集中する沖縄でも重大視され、両紙も同日夕刊で追いかけ、以後連日、この問題を報じた。

　「統一アピール」は、復帰前から沖縄県民の間でくすぶっていた日米両政府の核問題についてのあいまいな説明に対する不信感の表れであった。そして、両紙が沖縄戦の記憶を前提に、憲法の精神を堅持して「平和で豊かな県づくり」を再確認する宣言でもあった。

　このアピールが紙面化された直前の6月19日から3日間、日本新聞学会が沖縄で開かれていた。学会の冒頭、大田昌秀は「現存する沖縄2紙は反体制的新聞として知られている。この間でつぶれた新聞は親米的権力擁護のもので、民衆はそれをつぶしてきた。2紙は読者の厳しい批判にもたえてきた」と評価したが、一方で戦後の社説の分析から「1952年ごろまで復帰問題には極めて消極的なとりあげ方であった。政治問題に傾斜を見せたのは土地闘争が盛り上がってからで、新聞が問題を提起

93　「琉球新報」、「沖縄タイムス」共に1981年6月23日付朝刊1面。
94　「琉球新報」は1981年6月23日付朝刊社説でも「『平和』はかちとるもの　6・23『慰霊の日』に寄せる」の見出しで「慰霊行事にとどまるな」と主張し、「『真の慰霊』とはなにか」と問いかけながら「政治の右傾化」に抗して平和と反戦の集会も開かれることを紹介し、「平和は決して与えられるものではなく自らかちとるものである」とした。

して世論を引っぱるのではなく、世論ができてから社説で書くというパターンができた」と批判。このため将来に向けては「いったん言論を規制する法律ができたら、果たしてそれに真っ向から批判できるか不安になる」と課題を提起した。はからずも「統一アピール」はこうした危惧を払拭する新聞の姿を示す契機となった。

　両紙の「統一アピール」の翌年、沖縄戦をめぐる教科書検定問題が起きた。始まりは1982年6月26日付の「毎日新聞」だった。この検定で沖縄での日本軍による住民虐殺が削除されていたことについて、社会面の「戦争責任ぼかす」の記事のなかで「沖縄での日本軍による住民虐殺事件の記述は『出展の沖縄県史は一般資料ではない』との理由で削除」と短く触れた。文部省（当時）が行った1983年度使用の教科書検定が6月25日までに終了し、沖縄の両紙も6月26日付で掲載したが、共同通信の配信記事をもとにした両紙の記事には住民虐殺が削除されていたことへの言及はなかった。この事情について「沖縄タイムス」は後日、「教科書検定が明らかにされたのが6月25日。そのさいに、全国紙や地元紙がいっせいに『戦時色におう復古調の検定』と、その内容を報じた。そのときは沖縄の住民虐殺の削除については本紙でも確認できなかったため、論議にならなかった」と紙面で説明している。沖縄の両紙は「毎日報道」を裏付け取材するのに時間を要し、住民虐殺削除の報道開始が1週間以上も遅れた。この間、先行した「毎日新聞」は報道翌日付の社説でさらに踏み込み、次のように指摘していた。

　　　どう考えても納得できないことは、大戦末期の沖縄における
　　日本軍の住民虐殺事件の削除だ。「出典の沖縄県史は第一級の
　　資料ではない」という理由だというが、それが事実だとすれば、
　　これこそ教科書検定が教科書調査官の恣意によることの証明で

---

95 「沖縄タイムス」1981年6月21日付朝刊2面
96 「沖縄タイムス」1982年8月16日付朝刊総合面「教科書検定　沖縄戦　住民虐殺　本紙の投書欄から」の経過説明部分。

ある。沖縄県史は、沖縄県が編集した公式の資料だ。この戦史は生存者多数の証言を含む詳細な戦争の記録であり、その資料価値は極めて高い。それが「第一級」でないなら、いったいどんな資料が「第一級」といえるのか[97]。

「毎日新聞」に先行された沖縄両紙は、「沖縄タイムス」が7月4日付朝刊1面トップで「『日本軍による住民虐殺』／高校教科書から全面削除／沖縄戦の重要な事実／執筆者の修正案も認めず／右傾化の一環／県内でも論議必至」と追いかけ、「琉球新報」も7月6日付朝刊1面トップで「事実抹殺図る文部省／教科書の沖縄住民虐殺削除／修正経過で鮮明／『検定』の在り方問題化」と報じて、これに続いた。

教科書に対する検定制度については、先に挙げた両紙の「統一アピール」でも政府による制度強化が「戦前の暗黒時代を想起させるもの」として明記している。それは、一部勢力によって教科書の「偏向キャンペーン」が展開され、これを受けた形でそれまでの記述を修正・改ざんが進むことへの憂慮であり、危険性の指摘でもあった。それだけに、アピール翌年に具体的に出てきた住民虐殺の削除の動きに対し、両紙とも7月以降の連載・特集で大々的に教科書に沖縄戦の実相を記載することの重要性を指摘し続けた。

両紙のこの時期の取り組みに対する沖縄の識者の評価は高く、岡本恵徳は「頼もしく思った」として次のように書いた。

> この問題をめぐって印象的なことに、「沖縄タイムス」「琉球新報」という地元の新聞2紙が、その健在ぶりを発揮したことがある。久しぶりに、地元紙がこれだけその機能を発揮したのをみて、頼もしく思ったことであった。マスコミも商業紙である以上、営業を考えなくてはならない以上、こういう取り組みが営業上、どのような影響をもつか考えるのは当然であろう。その上でこのようなキャンペーンが張れたということは、未だ

---

[97] 「毎日新聞」1982年6月27日付朝刊社説面。

沖縄において沖縄戦の体験が全く風化し去ってはいなかったことを例証したともいえる。こういう新聞のありかたは、読者のありかたに支えられているわけであるが、同時に新聞のキャンペーンが、問題の所在を明らかにするだけでなく、読者を大きく励ます力を持っているのである。

　一連のキャンペーンのなかでも工夫が見られたのは、「琉球新報」の連載「沖縄戦と継承　削除された県民虐殺」と「沖縄タイムス」の連載・特集「平和への検証　なぜ今、沖縄戦なのか」だった。いずれも、報道手法を工夫して住民虐殺の事実を繰り返し伝え、新たな証言も掘り起こして沖縄戦の記憶の継承が喫緊の課題であることを読者に提示しながら、教科書からの削除のねらいがどこにあるのかを明らかにした。

　連載「沖縄戦と検証」は、記者による「虐殺はあった」（5回）を第1部とし、第2部は沖縄戦研究にかかわっている名嘉正八郎、大城将保（嶋津与志）、大田昌秀、田港朝昭、石原昌家、平良宗潤による「記録再見」（15回）、第3部を記者による「教育」（6回）として展開した。これまでなら、記者によるものは社会面、研究者の寄稿は文化面にと分けられるのが通例だが、この連載では双方が同じタイトルのもとに同じ面で協力・分担して歴史的事実としての虐殺を浮き彫りにしていった（計26回）。

　「平和への検証」は、これよりも長い企画で、3部で構成された。第1部「実相」35回、第2部「37年目の風景」10回、第3部「根からの問い」16回の計61回を8月から12月まで展開し、その結びとして12月22日付朝刊で記者3人による座談会「殺害　遠い過去ではなかった『平和への検証』を終えて」を特集した。

98　岡本恵徳「教科書問題と沖縄戦を考える」（『琉球弧の住民運動』第21号、1982年11月、『「沖縄」に生きる思想　岡本恵徳批評集』未来社、2007年、155頁）。
99　「琉球新報」1982年7月11日から8月15日まで朝刊2面で連載。
100　「沖縄タイムス」1982年8月14日から12月20日まで朝刊1面などで連載及び特集展開。

2　記者が（再）発見した「命どぅ宝」

「平和の検証」取材班の手法と筆致は、従来にないものだった。記者自身が教科書検定問題をどう伝えるのかと悩み、取材相手とどんなやりとりがあったのか、さりげなく、しかし率直に文章にした。住民虐殺の「削除」を「明記」に変えさせなければ、という取材相手の想いに重ねた記者の感覚が行間からうかがえる。記者の息づかいを知るために、長文の引用も交えながらその作品としての記事を以下、読んでいく。例えば、連載第２回はこうである。

> いま起こっている教科書問題を説明して話をするのは難しい、と思った。しかし、日本軍の〝やり方〟を聞かなければならない。／「防衛隊から帰ってきたら日本軍がたくさんいて、壕は追い出すし、食べるものは取るしね」「日本軍はわるいですよ」「ヤマトに知らせたほうがいいですよ」／うまく表現はできないが「伝えて欲しい」との心があった。「ゲートボールはやらないですか」と聞いた。「腰が痛くて」と笑った。[101]

記者は、この10年前の日本本土復帰直前の沖縄社会を揺るがした「鹿山事件」[102]の久米島にも足を運んでいる。これを連載第４回では、次のように伝える。

> カマさんは一人、昼食をとっていた。「沖縄タイムスから……」と来意を告げようとすると、「もう思いだしたくないんですよ」。一瞬、緊張し、いやいやとかぶりを振った。「申しわけありません」と。（中略）10年前の証言が、あわててかぶりを振ったカマさんの今に続く悲しみを伝える。[103]

101　「沖縄タイムス」1982年８月15日付朝刊１面「平和への検証　いまなぜ沖縄戦なのか２　第１部『実相』・真栄平」。
102　本章第２節２「虐殺の元指揮官をめぐって」参照。
103　「沖縄タイムス」1982年８月17日付朝刊１面「平和への検証　いまなぜ沖縄戦なのか４　第１部『実相』・山の兵隊１」。

そして、各地で証言取材を重ねるなかで、連載第34回は「ある言葉」にたどり着く。

> 「名誉の降伏」をいさぎよしとしない旧日本軍の玉砕思想については、戦後、多くの人によって語られているが、取材班は、沖縄戦体験者の証言を採録する過程で、玉砕思想とは異質な考えに、何度も突き当たった。/（引用者注、防衛隊員として従軍した体験者が、部隊を離れ、家族の元に逃げた３人の例を紹介）/沖縄戦で防衛召集された住民は２万２千人とも２万５千人とも言われる。彼らは防衛隊と呼ばれ、各部隊に配属された。対象者は満17歳以上満45歳までの男子。しかし、兵力不足を補う必要性から次第に年齢制限は有名無実となり、口頭で壕から駆り出される、というケースも生じた。/徴兵による軍隊教育を受けていない防衛隊員は戦場で、陣地構築、弾薬輸送、伝令、通信などに従事した。竹やり訓練程度の経験しかない防衛隊員は、自らを「棒兵隊」と呼んだ。「これは軍隊として召集したのではなく、〝防衛召集〟の名の下に、実は苦力（クーリー）部隊を編成したのであった。軍夫では都合が悪いので、召集兵ということにして、軍服を着せたのである」と、池宮城秀意氏は『沖縄に生きて』の中で指摘している。/多くの防衛隊員は、軍の玉砕思想が希薄だった。訓練も経ずに、家庭からそのまま戦場に駆り出された防衛隊員は、従来、彼らが持っていた考え方、「命ど宝」（ママ）だという考え方に従って行動したのではないか。[104]

この連載の第１部は次の第35回「命（ぬち）ど宝・下」で終幕を迎える。

---

[104]「沖縄タイムス」1982年9月21日付朝刊1面「平和への検証 いまなぜ沖縄戦なのか 34 第1部『実相』・命（ぬち）ど宝・上」。

「おれはこんなばかな戦争で殺されやしないよ。もしも沖縄に米軍が上陸しても、捕虜になるから心配するな」／当時、県立図書館の司書だった池宮城秀意さん（79）は、そう言って疎開に旅立つ妻子を励ました。1944年8月16日のことである。翌年2月10日、池宮城さんの下に防衛召集の令状が届いた。池宮城さんは球部隊に配属された。／「君たちは今日から陸軍二等兵だといわれて、ウリヒャーと思った。自分たちとしては兵隊だという意識はなかった」／兵隊意識の欠如、希薄な玉砕思想――。これが防衛隊員の一般的な特徴だった。（中略）住民虐殺や集団自決などの気の重い取材を重ねてきた取材班は、防衛隊員の中に、本土出身の将兵とは全く異質の思考様式があったことを知り、これをひっくるめて「命（ぬち）ど宝」という言葉で呼ぶことにした。「命ど宝」という考え方は、「生きて虜囚の辱を受けず」という戦陣訓とは相いれない。／防衛隊員の部隊離脱は少なくなかった。たいていの場合、彼らは家族の身を案じ、どうせ死ぬなら家族とともに、と考え家族の元に走った。「うちの隊にも脱走して家に帰り、2、3日してから原隊に戻った若い防衛隊員がいた。（家族が沖縄にいれば）自分だってそうしたと思う。あの時は、そういう人がたくさんいた」と、池宮城さんは言っている。／池宮城さんは今、「沖縄戦を考える会」の会長として沖縄戦の掘り起こし、体験継承に精力を注いでいる。「沖縄戦で沖縄の人たちは戦争の本質を完全にさとった」という池宮城さんの言葉の中には、体験者の確信が脈打っている。

この後に続く大城将保の言葉で、連載は結ばれる。

　同会（引用者注、「沖縄戦を考える会」）事務局長の大城将保県史料編集所主任専門員は指摘する。「戦場における沖縄民衆の生きざま死にざまを直視する時、そこから立ちのぼってくるのは、〝命ど宝〟という言葉である。とくに防衛隊の行動を追跡していくと、最後につきあたるのは、〝命ど宝〟という本音

であった」「鉄の暴風をかいくぐってきた沖縄の民衆にとって〝命ど宝〟という言葉ほど胸にずっしりと響く重い言葉はあるまい。その言葉こそ、われわれは、死んでいった十数万の同胞たちの暗黙の遺言と受け取ってよいだろう」(新沖縄文学43号「戦争体験は継承しうるか」)[105]。

記者が取材から見出した「命ど宝」(以下、現在の表記「命どぅ宝」を使用) という言葉。屋嘉比収はこの言葉の登場を「沖縄戦の記憶を語る新たな枠組みの発見」と位置づけた。

> それは、教科書問題をきっかけとして、体験者の証言を採録しながら「沖縄戦とは何だったのか」を深く問いかける連載の取材過程で「命どぅ宝」という言葉が見出され、その言葉が初めて新聞紙上で登場した瞬間であった。そのことは、「命どぅ宝」という言葉によって沖縄戦の記憶を語る新たな枠組みが「発見＝創造 (Invention)」されたことを意味した。とくに注目したいのは、沖縄戦の研究者のあいだで使用されていたこの「命どぅ宝」という言葉が、新聞紙上で取り上げられ多くの県民の耳目にふれて認識されたことで、その後に沖縄戦を語るさいの一つの言説を形成したという経過である[106]。

実際、これをきっかけとして、その後、さまざまなところでこの言葉が使用され、現在では、沖縄戦の記憶を呼び起こすための象徴的な言葉として多くの催しや、教育現場などで定着し、ほぼ日常用語化している[107]。

---

105 「沖縄タイムス」1982年9月22日付朝刊1面「平和への検証　いまなぜ沖縄戦なのか 35 第1部『実相』・命 (ぬち) ど宝・下」。
106 屋嘉比収「歴史を眼差す位置　『命どぅ宝』という発見」(上村忠男編『沖縄の記憶／日本の歴史』未来社、2002年、屋嘉比『沖縄戦、米軍占領を学びなおす　記憶をいかに継承するか』世織書房、2009年、205頁)。
107 沖縄戦をテーマにした演劇「命どぅ宝　響け平和の鐘」は沖縄各地の小中学校で平和学習の一環として演じられている。また、糸満市摩文仁の平和祈念公園には「命どぅ宝」の碑が建立され、伊江島には反戦平和資料館「ヌチドゥタカラの家」がある。

それは、虐殺の文言を削除しようとした政府・文部省にとって、全く想定外の反戦メッセージを込めた沖縄発の強いカウンターパンチであった。核戦争の危機感から発した両紙の「統一メッセージ」にはなかった言葉を、その1年後に「（再）発見」した沖縄ジャーナリズムの沖縄戦報道は、さらに厚みと深さを加えていく。

　例えば、「琉球新報」の企画「戦禍を掘る」はそれまでの「常識」を破って通年で展開した長期連載で、1983年8月14日付朝刊でスタートし、第1部は1984年8月10日付朝刊まで208回。1984年11月14日付朝刊で第2部として再開し、1985年4月18日付朝刊まで89回。足かけ3年で計297回に及んだ。これをまとめて1995年に出版した『証言 沖縄戦 戦禍を掘る』（琉球新報社）の「はじめに」は企画の目的を「私たちは、必ずしも風化に抗する形で企画を展開したわけではありません。お説教がましい形式論はやめて、情報交換の役割を担うべく、心掛けました」、「傷つき倒れた同胞の最期をみとり、埋葬した沖縄戦の生き残りがかなりいるとみられる。これら関係者の情報を得て、一人でも多くの遺族に戦没場所を伝達すること」、「さまざまな戦争被害者の再会を願って、出会いの十字路役を果たそうというものです」としている。「戦没地不明」だった人の遺族に戦没当時の模様を知らせようという踏み込んだ試みへの反響は大きく、連載が終わった後もこの「出会いの十字路」への問い合わせが続いていたことから、連載終了10年後の出版という異例の取り組みとなった。こうした事情について「はじめに」は、新聞人としての反省と読者の沖縄戦報道への期待の大きさを次のように書いている。

　　連載を進めるにつれ、取材班がじくじたる思いにかられたことがあります。沖縄戦に対して気まぐれなのは、時の流れでも人々の心でもなく、新聞自体ではなかったか、という反省です。企画「戦禍を掘る」に寄せられた読者の熱い思いは、戦争への憎しみと平和への願いとともに、新聞への応援歌だったのではないか。[108]

108　琉球新報社『証言　沖縄戦〜戦禍を掘る』琉球新報社、1995年、10頁。

「命どぅ宝」を新聞／記者と読者との「合い言葉」のように共有し、読者から「新聞への応援歌」を感じ取った沖縄ジャーナリズムは、この後も繰り返される沖縄戦の書き換え企図を阻止しようとする読者の「土地の記憶」にいっそう寄り添い、この言葉を前面に押し立てて積極的に反戦・平和の言説を発信していくことになる。

3　「1フィート運動」と「沖縄からのアピール」

　沖縄戦の記憶継承が教科書検定を機に喫緊課題として浮上した翌年の1983年12月8日。米軍が撮影した沖縄戦の未公開フィルムを県民の募金で入手しようという「子どもたちにフィルムを通して沖縄戦を伝える会」（以下、「1フィート運動」）が発足した。発起人（肩書きなし）は、池宮城秀意、豊平良顕、仲宗根政善、牧港篤三、福地曠昭、宮里悦、大田昌秀、安仁屋政昭、新崎盛暉、宮城悦二郎、石原昌家、外間政彰の12人（決議文と趣意書はそれぞれ【資料Ⅲ】、【資料Ⅳ】として別掲）。うち3人（池宮城、豊平、牧港）が「琉球新報」と「沖縄タイムス」出身の新聞人である。

　市民運動として沖縄戦の記憶を記録してきた「1フィート運動」は2013年3月15日をもって解散した。運営委員の高齢化、購入フィルムの保管・活用、事務局の維持・運動経費の捻出など、沖縄住民を中心にした一般市民からの浄財に支えられた組織の維持・運営の困難が解散の理由だった。

　30年間の運動で寄せられた浄財は、約8900万円。これをもとに購入したフィルムは11万フィートにのぼった。フィルムには音声がなく、当初は弁士を立てて説明を加えていたが、後にフィルムを中心にした日本語版映画『沖縄戦　未来への証言』、『ドキュメント沖縄戦』を制作。さらに、映像と沖縄戦体験者の証言を折り込んだ『沖縄戦の証言』『軍隊がいた島　慶良間の証言』も制作して各地で上映活動を展開した。映像は国連をはじめ、世界各国の沖縄県人会、平和団体にも届けられ、沖縄戦の実相を海外に伝えた。こうした動きを両紙はフィルムの写真を紙面に載せ、情報提供や「名乗り」を呼びかける企画も展開して「1フィー

ト運動」と連携した。

　教科書問題で新聞が沖縄戦についてこれまでにない取り組みを発揮し、「１フィート運動」が住民に支えられて盛り上がっていく流れを受けた形で、戦後40年を迎えた1985年3月26日、米軍が慶良間諸島に上陸して沖縄戦の始まりとなった日に合わせて「沖縄からのアピール」が発表された。呼びかけ人は、「１フィート運動」の発起人でもあった池宮城、豊平の新聞人２人を含む12人。県内の有識者149人が賛同者として名を連ねた。「沖縄タイムス」は翌27日朝刊で「1985年3月26日　米軍沖縄上陸満40年の日に　平和を愛する、沖縄の、日本の、そして世界の友へ」とするアピール全文を掲載した（【資料Ⅴ】として別掲）。

　このアピール文は①沖縄戦を被害者の立場からとらえただけでなく、アジア・太平洋の民衆にまで視野を広げて15年戦争への反省をも統一的にとらえ、②世界的規模の反核運動の一環として位置づけ、③反戦平和、核廃絶を具体的に呼びかけた―ことが特徴であった。

109　呼びかけ人（肩書きは当時）は、安里源秀（前沖国大教授）、新崎盛暉（沖大学長）、池宮城秀意（沖縄問題を考える会）、上村幸雄（琉大教授）、大田昌秀（琉大教授）、平良修（牧師）、高宮広衛（沖国大学長）、桃原用行（元復帰協会長）、豊平良顕（学術文化連盟会長）、中山興真（元人権協会理事長）、宮里悦（沖婦連会長）、屋良朝苗（元県知事）の12人。池宮城と豊平の２人は1980年1月にも「平和をつくる百人委員会」の結成を呼びかけ、「平和を求めるには武器を取るのではなく、武器をこそすてなければならぬ」とアピールしている。第4章第4節「新聞人の責任～記者たちの覚悟」参照。

資料Ⅲ　「1フィート運動」の会結成決議文

　私たちは悠久の歴史を、ある時は誇らかに、ある時はつつましく生きてまいりました。そのような沖縄の歴史の暗黒の1ページが、あの『沖縄戦』でありました。／今、沖縄戦記録フィルム1フィート運動の出発にあたって、私達は誓います。／未来永劫にわたって、再び『沖縄戦』をくり返すことはありません。／そして、平和な沖縄。／平和な世界をつくるために最大限の努力を尽します。[110]

資料Ⅳ　沖縄戦記録フィルム「1フィート運動」について趣意書

　沖縄戦とは一体何だったのでしょうか。戦後38年経った今も沖縄の人々は問い続けます。沖縄戦を体験した世代は、『あの人間が人間でなくなる日』は二度とあってはならないと考えます。沖縄戦を知らない世代は『何故この様な愚かしい戦争が沖縄を破滅させたのか』を問い続けます。今、沖縄は平和を享受しているかの様に見えます。しかしながら、『沖縄戦』が二度と来ないという保証はどこにもありません。／沖縄の子孫達が未来永劫にわたって『戦争を知らない世代』であるためには、『沖縄戦』を永遠に語り継がねばなりません。／また、沖縄戦がいかに、なぜ戦われたのか、その責任は誰にあるのか、永遠に追及されねばならないのです。／そして沖縄戦の映像を伝える貴重な未公開フィルムが、アメリカ国立公文書館を始めとする、アメリカ各地の資料館に保存されております。その膨大な量に及ぶ未公開フィルムはいまだ手つかずのまま眠っているのです。私たちはこの未公開フィルムを38年間の眠りから覚まして、沖縄戦を知らない世代にその実像を伝える事を決意いたしました。／フィルム入手の手続きは意外にも容易なのですが、その調査と

---

[110]　「子どもたちにフィルムを通して沖縄戦を伝える会」『一フィート運動十周年記念誌』1993年、173頁。

収集にはかなりの経費を要するのが難点です。しかし、これも私たちひとりひとりが手を携えれば必ず成就できるものと信じます。／アメリカの未公開フィルムもようやく陽の目を見て、その真価を世に問う時が到来いたしました。ひとりが１フィートのフィルムをという精神から、今後沖縄戦未公開フィルム入手運動を『沖縄戦記録フィルム１フィート運動』と名付けます。／皆様のご支援、ご協力を仰ぎたいと思います。[111]

資料Ⅴ　沖縄からのアピール

　今年、1985 年は、沖縄戦、原爆被爆、日本の敗戦後満 40 年目にあたります。

　40 年前、沖縄の島に５カ月ものあいだ、鉄の暴風が吹き荒れ、集団自決、日本兵による虐殺などで多くの住民の生命・財産が奪われ、そして、広島、長崎に人類史上初めての原爆がさく烈し、瞬時にして阿鼻叫喚の地獄絵図が現出、さらに、アジア・太平洋の国々を侵略した 15 年におよぶ日本の戦争の歴史に、第二次世界大戦の敗北というかたちで終止符がうたれたことを、私たちは、決して忘れません。

　あれから 40 年、私たちは、そのあまりにも大きく苦い犠牲と罪責の体験を無にせず、真の平和をかち得てきたでしょうか。沖縄は戦後もアメリカ極東戦略の拠点として 27 年におよぶ軍事支配のもとにおかれ、復帰後も、そして現在もアメリカの核戦略体制の中枢基地としての役割を負わされ、いったん戦争になれば、核攻撃の第一目標とされる状況にあります。

　米ソを中心とした核軍拡競争は際限がなく、世界の核保有量のわずか１％たらずの核爆発で「核の冬」が訪れ、地上のあらゆる生物が死滅するといわれています。そして、現実にさまざまな形で核戦争の危機が迫っているのです。ところが、唯一の被爆国である我が国の現状は、政治、軍事、経済、文化、教育など社会の多くの部門において、急速に軍国主

111　「子どもたちにフィルムを通して沖縄戦を伝える会」、注 110 前掲書、173 ～ 174 頁。

義的傾向をつよめ、戦前体制へ逆転するかのような動きを顕著にしています。

　あれから40年、今ほど戦争の危機がつよまったときはありません。しかし、同時に、日本の、世界の反核、平和への叫び、願いが、これほどたかまったこともないでしょう。

　私たち沖縄県民は、沖縄戦のなかで、「ヌチドゥタカラ（命こそ宝）」という尊い教訓を体得しました。この反戦の思想を、人類の破滅に直結する核戦争の危機のなかで、今こそ戦争への動きを阻止する思想、「抗議して生き残る」思想にたかめなければなりません。

　そして、平和がいかに大事であるか、すばらしいか、その尊さをかみしめ、平和をつくるための積極的な生き方をみんなのものにしたいものです。どんなことがあっても、私たちは再び戦争の被害者や加害者になってはなりません。

　あれから40年、戦争への危機がこれまでになく迫っているとき、戦中、戦後現在にいたるまで戦争に直面させられてきたこの沖縄から、私たちは、声を大にして、心の底から、戦争の悲惨さ、恐ろしさ、愚かさとその罪悪性を訴え、平和の素晴らしさ、尊さと平和への共同の義務を、多くの人々に呼びかけていかなければならないと考えます。

　平和は座してかちとることはできません。私たちは今年を「沖縄の平和年」と位置づけて、県内の各自治体や各団体・個人が、思想・信条・立場の相違をこえ、それぞれの分野で「反戦平和」「核廃絶」をめざし、核も基地もない平和な沖縄を建設するためのさまざまな行動に立ち上がり、創意くふうをこらして「沖縄のこころ」を全国、そして全世界に伝えていく一大キャンペーンを展開されるよう心から訴えるものです。

　平和をつくるひとりひとりの祈りや行動、一つ一つの組織の行動が、やがて一本の大きな奔流となり、日本を、そして世界を動かす大きな平和の力となることを信じてやみません。[112]

112　「沖縄タイムス」1985年3月26日付朝刊2面。

4　沖縄と昭和天皇

　沖縄戦での住民虐殺は米軍が手を下したケースもあったが、ほとんどは日本軍によって引き起こされた[113]。沖縄戦の記憶の大半は、日本軍の戦場での行動、振る舞いにかかわるものだ。

　住民が「友軍」と呼んだ日本軍は「天皇の軍隊」とされていた。その天皇（昭和天皇）が1989年1月7日、死去した。両紙ともこれを号外で伝え、当日夕刊から「沖縄と天皇」の歴史を追い、その意味を問う紙面を展開、さまざまな連載も始めた。

　「沖縄タイムス」の7日付夕刊の「沖縄と昭和時代」は、昭和天皇が天皇としては唯一訪れたことのない沖縄とのかかわりを踏まえて「本土と異なる天皇観／3度あったご訪問の機会」の見出しをつけた解説でこう書いた。

　　沖縄の人々にとって、昭和という一時期ほど起伏の激しかった時代はない。戦争があり、戦後の異民族統治の時代があった。本土の尺度では推し量れない沖縄の県民感情は、このような歴史体験に根を持つ。（中略）NHK放送世論調査所が57年（ママ）3月に実施した沖縄住民意識調査は、県民の天皇観を知るうえで、興味深い。天皇は尊敬すべき存在かどうか、の問いに対し、「そう思う」と答えた人41％、「そうは思わない」と答えた人37％。全国の「そう思う」57％、「そうは思わない」20％と比べると、際だった違いを示している。（中略）沖縄が明治の天皇制国家に組み込まれたのは1879年。昨年は、「琉球処分」から110年にあたるが、戦後27年間の米軍統治時代を差し引くと、百年にも満たない。／日本史を貫く長い天皇の歴史を考えると、この期間は、やはり、短いというべきである。しかも、沖縄の人々は、本土の人たちがかつて味わったことのない、住民を巻き込んだ地上戦闘と、異民族統治を経験した。（中略）沖縄戦を体

---

[113]「沖縄タイムス」1982年9月10日付〜13日付朝刊3面「平和への検証　いまなぜ沖縄戦なのか35　第1部『実相』・バックナー中将の死・上中下」。

験した人々の微妙な心のひだは、ひと言では言い尽くせない。陛下の沖縄のご訪問とは、実は、重い体験を引きずる人々の琴線に触れることであり、天皇サイドに立ってみれば、過去の歴史に区切りをつけ、新しい時代の第一歩を踏み出すことであった。（中略）沖縄にとって「昭和」とは何だったのか。たぶん、県民一人ひとりが「それぞれの昭和」を抱え持っているに違いないが、あえて沖縄が歩んだ昭和の歴史を要約すれば、他律的な力に翻弄された64年、だと言えるかもしれない。／繰り返して言えば、このような歴史体験を重ねた地域はほかにない。[114]

　沖縄と天皇（制）の関係を語るとき、欠かせない要素として「琉球処分」以降の歴史と沖縄戦、米軍統治という日本本土とは異なる歴史体験について、この解説は簡潔に述べている。以後の両紙の膨大な連載、特集もこれら要素を踏まえて展開される。その一つとして、両紙が企画した座談会を読む。

　「琉球新報」は大城立裕、新崎盛暉、宮城晴美の鼎談（司会・野里洋文化部長）「昭和と沖縄」を1月8日から11日まで4回にわたって連載した。[115] 第1回は全ページの特集で、沖縄の近現代史を「独自な精神史を形成」の見出しで表現、「沖縄の『昭和』は三段階」、「皇民化　米軍占領　揺れた県民の心」、「『日の丸』『君が代』問題　脱色されて生き延びる」、「天皇ご来沖の機会はあった」。第2回は「元号は意味がない」、「戦前引きずる昭和天皇」。第3回は「画一化のシンボルに」、「マスコミが一線を画す」。第4回は「様変わりするか天皇制」、「儀式が賛否の意識分ける」（いずれも見出し）―と展開した。

　「沖縄タイムス」は大田昌秀、船越義彰、宮城喜久子、幸喜良秀の座談会（司会・豊平良一編集局長）を1月9日朝刊で2ページを見開いて特集した。[116]「本土との亀裂深く　歴史の違いまざまざ」の見出しのもと、

---

114 「沖縄タイムス」1989年1月7日付夕刊5面。
115 「琉球新報」1989年1月8日付～11日付朝刊文化面。
116 「沖縄タイムス」1989年1月9日付朝刊8・9面。

「明治から昭和」の項目では「特異な歴史体験」（大田）、「王家に強い愛着」（船越）、「皇民化徹底の世代」（宮城）、「自らの文化捨てる」（幸喜）。「沖縄戦の特徴」の項目では「本土防衛の捨て石に」（大田）、「悔しかった大宅発言[117]」（宮城）。「不連続の昭和史」の項目では「容易でないミゾ解消」（船越）、「異質性を突きつける」（幸喜）、「生き方を絶えず模索」（宮城）、「若い世代の努力期待」（大田）──とした。

こうした「総括」が語られるなか、「朝日新聞」が１月11日付朝刊で元侍従長の日記を明らかにした。敗戦から２年後の1947年９月、昭和天皇が側近を通して占領軍総司令部に対し長期にわたる沖縄の軍事占領を希望したことを伝えたとする、いわゆる「天皇メッセージ」に関して、昭和天皇自身がその32年後の1979年４月19日、「沖縄を米国が占領して守ってくれなければ、沖縄のみならず、日本全土もどうなったかしれない」と元侍従長に話した──という内容だった。

「天皇メッセージ」はすでに進藤榮一が雑誌『世界』1979年４月号に掲載した論文「分割された領土」で米国の公開資料をもとに発表していたが、当時の政府は「事実関係は不明」などとしていた。しかし、これが結果的に沖縄の米軍占領が長期化する引き金になった可能性もあるとして国会で論議され、沖縄でも大きな反響を呼んだ。元侍従長の日記は再びこれを裏付けたことになり、沖縄の両紙とも当日の夕刊で「朝日新聞が元侍従長の日記として明らかにしたところによると」[118]としてすぐに１面トップで報道し、沖縄での天皇をめぐる論議はさらに高まった。

その後、「天皇メッセージ」を明らかにした進藤は「沖縄タイムス」に「『天皇メッセージ』をめぐる断章　いくつかの批判に答えて」を寄稿した[119]。進藤によると、論文発表当時、沖縄のメディアはともかく、日本本土のメディアはこの問題について、ほとんど正面切って扱うことが

117　評論家、大宅壮一が1959年６月、沖縄を取材した際、沖縄戦で命を落とした学徒らを「動物的忠誠心」「家畜化された盲従」と批判したことが大きな反響を呼んだ。
118　「沖縄タイムス」1989年１月11日付夕刊１面、「琉球新報」1989年１月11日付夕刊１面２版。他紙名を明記して追いかけ記事を掲載するケースは当時ほとんどなかった。しかし、事態の重要性を考慮したうえで報道する際にこらした工夫の記事表現だった。
119　「沖縄タイムス」1989年１月26日付〜２月１日付朝刊文化面で連載（５回。）

なかった。昭和天皇の死と元侍従長の日記によって再び脚光を浴びた「天皇メッセージ」の意味について、進藤は寄稿の最後を次のように結んでいる。

> 「権力は悪をなさず」という政治観を私たちが持ち続ける限り、そして政治と外交とを、民衆の側からではなく権力の側から捉え続けようとし続けるかぎり「天皇メッセージ」の持つ重みは、私たちの手にした「1946年憲法」の持つ重みとともに、限りなく薄められ、歴史の暗闇のなかに永遠に消え去ってゆくにちがいない。（中略）政治と国際関係を、ワシントンであれ東京であれ、それら中心からではなく、〝辺境〟と人が呼ぶところから見返すこと。私たちが現に住み生きているその場所こそが〝中心〟であって、その地を軸に政治や国際関係を考えるしたたかさを、私たちが手にしないかぎり、デモクラシーの木は、けっして育つことがないだろう。[120]

昭和天皇の死によって、その戦争責任も含めた沖縄戦の実相、そこに至った経緯に沖縄住民と沖縄ジャーナリズムはあらためて向き合うことになった。この年、保守の西銘順治・県知事が打ち出した「慰霊の日」の休日廃止案をめぐって両紙が明確に反対の論陣を張ったのも、沖縄戦の記憶の風化を食い止めるためだった（後に休日存続が決定）。進藤の言葉は、そうした沖縄ジャーナリズムへのエールであったことは言うまでもない。

【第3節のまとめ】
　両紙が異例の「共同宣言」を出し、非核・平和報道が沖縄ジャーナリズムの理念であることを明らかにしたこの時期、沖縄戦史編纂事業に直接かかわった石原昌家、大城将保ら沖縄戦研究者や、仲程昌徳、岡本恵徳ら当時気鋭の文学研究者らが主に文化面を中心とする紙面で積極的に

120　「沖縄タイムス」1989年2月1日付朝刊文化面。

発言を始め、大田昌秀は米国の公文書を駆使して沖縄戦の実相研究に基づいた記憶継承の意味を説き、両紙の沖縄戦報道に指針を示していく。日本軍による住民虐殺という沖縄戦の実相が検定で教科書から削除、書き換えされる事態を契機に、両紙はそれぞれに筆致も企画内容も工夫を重ね、各自治体での沖縄戦証言の掘り起こしがいっそう活発化したこともあって、以後、沖縄戦関連の特集や社会面の関連企画記事が急速に充実していった。また、沖縄戦当時の米軍が撮影した記録フィルムを買い取る「1フィート運動」が立ち上がり、フィルムを目にしたことで記憶が呼び起こされ、それまで胸の奥に封じ込めていた想いを語り始める人たちが増えてきたことも、記者の取材機会を飛躍的に増やした。昭和天皇の死は、沖縄戦をあらためて想起させ、その記憶の継承の意味を問う沖縄ジャーナリズムの姿勢がさらに鮮明になっていく。

白旗の少女（沖縄県公文書館所蔵）

第4節　記憶継承の定着(沖縄戦報道の工夫期。
　　　　　記憶抹消に抗して。1995年～)

1　仲宗根政善の遺したもの

　1995年は戦後50年の節目の年に当たった。「琉球新報」「沖縄タイムス」両紙はこれまで以上に沖縄戦の企画・特集報道に力を入れた。「琉球新報」は前年の8月16日付朝刊から始めた連載「学童たちの疎開」を年をまたいで継続(4月16日付朝刊まで計105回)し、元旦付朝刊で「20万人の尊い命が犠牲になった沖縄戦…あれから50年」「金網の中の原風景　基地に眠るふるさと」を特集した[121]。「沖縄タイムス」も「平和への新たな出発点」「繁栄の世に続く戦後処理」を特集した[122]。

　この年、革新知事・大田昌秀が平和行政のシンボルとして構想した「平和の礎」が沖縄戦の「終焉の地」とされる摩文仁に建立、除幕された(6月)。その礎に刻印される沖縄出身者14万5491人の戦没者名簿が両紙朝刊に県の広告特集として掲載された翌日の1月17日早朝、マグニチュード7・3の直下型地震が兵庫県南部を中心とする阪神地区を襲った。

　大地震の犠牲者は死者6435人、行方不明2人にのぼった。伊勢湾台風(1959年)の犠牲者5098人を上回り、東日本大震災(2011年)が発生するまでは戦後最悪の自然災害となった。沖縄出身者も多く住む地域での大災害だったため、両紙とも被災地に記者を派遣。以後、しばらくは震災関連の記事が紙面を埋め、戦後50年の記事、企画、特集も休載や待機を余儀なくされた。そんななか、2月14日朝、仲宗根政善が息を引き取った。享年88歳。両紙とも1面で大きくその死を伝え、「ひめゆり学徒引率」の見出しで50年前の「そのとき」を読者に想起させた。

　「琉球新報」は「平和思想貫いた仲宗根氏」の見出しの社説で、「くしくも今年は、戦後50年の節目。因縁を感じる。平和主義者の精神を多くの人たちが受け継いでいる。その継承を約束し、めい福を祈りたい」

---

[121]「琉球新報」1995年1月1日付朝刊元旦別刷り特集。
[122]「沖縄タイムス」1995年1月1日付朝刊元旦別刷り特集。

と結んだ。社説が仲宗根を偲び読者に対して「継承を約束」したのは、主語こそないが、「平和主義者の精神を受け継い」だ多くの人たちとその列に連なる（はずの）継承媒体としての新聞／記者であった。それは、仲宗根の死に臨んで継承を自覚した沖縄の新聞／記者の意思表示でもあったろう。社説でこうした「約束」を明言させるほどの影響力を持って仲宗根はその生を閉じた。

　仲宗根は1993年、自らが代表を務めた「1フィート運動」の10周年の活動をまとめた記念誌に以下のような「発刊のことば」を寄稿している。

　　　沖縄戦を体験したわれわれは、沖縄戦がどんな戦争であったのか、その実相を、戦争を知らない世代に伝える義務がある。しかし、戦争は、体験者の心の底に沈んでこりかたまり、口に出してことばにすると、うつろになり、文字を書けばからっぽにひびく。ことばや文字では伝えようのないもどかしさを感じる。

　この文章は「さいわい、アメリカに、沖縄戦の実況をそのまま写したフィルムが保存されて」と続けており、これを活用して沖縄戦の実相に迫ることの意義を行間に語る。だが、それにしても、言語学者でもあった仲宗根に言葉や文字へのむなしさを、沖縄戦はここまで深く感じさせたのである。それでも仲宗根は、文字に託して想いを刻み続けた。

　仲宗根によって1951年刊行された『沖縄の悲劇―姫百合の塔をめぐる人々の手記―』（華頂書房）はその後、『実録　ああひめゆりの学徒』（文研出版、1968年）、『沖縄の悲劇―ひめゆりの塔をめぐる人々の手記―』（東邦書房、1974年）、『ひめゆりの塔をめぐる人々の手記』（角川書店、1980年）と出版社、題名を変えながら改訂を重ねた。仲宗根はその都度、その時代状況を読み取って「まえがき」を加筆・修正しながらも、一貫して「戦争につながる一切のものを拒否する」とする姿勢を貫いた。各

123　「琉球新報」1995年2月15日付朝刊5面社説。
124　「子どもたちにフィルムを通して沖縄戦を伝える会」、注110前掲書、15頁。仲宗根は日記でも同様趣旨のことを書き残していたことが、仲程昌徳『「ひめゆり」たちの声　「手記」と「日記」を読み解く』（Mugen、2012年、207～208頁）で紹介されている。

版に共通する「まえがき」の次の記述に、その想いが読み取れる。

　乙女らはもとより戦を好んで戦死したのではなかった。いたづける勇士をいたわり女性のもつ優しい天性のゆえにたおれたのである。
　この悲劇が戦後、あるいは詩歌によまれ、あるいは小説につづられ、演劇舞踊になって人々の涙をそそっている。ところがこの事実は、しだいに誤り伝えられ伝説化しようとしている。乙女らは沖縄最南端の喜屋武の断崖に追いつめられて、死の孤独感におそわれ、岩肌にピンで自分の最期を記していた。
　ふたたびあらしめてはならない最期の記録であった。乙女らが書き残そうとした厳粛な事実を私は誤りなく伝えなければならない義務を負わされている。洞窟に残した重傷の生徒たちのことを思うと、この記録は私にとって懺悔録でもある。戦場に記した乙女らの血の足跡をありのままに記すことは、亡き乙女らへの供養にもなろうかと、灯油もなかった終戦直後、ビンに入ったマラリア蚊の防止薬をともして厳しい軍政にも気をくばりながら書きためた。私は乙女らの胸に飾られた赤十字のマークが永遠に輝くことを信じている。世界の人々が国境を越えて、この乙女らに花を手向ける日がくることを信じている。
　この記録は文学でもなく、生き残った生徒の手記を集めて編纂した実録であり、氏名も日時も場所も正確を期した。肉親のかたがたには、娘や妹の面影をしのんでいただけたら幸いである。[127]

125　主な加筆・修正は次の通り。「原子爆弾の威力をもってしては、地上から戦争をなくすることはとうてい不可能である」（1951年版）、「B52が飛行場に居座り、原子力潜水艦が自由に那覇の港に出入りしている今日、はっきりその叫び声が聞えてくる」（68年版）、「本土に復帰しても沖縄基地は日本全体の53％（引用者注、当時）を占め、その機能はますます強化されつつある」（80年版）など。
126　仲宗根政善『ひめゆりの塔をめぐる人々の手記』として刊行（角川書店、1980年）された「まえがき」に追加された表現。

仲宗根は引率した生徒たちと沖縄本島南部の戦場をさまよううち、米軍の砲撃を受けて首を負傷している。生徒たちと自決の寸前にまで追い込まれたが、「死んではならない」と自らと生徒たちを諫めて生き延びた。こうした自分自身の体験だけでも記録として成り立つはずであったが、それを主題にした本にはしなかった[128]。敢えて生き残った生徒たちの手記をまとめるという形をとった。「まえがき」の最後で「この記録は文学でもなく、生き残った生徒の手記を集めて編纂した実録」としているのは、生徒たちの複数の目を借りて主観を排し、沖縄戦を沖縄（人）側から視たノンフィクションとして正確に描くことに徹しようとしたからであろう[129]。

　沖縄戦記は最初、戦闘に参加した日本本土出身の元軍人・兵士の手によって書かれたことは本章第1節ですでに述べた。そこには、元軍人・兵士の主観はあっても巻き込まれた住民への視点、記述が決定的に欠落していた。ひめゆり学徒隊を思わせる描写は軍人・兵士の捕虜生活に主眼を置いた『沖縄俘虜記』（宮永次雄、1949年）に見られるが、「首里の山／柔き乳房に弾あてて／純き生命を／咲き散りしひと」という歌とともに女学生の「純情な最期」が噂として記され、早くから殉国物語風

127　仲宗根、1951年版の「まえがき」（引用者注、旧漢字を新漢字に改めた）。この中の「演劇舞踊」が74年版では「演劇、舞踊」と修正され、80年版では「映画、演劇、舞踊」となり「映画」が書き加えられた。

128　仲宗根の個人史については、「沖縄タイムス」が1991年6月20日付朝刊（国際面）から「相思樹に吹く風　仲宗根政善と時代」（長元朝浩記者）を翌92年4月23日付朝刊まで断続的に145回連載。さらに93年9月1日付朝刊から「第2部」を同年12月8日付朝刊まで55回続けた。これは本にはまとめられていないが、仲宗根の歩みを知るための代表的作品となっている。

129　岡本恵徳、仲程昌徳対談「仲宗根政善の戦争・戦後体験と倫理」（「沖縄タイムス」1995年2月23日付朝刊文化面）。生徒たちの手記を折り込んだ仲宗根の手法について岡本は「自分の体験を絶対視しない。自分の体験だけでこれが沖縄戦なんだよという姿勢をとらない。生き残った人たちに、それぞれの体験を語ることが大切なんだと言いたかったのではないか。それが現在の語り部たちの出発点になっているという気がする」と語り、仲程は「戦後生き残った生徒たちが集まって話したら、同じ所にいても、それぞれが、全然、違う受け取り方をしていることがわかった。同じものを見ていない。個人の体験を集めないと、とても戦争の全体は見えないんですね。多くの手記を集めることによって立体的な全体像をつくろうとしたと思います」と分析している。

に捕虜収容所で語られていたことが分かる。こうした受け止められ方を仲宗根が危惧し、さらに、1950年に勃発した朝鮮戦争を機に沖縄で米軍基地建設に拍車がかかり、硝煙の臭いが漂い始めた時代にさらに危機感を強めたことが刊行の動機となった。

　仲宗根の危惧には、「ひめゆりの乙女たち」がさまざまな思惑で消費されてきたことへのいたたまれない気持ちが含まれている。ひめゆり学徒隊の一員だった宮良ルリは、「仲宗根先生がいつもおっしゃっていたが、美化することで私たちの歩んだ道がまた、再現される。そのことを非常に恐れる」と語っている。

　仲宗根が心を痛めた背景にあるものとして戸邉秀明は、「保守の側が英霊にまつりあげ女性の健気な忠誠の像を打ち出せば、革新はその同じ女性像を無垢な犠牲の象徴として描き出し平和運動の資源とした。両者とも、日米合作による沖縄の分離が沖縄に対する日本の戦争責任を忘却させた結果であった」と分析する。1953年以降、映画化もされて日本本土でも広く知られるようになる「ひめゆり」のイメージについては「映画というメディアによって国民共通の戦争体験の一部に強固に組み込まれ、その結果、かえって沖縄に対する日本の加害性は無化された」と指摘している。1995年は、5度目の映画化の年でもあった。

　この年の「6・23」をはさんだ沖縄戦についての連載の柱は「琉球新報」が「未来へ刻む　50年目の6・23」（6月1日付朝刊〜7月8日付朝刊、30回）、「沖縄タイムス」は「次代へ」（6月5日付朝刊〜6月30日付朝刊、20回）だった。その企画の意図には、静かに、しかし、断

130　ひめゆり学徒隊をめぐる語りは、米軍が設置した捕虜収容所内で始まった。旧日本兵の三瓶達司が女学生の話を耳にし、想像も入れて物語にまとめた。娯楽の少ない捕虜収容所内の朗読会で好評を博し、次々に写本が生まれ、この一つが宮永の『沖縄俘虜記』に収められた（仲田晃子「『ひめゆり』をめぐる語りの戦後史」沖縄県教育庁文化課史料編集班『沖縄県史　各論編8　女性史』沖縄県教育委員会、2016年、346頁）。
131　岡本恵徳「仲宗根政善先生と『ひめゆりの塔をめぐる人々の手記』」『追悼・仲宗根政善』沖縄言語研究センター、1998年、248〜253頁。
132　「琉球新報」1995年5月28日付朝刊特集面「平和を考える　次世代へのメッセージ①」での宮良へのインタビュー。
133　戸邉秀明「戦争・証言・記憶　沖縄」成田龍一、吉見俊哉編『思想読本5　20世紀日本の思想』作品社、2002年、103頁。

固として恒久平和と反戦を次世代に継承しようとして戦後を生きた仲宗根の想いが期せずして投影されていた。[136]

　仲宗根の思想は引率教師としての自身の存在を厳しく見つめることから出発している。この年の新聞も、戦争に加担した戦時中の自らの姿勢を問うた。「沖縄タイムス」は「6・23」当日の朝刊で「慰霊の日に不戦誓う」とした社説を1面トップに掲げた。その論は「私たちは先輩新聞人の苦悩と反省を心に刻み、ジャーナリズムの使命を自覚した言論報道を貫く責任をかみしめるものである」と、新聞人としての決意で締めくくった。[137]

2　少女暴行事件の衝撃〜鮮明になった新聞の立ち位置

　「6・23」を経て、「8・15」を過ぎて間もなく、戦後50年の沖縄の矛盾を象徴する事件が沖縄本島で起きた。これを機に、日本本土復帰後で最大規模の反基地運動が高まり、両紙の報道も熱を帯びていく。それは、沖縄が対峙するものが米軍と並んで日本政府(とそれを支える日本本土住民の無関心)であることを明示する立場からの紙面展開であった。「40年ぶりの島ぐるみ闘争」[138]「戦後50年の島ぐるみ闘争」[139]となって沖

134　「ひめゆり」の名が冠せられた映画は、1953年、62年、68年、82年、95年に制作された。62年の『太平洋戦争とひめゆり部隊』(大蔵映画)以外の4作品は「ひめゆりの塔」がタイトルになっている。生き残った元学徒隊員の証言を中心にしたドキュメンタリー映画も2007年に公開された。仲程は「『ひめゆり』の読まれ方—映画『ひめゆりの塔』四本をめぐって」(『日本東洋文化論集(9)』琉球大学法文学部、2003年)で大蔵映画作品を除く4作品について論じている。

135　この連載では、登場人物を沖縄戦当時の年齢で表記した。後の『沖縄戦新聞』の手法の先駆けであった。

136　「沖縄タイムス」の連載「次代へ」の第1回(1995年6月5日付朝刊1面)は、元ひめゆり学徒の生存者が記憶をたどるところから書き起こしている。

137　「沖縄タイムス」1995年6月23日付朝刊1面。「琉球新報」の社説は通常のオピニオン面(5面)に置かれた。「戦争の教訓を次の世代に正しく継承することは、私たちの責務である。さらに一歩進めて、平和の創出のために何ができるか、考えたい」と「私たち」の自覚に触れた。

138　「沖縄タイムス」1995年9月23日付朝刊1面。事件に対し最初に憤りの声をあげた女性団体などの動きを伝える記事の見出し。

139　「琉球新報」1995年10月12日付朝刊社会面連載のタイトル。

縄住民が怒りに燃えることになる事件の第1報は、しかし、ささやかに過ぎた。「琉球新報」の9月8日付夕刊社会面は2段見出しで次のように伝えた。

> 県警などは8日までに、婦女暴行の疑いで米兵3人の逮捕状を取った。3人の身柄は米軍捜査機関（NCIS）が確保している。
> 事件は4日夜、本島北部地区で発生、米兵3人が買い物帰りの小学生を車に連れ込み、近くのビーチで小学生に暴行を加えた疑い。事件後、県警などは緊急配備を敷いて、現場から車で逃走していた3人組の行方を追っていた。県警などは犯行に使用されたレンタカーなどから3人組を割り出し、調べを進めていた。県警は米軍に対して、身柄の引き渡しを求めている。[140]

わずか19行の雑報扱い。なぜ、こうなったのか。事件発生から1カ月以上が経過した10月15日付朝刊で「琉球新報」はこの「異例の対応」について検証記事を載せた。

> 【見送った発生記事】事件が発生したのは9月4日午後8時ごろ。ゲート前での検問など警察の異様な動きをキャッチした事件現場の地域を担当する本紙記者は、およそ2時間後に痛ましい事件の概要を知った。
> 許しがたい凶悪な犯行だった。記者は本社の社会部デスクと相談した。
> 「地域の家族からマスコミに発表しないように頼まれている。書くなら十分に配慮してほしい」と警察側から要望のあったこと、書けば地元の人には被害者がだれだか分る可能性がある——などを報告。
> 相談の結果、被害者の人権を守る立場から事件発生の報道は見送られた。

---

140 「琉球新報」1995年9月8日付夕刊社会面。

被害者が特定されかねない現場の地域性を考慮し、被害者周辺、犯行現場、学校の取材を一切しない、という異例の取材方法を決め、犯人が特定され県警の逮捕状が出た時点で話し合うことを決めた。

　翌9月5日午後、県警は事件の概要を文書で発表。9月7日、県警は米兵3人の逮捕状を取った。県警が逮捕状を取ったことを確認して第1報は出稿された。事件から4日後の8日夕刊「暴行容疑で米兵3人の身柄拘束」の見出しで掲載された。

　事件発生から報道されるまでの間、本紙には「何故事件を報道しないのか」という声や、「被害者のことを考えて報道しないで」という声が寄せられた。

　捜査にかかわったある県警幹部は「仮に翌日（9月5日）の朝刊に報道されていたら、被害者の人権に大きな支障が出てくるので実況見分もできなかっただろう」と語った。

　事件報道後、県民の反応は想像以上だった。

　大田昌秀知事は強い怒りを表明。県議会は軍特委の招集を決めた。各界からも怒りの声が上がった。

　政治問題化していく過程で、県外からも新聞はもとよりテレビや週刊誌などのさまざまなメディアの取材陣が殺到した。事件の起きた地域は取材攻勢にさらされた。[141]

　同じ時期、米軍基地強制使用の署名問題に直面していた大田知事が事

---

[141]　「琉球新報」1995年10月15日付朝刊社会面。検証記事は、少女の人権を守ろうとする地域住民の動きや、取材の自粛にも触れている。メディアが現場に殺到して混乱状態になる「メディアスクラム」という現象は当時、沖縄にはなかった。それまで地元に密着しながら地域、読者と比較的良好な関係を保ちながら取材を進めてきた沖縄の両紙にとって、日本本土のワイドショー的な興味本位の「取材」は驚きをもって受け止められた。

[142]　米軍用地は沖縄戦中から戦後にかけ強制的に接収され、使用されていた。日本本土復帰に際し、日本政府は軍用地主と賃貸借契約を結んだうえで米軍に土地を提供する措置をとったが、この契約を拒否する地主もおり、強制使用を可能にするために知事が代理署名するなどの法整備を進めた。1982年以降は1952年に制定された米軍用地特措法（駐留軍用地特措法）を適用し、土地の強制使用が行われている。

件を機に代理署名拒否に踏み切ったこともあり、米兵犯罪、米軍基地の存在をめぐる日米地位協定[143]の矛盾が一挙に噴出した形となって両紙の報道は過熱の一途をたどった。関連の連載、特集も含めた記事量は、戦後50年の沖縄戦報道をはるかにしのいだ。「私たち地元紙にとっても、今度のことは新聞の真価が問われているとの認識」[144]に立っての取り組みを展開していったからだ。

　その記事量は、9～10月の2カ月間だけでも、関連社説は「沖縄タイムス」29本（9月11本、10月18本）、「琉球新報」28本（9月8本、10月20本）の計57本。関連の企画、特集と日々の動きを追う単発ニュースを合わせると、ほぼ連日、しかも1面、政治面、社会面に書き分けるという大展開であった。

　知事や市町村議会、教育委員会などに加え、女性団体が「基地があるが故に戦後一貫して続く沖縄の女性に対する人権侵害」という視点を提示して立ち上がった。沖縄女性史家の宮城晴美と高里鈴代ら「基地・軍隊を許さない女たちの会」は「うるま新報」「沖縄タイムス」「琉球新報」の地元紙、米民政府の資料など計28点の資料・著作などから戦後沖縄のレイプ犯罪をピックアップし、「犯罪表」にまとめた。それによると、沖縄戦が始まった1945年3月から日本本土復帰の1972年5月までの米軍占領下の沖縄で米兵による沖縄女性への性犯罪は当時の集計で245件。しかし、事件の性格上、伏せられたケースも多く、新聞などに掲載された例も一部に過ぎないため、実態はこの数字をはるかに上回るとされた。

　沖縄県警がまとめた復帰後23年間の米兵犯罪を検挙件数でみると4790件。凶悪事件だけを拾い上げても、殺人12件、強盗355件、婦女

143　日米安全保障条約に基づき締結された「日米安全保障条約第6条に基づく施設及び区域並びに日本国におけるアメリカ合衆国軍隊の地位に関する協定」のこと。17条5項の規定により、米軍人とその家族が罪を犯した場合、日本の捜査機関が容疑を固め起訴するまで、米軍側の身柄は米軍当局が拘束するとしている。このため、1995年のこの事件の場合も地位協定を盾に日本側への身柄引き渡しが拒否されるという事態になった。

144　琉球新報編集局「基地問題を理解するために　発刊にあたって」『異議申し立て基地沖縄　琉球新報の紙面に見る』琉球新報社、1995年、13頁。

暴行111件。また、米兵犯罪や基地に関する事件・事故のたびごとに、県議会や市町村議会、各種市民団体などは、日米当局に対し、抗議と同時に再発防止を訴えてきた。米軍による事件・事故に対する県議会の抗議だけで、実に125回にのぼった。[145]

事件を機に、米軍兵士の犯罪にいっそう鋭い視線が送られようになり、一気に高まった沖縄の大衆運動は日本本土復帰後で最大規模のうねりとなった。新崎盛暉は当時の動きについて、住民が沖縄戦と戦後史を結びつけて考えるようになったととらえた。

> 事件が報道されると、さまざまな抗議行動が、まるで堰を切ったようにあふれ出した。それには、それだけの理由があった。
> まず第一に、この事件はちょうど40年前の1955年9月に発生した「由美子ちゃん事件」[146]の衝撃をまざまざとよみがえらせた。抗議行動に参加した一人の若い女性がある集会で「わたしたちは小、中、高校と平和教育を受け、沖縄戦の悲惨さを教えられ、今の平和を大切にしようといわれてきたが、今が平和ではないことを痛切に感じた」と語った。1995年9月には、復帰後の平和教育の内実もまた問い直され、沖縄戦と戦後史が結びつき始めたのである。[147]

この時期の両紙の論調を分析すると、事件発覚直後の具体的対応の要求（容疑者の引き渡しと、その壁になっている日米地位協定の改訂）が、大田知事による代理署名拒否、米軍基地の整理・縮小要求へと変化している。これは沖縄住民の意識の深化を反映したもので、両紙の社説は民意に寄り添う形で「われわれ」を主張の主語として多用した。これに着

145　新崎盛暉『沖縄現代史』岩波新書、1996年、204～205頁。
146　1955年9月、石川市（現うるま市）で当時6歳の由美子ちゃんが米兵に連れ去られ、レイプされたうえに斬殺された。容疑者は死刑判決を受けたが、その後45年の重労働に減刑された。ところが、実際は、法の届かない本国に帰されてしまった（宮城晴美「米兵による犯罪」『沖縄を知る辞典』日外アソシエーツ、2000年、70頁）。
147　新崎、注145前掲書、204頁。

目した山腰修三によれば、その「われわれ」とは「告発者」であり、「被害者」でもあり、その立場に立つ者の総称である。そして、「われわれ」に対置する「彼ら」、つまり、米軍、日本政府によって基地負担を強いられてきたことやその不平等性が強調された。こうした状況は本土の沖縄問題に対する無関心・無理解により助長されており、「反基地」の代表者のシンボルは大田知事であった。[148]

　本章では沖縄戦と戦後の沖縄の歩みに両紙がどのように向き合ってきたか、連載と特集にも目を配りながらその足跡をたどってきたが、この文脈で山腰の提起した「われわれ」についての考察をさらに進めてみると、「われわれ」とは沖縄に根づいた固有の戦争の記憶を共有しようとする人びとに重なることが確認できる。そして、その地域固有の記憶に向き合ってきた新聞／記者も、これに含まれるであろう。「われわれ」とは、沖縄の集合的アイデンティティを抽象的に示すものだけではなく、そこに込められているものは、新聞／記者も沖縄戦及び米軍占領・基地の過重負担と対峙する媒体として歴史主体の一角を担う存在であることへの自覚だったのではないか。仲宗根政善の死を報じた両紙がそれぞれに社説で読者に沖縄戦の継承を「約束」し、ジャーナリズムの使命完遂を誓ったこともその一例であるし、だからこそ、（立ち上がりでぶれがあったものの）その自覚をもとに少女への暴行事件とその後のうねりを能動的に報道していった、と言えるのではなかろうか。

　固有性を持った「われわれ」について、もう少し、考察を深めておこう。「琉球処分」以降、沖縄は日本本土との関係のなかでのみ、自己を定義するよう強要されてきた。と同時に日本から疎外される経験を重ねた。

148　山腰修三「沖縄社会における反基地感情のメディア表象：沖縄地方紙の言説分析（1995年9月－11月）を中心に」『慶応義塾大学メディア・コミュニケーション研究所紀要』No.61、2011年、154～156頁。山腰はこの時期の両紙の論調について、「われわれ」と「彼ら」＝米軍・日本政府・本土との境界線は、沖縄の集合的アイデンティティを凝集・強化させる機能を持つが、沖縄社会を越えたより広範な「われわれ」意識を形成していることを困難にしているとみなすこともできる、と指摘。そのうえで本土と連帯可能なより普遍的なシンボルを提起し、基地問題、沖縄問題をめぐる新たな集合的アイデンティティを構想しうるような「解放の言説」の編成がローカルメディアのジャーナリズムに求められる、としている（159頁）。

その結果、自己の固有性を問い返す試みが常に日本を経由しなければ成立しない構図におかれてきた。しかし、沖縄戦は、こうした近代史の経験とは異なる固有性への問いを沖縄にとって可能にした。沖縄戦・米軍占領・日本本土復帰運動を経て、沖縄はその固有性を、日本との関係に縛られない開放／解放された主体に求めて、困難な道を歩んでいる[149]。

　これを踏まえれば、沖縄戦で廃刊を余儀なくされたところから戦後の出発を果たした沖縄の新聞／記者は、読者と自らも共に日本本土にはなかった地上戦の体験者であり、身近に体験者も存在し、戦後27年間、日本本土から分離され（「捨て石」としての被害者意識が形成される）、言論の自由などの基本的人権の尊重、国民主権、平和主義を保障した日本国憲法の及ばない米軍占領が続いた（軍用地強制収容などに抗う告発者＝権利を行使する主権者の意識も醸成される）――ことで、沖縄戦とそれ以後の「土地の記憶」を固有性として共有する「われわれ」意識を強めていったと言えるであろう。「琉球新報」「沖縄タイムス」両紙の「われわれ」は、こうした特徴を持つ媒体からの発話であり、これが戦後50年の節目に突出した。

　両紙がこの年に、より鮮明にした報道姿勢に関連し、1960年代から70年代にかけてベトナム戦争取材や中国での日本軍の所業について多くのルポを書いた「朝日新聞」の本多勝一と、80年代に「読売新聞」大阪本社で社会部長として記者たちが綴る戦争の長期連載を企画、主導した黒田清のジャーナリズム論についての考えをここで付記しておく。

　本多は、戦争を起こされる住民を「殺される側の論理」の視点で描いた立場から、記者の歴史認識に基づく主観報道主義の重要性を説く。

　　「事実」だけで記事にするのは、それが目的ではなく、手段として最も有効だからである。主張や、いわゆる主観を加えると、説得力が弱くなるからに過ぎない。目的は、やはり、説得、主張にある[150]。

149　戸邉、注133前掲論文、102〜105頁。
150　本多勝一『事実とは何か』朝日文庫、1984年、19頁。

1945年まで戦争に加担した日本のジャーナリズムは戦後、深く反省し、戦意高揚の主観的な報道と決別して、事実に基づく客観的な報道原則を掲げた[151]。しかし、本多が逆説的に指摘しているのは、この「事実」の質である。記者の歴史認識（引用者注、「殺される側」に立った歴史認識）という主観的選択の契機を欠いた「事実」は「仮にあったとしても、無意味な存在」[152]なのである。
　黒田も記者の主観的側面を重視している。

　　新聞は不偏不党、何事においても公平、中正の立場をとらなければならないと言われているが、間違ってはいけない。新聞というものは本来、主観的な産物なのである。日常の社会現象のうち、どれをどの程度の大きさのニュースと見るかは、新聞記者の主観にゆだねられており、だからこそ新聞の編集は公平、中正になされなければならないのである。つまり、公平、中正と主観的であることとは決して矛盾することではなく、主観的であり、しかも公平、中正の精神に貫かれていて、誰からも干渉されないもの、それが新聞の理想型であり、瓦版の精神なのだと思う[153]。

　こうした観点から「琉球新報」と「沖縄タイムス」両紙の紙面展開を直視すれば、両紙のこの年の報道はジャーナリズムの根幹と質にも触れる課題を提起していたことに思い至るであろう。

3　新聞が暴いた新平和祈念資料館展示の変更 / 改ざん
　1999年8月11日、「琉球新報」は朝刊1面トップで沖縄戦の記憶継承にとって重大な問題を孕むスクープ記事を放った。「新しい平和祈念資料館／『ガマでの惨状』の模型／日本兵消える／自決強要の兵士住民

151　原寿雄『ジャーナリズムの思想』岩波書店、1997年、144頁。
152　本多、注150前掲書、20頁。
153　黒田清『新聞記者の現場』講談社、1985年、160〜161頁。

に向いた銃／一部内容を無断変更／監修委が疑問の声」の見出しで、記事の前文は、こう書く。

> 来年3月の開館に向けて作業が進められている糸満市摩文仁の新しい県平和祈念資料館の展示部門について、県は展示内容を決める監修委員の承諾を得ぬまま、壕の復元模型の一部の内容を変更していたことが琉球新報社の調べで10日までに明らかになった。変更後の模型では壕の中で住民に向けて銃を構えていた日本兵から銃が取り払われ、負傷兵に青酸カリ入りのコンデンスミルクで自決を強要する兵士がそっくり取り除かれている。銃の日本兵は、その後の監修委員の指摘で元に戻す見通しだが、変更内容が沖縄戦の実相を伝える根幹とも言える部分だけに、委員からは疑問の声が上がっている。模型を変更した理由について県平和推進課では「権限を越えているので答えられない」と明言を避けている。また月に一度の頻度で開かれていた監修委員会や作業部会が今年3月を最後に開かれておらず、委員らは早期開催を求めている[155]。

本章第3節で取り上げた教科書検定問題は、沖縄戦についての政府・文部省の意向と沖縄側の認識との対立という図式にあった。しかし、この特報が伝えた問題はそれと異なり、沖縄県の内部から初めて沖縄戦認識の変更を迫ったことに最大の特徴があった。

沖縄県政は、初の主席公選（1968年）を経て県知事に就任した革新系の屋良朝苗以後、1972年の日本本土復帰から2005年まで、平良幸市（革新）、西銘順治（保守）、大田昌秀（革新）、稲嶺恵一（保守）と保革

---

154 報道機関が、行政や特定の団体、組織などから発表される情報をもとに記事にするのではなく、独自に材料を集めて取材し、裏付けもして記事にして報じることを調査報道という。不都合な事情で権力側に隠蔽されている情報を報道機関が自らの責任で明らかにすることになり、読者の知る権利に応える報道機関の社会的使命とされる。
155 「琉球新報」1999年8月11日付朝刊1面。同日付社会面でも1面を受けた形で「『なぜ』、不信募る／新平和祈念資料館の展示変更／史実基づくのは責務／内容の公開求める声も」と展開している。

が交代して担ってきた。

　この新資料館展示問題は、稲嶺知事就任（1998年）以後に発覚した。前任の大田知事は「平和行政」を進め、「平和の礎」をつくった。新資料館は、その「平和の礎」に隣接し、両方で「平和の空間」を形成するものと位置づけられてきた。それだけに、展示内容の変更／改ざんは、沖縄戦の記憶の抹消にもつながると受け止められた。

　教科書検定による沖縄住民虐殺記述の削除問題では、県議会が与野党全会一致で「住民虐殺は否定することのできない厳然たる事実であり、県民にとってこの歴史的事実が削除されることはとうてい容認できない」とする意見書を決議、各地で削除反対の集会やシンポジウムなどが開催された。今回の新平和祈念資料館の展示問題に対する住民の反応も、これに近い形でエスカレートしていった。

　リードしたのは、明らかに新聞であった。監修委員会の基本構想を県政トップが無視し、秘密裏に展示内容の変更／改ざんを進められていた事実を、両紙それぞれが独自取材で次々に明らかにしていったからだ。

　「琉球新報」は特報以後も、内部資料を入手して変更／改ざんの具体的事実を詳細にわたって報道を続けた。「沖縄タイムス」は、知事らによる変更／改ざんの示唆や意見表明の極秘メモを入手して報じ、それまで言を左右にして責任を逃れようとしてきた県側の説明が虚偽であったことを暴いた。沖縄戦の記憶抹消に関与した県政トップの歴史認識を赤裸々に示す内容であり、抜き返された「琉球新報」の担当記者も賞賛を惜しまなかった[156]。両紙の紙面展開は、沖縄戦の記憶継承に関する戦後のジャーナリズム史上最も激烈な報道競争でもあった。それは、沖縄戦体験を平和構築につなげていこうとする戦後沖縄の思想の流れを推進する立場に両紙が立っていることを示したもので、論や企画だけではなく、調査報道の手法を駆使して県当局の隠蔽工作を暴露し、読者の知る権利に応えるという報道機関の使命を果たしたことになった。

---

[156] 石原昌家、大城将保、保坂廣志、松永勝利『争点・沖縄戦の記憶』社会評論社、2002年。「琉球新報」の担当記者だった松永は「最初に書いたのは『琉球新報』だった。しかし問題が表面化した後、同じ県紙の『沖縄タイムス』が力強い取材を展開した」と書いている（193頁）。

この問題について両紙が書いた記事は別途発覚した八重山平和記念館資料改ざん問題も合わせ、事態が発覚した8月から3カ月後の11月までに計403本。寄せられた読者の投書は、両紙合わせて掲載分だけで131本にのぼり、読者の関心の高さを示した。展示改ざんの本質は記者にとっても読者＝住民にとっても「ウチナーンチュ（沖縄人）の実存にかかわる魂の問題[157]」であったのである。
　資料館のいきさつについて、ここで触れておこう。
　新平和祈念資料館に先立つ旧資料館（沖縄県立平和祈念資料館、1975年6月開館）は開館当初から「まるで〝陸軍記念館〟」（大城将保）との批判を浴びていた。[158]常設展示の入り口には日の丸の寄せ書きが掲げられ、第32軍司令官の軍服や軍刀、辞世の歌などが陳列された。他にも、銃器、刀剣類が展示、日米両軍の戦闘経過を示すパノラマも置かれていたが、動員された学徒関係の資料をはじめ住民の戦争体験を物語る資料や遺品は皆無だった。
　その要因は、旧資料館の事業主管が県援護課で、管理・運営は財団法人の「沖縄県戦没者慰霊奉賛会」に委託され、『沖縄県史』の編集活動や教職員会などが行った展示会を参考にすることなく、政府の援護政策の影響を受けやすい形のまま事業を進めたことにあった。
　こうした動きに危機感を抱いた『沖縄県史』や『那覇市史』の編集や証言採録に携わった研究者らが「沖縄戦を考える会・準備会」を設立、1975年6月20日、屋良知事と県議会議長宛に展示内容の改善を求める「意見書」を提出した。結局、展示を全面的に撤去し、白紙の状態で展

157　石原他編、注156前掲書、256頁。
158　旧資料館の展示内容に危機感を抱いた石原らが発起人となって「沖縄戦を考える会・準備会」が結成され、75年6月20日、知事と県議会議長に①展示資料のほとんどが旧日本軍の銃砲器、戦闘用具、軍人精神を示す遺品類に限られ、全体の演出の観点・方法も旧日本軍を記念し堅守する傾向を持っている。②それに比べて沖縄県民の戦争体験を物語る遺品、資料、解説などはほとんどない。つまり、軍人本位・作戦中心の展示になっていて、県民の立場に立った観点を欠き、県民不在の資料展示になっている。③また、資料の収集、保管についても、これまでの研究の成果、科学的専門的な技術に基づいたものではなく、粗雑で恣意的な収集を行っており、保存・記録・分類なども非科学的である―とする「意見書」を提出して改善を求めた（石原他編、注156前掲書、大城「第1章沖縄戦の真実をめぐって―皇軍史観と民衆史観」、51～53頁）。

示内容を見直すことになり、資料館の設立理念も成文化した。その理念として①沖縄戦の定義＝日本で唯一の激しい地上戦であった、②沖縄戦の特徴＝住民犠牲が軍人を上まわった、③県民の戦争体験を結集して資料館をつくる―ことが確認され、監修委員会も発足した。このため、新資料館は、住民の記憶が継承される場として期待され、開館を待つばかりになっていた。ところが、知事が大田から稲嶺に交代した後、開館の１年前から監修委員会に諮ることなく極秘に展示変更／改ざんが進んでいた。これを両紙が暴いたことになる。

問題発覚後、両紙が白日の下にさらした記憶の抹消を示す資料（【資料Ⅵ】として別掲）と県政トップの沖縄戦認識を示すメモ（【資料Ⅶ】、【資料Ⅷ】として別掲）に垣間見えるのは、①日本の侵略性は示さず、加害の実態にも触れない。②沖縄戦で自国軍隊が自国民である沖縄住民をスパイ視し、虐殺したり死に追い込んでいったりした史実を排除する。③米軍占領下の戦後の沖縄でも「天皇メッセージ」などの史料は除外し、占領継続の経過をあいまいにする―という意志である。沖縄戦の記憶継承への真摯な取り組みを「偏向」と見なし、「反日的」とするこうした判断が、なぜ沖縄内部で生まれたのか。

識者の間でも当然、大きな論議を生んだ。目取真俊は「沖縄タイムス」への寄稿連載で保守県政の歴史認識そのものを、ナチスによるユダヤ人の大量虐殺をなかったものにしようとした歴史修正主義者たちを「記憶の暗殺者たち」と呼んだフランスの歴史家、Ｐ・ヴィダル＝ナケの著作を引用して「記憶の暗殺」とした。そして、このように警告した。

> 今回の事態を見ると、知事や県幹部の狙いは、単に過去の事実を隠蔽し、歴史を歪曲することだけにあるのではないことが分かる。過去を鏡として現在を見つめる私たちの批判的視点を奪い、それによって自らの望む方向に沖縄の将来を進めること。そういう意図が透けて見える。[159]

159　目取真俊「見る／読む／記す③」「沖縄タイムス」1999年9月14日付朝刊文化面。

辺見庸も同じ寄稿連載で、セルビア人過激派がサラエヴォ図書館を焼き払った（1992年）ことをスペインの作家、フアン・ゴイティソーロが「記憶殺し」とした言葉を新平和祈念資料館問題にかぶせた。そのうえで、以下のように指摘した。

　　戦闘員より一般住民の死者の方が多かったという沖縄戦の過酷な実相は、国家と戦争と無告の民の関係をこれ以上ないほどくっきりと浮き彫りにした。永遠に学ぶべき史実である。平和は、記憶をいかになくすかではなく、記憶をいかに正しく再生するか、次代にいかに継承するかにかかっている。[160]

　稲嶺知事の側近であった高良倉吉もこの寄稿連載に参加し、今回の問題は資料館の運用計画や監修委員会の権限に関するものととらえ、沖縄戦の認識論議は「監修委員会が責任を持って表現した内容がだれの目にも明らかになる来春（引用者注、予定されている開館）後に行うのが礼儀」と主張した[161]。これに憤然と反論したのが屋嘉比収である。
　屋嘉比によれば、高名な歴史家である高良は読者の期待に反して資料館の機構や制度的な問題にはぐらかした。そして「より良い資料館を創設するためには、開館前の今こそ広範な論議が必要」で、「今回の資料館問題が提起している本質は、『沖縄戦の実相』の認識を含めた沖縄戦に関する歴史認識の問題にある。とりわけ、歴史研究にたずさわる者にとって、この資料館問題で沖縄戦の歴史認識の問題を避けて、論究することはできない」と断じた[162]。
　屋嘉比にとって、問われているものは「沖縄戦にさまざまな実相があることを確認するだけでなく、そのさまざまにある実相から〝何を選択するか〟」であり、「言い換えると、沖縄戦の実相の多様性を認めながら、そのさまざまにある実相から、あなたは何を選択して、どのように展示

160　辺見庸「見る／読む／記す㉑」「沖縄タイムス」1999年10月14日付朝刊文化面。
161　高良倉吉「見る／読む／記す④」「沖縄タイムス」1999年9月15日付朝刊文化面。
162　屋嘉比収「見る／読む／記す⑪」「沖縄戦の歴史認識深めるために（上）」「沖縄タイムス」1999年9月28日付朝刊文化面。

するのか」という問題意識である。屋嘉比が恐れたのは「行政の手続き上の問題への矮小化」にあり、問題の本質が曖昧化され、隠蔽されることにある。なぜなら、「沖縄戦の歴史認識は、戦後沖縄の起点であり、現在や今後の沖縄社会を考える上でも大きな意義を占めている」からである[163]。

　新聞／記者が調査報道でキャンペーンし、識者の多くが危機感を表明したこの問題について、沖縄戦への記憶を抱えた県民の意識はどうであったか。それを示すのが「琉球新報」と「毎日新聞」の合同世論調査[164]で、「どんな展示方法がいいか」との質問に、80.5％が「沖縄戦の実態をありのままに伝える」と回答した。県政側が説明していた「残虐性が強調されすぎないような工夫は必要」と「反国家的にならないように展示した方がいい」は、それぞれ8.5％と7.4％だった。

　これを県政を「支持する」「支持しない」でみると、県政を支持しない人で95.2％、支持する人でも72％が「ありのまま」だった。支持政党別でも、自民69.6％、社民85％、共産94％、公明88.8％の人たちが「ありのまま」を選んだ。

　年齢別では、「ありのまま」は20歳代が89.9％、30歳代83.2％、40歳代81.5％、50歳代82.7％、60歳代76.3％、70歳代以上64.7％で、沖縄戦体験者ほど低い数字になった。ここからは、悲惨な体験を持つ高齢者の一部にためらいがあるものの、若い世代は「ありのまま」の記憶の継承を望んでいたことが読み取れる。

　住民は沖縄戦の記憶抹消の動きに、強い「ノン」を突きつけたのである。

【第4節のまとめ】
　「いま」につながるこの時期の沖縄ジャーナリズムの特徴は、新聞／記者が自らの存在を継承媒体として自覚していったことにある。沖縄戦はそれまで多くは語られてこなかった女性の視点、朝鮮半島からの「慰

163　屋嘉比収「見る／読む／記す⑫　沖縄戦の歴史認識深めるために（下）」「沖縄タイムス」1999年9月29日付朝刊文化面。
164　「琉球新報」1999年11月12日付朝刊1面。

安婦」や「軍夫」、ハンセン病や障がい者などの存在について言及していかなければその全貌はつかめない、という主観的選択報道の姿勢を新聞／記者はとり始める。直接の戦争体験者が減少していくなかで問われるのは、新聞／記者の歴史への真摯な姿勢と想像力であるという自覚でもあり、これが『沖縄戦新聞』の骨格となる継承思想につながったと言えるであろう。

　一方、沖縄戦認識を歪曲しようとする動きは、1982年の住民虐殺をめぐる教科書検定問題以後も続いた。本書の設定した2005年までの時期区分の後も、2007年、翌年から使用される教科書検定で住民が軍隊の強制を感じ取り集団で死に追い込まれた惨劇にかかわる記述から日本軍による命令・強制・誘導等の表現が修正・削除された。史実に反するとしてこれに反発した沖縄側は「教科書検定意見撤回を求める県民大会」を2007年9月に超党派で開催し、参加者が11万人を超える空前の規模となった。

　新聞／記者の継承思想は、ますます重要度を増している。『沖縄戦新聞』が「二度と戦争のためにペンは執らない」と読者に明示し続けたのは、「いま」の状況に対する危機感と読者に対する新聞人としての責任感からであったことが第3章、第4章で読み取ることができるであろう。

「新しい平和祈念資料館『ガマでの惨劇』の模型日本兵消える」琉球新報1999年8月11日1面

[資料Ⅵ] 「琉球新報」が明らかにした展示変更を示す「見え消し」資料要旨[165]

Ⅰ 沖縄戦への道→沖縄とアジア・太平洋戦争
　【2】近代沖縄
　　　（5）軍隊と沖縄
　　　　　2、日本軍の沖縄人観（原稿）→削除
　　　　　　　日本軍の沖縄県人観（考証資料）→削除
　　　　　　・「沖縄防備対策（概説）」より→削除
　　　　　　・「沖縄警備隊区徴募概況」より→削除
　　　　　　・「沖縄県の歴史的関係及び人情風俗」より→削除
　【3】15年戦争とアジア・太平洋→アジア・太平洋戦争
　　　（1）15年戦争の展開→アジア太平洋戦争の展開
　　　　　1、泥沼化する侵略戦争
　　　　　　　八紘一宇の柱（実物資料）→削除
　　　　　2、大舛大尉の顕彰
　　　　　　　大舛大尉の顕彰（原稿）→削除
　　　（4）アジア・太平洋諸国の眼からみた15年戦争→アジア太平洋諸国からみた戦争
　　　　　2、カメラがとらえた日本の加害→削除
　　　　　　・南京に押し寄せる日本（現地提供写真）→削除
　　　　　　・中国平頂山（同上）→削除
　　　　　　・731部隊の全景（同上）→削除
　　　　　　・集められた死体の山（同上）→削除

---

165 「琉球新報」1999年10月7日付朝刊は1面に「『見え消し』の全容判明/41ページにわたり細目記す/『天皇メッセージ』も削除/県発言また覆る」と報じ、3面に経過表、社会面に関連記事、対社面に「見え消し」の要旨を掲載した。これに先だって9月20日付朝刊1面で「見え消し」の一部入手を特報として報じているが、10月7日の「全容解明」はだめ押しの決定打ともいえるものだった。番号、表現に矛盾する箇所や誤りもあるが、掲載時のままとした。「見え消し」とは、文書を修正する場合、行間・余白部分に修正文を書き加え、その修正した箇所を一本の線で消し、修正以前の痕跡を残すこと。

　　　　　・シーク教徒の殺害（同上）→削除
　　　　　・フィリピンでの日本軍による差別→削除
　　　　　・シンガポールで発掘された犠牲者→削除
　　　３、民衆の抵抗→削除
　　　　　民衆の抵抗（原稿）→削除
　　　　　民衆の抵抗を物語る資料→削除
【4】太平洋戦争の概況
　　（1）太平洋戦争の概況と米軍の反撃→太平洋戦争の概況
　　（2）日米戦闘下での沖縄移民・現地住民の犠牲
　　　　　　→沖縄からの移民と現地住民の犠牲
【5】沖縄戦の前夜→沖縄戦前夜
　　（1）32軍の展開と根こそぎ動員→32軍の展開と県民の動員
　　　３、32軍の展開
　　　　兵舎となった民家（原稿）→削除
　　　　兵舎となった民家の風景（考証資料）→削除
　　　４、スパイ取り締まり→削除
　　　　　スパイ取り締まり（原稿）→削除
　　　　　スパイ取り締まりを物語る資料→削除
　　　　　・「軍機を語るな」のポスター（実物資料）
　　　　　・憲兵の鞄と腕章（実物資料）→削除
　　ニュートラルゾーン
　　　（1）本土決戦準備の捨石作戦→本土決戦準備のための持久作戦
　　　（2）本土での地上決戦準備→削除

Ⅱ 沖縄戦と住民
　【1】沖縄戦の経緯
　　　（3）沖縄戦の住民犠牲の諸相
　　　　　１、日本軍による住民犠牲
　　　　　　朝鮮人の虐殺・台湾人の虐殺→削除
　　　　　２、青酸カリ処置
　　　　　　青酸カリ処置（原稿）→削除

【2】沖縄戦の実相
　　（2）ガマでの惨劇→沖縄戦とガマ
　　（3）水が入ったままの水筒→削除

Ⅲ 太平洋の要石・沖縄→戦後の歩み
【1】米軍占領下の沖縄住民→米軍占領下の住民
　　（3）占領軍の政策
　　　　　1、行政分離
　　　　　　琉球船舶旗（原稿）→削除
　　　　　　幻の琉球国旗（原稿）→削除
　　　　　2、GHQと日本政府の沖縄処理
　　　　　　天皇メッセージを伝える米国務省宛覚書（写真）→削除
　　（3）廃墟の中での生活再建
　　　　　1、収容所の開設
　　　　　　収容所風景
　　　　　　・捕虜収容所へ移される朝鮮人軍夫（写真）→削除
【2】アジア太平洋の中の沖縄
　　（3）キーストーン・オブ・ザ・パシフィック沖縄（原稿・概況解説）→削除
　　　　　1、キーストーン・オブ・ザ・パシフィック沖縄→削除
　　　　　　沖縄を中心に見たアジア・太平洋（図版）→削除
　　　　　　アイゼンハワー大統領の年頭教書（原稿・教書文）→削除
【3】基地の重圧と住民→基地と住民
　　（1）米国の沖縄支配→高等弁務官統治
　　　　　1、高等弁務官と琉球政府
　　　　　　高等弁務官と琉球政府に関する資料
　　　　　　・高等弁務官の印（写真）→削除
　　　　　2、琉米親善と宣撫工作
　　　　　　琉米親善と宣撫工作（原稿）→琉米親善
　　　　　3、革新団体の弾圧と強権行使→復帰運動の弾圧
　　　　　　革新団体の弾圧と強権行使（原稿）→削除

（6）民衆の怒り（原稿）→住民の怒り
【4】燃え上がる復帰運動→祖国復帰運動
　　　（2）返還交渉の経緯→沖縄返還交渉
【5】復帰した基地沖縄→復帰した沖縄→復帰後の沖縄
　　　（2）復帰で変わる沖縄
　　　　　　7、活躍するウチナーンチュ
　　　　　　　　・大城立裕（「カクテルパーティー」芥川賞 1967 年）
　　　　　　　　　（写真）→削除
　　　　　　　　・東峰夫（「オキナワの少年」芥川賞 1972 年）（同）
　　　　　　　　　→削除
　　　　　　　　・又吉栄喜（「豚の報い」芥川賞 1996 年）（同）→削除
　　　　　　　　・目取真俊（「水滴」芥川賞 1997 年）（同）→削除
　　　　　　　　・金城次郎（人間国宝）（同）→削除
　　　　　　　　・玉那覇有公（人間国宝）（同）→削除
　　　（3）変貌を遂げる世界情勢
　　　　　　3、アジア・太平洋諸国と日本に残された諸問題
　　　　　　　新聞が報じる諸問題
　　　　　　　　・慰安婦問題（写真）→削除
　　　　　　　　・尖閣列島領有問題（同）→削除
　　　　　　　　・竹島領有問題（同）→削除
　　　　　　　　・南沙諸島領有問題（同）→削除
　　　　　　　　・北方領土問題（同）→削除
　　　（4）今日の基地問題
　　　　　　4、在日米軍基地と沖縄基地
　　　　　　　特措法改正（原稿）→削除
　　　　　　　国際都市形成構想→削除
　　　　　　　SACO 最終報告の概要（原稿）→削除
【6】21 世紀の平和創造と沖縄→Ⅵ 21 世紀の平和創造
【Ⅰ】21 世紀の平和創造と沖縄
　　　（1）国際連合→追加
　　　（2）次代の平和創造を目指す沖縄→沖縄からの平和メッセージ

Ⅰ　国際連合の理念
　　平和を目指す沖縄の姿
　　・県知事の最高裁での最終弁論（原稿）→削除

> **資料Ⅶ**　「沖縄タイムス」が明らかにした「三役説明（平成11年3月23日）で出された質問事項に対する回答」メモ[166]

＜主な質問事項＞
（稲嶺知事）事実ではあるが余りに反日的になってはいけない。
（回　　答）学術的に検証された歴史的事実に基づき、文部省検定の教科書の記述などを基本に展示を行う。
（比嘉出納長）沖縄以外の戦後（南洋諸島、中国、台湾など）もあったのではないか。
（回　　答）戦後の展示の部分は展示内容が多岐にわたり展示スペースとの関（引用者注、「関係」）で取り上げられていないが、企画展示などで取り上げていく。
（稲嶺知事）沖縄も日本の一県に過ぎないので、日本全体の展示（記述）については考えなければならない。
（回　　答）日本全体の中で沖縄を位置づけて理解できるように展示するということであり、他県の類似の資料館もそのような展示となっている。

166　「沖縄タイムス」1999年10月6日付朝刊社会面で知事ら三役に資料館担当者が展示内容を説明した際、三役の発言を記録したメモがあることを報じ、その内容を詳報した。（回答）は担当者の発言。県庁内で展示内容の変更作業が始まった出発地点は3月23日の知事ら三役に対する事務説明の場であったため、その発言を記録したメモの存在の有無が注目されていた。当初、県当局はメモの存在を否定していたが、この報道で覆された。

資料Ⅷ 「沖縄タイムス」が明らかにした7月23日のメモ[167]

7月23日
三役説明

稲嶺知事	当初の案とほとんど変わっていない。県政は代わったのに。サミットで全国からいろんな人たちが来る。
文化国際局次長	展示工事も進んでいる。固定的部分は変えるのが難しい。写真、パネルなどの表現は検討し、作業を進めている。
稲嶺知事	基本ベースは変えられないわけですね。
文化国際局次長	制約の中で精一杯やっている。
石川秀雄副知事	建物などはともかく、パネルについては変えられるわけですね。開館を遅らせると、サミット関係者も、全国の人も旧資料館を見に行く。
牧野副知事	新県政の基本認識を入れた館にするためには新しい監修委員を入れるべきでしょう。国家に対する認識など基本的認識がまったく異なる。資料館は永久に残る。展示作業そのものをストップしたらどうか。
文化国際局長	委員を代えるのは、影響が大きい。
文化国際局次長	業者との契約を大きく変えるのは難しい。設計変更となると金額の変更まで視野に入れなければならない。
牧野副知事	契約内容が重要か、展示の概念が重要かということになると私は展示の概念が契約よりも優先だと思う。
稲嶺知事	事実は事実でいい。私が言うのは偏った思想で展示されると困る。

---

167 「沖縄タイムス」1999年10月7日付朝刊1面で、前日のメモとは別のメモもあったことを特報。社会面で三役と担当者のやりとりを詳報、知事ら三役が展示内容に関与したことを決定づけた。「琉球新報」が同日付朝刊で「見え消し」の内部文書入手を特報しており、両紙が同じ問題で別々の情報をそれぞれ1面トップでスクープし合うという、まれにみる報道競争が展開されていたことが分かる。

第3章
『沖縄戦新聞』～その意味と意義

第1節 「そのとき」と「いま」を結んで沖縄戦を可視化

1　どんな戦争であったのか／沖縄戦への視点～あらかじめの「見取り図」

　沖縄戦の総括的な認識として、「沖縄近代の総決算」と「総動員体制の極限」が挙げられることは第1章第3節ですでに述べた。本章で『沖縄戦新聞』を読み込むにあたり、これをさらに細かく分析し、あらかじめ「見取り図」として論点を整理しておきたい。なぜなら、『沖縄戦新聞』が「当時の状況をいまの情報、視点で」描くことをコンセプトとしており、当然、この取り組みは沖縄戦についてのそれまでの論点を念頭においたうえでなされたはずだからである。

　沖縄戦とは、どのような戦争であったのか。沖縄戦研究者の大城将保は「長い激しい国内地上戦」「現地自給の総動員体制」「軍民混在の戦場」「正規軍人を上回る住民犠牲」「米軍占領の長期化」の5つをポイントとしてあげている。[1]これらを踏まえたうえでさらに細分化し、その特質と問題点、課題を列挙してみた。

　＜戦闘にかかわる特質＞
　1　中国への侵略が破綻し欧米列強と戦端を開いた末の敗戦につながるアジア・太平洋戦争の最終局面としての戦争。
　2　日本本土防衛・国体護持のための持久戦を目的とした「捨て石」作戦。
　3　一般住民を巻きこんだ長期間にわたる地上戦。

1　大城将保『改訂版　沖縄戦　民衆の目でとらえる[戦争]』高文研、1988年、69～84頁。

4 一般住民の犠牲者数が、戦った双方の正規軍の合計死者数を上回った戦闘。
5 日本軍による住民虐殺と「集団自決(強制集団死)」と呼ばれ住民を集団で死に追いやった惨劇。
6 学徒を含む住民の根こそぎ動員。
7 ハンセン病患者、障がい者など弱い立場に立たされていた人たちへの対応状況。
8 朝鮮半島からの「軍夫」の戦場動員。
9 沖縄の遊郭や朝鮮半島からの「従軍慰安婦」の動員と女性への人権蹂躙。
10 沖縄本島北部の山中や離島に配置され、ゲリラ戦の指揮者だった「残置諜者」の存在。
11 戦闘のなかった八重山で強制疎開によって引き起こされた戦争マラリア事件。
12 戦闘と同時並行で行われた米軍による軍用地接収と収容所生活。
13 戦後のPTSD（心的外傷後ストレス障害）の発症。

＜責任にかかわる問題点＞
1 住民が巻きこまれた地上戦への国の責任。
2 戦時船舶の遭難者や日本軍による軍用地接収にかかわる補償。
3 住民を戦場に駆り立てていった沖縄の指導者（新聞を含む）、軍への協力者の責任。
4 日本兵として動員された沖縄出身者の戦場（中国大陸、沖縄）での行為。
5 住民虐殺、「集団自決(強制集団死)」にかかわった元軍人・兵士の責任。

＜認識にかかわる課題＞
1 「軍隊は住民を守らない」という民衆知。
2 天皇制と「廃琉置県」以後、日本本土への同化や皇民化教育を受け入れていった沖縄住民の内面の検討。
3 沖縄戦同様に住民が巻きこまれたアジアでの地上戦への想像力。
5 米軍の占領統治とその意味。
6 継承のための取り組みの推移。

2 『沖縄戦新聞』の概要／「線」と「面」としてとらえ、因果を提示する

『沖縄戦新聞』は①戦争体験のない総計19人の記者が、②長期にわたり、③現在の史料／資料も使い、④本紙とは別空間の「新聞」で、⑤「住民からみた沖縄戦」の視点を放さず、⑥学校現場で活用できるデータも盛り込んで——をコンセプトとして展開された。取材班の記者19人は全員が戦後生まれで、それだけに、取材対象としての戦争体験者の高齢化に危機感を強め、その亡き後も沖縄の新聞として書き伝えることの意味と意義、自らの立ち位置を常に確認しながら、これまでにないスケールの沖縄戦報道に取り組んだ。

その内容を分析すると、「サイパン陥落」を沖縄戦の前兆として明確に位置づけたうえ、以後も地上戦勃発までの流れを丹念に追い、組織的戦闘、その終結後も続いた混乱、米軍の占領開始——の動きを個別な「点」ではなく、「線」として縦軸に置いて因果を見極めた。同時にその節々で日米両軍、大本営と政府、住民の疎開と動員に関与した沖縄現地の行政機関の動きなどを「面」として横軸に広げて俯瞰するパノラマのなかで、戦争に巻き込まれていった住民の姿を立体的に描くことに力点が置かれている。

『沖縄戦新聞』は、2004年7月の第1号から翌年9月の第14号まで発刊された。一般ニュースも混じる本紙紙面での連載ではなく、4～8頁の独立した「もうひとつの新聞」という形で本紙にはさみ込まれ、読者に届けられた。

1面には全体の流れを押さえた記事を掲載し、中面（2、3面）を見開きにして住民の動きと証言を中心にした戦況などで構成。最終面（4面）その号が持つ意味の解説に加え、沖縄各地の戦跡を写真、地図、証言で紹介したり、空襲を受けた日本全国の都市マップ、戦時下の学校の様子などもビジュアルに配置して沖縄戦の可視化を目指し、教材としての活用も意識している。

記事は、日米両軍が作成した作戦記録、当時の日米両国首脳の日記類、行政資料などの一次資料、当時の新聞、沖縄戦史研究書などをもとに沖縄戦を総合的に把握したうえで作成され、直接取材した住民をこの流れのなかでとらえた。また、これまで伝えられなかった日米両軍兵士の聴

き取りも行い、別途企画にまとめている[2]。

『沖縄戦新聞』の展開は別掲の【資料Ⅸ】の通りだが、沖縄戦を1945年3月末から6月末までの戦闘期間に限定していないことが分かる。

第1号は、米軍が日本本土への空襲ルートを中国大陸から太平洋に移し、進撃コースも太平洋の島嶼をたどることを戦略として打ち出したことを背景に「サイパン陥落」をとらえ、「米軍の沖縄上陸必至か」「7月中にも県外疎開」との見出しで沖縄戦を予感させる内容にまとめ、第5号までを費やして地上戦勃発に至るまでのプロセスを追った。また、組織的戦闘終結後も「宮古・八重山の戦争」（第12号）、「日本が無条件降伏」（第13号）、「南西諸島の日本軍が降伏調印」（第14号＝最終号）を展開。最終号は現在に続く戦後沖縄の米軍基地問題の原型を描き、東アジアにおける戦後沖縄での米軍戦略を予兆させている。

こうした内容で『沖縄戦新聞』は時間軸としての「線」を浮き出させた。出来事の成り立ちを時間の流れで分析し、そこに因果関係の連なりを見出そうとする視点であり、沖縄戦の記憶を軍事史や軍略として語られがちな「国家の記憶」ではなく、戦没した住民の無念と生き残った人びとの心に寄り添う「土地の記憶」として把握する思索的試みでもある。

3　戦記としての特徴

『沖縄戦新聞』は「沖縄戦研究書」として2000年から2011年までの沖縄戦関係刊行物678冊（文庫本化、復刻、再版、新装を含む）のなかで分類されている[3]。これには、新聞の紙面企画・特集は含まれていない。本としてまとめ、出版されて初めて刊行物として分類されている。新聞としての体裁のまま、終刊後に「特売」となった『沖縄戦新聞』は例外的な刊行物とされ、題材が沖縄戦であり、諸相を織り込んだ作品として「研究書」に分類されたと考えられる。

本書の「はじめに」で示したように、『沖縄戦新聞』は沖縄近現代思

2　「琉球新報」2005年5月26日付朝刊1面（途中から社会面）から7月17日付まで連載（34回）した「戦（いくさ）を読む」で日米両軍の元兵士の証言を連載した。
3　城間良昭「2000年以降の沖縄戦関係刊行物について」沖縄県教育庁文化財課史料編集班『沖縄史料編集紀要』第35号、沖縄県教育委員会、2012年、17頁。

想史研究者、屋嘉比収から「理想に対する執念」として、思想史の中で位置づけられようとしていた。その後、屋嘉比の死もあって、そのとらえ方が深められることなくジャーナリズムからも戦史、思想史からも本格的な分析はほとんどなされていなかった。だが、「いま」の視点で「そのとき」を描き、何より新聞／記者も継承の当事者であり、その責任の重さを反省とともに明示し続けたという点で、沖縄戦記の新しいありようを提示したと評価すべきであろう。

『沖縄戦新聞』には、未消化の問題点や未到達の課題を残しながらも六つの特徴が確認できる。本章の第2節以降の展開は、この特徴を念頭に置いている。

一つは、その史観である。米軍が沖縄上陸作戦を決定し、全軍に通達したのは1944年10月3日。軍事史的にはこれが沖縄戦の始まりだが、沖縄住民の実感からすると、この3カ月前、沖縄からの出稼ぎ・移住者が多かったサイパンを含む南太平洋の島で住民が戦闘に巻き込まれ、多くの死者が出たという事実が、「戦争近し」の恐怖を決定づけていた。『沖縄戦新聞』が「サイパン陥落」（1944年7月）を第1号としたのはこのためである。これまで述べたように、沖縄戦を地上での戦闘期間に限定せず、この「サイパン陥落」から「南西諸島の日本軍が降伏調印」（1945年9月）までの時間軸のなかで論じ、日米両軍の戦略／戦術はもちろん、天皇、大本営、沖縄県など関係者の立ち居振る舞いも同時進行的に報じて、これを住民への影響やかかわりとしてとらえた。とりわけ注目しなければならないのは、全14号のうち第5号までの紙数を割いて地上戦勃発前の前奏を活写したことだ。住民を不安、恐怖に追い込んでいくこの間の出来事が、地上戦で発現する沖縄戦の諸相を内包していたことを示唆し、戦場の実相を描いた中盤の主旋律につなげている。さらに見落とせないのは、沖縄戦の「組織的終結」以後も同時並行で進んだ米軍占領と直接統治の兆しを後奏にして終刊したことである。

二つは新聞という体裁にこだわったことである。掲載スペースが限定され当日のニュース量が増えれば休載もありうる連載企画記事としてではなく、本紙から独立した別の「新聞」（毎号4ページ、「6・23」は8

ページ）として展開し、当時の新聞人が書けなかった沖縄戦の実相を全ページに現出させた。

　三つは、その手法にある。住民の証言を沖縄戦当時の年齢で表記してよりリアルな再現を目指し、「戦後60年」の時点で入手できる史料／資料も駆使して識者の視点を解説的に配することで、読者の想像力が「そのとき」と「いま」を縦横に行き来することを可能にした。

　四つは、状況を大局的に大きくとらえつつ、個々の事実を細部にわたって視ることで真相を究明していくジャーナリズムの姿勢を示した点である。「いま」の沖縄に対する現状認識は、実は「そのとき」の沖縄戦の歴史認識が起点にあることを、各号の最終面で続けた「戦から見える憲法」や「識者の視点」で明示した。

　五つは、第7号から第13号まで計7回続けた連載「戦争遺跡を歩く」で戦没者への想像力を喚起させ、これを毎号掲載した住民の証言記録と同時に紙面化した企画力である。戦跡は「そのとき」で時間を止めているが、読者の「いま」に問いかけてくるものである。証言に加えて「死者の語り」を想像の視角にとらえ、同時に同じ紙面で迫る試みはこれまでなかった。

　六つは、その発刊にあたり新聞／記者の責任を明らかにし、「戦争に二度と加担しない」と読者に誓ったことである。戦時下の新聞について「戦争の正当性を流布し戦意高揚に加担、国民を戦争へと駆り立てた負の歴史を背負っています」と総括したうえで、「過去の歴史を二度と繰り返さないという決意で編集しました」とする新聞人としての決意と覚悟を『沖縄戦新聞』の第1号、第5号〜第13号まで1面に掲げ、最終号となる第14号でさらに踏み込んで誓いにまで高めた。最終号となる第14号の「識者の視点」で触れられているように、『沖縄戦新聞』は新聞人の「自省の新聞」であり、自らの不戦の想いと読者への誓いとを再確認する「創刊号」を戦後60年にしてつくりあげようとした取り組みでもあった。[4]

4　保坂廣志「識者の視点・『沖縄戦新聞』を振り返って／生命の賛美高く掲げる」『沖縄戦新聞』第14号、2005年9月7日付、最終面。

[資料Ⅸ] 『沖縄戦新聞』の展開と内容

[第1号] （2004年7月7日発行、4頁）「サイパン陥落」

沖縄からの移民・出稼ぎも多かったことからつながりの深い旧南洋群島のひとつサイパンの陥落を特集。島の先端に追い込まれた住民の悲惨な最期は、8カ月後の沖縄戦で繰り広げられることになる凄惨な光景に重なる。

〈1面〉「サイパン陥落」（ぶち抜き横1・5段凸版）／「邦人1万人が犠牲」／「県出身者は6千人」／「米軍の沖縄上陸必至か」▶「7月中にも県外疎開」（縦6段凸版）／「老幼婦女子10万人規模か」／「政府、県に通達」▶「内務省と知事協議」（1段）▶「疎開研究で長少将派遣」（1段）／「大本営陸軍部」▶「『沖縄戦新聞』編集にあたって」（5段囲み）

〈2面〉「戦火に逃げ惑う住民」（横1段凸版）／「『死にたくない』と幼子」／「自ら命断つ家族」▶「日本兵同士 殺し合いも」（縦4段）▶「日本本土も空爆可能に」（縦3段）▶「当時の新聞はこう伝えた 陥落後も国民の士気鼓舞」（4段囲み）▶「ドキュメント・1944年2月〜7月」（6段囲み）

〈3面〉「焼き尽くされた島—サイパン陥落」（横1段凸版）／「北へ北へ 壕から壕へ」／「民間人にも『玉砕命令』」／「先住民にも多数の犠牲」▶「テニアンに迫る恐怖」（4段）／「住民消えた繁華街」▶「天皇制護持で終戦内閣探る 宮中グループが青写真」（横1段）▶「南洋群島の歴史 列強にほんろうされ続ける」（7段囲み）▶「おことわり」（2段囲み）＝引用者注、登場人物の名前、住所、年齢を当時のままに再現した読者へのお知らせ

第3章 『沖縄戦新聞』〜その意味と意義　141

〈4面〉「NIE（Newspaper in Education）教育に新聞を」特集頁＝太平洋戦争開始の1941年12月8日から南西諸島の日本軍が降伏文書調印した1945年9月7日までの年表（ぶち抜きでレイアウト）▶「報道管制で事実伝わらず」（横1段凸版）▶「識者の視点　今泉裕美子・法政大学助教授　本土防衛の『防波堤』　民間人犠牲を生んだ構造」（4段囲み）▶「戦から見える憲法①　高良鉄美・琉球大学教授（憲法学）　玉砕は明治憲法に含まれていた」（6段囲み）▶「参考文献」（2段囲み）▶「次回予告」（2段囲み）

第2号 （同年8月22日発行、同）「対馬丸沈没」

米潜水艦の魚雷攻撃を受けて、鹿児島県悪石島近海に沈んだ陸軍徴用貨物船「対馬丸」を特集。九州に集団疎開する国民学校学童を含む1788人が乗船していた。国際法違反の無制限攻撃の標的にされた学童たちの悲劇を取り上げた。

〈1面〉「対馬丸が沈没」（ぶち抜き横1・5段凸版）／「米潜水艦の魚雷受け」／学童775人含む1418人犠牲／鹿児島県・悪石島沖／「対馬丸について注釈」▶「沖縄近海で58隻沈没」（4段）／「国際法違反の無制限攻撃」▶「全島を要塞化」（1段）／持久戦指示▶「『沖縄戦新聞』編集にあたって」（3段囲み、1号と同様）
〈2面〉「助け求める子供たち」（横凸版1段）／「漂着」＝「傷だらけ『水くれ』」「打ち上げられる遺体」「奄美大島」／「発見」＝「荒波いかだにすがる」／「攻撃機誘導　海軍特殊船が救助」／「箝口令」＝「生存者に『口外するな』」／「家族」＝「うわさ流れ不安募る」▶「学童疎開関係犠牲者」（13段ぶち抜き囲み）▶「崩壊した絶対国防圏」〜1944年7・7―8・22（3段囲み）▶「8300

人　62師団到着」（1段）/「守備軍主力そろう」▶「ドキュメント・1944年8月21日〜8月23日」（5段囲み）

〈3面〉「暗闇の海　投げ出され―対馬丸沈没」（横1段凸版）/「被弾」＝「『死にたくない』」/「父、母の名　呼ぶ声響き」/「漂流」＝「暑さ寒さ　飢えに耐え」/「力尽き次々姿消す」/「僚船」＝「迫る死の恐怖」/「船と運命覚悟」▶「米軍、6日前から対馬丸監視　ボーフィン　18時間追尾　解読されていた暗号」（12段囲み）▶「上原敏雄さん日記　『僚船の悲報』記す」（3段囲み）▶「おことわり」（1段囲み、1号と同様）

〈4面〉「NIE（Newspaper in Education）教育に新聞を」特集頁＝太平洋戦争開始の1941年12月8日から南西諸島の日本軍が降伏文書調印した1945年9月7日までの年表（5段囲み）▶「学童集団疎開　九州に6111人」（横1段凸版）▶「識者の視点　屋嘉比収・沖縄大学助教授　軍事最優先の疎開　短期間で慌ただしく実施」（4段囲み）▶「戦から見える憲法②　高良鉄美・琉球大学教授（憲法学）　問われる『国民保護』」（6段囲み）▶「参考文献」（2段囲み）▶「次回予告」（2段囲み）

第3号 （同年10月10日発行、同）「10・10空襲」

那覇市の9割が焼失するなどした10・10空襲は、米軍による無差別空爆で、日本軍が建設中の飛行場を撃破し、住宅や田畑を焼き尽くした。5波にわたる空襲は本島各地、座間味島などにも甚大な被害を与えた。

〈1面〉「米軍が無差別空爆」（横ぶち抜き1・5段凸版）/「沖縄全域に延べ1400機」/民間人含む668人死亡」/「那覇の9割焼失「民間損害2億円余」/「県庁の機能まひ　泉知事、中部へ避難」/「沖

縄上陸へ写真撮影も」/「台風利用し奇襲攻撃」/「兵棋演習を32軍が中止」▶「来年３月までに沖縄占領」（５段凸版）/「台湾作戦は中止」/「米総合参謀本部が決定」▶「『沖縄戦新聞』編集にあたって」（３段囲み、過去号と同様）

〈２面〉「島を揺るがす爆撃音」（横１段凸版）/「北部」＝「あふれる死傷者」/「救護活動ままならず」/「南風原」＝「家も畑も火の海」/「与那覇集落、72戸が焼失」/「中部」＝「汽車も停止　歩いて避難」/「伊江島」＝「迫る敵機に逃げ惑う」/「慶良間」＝「集落に爆弾　住民大騒ぎ」/「宮古」＝「大神島でも３人死亡」/「奄美」＝「船や学校　銃撃受ける　女児ら７人犠牲」▶「貧弱な日本軍の迎撃体制　沖縄守備軍へ不信募る」（６段囲み）▶「米軍、比に進攻　1944年９―10月」（３段囲み）▶「ドキュメント1944年10月９日〜10日」（５段囲み）

〈３面〉「焼き尽くされた那覇―沖縄初空襲」（横１段凸版）/「家失い逃げ惑う」/「北部に避難する人の列」/「負傷者続々病院へ」/「麻酔せず廊下で治療」/「遺体運ぶ警官」/「『御真影』必死に守る」/「やせ細った朝鮮人軍夫」/「墜落機囲む人びと　怒りと憎悪あらわに」▶「米軍の無差別攻撃　スペイン大使館通じて日本抗議　米政府は黙殺」（６段囲み）▶「当時の新聞　詳細報道した米紙　日本は被害伝えず」（５段囲み）▶「おことわり」（１段囲み、過去号と同様）

〈４面〉「NIE（Newspaper in Education）教育に新聞を」特集頁＝全国の主な空襲年表（３・５段囲み）▶「空襲犠牲者　全国で76万人」（横１段凸版）▶「識者の視点　久手堅憲俊・沖縄戦研究家　空爆免れた首里　航空基地や港湾が主目的」（４段囲み）▶「戦から見える憲法③　高良鉄美・琉球大学教授（憲法学）　知る権利と情報公開」（５段囲み）▶「参考文献」（２段囲み）▶「次回予告」（１段囲み）

|第4号| （同年 12 月 14 日発行、同）「戦時動員体制」

日本軍が中南部の住民を北部に疎開させるよう県に要求した日に焦点を当てた。沖縄戦前夜の当時、軍は戦力となる男性を防衛隊として召集し、足手まといになると判断した老人や女性、子どもを本島北部に移すことで、地上戦に向けた準備を進めた。軍はまた、中学校と高等女学校などの生徒を学徒隊として動員する計画も進めた。こうして住民が戦時体制に組み込まれていく状況を取り上げ、行政や地域、学校などの総動員体制を浮き彫りにした。

〈1面〉「軍が北部疎開要求」（7段凸版）／「中南部地域　老人・女性」／男子は防衛隊動員」／「知事『不可能』と難色」／「中学、女子学生も戦場へ」▶「首里城地下に司令部」（6段凸版）／「南風原、読谷山の壕放棄」／「第9師団が台湾へ移動」／「北、中飛行場は事実上の放棄」▶「米軍　アイスバーグ作戦骨格」（4段凸版）／「比支援軍、沖縄に転用」▶「県出身者の満州疎開検討　九州地方行政協議会」（1段）▶「『沖縄戦新聞』編集にあたって」（3段囲み、過去号と同様）

〈2面〉「犠牲覚悟　住民を総動員」（横1段凸版）／「作戦変更」＝「軍と対立、泉知事苦悩」／「大の虫のために小の虫は殺す」／「戦時行政」＝「行政権停止も視野に」／「拡大する軍の要求」／「愛楽園」＝「兵士が患者脅し強制収容」▶「首里城地下・司令部壕　直撃弾耐える強固なつくり」（横1段）▶「1944 年を振り返る　沖縄での地上戦は必至　動員、相次ぐ悲報　レイテも敗退　戦意高揚の動き」（7段囲み）

〈3面〉「『戦争』目前　有事体制に」（1段凸版）／「住民協力」＝「児童・生徒も動員」「人海戦術で飛行場建設」／「根こそぎ動員」／「女性たち」＝「少女ら県外工場へ」／「婦人会『銃後の要に』」／「地域」＝「家庭から供出求める」／「食糧、農具……生活を圧迫」／「徴兵」＝「学生合格へ県が体力指導」▶「大舛大尉の死、『軍

神』運動へ　戦意高揚に利用」（5段囲み）▶「おことわり」（1段囲み、過去号と同様）

〈4面〉「NIE（Newspaper in Education）教育に新聞を」特集頁＝主な教育年表（3・5段囲み）▶「学校にも迫る戦場」（4段凸版）/「天皇崇拝の『少国民』」/「授業」＝「ドレミも英語もダメ」/「朝」＝「皇居に向かいおじぎ」/「訓練」＝「竹槍に行進　小さな軍隊」/「行事」＝「運動会も軍事一色」▶「学校は休校、奉仕作業に」（3段囲み）▶「識者の視点　大城将保・沖国大非常勤講師　総動員体制の極限　「一人前の日本人」目指す」（5段囲み）▶「戦から見える憲法④　高良鉄美・琉球大学教授（憲法学）　議会も臣民も無力に」（5段囲み）▶「参考文献」（2段囲み）▶「次回予告」（1段囲み）

|第5号|（2005年2月10日発行、同）「疎開と動員」

県が老人や女性、子ども約10万人を本島北部に疎開させるよう市町村長に指示、一方で戦闘に「協力」させるために青壮年層を防衛隊や農兵隊として根こそぎ動員した事実を追った。すべて軍の要請に基づく措置で、北部疎開は食糧や住民の安全確保という視点が欠落した「強制退去」だった。この時期、学徒隊として動員された生徒たちは地上戦を想定した通信、看護教育が施された。本土決戦準備が整うまでの「捨て石」と位置づけられた沖縄の「戦争前夜」の姿を描いた。

〈1面〉「北部へ10万人疎開」（横1段凸版）/「中南部市町村長会議　島田知事が移動指示」/「『戦時行政』へ県は完全移行」/「新知事に島田叡氏　泉氏は香川県知事に」/「閣議決定　疎開経費に3950万円　立ち退き19万人想定」▶「沖縄上陸は4月1日」（6段凸版）/「米軍　アイスバーグ作戦発令　ニュース用語・沖縄攻略（アイスバーグ）作戦」▶「本土決戦計画を決定」（3

段)/「日本軍、沖縄は『捨て石』」▶「沖縄守備軍　2万数千人　防衛隊召集」(1段)▶「『沖縄戦新聞』編集にあたって」(3段囲み、過去号と同様)

〈2面〉「男性、学生は『戦場』動員」(横1段凸版)/「男子学生」/「各地で陣地構築」/「急造爆雷担ぎ自爆訓練も」/「女子学生」＝「看護要員として訓練」/「疎開希望者は『非国民』」/「防衛隊」＝「17歳―45歳まで根こそぎ」/「ニュース用語・防衛隊」/「農兵隊」＝「農家の芋掘りで北部地域を転々」/「厳しい寒さ、飢えに耐える」/「ニュース用語・農兵隊」▶「当時の新聞　長参謀長　県民に自給自足求める　指導者層の沖縄脱出続々「戦列離脱」と批判」(7段囲み)▶「富原信子さん(県立三高女)　わずか20日間の看護教育　詳しくノートに記す」(6段囲み)▶「進む戦線崩壊1945年末―45年2月」(4段囲み)

〈3面〉「突然の『強制退去』命令―北部疎開決定」(横1段凸版)/「受け入れ」＝「輸送手段乏しく、歩いて」/「総出で小屋建設」/「送り出し」＝「区長が疎開呼び掛け」/「住民わずかな食料携え」/「慰安所」＝「各地に延べ130カ所」/「軍、公共施設や民家接収」▶「ついえた和平　近衛　戦争終結への方途を　天皇　もう一度戦果挙げて」(7段囲み)▶「見送られた戒厳令　新知事で軍と関係修復　内務省の思惑とも一致」(5段囲み)▶「おことわり」(1段囲み、過去号と同様)

〈4面〉「NIE(Newspaper in Education)教育に新聞を」特集頁▶「学徒動員1061人犠牲」(横1段凸版・動員校の犠牲一覧)/「自爆命令も」/「解散後に犠牲増」/「『死ぬな』の教え」▶「識者の視点　林博史・関東学院大教授　住民保護策ないがしろ　相互監視密告体制も」(5段囲み)▶「戦から見える憲法⑤　高良鉄美・琉球大学教授(憲法学)　有事へ法整備着々」(5段囲み)▶「参考文献」(2段囲み)▶「次回予告」(1段囲み)▶「過去号の紹介」(0・5段横帯)

第6号 （同年3月26日発行、同）「米軍、慶良間上陸」

米軍の慶良間諸島上陸に焦点を当てた。座間味島、渡嘉敷島では住民の「集団死」が起き、米軍に投降した住民が日本兵に殺害される事件も発生した。この時期、師範学校、中学校、高等女学校の2千数百人の戦場動員が一斉に始まった。男子学徒は陣地構築などの後方任務だけではなく、弾薬運びや戦闘への参加など兵士と変わらない任務に就かされた。

〈1面〉「慶良間に米軍上陸」（ぶち抜き横1・5段凸版）/「沖縄戦始まる」/「座間味、渡嘉敷で『集団死』」/「学徒2千数百人動員」/「鉄血勤皇隊、看護隊など配属」/「ニュース用語・天一号」▶「日本の行政権停止」（5段凸版）/「米軍政、慶良間に発令」▶「首里地域へ県庁を移動　部課長会議で知事命令」（一段）▶「おことわり・『集団死』に用語を統一」（4段囲み）▶「『沖縄戦新聞』編集にあたって」（3段囲み、過去号と同様）

〈2面〉「妻を　子供を…『一緒に』」（横1段凸版）/「渡嘉敷」＝「母親　手にかけ号泣」/「『集団死』で数百人犠牲」/「慶留間」＝「『捕虜になるのは恥』」/「死にきれず米軍に投降」/「前島」＝「日本軍なく犠牲免れる」▶「山原疎開の長い列」（2段）/「本島でも砲弾激しく」▶「体制整わない32軍　支援なく玉砕は必至　沖縄「捨て石」一層色濃く　師範生も突貫工事　『玉砕必至』の地上戦　『天幸いせず』」（6段囲み）▶「米軍大部隊で攻撃　阿嘉、座間味で激戦」（6段囲み）▶「戦線の崩壊進み国内で地上戦へ　1945年2―3月」（4段囲み）▶「ドキュメント1945年3月23日〜4月」（3段囲み）

〈3面〉「追い詰められ『死』選択―慶良間に米軍上陸」（横1段凸版）/「座間味」＝「住民同士で命断つ」/「カミソリ、首を絞め…」/「阿嘉」＝「逃げ場失い住民混乱」/「米軍が一時拘束した老夫婦　日本軍が連行、殺害」/「死体が散乱　埋葬できず　逃

げ出す兵士も」▶「比でも『集団死』　県人多くが犠牲」（1段）
▶「『集団死』米紙が報道　『この世で最も悲惨』」（5段囲み）
▶「海上特攻基地の島　秘密部隊、住民も監視下　スパイ防止」
（6段囲み）▶「おことわり」（1段囲み、過去号と同様）
〈4面〉「NIE（Newspaper in Education）教育に新聞を」特集頁▶「軍が『共死』を強制―『集団死』なぜ起きた」（1段横凸版）／「恐怖あおり投降許さず」／「日本軍のいた地域で発生」▶「識者の視点　宮城晴美・沖縄ジェンダー史研究会　8割が女性と子ども　家父長制が犠牲広げる」（5段囲み）▶「戦から見える憲法⑥　高良鉄美・琉球大学教授（憲法学）　不沈空母と後方支援」（5段囲み）▶「参考文献」（2段囲み）▶「次回予告」（1段囲み）
▶「過去号の紹介」（0・5段横帯）

第7号　（同年4月1日発行、同）「米軍、沖縄本島上陸」

この日、米軍は読谷山村（当時）、北谷村（同）にかけての海岸に上陸。日米両軍による沖縄戦が本格的に始まった。以後、激烈な地上戦が繰り広げられ、巻き込まれた多くの住民が犠牲になった。米軍の侵攻に怯えた住民は「集団死」に追いやられたり、日本軍に「壕の提供」（壕からの追い出し）を強制されたりした。こうした戦場が南部に広がるなか、上陸日に米軍に拘束・保護された住民たちの「戦後」に向けた収容所生活も始まっていた。

〈1面〉「本島に米軍上陸」（ぶち抜き横1・5段凸版）／「兵員18万3000人投入」／「日本軍反撃せず」／「各地で『集団死』」／「北、中飛行場　第32軍が爆破」▶「北部への移動停止」（4段凸版）／「32軍　住民ら中南部に足止め」▶「米軍　読谷山比謝に軍政府設置へ」（3段）／「民間人収容班も上陸」▶「『沖縄戦新聞』編集にあたって」（3段囲み、過去号と同様）
〈2面〉「投降応じ　米軍保護も」（横1段凸版）／「シムクガマ」＝「『民

間人は殺さない』」/「ハワイ帰りが説得」/「女子挺身隊」=「『絶対、捕虜になるな』」/「手りゅう弾　敵と自決用に２個」▶「上陸直前、地雷埋める」（３段）▶「１時間で１万６千人上陸」（２段）▶「女子学徒、戦場で卒業式」（横１段）/「野戦病院へ続々動員」▶「男子学徒は鉄血勤皇隊」（１段）▶「農林隊本隊　金武で解散」▶「天皇と大本営に衝撃　大規模攻勢を要求　32軍、作戦変更余儀なく」（６段囲み）▶「ドキュメント1945年３月29日―４月２日」

〈３面〉「迫る恐怖『集団死』へ―本島に米軍上陸」（横１段凸版）「チビチリガマ」=「従軍経験者　火放つ」/「煙に巻かれ多くが犠牲」/「ヤーガー」=「直撃弾で天井崩落」/「下敷きの少年　軍歌歌い続け」/「クラガー」=「避難住民で壕ぎっしり」/「池で命断つ人も」▶「米兵『歓喜の叫び』」（３段）/「容易な上陸に戸惑いも」/「北部非難は米軍に阻まれ」/「南部への道しかなく」▶「対照的な日米の報道　日本　大本営の『戦果』強調　米国　県民の様子も伝える」/「米軍に猛攻」/「ブランデー飲み上陸」/「住民の姿も報道」（６段囲み）▶「戦争に協力する著名人　高村光太郎氏詩『琉球決戦』を発表　戦況に厳しい見方も」/「詩で県民を鼓舞」/「戦況の行方に疑問」（４段囲み）▶「おことわり」（１段囲み、過去号と同様）

〈４面〉「NIE（Newspaper in Education）教育に新聞を」特集頁▶「戦争遺跡を歩く①読谷・北谷＝①瀬名波海岸のガマ（多くの住民が避難）②掩体壕（大急ぎで造った格納庫）③楚辺海岸のトーチカ（海岸から突き出た大砲）④比謝川の特攻艇秘匿壕（特攻艇隠した横穴）⑤チビチリガマ（83人が『集団死』）⑥シムクガマ（1000人の命救う）⑦栄橋（日本軍が破壊）⑧北谷の特攻艇秘匿壕（米軍上陸前に出撃）⑨アブトゥガマのトーチカ（漁港の中の銃眼）⑩クマヤーガマ（区民の命救った鍾乳洞）⑪読谷の米軍上陸の地碑（上陸海岸見渡す丘）⑫北谷の米軍上陸モニュメント(米艦船で埋まった海)▶「識者の視点　安仁屋政昭・沖縄戦研究者　苦悩と屈辱の原点　『軍民共生共死』の持久戦」（５段囲み）▶「戦から見える憲法⑦　高良鉄美・琉球大学教

授（憲法学）　明治憲法からの離脱」（5段囲み）▶「参考文献」（2段囲み）▶「INDEXで過去号の紹介と次回予告」（1段囲み）

第8号 (同年4月21日発行、同)「伊江島占領」

伊江島の米軍占領に焦点を当てた。米軍上陸から占領までの6日間、沖縄本島に避難できなかった住民は島内を逃げ惑い、「集団死」も発生した。住民は日本軍の斬込みにも参加を強制され、住民の半数に当る1500人が犠牲になった。

〈1面〉「米軍が伊江島占領」（ぶち抜き横1・5段凸版）/「住民1500人が犠牲」/「日本軍守備隊は壊滅」/「女性も総攻撃に参加」/「那覇、首里住民　退去命令を検討　32軍司令部」▶「沖縄守備軍　方言使えばスパイ」（5段凸版）/「極秘の住民監視隊設置」▶「大本営陸軍部　沖縄作戦打ち切り検討」（3段）/「ニュース用語・『菊水』作戦」▶「『沖縄戦新聞』発刊の狙い」（引用者注、「編集にあたって」を「発刊の狙い」に変え、目的をより鮮明にした。3段囲み、内容は過去号と同様）

〈2面〉「爆雷背負い戦場へ」（横1段凸版）/「不沈空母」=「飛行場建設で住民監視下」/「島出ることも禁止」/「島嶼に基地建設」/「動員し監視」/「疎開禁止」/「斬り込み」=「竹やり手に攻撃」/「投降許さず徹底抗戦」/「女子救護班」=「同級生、次々犠牲に」/「『自決か、殺されるか』覚悟」/「総攻撃前に女性6人爆死」▶「宜野湾嘉数で激戦」（4段）/「スパイ疑惑に住民脅され」/「『日本兵が怖い』」▶「石垣島の日本軍　米捕虜3人を殺害」（4段）▶「1945年4月　米軍、本島を南北分断」（4段囲み）▶「ドキュメント・1945年4月13日―4月22日」（3段囲み）

〈3面〉「住民、激戦の中に―米軍、伊江島を占領」（横1段凸版）/「集団死・

サンダタ壕・アハシャガマ・ティーギシガマ」＝「『父さん殺さないで』」／「壕内にあふれる遺体」／「家族」＝「混乱で離れ離れに」／「二度と会うことなく」▶「米軍上陸前に島外脱出続出」（1段）▶「本部　八重岳めぐり攻防」（4段）／鉄血勤皇隊も戦闘参加」▶「愛楽園、攻撃で潰滅」（3段）／「屋我地　入園者ら生活厳しく」▶「アーニー・パイル死亡　沖縄住民の姿も報道　米大統領も弔意」（4段囲み）▶「おことわり」（1段囲み、過去号と同様）〈4面〉「NIE（Newspaper in Education）教育に新聞を」特集頁▶「戦争遺跡を歩く②伊江島」＝①公益質屋跡（激戦伝える無数の弾痕）②ニィヤティヤガマ（住民守った千人ガマ）③アーニー・パイル記念碑（米従軍記者が死亡）④団結道場（土地闘争語り継ぐ）⑤被爆慰霊碑（不発弾処理で102人犠牲）⑥川平の第2小隊壕（日本軍の陣地跡）⑦芳魂之塔（4244人の犠牲者刻む）⑧山グシの陣地壕（タッチュー地下に広がる陣地）⑨アハシャガマ（百数十人が『集団死』）⑩ヌチドゥタカラの家（戦争の原因と結果学ぶ）▶「伊江島と基地の年表　1943年―1999年」（3・5段囲み）▶「識者の視点　大城将保・県史編集委員　沖縄戦の『縮図』　現在の戦争と重なる」（5段囲み）▶「戦から見える憲法⑧　高良鉄美・琉球大学教授（憲法学）〜国民保護法で『沖縄』明記」（5段囲み）▶「参考文献」（2段囲み）▶「INDEXで過去号の紹介と次回予告」（1段囲み）

|第9号|（同年5月5日発行、同）「第32軍、総攻撃失敗」

日本軍にとって総攻撃失敗は、沖縄戦の事実上の敗北を意味する。この失敗で日本軍は組織的戦闘能力をほぼ失ったが、戦いに終止符を打たず、持久戦に固執した。本土決戦を遅らせるためだった。こうした「引き延ばし」が住民の犠牲をさらに大きくしたことにつながった。

〈1面〉「日本軍の総攻撃失敗」（7段凸版）/「沖縄戦は事実上敗北＝浦添・西原」/「住民巻き添え　多数が犠牲に」/「大本営も敗北認める」▶「民間人に偽装し奇襲」（5段凸版）/「日本軍文書、米軍が入手」▶「県が挺身隊設置」（4段）/「南部地区で戦場行政」/「ニュース用語・沖縄県後方指導挺身隊」（1段）▶「宮古上陸作戦　中止を指令＝米統合参謀本部」（1段）▶「ヒトラー自殺　ドイツ降伏へ」（1段）▶「『沖縄戦新聞』発刊の狙い」（3段囲み、過去号と同様）

〈2面〉「砲弾の雨　逃げ惑う」（横1段）/「事実上の敗北」＝「守備軍兵力が激減」/「住民道連れに持久戦」/「真和志村繁多川」＝南部移動、軍が命令」/「玉城から具志頭へ　家族、次々息絶え」/「初年兵」＝「仲間失い、部隊ばらばら」▶「伊江島島民、投降呼び掛け　渡嘉敷」（4段）/「『スパイ』と軍殺害」▶「首里市　姿を消した米兵捕虜」（4段）▶「玉城村志堅原　日本兵の住民殺害目撃」（3段）▶「米軍の心理作戦　日本軍と住民の亀裂利用」（4段囲み）▶「1945年5月　日本軍、戦略持久戦へ」（4段囲み）▶「ドキュメント・1945年5月3日―10日」（2段囲み）

〈3面〉「軍に壕追い出され―日本軍の総攻撃失敗」（横1段）/「浦添・前田」＝「『村がなくなった』」/「住民、墓の中に身隠す」/「南部へ」＝「『生きるため』南下決意」/「避難壕で家族犠牲」/「浦添・西原」＝「日本軍の〝糧秣倉庫〟　戦闘で集落壊滅」/「銃で住民追い出される」/「南風原陸軍病院壕」＝「あふれる負傷兵」/「悪臭、うめき声絶えず」▶「4月29日付『沖縄新報』『勝利の日まで辛抱続けよう』　島田知事の訓示を掲載　『1万8千余殺傷』　日本軍の戦果伝える」（7段囲み）▶「おことわり」（1段囲み、過去号と同様）

〈4面〉「NIE（Newspaper in Education）教育に新聞を」特集頁▶「戦争遺跡を歩く③宜野湾・浦添・西原」＝①普天満宮洞窟（泉知事も一時避難）②嘉数高台のトーチカと陣地壕（激戦地に残る無数の弾痕）③第21大隊第3中隊の壕（茂みの中に壕の入り口）④伊祖のトーチカ（遊歩道沿いの銃眼）⑤チヂフチャーガ

マ（嘉数住民の避難壕）⑥嘉数の病院壕（国道から見えるガマ）⑦前田高地の陣地壕群（浦添城跡地下の迷路陣地）⑧西原町役場壕（重要書類隠した1㌧金庫）⑨小波津の弾痕の石塀（中城湾からの艦砲弾）⑩小波津の陣地壕（墓を改造した陣地）▶「識者の視点　吉浜忍・沖縄国際大学助教授　本土決戦への時間稼ぎ　住民の犠牲一層大きく」（5段囲み）▶「戦から見える憲法⑨　高良鉄美・琉球大学教授（憲法学）　恐怖と欠乏から決別」（5段囲み）▶「参考文献」（2段囲み）▶「INDEXで過去号の紹介と次回予告」（1段囲み）

第10号 （同年5月27日発行、同）「第32軍、首里放棄」

1945年5月27日に第32軍が首里の司令部を放棄、南部に撤退を始めた。

〈1面〉「32軍、首里司令部を放棄」（ぶち抜き横1・5段凸版）/「摩文仁へ撤退」/「組織的戦闘力を失う」/「避難民、巻き添え必至」▶「沖縄戦の実情報告へ」（5段凸版）/「警察別働隊　県が内務省に派遣」/「本土上陸作戦を指令」（3段）/「米統合参謀本部　11月にも南九州へ」▶「沖縄作戦に陸軍見切り」（1段）/「本土決戦に全勢力」▶「『沖縄戦新聞』発刊の狙い」（3段囲み、過去号と同様）

〈2面〉「南部へ〝死の撤退〟」（6段）/「米兵」＝「安里北　シュガーローフ攻防/『血塗られた戦い』」/「日本兵」＝「目の前で仲間絶命」/「『逃げることもできない』」/「傷病兵」＝「青酸カリで自決強要」/「運玉森」＝「連日連夜の『斬り込み』」/「寄せ集め

で部隊編成」/「鉄血勤皇隊」＝「大雨、泥の中　一歩一歩進む」
▶「検証・首里放棄　住民保護の視点欠落　持久戦継続を模索　牛島司令官が決断　『捨て石作戦』貫徹」（6段囲み）▶「戦闘神経症患者が続出　米軍、北谷に専門病院新設」（4段囲み）▶「1945年5月下旬　首里前面で激戦」（3段囲み）▶「ドキュメント・1945年5月11日―5月27日」（3段囲み）

〈3面〉「戦場さまよう住民―32軍、首里司令部を放棄」（横1段凸版）/「住民」＝「南風原　夜中、決死の避難」/「遺体散乱『何も感じない』」/「県庁・警察部壕」＝「退避途中で続々犠牲に」/「沖縄新報」＝「新聞発行停止」/「社員も南部へ」/「沖縄刑務所解散」＝「南部再会果たせず」▶「本島北部　日本軍が住民殺害」（4段）/「『スパイ』として食料強奪」▶「阿嘉島　軍の拘束、殺害、餓死」（3段）/「朝鮮人『軍夫』ら過酷」▶「収容所で〝戦後〟スタート　住民生活の秩序回復へ」（5段囲み）▶「おことわり」（1段囲み、過去号と同様）

〈4面〉「NIE（Newspaper in Education）教育に新聞を」特集頁▶「戦争遺跡を歩く④那覇・豊見城・南風原」＝①シュガーローフヒル（激戦地から繁華街へ）②弁ケ岳のトーチカ（拝所のそばのトーチカ）③ナゲーラ壕（瑞泉と梯梧学徒隊が動員）④南風原陸軍病院壕（壕内に数千人のうめき声）⑤てんぷら坂の壕（完成翌日に10・10空襲）⑥ことぶき山壕（1000人が入れた海軍壕）⑦第32軍司令部壕（首里城地下の作戦本部）⑧旧海軍司令部壕（自決の跡も生々しく）⑨弾痕のある水タンク跡（ロケット弾直撃で2人即死）▶「識者の視点　福地曠昭・沖縄戦1フィート運動代表　血迷った敗残兵　山岳戦、住民を巻き添え」（5段囲み）▶「戦から見える憲法⑩　高良鉄美・琉球大学教授（憲法学）　情報統制と自治体命令」（5段囲み）▶「参考文献」（2段囲み）▶「INDEXで過去号の紹介と次回予告」（1段囲み）

第 11 号（同年 6 月 23 日発行、8 頁）「沖縄戦　事実上終結」

3 月 26 日に慶良間諸島から始まった日米両軍の激しい地上戦が 6 月 23 日に事実上終結するまでの戦闘を追った。本島南部の戦場で、住民をスパイ視して殺害、壕追い出し、食糧強奪、極限のなかでの「集団死」も起きた。組織的戦闘が終わった後も、各地で散発的な戦闘は続いた。

〈1 面〉「沖縄戦　事実上の終結」（ぶち抜き横 1・5 段凸版）／「米軍、占領を宣言」／「牛島司令官ら自決」／「南部で住民 8 万人保護」▶「県庁、警察部が解散」（5 段凸版）／「島田知事　荒井部長　摩文仁で消息絶つ」▶「バックナー中将戦死　本島南部の前線視察中」（4 段）▶「国民義勇隊を結成」（3 段）／「政府　根こそぎ兵士に動員」▶「帝国議会権限停止が可能に」（1 段）／「戦時緊急措置法が施行」▶「『沖縄戦新聞』発刊の狙い」（3 段囲み、過去号と同様）

〈2 面〉「迫られる『死』『降伏』」（横 1 段凸版）／「大本営が『沖縄作戦の教訓』」／「体当たり攻撃を強調」／「海軍主力」＝「米軍猛攻で司令部壊滅」／「海軍兵」＝「糸満から小禄『玉砕』の転戦」▶「大田司令官の電報　県民の戦争協力伝える　斬り込み志願の女性も　かく乱継続の意志」（5 段囲み）▶「米紙『沖縄陥落』伝える　悲惨で血塗られた制圧」（7 段囲み）▶「日本の新聞は『玉砕』報道　軍官民一体たたえる　沖縄に続け　士気鼓舞した沖縄新報」（6 段囲み）▶「1945 年 6 月 3 日～22 日　訓練未熟な兵士たち」（4 段囲み）▶「ドキュメント・1945 年 6 月 3 日―25 日」（4 段囲み）

〈3 面〉「日本軍、最後の死闘―沖縄戦終結」（横 1 段凸版）／「米軍　『沖縄作戦報告書』を作成」／「防衛隊存在に注目」／「日本兵」＝「八重瀬―真栄里　抵抗もむなしく」／「米軍　陸、海から集中攻撃」

/「米兵」＝「壕に爆弾、火炎放射」／「『猫の死骸にしか思えず』」▶「神航空参謀が沖縄の戦況報告」（1段）／「大本営は出撃要請拒否」▶「自決は22日午前3時40分　牛島司令官死亡　米軍が日時特定」（5段囲み）▶「『戦争指導大綱』を決定　強硬派が本土決戦確認　天皇側近は和平に動く　玉砕強要　不幸な結末」（7段囲み）▶「牛島司令官が決別電報　天皇に敗戦わびる　『皇軍の論理』貫く　作戦の本質明確に」▶「警察が武装訓練」（2段）／「米軍が文書没収」（2段）▶「神航空参謀が沖縄の戦況報告　大本営は出撃要請拒否」（1段）▶「日本軍首脳が決別の夕食会　摩文仁の司令部壕」(1段)

〈4面〉〈5面＞見開き・「60年前の惨劇　いまに伝える」

「NIE（Newspaper in Education）教育に新聞を」特集頁▶「戦争遺跡を歩く⑤南部」＝①轟の壕（沖縄県庁最後の地）②ガラビ・ヌヌマチガマ（500人が『処置』された病院壕）③前川の民間防空壕群（1㌔も連なる住民壕）④糸数アブチラガマ（60年前想像する暗闇体験）⑤潮平権現壕（560人救ったガマ）⑥宜次の製糖工場煙突跡（レンガにあいた大きな弾痕）⑦山巓毛の監視哨跡と石碑（敵機を監視した丘）⑧与座の製糖工場跡（弾痕の残るタンクと門柱）⑨ウッカーガマ（糸洲の壕）（積徳学徒に『死ぬな』）⑩魂魄の塔（県民の慰霊碑）⑪ずゐせんの塔（首里高女33人が犠牲）⑫第24師団第1野戦病院壕（白梅学徒隊が動員）⑬白梅の塔（白梅学徒、最大の犠牲地）⑭梯梧之塔（昭和高女9人が戦死）⑮沖縄師範健児之塔（鉄血勤皇隊最後の地）⑯クラシンジョウの壕（当時のままの陣地壕）⑰マヤーガマ（軍が住民追い出し）⑱斎場御嶽の艦砲穴（世界遺産に残る戦跡）⑲ひめゆりの塔（80人余が命落としたガマ）⑳荒崎海岸（追い詰められた海岸）㉑摩文仁の第32軍司令部壕（牛島司令官、自決の地）㉒伊原第1外科壕（ひっそりとガマの口）㉓韓国人慰霊塔（悲劇訴える『虐殺』の碑文）㉔忠霊之塔（一家全滅の碑）▶「逃げ回った恐怖の3カ月　戦争が肉親11人奪う　安里要江さんの避難ルート」（8段囲み）▶「数々の悲劇起

きたガマ　食料強奪　子供殺害　スパイ容疑　幼児殺害」（8段囲み）▶「識者の視点　石原昌家・沖国大教授　『国体護持』の沖縄戦　住民守らない軍隊」（5段囲み）▶「戦から見える憲法⑪　高良鉄美・琉球大学教授（憲法学）　『個人の尊厳』起源」（5段囲み）

〈6面〉「『もう逃げられない』」（横1段凸版）/「摩文仁村米須」=「日本兵に壕奪われ」/「米軍包囲で『集団死』」/「玉城村糸数・アブチラガマ」=「老人、子供ら衰弱死」/「『日本の勝利』待ち続ける」/「喜屋武村荒崎海岸」=「米兵が小銃乱射」/「血に染まる岩場」/「一中・師範隊」=「突然の解散命令」/「『捨てられた、どうしよう』」/「水産鉄血勤皇隊」=「司令部壕は火の海」/「通路には遺体散乱」/「女子学徒隊」=「戦場を右往左往」/「『直撃弾でひと思いに…』」▶「降伏要求のメッセージ」（1段）/「米軍、空から投下」▶「日系2世らが投降呼び掛け　『日本兵交じると困難』」（4段囲み）

〈7面〉「追い詰められる住民―沖縄戦終結」（横1段凸版）/「真壁村伊敷・轟の壕」=「暗闇の壕　息潜め」/「米軍の説得応じ投降」/「具志頭村新城・ヌヌマチガマ」=「重症者に青酸カリ」/「死ねない兵には銃向ける」/「摩文仁村伊原・第三外科壕」=「発煙砲で多数の死者」/「『絶対出てはいけない』」/「中北部収容所」=「餓死者が連日続出…」/「食糧不足、マラリア…」/「南部収容所」=「生き別れの家族　捜し求める人々」/「仲村渠下田には学校も」/「沖縄からの児童」=「九州への空襲激しく」/「山間部へ再疎開」▶「ニュース用語・馬乗り攻撃」（1段）▶「おことわり」（1段囲み、過去号と同様）

〈8面〉「写真グラフ」（すべて米軍撮影）▶「戦場からの生還」=「野戦病院」「命の水」「溝から」「担いで」「伊平屋島」「瀬長島」「母さんは？」「お年寄り」▶「参考文献」（2段囲み）▶「INDEXで過去号の紹介と次回予告」（1段囲み）

|第12号|（同年7月3日発行、4頁）「宮古・八重山の戦争」

7月3日に石垣島から台湾に疎開する人びとを乗せた徴用船が米軍機に撃沈された事件、軍の強制退去命令によりマラリアに罹患し約3600人の住民が犠牲になった離島の戦争を中心に特集。

〈1面〉「『疎開船』尖閣沖で沈没（6段凸版）/「台湾行き　米機攻撃」/「石垣住民50人犠牲」▶「八重山でマラリア拡大」（4段）▶「ニュース用語・マラリア」（1段）▶「米軍、各地で掃討戦」（5段凸版）/「沖縄戦、戦闘終了を宣言」▶「米軍　大規模な基地建設」（3段）/「保護住民を大量動員」▶「日本兵7401人米軍捕虜に」（2段）/「重要な戦略情報提供」▶「福岡に臨時県庁」（5段）/「沖縄疎開者6万人支援」▶「『沖縄戦新聞』発刊の狙い」（3段囲み、過去号と同様）

〈2面〉「苦難続く離島住民」（6段凸版）/「疎開船沈没」＝「甲板は血の海に」/「生存者、魚釣島へ上陸」/「宮古」＝「空爆、艦砲射撃　震える島」/「墜落米兵に芋を渡す」/「食糧不足深刻に」▶「収容所で学校開設　校舎、教材もなく　青空に響く歌声」（7段囲み）▶「戦災孤児、本島に1000人超　各地で保護施設建設」（6段囲み）▶「『御真影』奉護隊が焼却　羽地村の山中に保管」（5段囲み）▶「ドキュメント1945年6月29日〜7月半ば」〈3面〉「終わらない〝戦争〟」（横1段凸版）/「石垣島」＝「軍命で山岳地帯に」/「マラリア感染、死者増加」/「波照間」＝「西表・南風見田に強制疎開」/「看病する余力もなく」/「伊平屋」＝「白旗掲げ住民ら投降」/「久米島」＝「住民スパイ視　日本軍が殺害」/「本島南部」＝「戦闘終結知らず逃避行」▶「捕虜をハワイに送致」（3段）/「沖縄出身3千人と朝鮮人」▶「9離島に諜報

員を派遣　『陸軍中野学校』出身者　ゲリラ訓練やスパイ監視　国内唯一の配備　偽名で教師に　強制疎開でマラリア禍」（6段囲み）▶「ニュース用語・陸軍中野学校」（1段）▶「おことわり」（1段囲み、過去号と同様）

〈4面〉「NIE（Newspaper in Education）教育に新聞を」特集頁▶「戦争遺跡を歩く⑥宮古・八重山」＝①トゥリバー浜特攻艇秘匿壕群（海岸に並ぶ『人間魚雷』の穴）②旧日本陸軍中飛行場戦闘指揮所（飛行場跡の頑丈な施設）③大嶽城跡公園のトーチカと陣地（軍事施設が集中した山）④来間島の銃座（敵を狙った岩の割れ目）⑤南静園職員住宅の弾痕（ハンセン病施設の悲劇）⑥船浮の陣地壕跡（当時のままの軍事施設）⑦尖閣列島戦時遭難死没者慰霊之碑（犠牲者80人を刻む）⑧登野城小の奉安殿（天皇中心だった戦前の学校）⑨白水の強制疎開地（山中で次々とマラリア犠牲者⑩忘勿石（岩に刻んだ10文字）⑪竹富島・国吉家の弾痕（機銃掃射受けたヒンプン）▶「識者の視点　大田静男・『八重山の戦争』著者　横暴極まる日本軍　住民を死に追いやる」（5段囲み）▶「戦から見える憲法⑫　高良鉄美・琉球大学教授（憲法学）　不可欠な『知る権利』」（5段囲み）▶「参考文献」（2段囲み）▶「INDEXで過去号の紹介と次回予告」（1段囲み）

|第13号|（同年8月15日発行、同）「日本が無条件降伏」

広島、長崎への原爆投下、ソ連の参戦で追い込まれた日本はポツダム宣言を受諾、8月15日天皇の「玉音放送」で戦争終結を国民に告げた。しかし、この日以後も沖縄では住民虐殺が発生した。

〈1面〉「日本が無条件降伏」(ぶち抜き横1・5段凸版)／「政府、ポツダム宣言受諾」／「天皇が『戦争終結』放送▶「広島、長崎に原爆投下」(4段凸版)／「市民ら十数万人が犠牲」▶「ニュース用語・原爆開発」(1段)▶「ソ連軍が参戦」(3段)／「日本軍　在留邦人保護策なし」▶「敗戦直後に沖縄へ特攻」(1段)／「宇垣司令長官ら11機」▶「米軍政府　沖縄諮詢会を設立」／「統治政策に意見述べる」▶「『沖縄戦新聞』発刊の狙い」(3段囲み、過去号と同様)

〈2面〉「『故郷に帰れる』喜び」(6段)／「満州」＝「親子離別、決死の逃避行」／「サイパン」＝「『放送はうそ、信じない』」／「ハワイ」＝「『やっと終わった』」／「県人捕虜　高まる沖縄への思い」／「台湾」＝「『負けたとは思わない』」／「収容所で敗戦実感」／「フィリピン」＝「特別な感情はわき起こらず」▶「原爆　焦土と化した広島、長崎　おびただしい遺体　全身やけどの人々」(6段)▶「終戦の詔書　抜粋」(4段囲み)▶「ポツダム宣言　要旨」(4段囲み)▶「諮詢会　メンバー選出に一定の資格審査」(3段囲み)

〈3面〉「『どうなる』募る不安—日本　無条件降伏」(横1段凸版)／「玉城村糸数アブチラガマ」＝「敗戦知らず隠れ続け」／「5カ月ぶりの太陽」／「収容所」＝「祝砲、勝利喜ぶ米兵」／「北部」＝「伝わる『敗戦』　山から集落へ」／「米軍は敗残兵追う」／「久米島」＝「敗戦後に住民殺害」／「日本軍　スパイ容疑で次々」／「石垣」＝「朝鮮人労働者と地元の若者衝突」▶「米紙、歓喜の戦勝報道　『原爆が日本を終戦に』　原爆被害　沖縄占領」(6段囲み)▶「国内新聞は『戦争終結』　天皇の『聖断』強調」(4段囲み)▶「ウルマ新報『平和到来』伝える」(2段囲み)▶「おことわり」(1段囲み、過去号と同様)

〈4面〉「NIE(Newspaper in Education) 教育に新聞を」特集頁▶「戦争遺跡を歩く⑦中・北部」＝①八重岳野戦病院壕跡(なごらん学徒隊が動員)②渡喜仁の陣地壕(交差点角にある魚雷保管壕)③沖縄愛楽園の早田壕(ハンセン病患者が壕掘り)④ヌチシヌジガマ(300人の命しのぐ)⑤本部の監視哨跡(高台から敵機を監視)⑥屋嘉収容所跡(捕虜7000人を収容)⑦大湿地帯の御真影奉護

壕（天皇夫妻の写真隠す）⑧旧天願橋（日本軍が爆破した美橋）⑨具志川グスクの壕（地元の若者が『集団死』）⑩山田の銃座（10㍍おきに並ぶ穴）⑪美里の奉安殿・忠魂碑（軍港主義のシンボル）⑫美里の『集団死』跡（避難民30人余が命絶つ）⑬戦後引揚者上陸碑（海外、本土から10万人帰郷）▶「識者の視点　高嶋伸欣・琉大教育学部教授　残存する差別的民族観　アジアの対日不信消えず」（5段囲み）▶「戦から見える憲法⑬　高良鉄美・琉球大学教授（憲法学）　平和憲法の出現」（5段囲み）▶「参考文献」（2段囲み）▶「INDEXで過去号の紹介と次回予告」（1段囲み）

第14号（同年9月7日発行、同）「南西諸島の日本軍が降伏調印」

日本の降伏調印（9月2日）に伴って9月7日、南西諸島の日本軍代表が降伏文書に調印した日に焦点を当てた。米軍は南西諸島全域に軍政を敷き、基地建設を加速させる。12の収容所を「市」として市議会議員選挙が実施され、初めて女性の参政権が認められた。

〈1面〉「日本守備軍が降伏」（ぶち抜き横1・5段凸版）/「越来・米軍司令部＝宮古、奄美の司令官調印」/「沖縄戦　公式に終了」/「南西諸島全域で米軍政」▶「12収容地単位で選挙」（5段凸版）/「20日議員　25日市長＝初の女性参政権」▶「貨幣経済を再開へ」（3段）/「米海軍政府＝座間味で実験開始」▶「沖縄諮詢会＝委員長に志喜屋孝信氏」（3段）▶「東京湾ミズーリ号＝政府代表団が降伏文書調印」（2段）/「日本主権から沖縄分離」▶「『沖縄戦新聞』終了に当たって」（『戦のためにペンを執らない』ことを読者に誓って終了を告げる社告、4段囲み）
〈2面〉「要さい化進む沖縄」（横1段凸版）/「東アジアの抑止力」/「海外見通し＝『最重要な基地に』」/「米軍、13飛行場の建設計画」

▶「内務省＝九州総監府に臨時沖縄県庁」（3段）／「北副参事官が知事代理官」▶「琉球降伏、米紙も報道」（2段）／「『司令官のショー』」▶「久米島、渡嘉敷、阿嘉＝日本軍が武装解除」▶「占領開始にかかわる沖縄　伊江島＝日本使節団が立ち寄る　バターン号＝マッカーサー元帥も来沖」（8段囲み）▶「児童ら帰沖待ち望む　九州疎開地　『民主主義』を教える教師も」（6段囲み）▶「降伏文書の要旨」（2段囲み）

〈3面〉「過酷な戦後始まる」（横1段凸版）／「軍作業＝収容所から軍作業へ」／「荷揚げ、炊事、遺体処理…」／「住民＝普天間飛行場建設進む」／「土地奪われ戻れず」▶「米兵の女性暴行多発」（4段）▶「米兵用慰安所　今帰仁に設置」（2段）／「身売りの女性ら働かせる▶「マラリア、赤痢　収容所で流行」（1段）／「命落とす避難民多く」▶「親泊大佐一家自宅で自決」（1段）／「大本営報道部員」▶「壕出なければ生きられる　東風平村・八重瀬岳　古波津さん父子『平和になるまで』」（5段囲み）▶「海外県民にも暗い時代　南米＝『勝ち組』『負け組』対立　北米、ハワイ＝米への『忠誠』問われる」（5段囲み）▶「女性参政権　男性有権者不足も背景に」（3段囲み）▶「おことわり」（1段囲み、過去号と同様）

〈4面〉「NIE（Newspaper in Education）教育に新聞を」特集頁▶「軍隊は住民守らない」（横1段凸版）／「民間人犠牲なぜ多い　本土防衛の〝捨て石〟に　南部撤退で軍民混在　『友軍』が自国民殺害　米軍が無差別攻撃　10代も老人も根こそぎ動員」▶「教科書の沖縄戦＝『住民虐殺』82年に登場」（4段囲み）▶「識者の視点　保坂廣志・琉大教授　『沖縄戦新聞』を振り返って　生命の賛美高く掲げる」（5段囲み）▶「戦から見える憲法⑭　高良鉄美・琉球大学教授（憲法学）　ゆがめられる『平和』の冠」（5段囲み）▶「参考文献」（2段囲み）▶「INDEXで過去号の紹介」（1段囲み）▶「沖縄戦60年取材班」（19人の記者名を列挙、1段）

第2節 「サイパン陥落」に始まる沖縄戦の前奏

　「大東亜建設」の「大義」を掲げた日本のアジア・太平洋戦争は、「防波堤」とされたサイパンでの敗退で終章を迎え、「大義」は「国体護持」でしかなくなった。沖縄戦は矮小化された「大義」のもとで展望もないまま住民が総動員され、日本本土防衛の「捨て石」として戦われることになることを『沖縄戦新聞』は第1号から見通し、当時の新聞が戦争を煽った姿からも目を離さず展開する。

1　サイパン・「もうひとつの沖縄」〜第1号を中心に
　『沖縄戦新聞』がなぜ、「サイパン陥落」に沖縄戦の前奏の始まりを聴き取ったのか。この背景として「廃琉置県」後の沖縄の状況と沖縄からの海外移民の推移を補足し、概観しておこう。
　明治政府は20世紀初頭まで、琉球王国の古い制度をそのまま残し、急激な改革は避けるという政策をとった（旧慣温存策）。旧支配層の明治政府に対する反発をそらし、明治政府との対立を深めていた清国への沖縄からの亡命者による刺激も回避する―などがねらいで、土地制度、租税制度、地方制度がそのまま踏襲された。その結果、急激な市場経済の浸透に対応できない農村が増え、農業以外の目立った産業は製糖業などに限られた沖縄から活路を海外に見出さざるを得ない状況が生まれた。
　大正末期から昭和初期の沖縄からの輸出品は、砂糖のほかに泡盛、パナマ帽子、畳表、鰹節、漆器などがあったが、その8割は砂糖だった。この時期に襲った国際的な糖価の暴落は沖縄経済に深刻な打撃を与え、それまであった3つの銀行が経営破綻し、1925年に大蔵省（当時）の指導で3銀行が合併に追い込まれた。多額の借金を抱え生活が立ちいかなくなった農家では、最後の手段として子どもの身売りも見られた。また、海外移民や日本本土の出稼ぎとして故郷を抜け出す人も多かった。
　日本本土からの本格的な集団移民が始まったのは、1885年。沖縄からは、それより14年遅れて1899年、横浜港から出港したハワイ移民が最初だった。その年、沖縄で土地整備事業が始まり、5年後の地租改正

に結びつくが、それまでの土地制度が崩壊しつつある状況を反映していた。つまり、土地を抵当にして渡航費を捻出することが可能になったのである。以後、沖縄からの移民は増え続け、大正末期から昭和初期の「ソテツ地獄⁶」による疲弊が拍車をかけた。ハワイ、南米に続いてサイパンを含む「南洋⁷」への移民も加わった大正期には、沖縄の人口が減少するという事態にまでなった。⁸

　南洋群島が日本の実質的な版図に組み入れられたのは、1914年の第一次世界大戦で日独の国交が途切れたのがきっかけだった。日本は大戦勃発後ただちに「帝国海軍南遣枝隊」を赤道以北の当時ドイツ領だった南洋群島に派遣して占領。そして同年の12月には臨時南洋群島防備隊条例が発令され、司令部をトラック島に置き、全群島を6民政区に分け、日本政府による軍政が確立した。

　1922年には臨時南洋群島防備条例は廃止、南洋庁が設置され、サイパン、ヤップ、パラオ、トラック、ポナペ、ヤルートの6区画に支庁所を置いて統括した。第一次大戦後に発足した国際連盟の委任統治⁹という形で、南洋群島は行政庁である南洋庁が設置されて以降、1945年8月の太平洋戦争の終結までの23年間、また占領以来31年間にわたって日

5　漁業が盛んだった糸満の漁民に、国頭地方や周辺離島の貧しい農家が前借金と引きかえに10歳前後の子どもを年季奉公として身売りするようになった。これを「糸満売り」という。身売りされた子どもはヤトイングァ（雇子）と呼ばれ、漁民・馬車引き・女中奉公・魚売りなどとして働かされた（秋山勝「社会の変容と民衆の生活」『沖縄県の百年』山川出版社、2005年、136頁）。

6　第一次世界大戦（1914～18年）後の恐慌から世界恐慌（1929年）までの慢性的不況下における沖縄経済と民衆の極度の窮迫状況を、ソテツを食べて飢えをしのいだ悲惨な状況にたとえて呼んだ。『沖縄朝日新聞』の記者、比嘉栄松が命名し、新聞などを通じて広まった（秋山勝「ソテツ地獄下の民衆の暮らし」『沖縄県の百年』152頁）。

7　日本は支配下に置いた島々を「内（裏）南洋」と呼び、その外の島嶼部を含む東南アジアを「外（表）南洋」としたが、1935年、「裏」「表」の呼称を廃した。

8　琉球新報社会部編「もう一つの沖縄－海外移民」『沖縄20世紀の光芒』琉球新報社、2000年、38頁。

9　第一次世界大戦の戦勝国が、敗戦国の植民地などを再分割するために創設した制度。統治地域の自立の程度が高いとされた順にA、B、Cの3方式が定められた。南洋群島はその最低ランクのC式委任統治とみなされ、植民地ではなかったが、日本はその統治を通じ文明国の一員としての地位を得ようとした。

本の統治下にあった。

　もともと南洋群島には、カロリニアン、[10]とチャモロが先住民として暮らしていた。南洋庁が設置された 1922 年には、「南洋群島における年次別住民別現住人口」表をみると、南洋全体で日本人が 3310 人（うち沖縄出身者 702 人、21.2%）であるのに対し、先住民（島民）は 4 万 7713 人。これが逆転したのは 1935 年で、日本人 5 万 1861 人（うち沖縄本籍者 2 万 8972 人、55.9%）、先住民（島民）5 万 573 人となった。その 7 年後、戦場と化していく 2 年前 1942 年には、日本人は 9 万 3220 人（うち沖縄出身者 5 万 4854 人、58.8%）に達しているのに、先住民（島民）は 5 万 2197 人と 22 年前にほとんど変わりがない。沖縄出身者は 1926 年以降、常に 50% を超える割合で出身地別の第 1 位を占め、短い期間に日本人、とりわけ沖縄出身者が急増したことを物語る。[11]

　南洋群島の植民地的経営を担ったのは、1921 年に設立された南洋興発会社で、必要な労働力を沖縄に求めた。その理由は①人口過剰に苦しみ、早くから海外思想が発達し、すでにサイパン島に相当の進出を果たしていた。②労力の主力である甘蔗栽培の農夫としては、甘蔗は極めて栽培の容易な作物ではあるが、全く甘蔗を見たこともない地方の人々よりは、幼児から甘蔗に親しみを持っている。③熱帯性。④人口密度諸県の首位たる沖縄県は、これを養うに足る産業を欠き、久しくソテツ地獄とさえいわれる惨状にあったことから、その過剰人口の一部を余裕ある南洋に移すことは、国策上極めて有意義—などにあった。[12]

　南洋への沖縄からの移住は、1915 年 11 月の糸満の 17 人がサイパン島に渡航し、追込漁業を始めたのが最初とされ、1930 年代を通してその人数は、1 万 176 人から 4 万 5701 人にふくれあがった。[13]「日本統治下

10　日本統治時代、「カナカ族」と呼んでいたが、「土人」という呼称同様に日本人による侮蔑的な眼差しが込められているとして第二次世界大戦後、カロリニアン自身が「カナカ」という呼称を拒んだ。沖縄の南洋群島帰還者の間でも「カナカ」の使用には慎重である（今泉裕美子「沖縄移民社会」『沖縄県史　各論編　第 5 巻　近代』沖縄県文化振興会史料編集室、2011 年、356 頁の注 28）。

11　今泉、注 10 前掲論文、351 頁、「表 2　南洋群島在住者人口表」参照。

12　赤嶺秀光「南洋移民とは何だったのか」『新沖縄文学 84 号　特集/もうひとつの戦争体験』沖縄タイムス社、1990 年、79〜80 頁。

の南洋群島で興された産業は県出身者の労働力に支えられていた。学校の児童・生徒の半数以上が県出身者の子弟。南洋群島に『もうひとつの沖縄』が生まれたような状況」だった。

そして、沖縄からの出稼ぎ・移住に支えられていた南洋興発は隆盛を極めた。製糖だけでなく、南洋の開発、貿易に力を入れ、南洋経済を牛耳った。1939年の南洋庁の収入は約1千万円、このうち770万円は南洋興発が税金として支払ったものという。なかでもサイパンでは島を直営農場と5つの村（農場）に分け、各農場には南洋興発農務課主任が村長となり、1農場150～200人の蔗作人（小作人）がサトウキビを栽培した。蔗作人は沖縄、八丈島から来た人が多かった。

こうした歴史を踏まえると、第一次世界大戦後の沖縄の歩みは、「南洋移民」を通じて南洋群島と密接に関係しあった過程からとらえなおす必要があることに気づく。

だが、繁栄もつかの間のことに終わった。戦況悪化に伴い、軍の増強が進み、かわりに民間人は沖縄や日本本土へ引揚げていった。1944年6月、サイパンでの戦闘陣容は、米軍が海軍も合わせて12万7500人。日本側は陸軍第31軍、海軍中部太平洋艦隊を合わせて4万4000人。このときサイパンに残っていたのは日本の民間人約2万2000人（朝鮮人を含む）、先住民約4000人と推定されている。民間人の死者については資料によりばらつきはあるが、日本人（同）約1万人から1万2000人、先住民（島民）は約400人から600人といわれている。日本人の半数、先住民の1割が死亡したことになる。日本人死者の6割以上が沖縄出身者だった。戦闘終結後、民間人収容所に日本人約1万400人、朝鮮人約1300人、先住民約3200人が収容された。日本人収容者の8割が沖縄出身者だった。そして、開設された「サイパン孤児院」に収容された児童

13　石川友紀「海外移民の展開」『沖縄県史7　移民　各論編6』沖縄県教育委員会、1974年、387～400頁。
14　『沖縄戦新聞』第1号（2004年7月7日付）中面「南洋群島の歴史」。
15　白井文吾編『烈日サイパン島』東京新聞出版局、1979年、49頁。
16　今泉、注10前掲論文、347頁。

は137人のうち、沖縄に縁ある児童は104人にのぼった[18]。

『沖縄戦新聞』第1号は、こうした歴史を読者に想起させ、戦場の記憶も引き出した。1面で「サイパン陥落」の横凸版見出しに続き、「邦人1万人が犠牲」「県出身者は6千人」と伝え、「米軍の沖縄上陸必至か」と戦況を見通している。「陥落」当日の7月7日には政府が沖縄の老幼婦女子の県外疎開を通達したことも書き、軍民が混在した戦場の混乱によって「焼き尽くされた島」・サイパンで「戦火に逃げ惑う住民」の姿を中面見開きで生々しく描いた。

沖縄住民にとって、サイパンの戦闘は他人事ではなかった。大本営は1944年7月18日になって「陥落」を発表し、一方で国民を鼓舞したが、「概ね運命を共に」したとされた在留邦人の大半は沖縄出身者であったという事実がやがて伝わり、沖縄住民に戦争が身近に迫っていることを初めて実感させた。

サイパンの戦場の実相は住民にとって過酷そのものだった。第1号の中面は住民の戦場体験でほぼ埋め尽くされている。そのありさまはさながら沖縄戦の戦場描写のようだ。

> 壕はほとんどが避難民で、初子さん（引用者注、准看護婦、上原初子さん＝18歳）は「捕虜になると女性は米兵に乱暴され、戦車でひき殺される」と聞いたので、バッグに劇薬を忍ばせていた……後で入ってきた日本兵は、子どもが泣くと「敵に見つかる。殺せ」と恐ろしい剣幕で怒鳴った。母親は幼子をなだめるが、暑さと渇きで泣きやまない。ある母親は、泣きながら子どもの口を押さえ窒息させた。夜、子どもを海に捨て、泣き崩れる女性もいた。壕は二度爆破され、入り口近くの十数人が死んだ[19]。

17　『沖縄戦新聞』第1号（2004年7月7日付）1面「サイパン陥落」。
18　井上亮『忘れられた島々　「南洋群島」の現代史』平凡社新書、2015年、213頁。
19　『沖縄戦新聞』第1号（2004年7月7日付）中面「焼き尽くされた島」。

寄稿コラム「識者の視点」では、今泉裕美子が民間人の犠牲が生み出された状況を南洋群島の社会構造とかかわらせてこのように指摘している。

　　戦場での犠牲は南洋群島植民地社会での「一等国民日本人、二等国民沖縄人／朝鮮人、三等国民島民（チャモロ、カロリニアン）」の序列を反映させたものとなり、しかも、老幼婦女子に多くが強いられた。「一等国民」以外の人々、さらにヨーロッパ人宣教師には軍からスパイ容疑をかけられ、殺害された者もいた。
　　また日本軍が米軍への投降を阻止したことで、「前からは米軍、後ろからは友軍」と逃げ場を失った人びとが、自死へと追い詰められた。特に中国大陸から転進してきた日本軍は、大陸での自らの行動に照らして、米軍に捕まれば「女性は強姦、男性は八つ裂き、戦車で轢殺」のデマを流す。このデマは、沖縄戦ではサイパン戦で起こった「事実」として、広まっていった。
　　「海の生命線」と称揚された南洋群島は、沖縄を含む内地を防衛するための「太平洋の防波堤」に転じた。徹底抗戦を命じての司令官の自決で、「玉砕」後、民間人に更なる犠牲が強いられたことは、沖縄戦でも繰り返された。[20]

「一等国民日本人、二等国民沖縄人／朝鮮人、三等国民島民（チャモロ、カロリニアン）」の序列[21]は、南洋群島で「沖縄人」の置かれた立場を知るうえで重要である。それは、南洋群島で「沖縄人」と「日本人」との間で賃金格差が厳然としてあり[22]、「沖縄人」への差別感が根底にあった

20　今泉裕美子「識者の視点・本土防衛の『防波堤』」『沖縄戦新聞』第1号、2004年7月7日付最終面。
21　赤嶺、注12前掲論文によれば、当時の戯れ歌には「一等国民日本人、二等国民沖縄人、三等国民豚・カナカ・チャモロ、四等国民朝鮮人」とあった（81頁）。一部で順序が入れ替わっているが、「沖縄人」が「二等国民」とされていたことに変わりない。
22　矢内原忠雄『南洋群島の研究』（岩波書店、1935年）によれば、南洋庁のアンガウル燐鉱採鉱所の賃金体系は1933年の日給で「内地人 3.45円、沖縄人 2.53円、支那人 2.15円、チャモロ 1.40円、カナカ 0.76円」だった（114頁）。

ことを示している。

　さらに見落としてはならないものとして補足しておくべきは、南洋群島という「新たな植民地」を経営していく際、「植民者としての『日本人』はいかに『適応力』をもち、南洋の指導者たりえるのか。それを実験する場として、南洋群島があった[23]」とする冨山一郎の視点である。冨山は、こうした「植民者としての『日本人』の『資質』とは、南洋群島に移民として流入した沖縄の人びとの『資質』の問題だった[24]」と指摘した。

　「沖縄人」は序列が下の先住民からも「ジャパン・カナカ」と蔑称されることもあった。このため、沖縄出身者らが集まり、「沖縄人」として続いてきた習慣、言葉、文化を払拭し、衛生観念や公徳心を養うことで「日本人」化、とりわけ指導者たる「日本人」になるための「生活改善運動」に取り組んでいく[25]。

　『沖縄戦新聞』第1号の紙面は、今泉の指摘から及んでいく想像力の広がりを予感させる。強権的な皇民化教育と並走する形で沖縄住民が体得せざるを得なかった、自ら望む下からの同化意識が、にもかかわらず沖縄住民に対する偏見と差別に満ちた日本軍によって逆手に取られ、集団で強制的な自死に追い込まれていった事件など沖縄戦に重なることが浮き上がってくる。

　サイパンの「陥落」は米軍が大型爆撃機B29による日本本土爆撃が可能となる飛行場を奪取したことを意味し、東条英機内閣にとって大打撃となった。1944年7月18日には内閣総辞職に追い込まれるが、これより前、天皇周辺の宮中グループはすでに「終戦の青写真」を描いていた。彼らが描く青写真のひとつが、東条内閣に代わる後続を首班とする内閣をつくり、「国体護持」を前提に終戦を導くというものだ。

　（サイパンで戦闘が続いている最中の1944年）6月24日。元首相の近衛文麿と、内大臣として天皇を支える木戸幸一はサイパン陥落必至の情勢を受け、東条首相の扱いと戦争の幕引きで意見を交換。「日本本土

23　冨山一郎『増補　戦場の記憶』日本経済評論社、2006年、99頁。
24　冨山、注23前掲書、100頁。
25　冨山、注23前掲書、104頁。

が爆撃と上陸を受け、国民が『敗戦』を意識した時点で皇室出身者を首相とする〝終戦内閣〟をつくる」という方針で一致する。近衛は2日後の26日、細川護貞（第2次近衛内閣の首相秘書官）にこの考えを伝え、細川は「最早完全に戦争による解決の道なくんば、皇室を残す条件のみを固守して、無条件降伏すべき覚悟を持つ内閣を造らざるべからず」と主張する。[26]

こうして「皇室を残す」ことのみに戦争目的が絞られていく流れのなかで、沖縄戦への前奏の音が次第に大きくなる。

2　学童疎開と対馬丸の悲劇〜第2号を中心に

『沖縄戦新聞』は第2号として学童疎開[27]の子どもたちや家族などを乗せた対馬丸の沈没事件を特集した。那覇港から九州に向かった対馬丸が米潜水艦に撃沈され、800人近い学童を含む約1400人もの命が奪われた。米軍が上陸して地上戦が始まる以前に1日で出た死者数としては、2カ月後の「10・10空襲」をも上回っていた。沖縄の住民にとってサイパンに続く身近な犠牲であった。箝口令が敷かれていてもやがて知られることになるこの惨劇に、住民は近づいてくる沖縄戦の足音を確実に聴いた。第2号をこのような文脈で読む。

サイパンが「陥落」したその日、7月7日、緊急の閣議で琉球諸島と奄美諸島の住民を島外に転出させることが決定され、沖縄、鹿児島両県は計画立案の指示を受けた。沖縄県は7月下旬、警察部に特別援護室を設置し、沖縄現地軍である第32軍と協議の結果、約10万人の老幼婦女子を日本本土（約8万人）と台湾（約2万人）へ送る計画を策定した。

これは人道的な措置というより以上に、サイパン「陥落」を機に兵力が急増する第32軍の安定的な食糧確保と軍に貢献できない「足手ま[28]

26　『沖縄戦新聞』第1号（2004年7月7日付）中面「天皇制護持で終戦内閣探る」。
27　大田静男は沖縄県教育庁文化財課史料編集班『沖縄県史　各論編6　沖縄戦』（沖縄県教育委員会、2017年）第3章「疎開」で「疎開とは、もともと避難を意味するものではなく、部隊が散開して前進・攻撃することを意味する軍事用語であった。ところが、戦局悪化により空襲の脅威が迫る中で、その被害を軽減させるために建物や人口の分散が検討され、疎開という言葉が用いられるようになった」と指摘している（372頁）。

い」になる住民を選別して立ち退かせるという意図があった[29]。また、第32軍は学校をその兵舎として接収しており、軍が駐屯地の運用を円滑に進めるには、児童との「同居」は事実上困難な状況も生まれることも予想されていた[30]。

しかし、離島県である沖縄から県外に移動するには多くの問題があった。海上を移動する船舶の安全に保障はなく、南西諸島近海で陸海軍に徴用された民間船舶（500㌧以上）のうち、日米開戦後の1942年から44年7月までに58隻が米軍の潜水艦攻撃などで沈没させられていた。うち半数近くの27隻は44年1月から7月にかけての犠牲だった。

九州への沖縄住民の疎開は1944年8月に始まり、翌45年3月に中止されるまで続いた。

最終的に約7万人[31]、うち学童疎開は6111人（宮崎県3158人、熊本県2612人、大分県341人）。この間、疎開者を運んだ船舶は計187隻。犠牲になったのは対馬丸だけだったが、学童だけで一挙に784人（2016年判明者。『沖縄戦新聞』第2号発刊時の判明者は775人）、総数1482

28　第32軍の牛島満司令官は病気を理由に解任された渡辺正夫・前司令官の後任として1944年8月3日に着任、8月31日、「現地自活ニ徹スベシ」と訓示しており、制海・制空権を米軍に握られつつある状況で必要物資の現地調達を命じている（「1944年8月1日～31日、第62師団工兵隊・陣中日誌」沖縄県教育庁文化財課史料編集班『沖縄県史資料編23　沖縄戦日本軍史料　沖縄戦6』沖縄県教育委員会、2012年、47頁）。

29　大田静男、注27前掲論文、373頁。

30　1945年3月9日の閣議決定「学童疎開教科要綱」は学童疎開を実施する地域の「国民学校ノ校舎ハ事務室等所要ノ一部ヲ除キ部隊ノ駐屯其ノ他緊急ナル用途ニ転用スルモノトス」とあり、沖縄は日本本土に先駆けて実施されていたことになる（大田、注27前掲論文、374頁）。

31　大田静男によれば、台湾への疎開者は宮古、八重山を中心にした8570人（大田、注27前掲論文、401頁）。

32　対馬丸記念会学芸部編『対馬丸記念館公式ガイドブック』（対馬丸記念会、2016年）によれば、乗船者数、死者数、生存者数ともに確定していない。出航当日の朝になって急きょ乗船を取りやめたり、逆にいやがる子どもを無理矢理乗せたりした親がいたこと、その後の沖縄戦での記録散逸・消滅、遺族の戦没等が原因とみられる。このため、『公式ガイドブック』は「乗船者－犠牲者＝生存者という計算は成り立ちません」としているが、生存者（救助された者）はおおよその目安として、漁船・哨戒艇による救助された疎開者177人、漁船・哨戒艇による救助された船員・砲兵82人、奄美大島に漂着して救助された人21人─計280人としている。

人（同1418人）の死者が出た事実は、あまりにも重い。

『沖縄戦新聞』第2号は中面で米軍の史料を使い、対馬丸が沈められる6日も前から米軍にその行動が捕捉されていたことを明らかにした。それによると、米軍は（8月）22日の対馬丸攻撃に先立つ16日、上海から広島に打電された（日本軍の）暗号無線を傍受し、解読に成功した。内容は「私たちは特別船団和浦丸、暁空丸、対馬丸を形成している。船団は宇治、蓮、ツガ（ママ）に直接護衛されて那覇に向け16日午後4時に出港する」。解読は正確で、実際、対馬丸などは沖縄に配備された第32軍に編成替えになった第62師団8300人を輸送して19日、那覇港に到着した。この3隻は21日午後6時35分、今度は計約5000人の疎開者を乗せて那覇港を出港、長崎に向かったが、その途中の22日夜、対馬丸が米潜水艦「ボーフィン」の魚雷攻撃を受ける。

「ボーフィン」の詳細な行動を示す記事は中面左頁肩にレイアウトされ、対をなす中面右頁肩には全段（13段）組みで「学童疎開関係犠牲者」（学童、引率者）全員の名前（『沖縄戦新聞』発刊の2004年現在で判明分）を掲載している。この2つの記事にはさまれた形で「暗闇の海　投げ出され」「助け求める子供たち」の横凸版見出しを配置。生き残った人びとの証言をもとに当時の惨状を生々しく伝えた。

対馬丸が撃沈されたことについて、軍と警察は口止めを厳命した。それでも、生存者たちはさまざまな方法で沖縄に残った家族に知らせた。

> 救助された泊国民学校6年の堀川澄子さん（12）の場合、先に九州に疎開していた叔父が、沖縄の家族に「暗号」で堀川さんの生存を伝えた。堀川さんの近所で時計屋を営む親せきに「堀

33　『沖縄戦新聞』第2号（2004面8月22日付）中面「解読されていた暗号」。
34　対馬丸沈没を特集した『沖縄戦新聞』第2号の発刊前日の2004年8月21日付朝刊の「琉球新報」は「子供乗船『知らなかった』／対馬丸攻撃の米潜水艦乗員が証言／『戦争の犠牲者は民間人』」を特報した。米潜水艦「ボーフィン」で魚雷発射を管理していた当時の下士官（二等兵曹）に直接取材し、対馬丸に学童を含む民間人が乗船していたことについて「戦後35年ほどたって誰かが書いた本で知った」「もし（子供が乗っていることを）知っていたら（魚雷を）撃たなかったと思う」との証言を引き出している。

川さまが島（鹿児島）に送ったスイス製（澄子さんのこと）の時計は、活発に動いています」という内容。受け取った親せきは、おかしな内容だと思ったが、堀川さんの母親はすぐに自分の娘が生きていることを悟った。堀川さん自身も、鹿児島から、沈没には触れず「元気です」とだけ書いたはがきを出した。受け取った実家には、はがきのことを聞きつけ「自分の子供のことは書いていないか」と尋ねる人が押し寄せてきた。[35]

九州に疎開した子どもたちの暮らしはどうであったか。

　疎開先では、旅館や学校、寺で集団生活を送った。つらかったのは、飢えと寒さ、そして寂しさ。食料が少ないため、食事はイモや麦ご飯、漬け物などが少しだけ。食べ盛りの子どもたちはいつも空腹だった。また、44年の冬は何十年ぶりかの寒さ。沖縄の子どもたちは霜焼けになって痛がった。雪道も我慢して裸足で歩いたという。親から引き離された生活は２年間続いた。疎開した子どもたちが沖縄に帰ってきたのは、（引用者注、本土の疎開児童が実家に戻った年）より１年遅れの46年10月。２年ぶりに目にした那覇の街は焼け野原だった。家族を失い、孤児になった子どももいた。[36]

対馬丸の悲劇とこうした学童疎開について屋嘉比収は『沖縄戦新聞』第２号の「識者の視点」で次のように指摘している。

　その通達（引用者注、南西諸島の老幼婦女子を疎開させることを決めた閣議決定を受けた沖縄県への通達）からわずか10

35　『沖縄戦新聞』第２号（2004面８月22日付）中面「生存者に『口外するな』」。
36　『沖縄戦新聞』第２号最終面「学童集団疎開　九州に6111人」。なお、「琉球新報」は学童疎開から50年にあたる1994年８月16日付朝刊から95年４月16日付朝刊まで断続的に企画「学童たちの疎開」を105回にわたって連載。取材班が疎開先の九州３県で取材、当時の模様を克明に描いている。

日後の7月17日に一般疎開（引用者注、縁故先に家族単位で疎開すること。国民学校単位の学童疎開と区別される）が、その37日後の8月14日には疎開学童を乗せた船舶が那覇港から九州へ出発している。その事実からも、沖縄の県外疎開が、軍事戦略を優先して、いかに慌ただしく行われたかがわかる。（中略）沖縄県の学童疎開は、「空襲の惨禍から若い生命を護り、次代の戦力を培養することを目的」とした帝都学童疎開とは性質を異にしている。対馬丸の遭難は、軍部の軍事戦略上の施策を優先することによって起こった悲劇的事件である。学童疎開は、その犠牲になった対馬丸の学童達の視点から、くり返し問わなければならない。[37]

　短期間で慌ただしく実施された沖縄での学童疎開。制海権も制空権も奪われた海に軍事戦略として次々と幼い命を送り出す非情さは、やがて始まる地上戦でのそれに連なる。「対馬丸の学童達の視点」を得て、『沖縄戦新聞』は地上戦の始まりを前に次第に明らかになり始めた「住民を守らない」政府や軍の姿を暴いていく。

3　あぶり出した第32軍の実態〜第3号を中心に
　米軍は10月3日、それまで検討していた台湾進攻作戦を変更して太平洋地区米軍に沖縄進攻作戦（「アイスバーグ作戦」）を通達し、沖縄を標的にとらえた。[38]
　その沖縄に陣取る日本軍は、どんな軍隊であったのか。

37　屋嘉比収「識者の視点・軍事最優先の疎開」『沖縄戦新聞』第2号、2004年8月22日付最終面。
38　米国陸軍省編、外間正四郎訳『沖縄　日米最後の戦闘』（光人社NF文庫、1997年）の「第1章　沖縄を確保せよ―アイスバーグ作戦の開始」で、1944年10月3日の通達に先立ち、太平洋地区の陸軍総司令官リチャードソン中将、陸軍航空司令官ハーモン中将ら前線の指揮官が台湾よりも沖縄への進攻を支持したことが記されている（18〜21頁）。また、2004年10月10日付朝刊の「琉球新報」は、1面で同年9月に開かれた米海軍首脳会議の議事録が米公文書館で発見されたことを特報。それによると、沖縄攻略が「最良の方法」として台湾進攻論を抑えたことが判明した。

対馬丸が中国大陸を転戦していた部隊を沖縄に運んだように、サイパンでの敗退を機に、沖縄の日本軍はいっそうの兵力増強が図られた。『沖縄戦新聞』は対馬丸の悲劇を扱った第2号に続き、第3号＝「10・10空襲」（1944年10月10日に沖縄を襲った大空襲）、第4号＝日本軍の縮小に伴う作戦変更に基づいた総動員と住民の沖縄本島北部疎開の要請、第5号＝北部疎開開始と米軍上陸直前のあわただしい動き──と展開しながら、住民の視点に立ち、軍の動きや戦略思想、戦術を点検して日本軍の実態をあぶり出した。

　想定される連合国軍からの「天皇制廃止要求」を阻止するため「もう一度戦果を挙げて」として戦争を引き延ばした天皇の意向（第5号）を大前提として戦われた沖縄戦。これを担った日本軍は、対米情報にも沖縄の民情にも疎く（第3号、第4号）、住民を総動員して「本土決戦」を阻止するために沖縄を「捨て石」にする作戦の準備を進め（第4号、第5号）、「慰安所」・「慰安婦」も伴った（第5号）存在だった。

　本書では、あらかじめ本章第1節で沖縄戦の特質をまとめ、実際に戦った第32軍の性格を反映させている。そこで浮き彫りになるのは、軍が住民を巻き込んでおきながら、一方で全く信用せず（スパイ視がその典型例）、日本本土の「国体護持」を最大の目的として「時間稼ぎ」のための持久戦を戦った姿である。そして、この性格を決定づけたのが1945年1月20日、大本営が策定した「帝国陸海軍作戦計画大綱」だった。

　大綱の目的は「皇土特ニ帝国本土ノ確保」で、「南千島、小笠原諸島（硫黄島ヲ含ム）、沖縄本島以南ノ南西諸島、台湾及ビ上海附近」を「皇土防衛ノ為縦深作戦遂行上ノ前縁」と規定した。この地域に敵の上陸があった場合には、「極力敵ノ出血消耗ヲ図リ且敵航空基盤ヲ妨害ス」としている。この「縦深作戦」とは、前面の敵の攻撃に対して、中枢部を縦に深く守るために防衛戦を第一戦、第二戦と布陣することを意味する。これにより、硫黄島や沖縄は「皇土防衛」のための「前縁地帯」とされ

39　沖縄県教育庁文化財課史料編集班「帝国陸海軍作戦計画大綱・第1章大本営第2節陸海軍作戦指導」『沖縄県史　資料編23　沖縄戦日本軍史料　沖縄戦6』沖縄県教育委員会、2012年、24〜26頁。

た。沖縄は軍略として「皇土」すなわち、日本本土から切り離されたことになる。[40]

　沖縄に配置され、「守備軍」[41]と称された第32軍は1944年3月22日、創設された。当初は飛行場建設が主任務だったが、「サイパン陥落」以降、作戦が練り直されて飛行場建設から戦闘準備へと転換し、中国大陸を転戦していた部隊などが次々に増強された。

　以下、日本軍を住民の目でながめていくが、『沖縄戦新聞』は、配置直後には「友軍」として住民から歓迎された第32軍が急速に信頼を失っていく様を的確に指摘している。

　第32軍の体質については、馬淵新治の残した「講話」が貴重な資料となる。馬淵は陸軍士官学校41期生。戦時中は運輸通信長官部参謀兼大本営陸軍参謀、陸軍大学校教官、海軍運輸総監部参謀も兼ねる要職に就き、戦後は引揚援護局で兵士の復員業務に携わり、総理府事務官として沖縄南方連絡事務所にも勤務、沖縄に駐在した。厚生事務官だった1960年11月8日、陸上自衛隊幹部学校で第32軍の沖縄作戦について講演し、これが翌年1月『沖縄作戦講話録』としてまとめられている。

　馬淵はこのなかで「住民はあたかも外国軍隊が駐留しているのではないかと感じたほどだったとする識者もいた」ことを紹介し、こう述べた。

　　卑近な例をとりますと、軍の末端においては何時の間にか日本兵が住民の住家に同居するに至って島民の生活に割り込んだため、物資不足に悩む未亡人や、若い娘との間に忌まわし（引用者注、「い」の欠落）問題を惹起し道義の頽廃が目立ち島民の反感を買うに至ったのであります。

　　住民の食生活は可成り低下しておりましたところへ、軍の一部が島民の日常生活に割り込んだのであります。この結果は、

40　林博史は注39前掲書、「第1章大本営　解題」の中で「『大綱』には『時間稼ぎ』、『捨て石』などの言葉が使われているわけではないが、当時の大本営参謀や軍首脳部の認識では明らかにそのように理解されていた」としている（4頁）。
41　『沖縄戦新聞』沖縄戦の日本軍について、本文、見出しの中で当時の呼称であった「守備軍」と表記しているが、現在は「日本軍」、「第32軍」と表記している。

軍の比較的に豊富で良好な食事を見てこれに反感を持つものが生じました。更に又この頃心ない将兵が辻遊郭で日夜騒いだこと等は痛く住民の反感を買い、戦後ある識者がこの郷土沖縄が、何時の間にか外国の植民地となり、宛も外国軍隊が駐留しているのではないかとの錯覚さえも感じたと述懐しています。[42]

　そして、馬淵は、沖縄戦が始まる前に「住民感情を特にマイナスにした事例」として①学童疎開船対馬丸、②「10・10空襲」、③第9師団の転用（後述）—の3例をあげている[43]。
　②の「10・10空襲」について第3号を、馬淵の指摘も念頭に置いて読む。
　1944年10月10日、沖縄本島を中心に奄美大島以南の南西諸島の島々に延べ1396機の米軍航空機が来襲した。死者668人、負傷者768人。那覇市の9割が焼失。港湾や軍事施設だけでなく住民の1カ月分に相当する米、医薬品なども失われるという無差別攻撃だった。2カ月も後に日本政府が「国際法違反」として米政府に抗議することになるこの空襲を、第3号は中面に「焼き尽くされた那覇」「島を揺るがす爆撃音」の特大見出しを置いて伝えた。その膨大な記事のなかに、日本軍の反撃を物語るものは1行もない。早朝から夕刻近くまで続いた空襲に、日本軍は何をしていたのか。
　実は空襲前夜、司令首脳は大宴会を開いていた。参謀長が主催し、離島の指揮官、幕僚までが参加した「兵棋演習」を終えると、宴会が始まった。それは深夜の二次会にまで及び、翌早朝から始まった空襲への対応が遅れてしまった。こうした「気の緩み」は、沖縄戦研究の第一人者とされる大田昌秀の『総史　沖縄戦』（1982年）や『大田昌秀が説く　沖縄戦の深層』（2014年）をはじめ、『沖縄県史　各論編6　沖縄戦』（2017年）など主だった文献では触れられていないエピソードである[44]。しかし、史料として記録されていなくても、住民の目には焼き付き、記憶にも残る。『沖縄戦新聞』はこれを見逃さなかった。「貧弱な日本軍の迎撃態勢

42　馬淵新治『沖縄作戦講話録』陸上自衛隊幹部学校、1961年、「4—34」頁。
43　馬淵、注42前掲講話「4—34」頁。

／沖縄守備軍へ不信募る」の記事がある。

　那覇の市街地を焼き尽くし、住民を恐怖の底に突き落とした米軍の空襲は「突然の来襲」ではなく、事前に予期されたものだった。しかし、沖縄守備軍・第32軍首脳の緊張感の欠如が米軍の攻撃を許し、貧弱な航空迎撃態勢も加わり、多大な被害に遭う結果となった。

　米軍は9月末、偵察機を沖縄上空に飛ばし、市街地や海岸線を中心に撮影している。空襲は「予測の範囲内」だった。予測を裏づけるように、10月になり「機動部隊接近の徴候」の情報が32軍にもたらされた（8日には対空射撃部隊に警戒配備に就くよう命じ、燃料・弾薬を分散させて一応、空襲に備えた）が、警戒態勢の最中、32軍司令部首脳は大失態を犯す。

　長勇参謀長が統率する「兵棋演習」を前に、軍首脳は9日夜、那覇市に結集していた徳之島、宮古、八重山、大東島の兵団長、幕僚を招き、沖縄ホテルで宴会を開催。市内の料亭で二次会まで催した。警戒態勢をとりながらも、軍首脳は明朝の空襲を予測しなかった。

　知念岬の沖合280㌔の海上に接近していた航空母艦から米機動部隊の一番機が出撃したのが10日午前5時45分。約1時間後の午前6時40分には沖縄本島の爆撃を開始した。司令部が空襲警報を発したのは爆撃開始後の午前7時だった。

44　大田昌秀編著『総史　沖縄戦』（岩波書店、1982年）は空襲が甚大な被害を出したことについて「守備軍の記録は、市内に家屋が密集していたこと、爆弾や焼夷弾の投下、あるいは機銃掃射によって消火活動が封じられたこと、消火機器、とくにポンプが不足していたこと、さらに水不足に加えて地元住民が最初の爆撃に恐れをなして犠牲的精神を発揮できなかったことのほか、防空訓練の不足もわざわいした点などをあげている」（78頁）としている。沖縄県教育庁文化財課史料編集班『沖縄県史　資料編23　沖縄戦日本軍史料　沖縄戦6』（沖縄県教育委員会、2012年）は「南西諸島空襲（引用者注、「10・10空襲」のこと）において日本側が大敗したのは、配備されていた防空戦闘機の少なさ（飛行場の未完成による）もさることながら、信頼のおけるレーダーの開発が遅れ、配備されていなかったことが最大の原因」としている（46頁）。

空襲の責任を取って長参謀長が進退伺いを出し、被害が大き
　かった部隊は処分を受けた。空襲は県民に大きな損害を与え、
　その後の沖縄守備軍への不信につながっていく。[45]

　この空襲から1カ月後、大本営は第32軍に対し、「沖縄島に在る兵団中、最精鋭の1兵団を抽出するに決せり。その兵団の選定は軍司令官に一任す」の電報を打ってきた。この頃、フィリピンに米軍が殺到し、大本営は一大決戦に臨んでいた。そのフィリピンへの増強部隊として第32軍から抽出するという作戦で、戦闘経験が豊富で、第32軍の3分の1近い兵力にあたる第9師団が沖縄を離れた（戦況悪化もあって第9師団はフィリピンに向かえず台湾にとどまった[46]）。

　米軍が沖縄上陸作戦を正式に決定したのが10月3日。この時点で、並行して検討されていた台湾攻略は中止になっていた。これを知る由もない大本営は、抽出された第9師団に代わる部隊を第32軍に派遣しなかった。この穴を埋めるのは、根こそぎ動員による現地召集しかなくなった。

　これが、馬淵が指摘した「住民感情がマイナスになった」三つの事例のうちのひとつ、第9師団の転用の事情である。『沖縄戦新聞』第4号はこの経緯を「第9師団が台湾へ移動」の1段見出しで小さく伝えたうえで、この影響により3分の2に縮小・弱体化した第32軍が1944年12月14日、老幼婦女子は翌年3月末までに北部へ疎開させ、戦闘能力のある者は防衛隊として戦闘に参加させるよう県知事に要請したことをより大きく扱った。[47]「『戦争』目前　有事体制に」「犠牲覚悟　住民を総動員」の見出しを配した中面の記事は、戦争に向かって具体的に動き出した情勢と、にもかかわらず、転出部隊の補填がないまま「戦略持久」

45　『沖縄戦新聞』第3号（2004年10月10日付）中面「貧弱な日本軍の迎撃態勢／沖縄守備軍へ不信募る」。
46　大田昌秀、注44前掲書、82〜83頁。
47　『沖縄戦新聞』第4号（2004年12月14日付）1面トップは「軍が北部疎開要求」で、2番手扱いの「首里城地下に司令部」の横に「第9師団が台湾へ移動」を1段見出しで配置している。

を打ち出した軍の作戦変更への不信と不安がますます強まったことを紙面に描いた。

4　軍と「慰安所」・「慰安婦」〜第５号を中心に

　住民の多くがその姿を知りながら、当事者の証言の少なさもあって軽視されがちだった「慰安所」・「慰安婦」の存在も第32軍の実態を語るとき欠かせない要素である。『沖縄戦新聞』は第５号で「慰安所」の項目を設け、住民の証言を書いた。いたるところで「慰安所」や「慰安婦」と利用する日本兵の姿が住民に目撃されていたことが分かる。

　　　北谷村桑江前にある田場典仁さん（16）の自宅は、44年の10・10空襲前から「慰安所」として使われた。田場さん一家は第62師団から「軍が使用するので出て行け」と立ち退きを命じられ、１週間後に祖父母と田場さん兄弟ら家族７人は、隣の馬小屋に移動させられた。家はこのあたりでも一番目立つ大きな赤瓦屋根の屋敷。「慰安所」に使用される前は、第62師団の前に駐屯していた第９師団の宿舎として利用された。田場さんによると、「慰安所」では辻から来た女性数人が「慰安婦」として働かされていた。「慰安所」に使われた家の前には「立ち入り禁止」の札が掲げられ、日本兵数十人が並んでいるのが度々目撃されている。

　　　池原善尚さん（９）の自宅前で親せきが営む旅館が「慰安所」に使われた。朝鮮半島から来た「慰安婦」の女性たちが表に出ることは少なかったが、地域の人たちは女性たちをやゆし、その存在は周知の事実になっている。しばらくすると、「慰安所」は山手に作られた小屋に移り、集落から離れた。「慰安所」の前で「早く、早く」と列をつくって待つ若い日本軍人を、山の中で作業する住民が目撃する。[48]

　第32軍は沖縄に配備直後から「慰安所」を設置した。それまで沖縄にも日本本土にも存在しなかったが、日本軍の占領した中国大陸や東南

アジアには設置されていた。第32軍の登場とともに姿を現した「慰安所」は、沖縄住民を驚かせた。第32軍が残した「陣中日誌」など多くの史料には、「慰安所」設置に軍が関与していたことを示しており、軍は県に「慰安所」設置の協力を求めたこともあった。これに対し、当時の県知事、泉守紀は「ここは満州や南方ではない。少なくとも皇土の一部である。皇土の中に、そのような施設をつくることはできない。県はこの件については協力しかねる」と拒否したという[51]。

しかし、軍の規模が大きくなるにつれ「慰安所」は沖縄全域に広がっていく。

1944年4月、渡辺正夫司令官は飛行場を早急に建設するため、兵の「慰安方法を工夫すること」を指示[52]。5月7日、伊江島の飛行場建設の起工式で第50飛行場大隊長は「一般婦女子と性交」あるいは「強姦」を禁じる一方、「本職の設備する特殊慰安婦」を認めると訓示[53]。同月25日、伊江島で「慰安所」建設が始まった。

7月以降、地上戦闘部隊が続々と沖縄に到着すると、沖縄女性への強

---

48 『沖縄戦新聞』第5号（2005年2月10日付）中面「慰安所／各地に延べ130カ所／軍、公共施設や民家接収」。なお、数字は『沖縄戦新聞』発刊時の数。その後の沖縄女性史家、宮城晴美らの調査によってこれを上回っていたとされるが、部隊の移動に伴って閉鎖され、部隊の新しい移動先に設置されたものもあった。いずれにしても第32軍にとって「慰安所」は不可欠の施設であったことに変わりない。

49 渡久山朝章『南の巌の果まで』（文教図書、1978年）で、当時沖縄師範生で鉄血勤皇隊として従軍していた渡久山は「沖縄本島に皇軍の大挙駐屯以来、駐屯地近くには必ず慰安婦なるものを配し、軍人慰安所と墨痕淋漓大書されていた。兵隊間では俗にピー屋と呼ばれ、その門前常に市をなし、兵隊達が数十名も列を作っている姿は、実に滑稽をも通り越し、盛りの付いた雄の性のうら悲しさを見る思いであった」（69頁）と書いている。

50 沖縄県教育庁文化財課資料編集班『沖縄県史　資料編23　沖縄戦日本軍史料　沖縄戦6』（沖縄県教育委員会、2012年）の「日本軍慰安所関係史料」に慰安所建設から避妊具の支給に至るまで軍が直接関与していたことがうかがえる史料が収録されている（777〜802頁）。

51 野里洋『汚名　第26代沖縄県知事　泉守紀』講談社、1993年91頁。

52 第19航空地区司令部「陣中日誌（第1号）」（自昭和19年4月2日至昭和19年4月30日）の「飛行場ノ設定ニ方リ軍司令官ノ要望事項（昭19、4、20）」。

53 第50飛行場大隊「陣中日誌（第弐号）」（自昭和19年5月1日至昭和19年5月31日）の「飛行場設立作業開始ニ当リ与フル訓示（昭和19年5月7日　伊江島飛行場設定隊長田村眞三郎）」。

姦事件が頻発するようになった。また、那覇市辻街にあった遊郭に将兵が押し寄せ、泥酔による不祥事が相次ぐ。

9月、第62師団は「慰安所」として「見晴亭」「観月亭」「軍人会館」を浦添に相次いで開設。同月、独立歩兵第15大隊も北谷に「桑江軍隊特設慰安所」を開設。第62師団はその後も「仲間慰安所」「第三慰安所」を次々に開設した。「慰安婦」は「芸妓」もしくは「他府県から招致した者」だった。北部でも独立混成第15連隊が「渡久地軍慰安所」、同連隊第1大隊が「謝花慰安所」を開設。その後、主力の第9師団が台湾に引き抜かれると、これに伴う配置転換が行われ、各隊は移駐先でも「慰安所」を開設した。[54]

「陣中日誌」等には、将兵ごとの「料金」、注意事項までが細かく記録されている。第32軍にとって「慰安所」は欠かすことのできない施設であったことが分かる史料である。

「慰安婦」の多くは朝鮮出身者だったが、10月の空襲で那覇市・辻の遊郭が焼失し、行き場をなくした「ジュリ」（尾類、芸娼妓のこと）[55]数百人も「慰安婦」としてかり出されるか、将校専属の愛人にさせられた。[56]「ジュリ」だった「慰安婦」は首里城地下に設置された第32軍司令部にも配置された。[57]戦後、米軍に保護された人もいたが、日本軍と共に移動して消息を絶ったケースも多く、全容は未だ解明されてはいない。[58]

『沖縄戦新聞』は米兵による沖縄女性への暴行事件も見逃してはいない。第14号は、「米兵の女性暴行多発」として沖縄戦の初期段階から米兵による性犯罪が多発し、各地域で住民による自警団が結成されたことを報じている。さらに、こうした犯罪対策として本島南部でまだ戦闘が

54　以上の推移は沖縄県教育庁文化財課資料編集班『沖縄県史　資料編23　沖縄戦日本軍史料　沖縄戦6』（沖縄県教育委員会、2012年）の「日本軍慰安所関係史料」による。

55　『沖縄県統計書』昭和15年（1940年）版によれば、1940年12月時点で829人の娼妓がいたとされる（242頁）。

56　上原栄子『辻の華　戦後篇』（上・下）時事通信社、1989年。

57　「琉球新報」が1992年6月17日〜8月12日にかけ連載した「首里城の沖縄戦32軍司令部壕」で司令部での「慰安婦」の存在、壕生活などを証言に基づいて詳細に記録している。「沖縄タイムス」2016年9月2日付朝刊で元「ジュリ」であった女性も慰安婦たちと共に司令部壕で同居していた事実を証言した。

続いていた4月ごろ、北部の今帰仁に「慰安所」が設置され、それまで日本兵を相手にしていた「慰安婦」が今度は米兵の性の相手をさせられたことを伝えた。日本軍の慰安所となっていた料亭の主や地元の有力者が米軍と調整したという。こうした実態も未解明な部分が多い。しかし、この「慰安婦」問題に関しては今後、より可視化されなければならないだろう。戦後沖縄ジャーナリズムが大切にしてきた「住民の視点」とは、そのすそ野の広がりに「慰安婦の視点」もあることを意識しておくべきであろうし、根本的に人権問題であるからである。

5　戦時行政と新聞～第4号、第5号を中心に

　第32軍は1944年12月14日、那覇市内のホテルで行われた協議会で泉知事に「南西諸島警備要領」を提示した。これは、第9師団が台湾に引き抜かれ、沖縄の日本軍兵力が3分の2に低下したことと絡んでいる。
　八原博通高級参謀は「今後軍は独自の兵力で　大本営の増援や空軍の

58　「第32軍と慰安所」の視点は、これまでの沖縄戦研究では積極的に取り上げられてはいなかった。「慰安所」や「慰安婦」が沖縄戦のなかで語られ始めるのは、1975年、朝鮮半島から連れてこられた女性が戦後もそのまま沖縄に住み、復帰後の沖縄で在留許可を得る際、「慰安婦」だったと名乗り出たことが大きなきっかけとなった。米軍に押収されていた数々の「陣中日誌」が返還され、このなかに「慰安所」についての記述があったことや女性グループの調査が進んだこと、また『赤瓦の家　朝鮮から来た従軍慰安婦』（筑摩書房、1987年）を著わし、「慰安婦」問題をライフワークにしている川田文子の研究などもあって1990年代半ばまでにようやく概要が判明した。韓国出身の洪玧伸『沖縄戦場の記憶と「慰安所」』（インパクト出版会、2016年）は住民の「慰安婦」、「慰安所」に対する眼差しを丹念に追い、「慰安所」の成立から解体までのプロセスを史料に基づいて丁寧に記述した。

59　『沖縄戦新聞』第14号（2005年9月7日付）中面「米兵の女性暴行多発」「米兵用慰安所／今帰仁に設置／身売りの女性ら働かせる」。

60　メアリー・ルイーズ・ロバーツ著、佐藤文香監訳、西川美樹訳『兵士とセックス　第二次世界大戦下のフランスで米兵は何をしたのか？』（明石書店、2016年）の「監訳者解題」で佐藤は「売春婦だったからレイプを告発するにふさわしくないと見なす発想は、女性をレイプ被害を訴えることを許される善良な淑女と、救済に値しない汚れた売春婦に二分化する発想に極めて近い。そして売春を商売とするような女性ならば何をされても仕方ないというこの見方こそ、前身が『売春婦』だった日本軍『慰安婦』の女性を、そうではない『慰安婦』被害者と区別することにつながるものである」と指摘している（352頁）。

援助も考えず　沖縄で最善の戦いをするという根本精神のもとに」[61]作戦を練り直し、主力を本島南部に集中させる「戦略持久」策が採用された。そのためにも住民を本島北部に疎開させる必要があった。だが、泉知事は強く反発した。北部は第32軍の兵力がいっそう弱く、食糧確保の方策もなされていないためだった。「慰安所」設置に泉知事が軍に非協力の姿勢だったことは前述したが、これに限らず泉知事はこの時代には珍しい合理主義者で、理性で考えて納得できないものに興味を示さなかった[62]。沖縄戦を目前に控えて、住民対策と軍事作戦のあり方をめぐって県と軍の亀裂が深まった[63]。こうした動きを『沖縄戦新聞』第4号は「軍と対立、泉知事苦悩」の見出しで詳しく伝えた[64]。

　軍に住民を直接徴用する法令がない以上、県に協力を求める以外に道はない。しかし、肝心の知事が非協力で、「10・10空襲」後は独断で普天間に避難して県庁業務に支障をきたせる要因をつくったとあっては、知事の立場は悪くなる一方だった[65]。

　泉は12月23日、空路、福岡経由で東京に向かった。1943年7月1日付で沖縄県知事の辞令を受けて以来9度目の出張だった。そして、再び沖縄に戻ってくることはなかった。出張中の45年1月12日付で香川県知事に転任することになったからである。

　泉は最後の出張中、内務、大蔵、農商、陸軍、海軍など各省を回って沖縄の情勢を説明し、住民を移動させることの難しさを説明し続けた。しかし、受け入れられることはなく、逆に島田叡新知事の辞令を発した直後の閣議（1月15日）は軍の意向を反映した「沖縄県防衛強化実施要綱」を決定し、政府は県に対し、軍の作戦に即応して県民の総力を挙

61　八原博通『沖縄決戦』中央公論新社、2015年、80頁。
62　野里、注51前掲書、143頁。
63　防衛庁防衛研究所戦史室『沖縄方面陸軍作戦』（朝雲新聞社、1968年）の「戦時行政」に「第32軍の創設以来、軍は県庁と密接に連絡して強力に作戦準備を進めたが、この間、軍と県庁間は必ずしもしっくりいかなかった。それは人間関係に起因することが根本であった」と書かれている。
64　『沖縄戦新聞』第4号（2004年12月14日付）中面「軍と対立、泉知事苦悩」。
65　野里、注51前掲書、121頁。
66　野里、注51前掲書、151〜152頁。

げてあくまで防衛に努めるよう求めた。

　これを受け、着任したばかりの島田が２月10日、本島中南部の市町村長や同地域の学校長らを那覇市内の県立第二中学に集めて市町村長会議を開催。３月までに10万人を国頭、大宜味など北部８町村へ疎開（立ち退き）させる計画を明らかにした。知事の交代で軍民一体化の体制が整い、沖縄は「戦時行政」に移行した。

　この４日後の２月14日。側近の近衛文麿が「国体護持」の立場から「早期和平」を進言したのに対し、戦況に一縷の望みを託す天皇が「もう一度戦果を挙げてから」として戦争継続の意志を翻すことがなかった。近衛の説得は不発に終わり、戦争終結の可能性は完全に消え、沖縄住民の運命が定まった[67]。

　島田知事は沖縄県内政部に人口課を新設して住民の疎開と食糧確保の業務を本格化させたが、疎開とは軍にとって戦争に役立たない者の排除でしかなかった。第32軍の長勇参謀長は後述するように住民保護を優先課題とせず、沖縄を去った第９師団の穴を埋めるべく住民約２万数千人を「防衛隊」として召集した。開戦時の第32軍は総勢約11万人で、その２割以上を占めた急ごしらえのこの軍隊の装備は不十分で「棒兵隊[68]」と揶揄された。また、召集された者の多くは軍事教練も受けないままの入隊であり、規律も希薄な「群隊[69]」でもあった。

　「防衛隊」は約１万3000人もの死者を出すが、一方で逃亡者も多かった[70]。その実態を語る記録はほとんど残されておらず、記念碑も慰霊塔もない。1105人が犠牲になった男女の学徒隊が語り継がれているのとは対照的である。その理由について、大城将保は次のように述べている。

67　『沖縄戦新聞』第５号（2005年２月10日付）中面「ついえた和平」。
68　大城立裕は1958年の自作小説に「棒兵隊」をタイトルとして使っている（大城立裕全集編集委員会編『大城立裕全集９』[勉誠出版、2002年]に収録）。第２章第３節「記者が（再）発見した命どぅ宝」参照。
69　池宮城秀意『沖縄に生きて　沖縄ジャーナリストの記録』サイマル出版会、1970年、34頁、48頁。
70　林博史『沖縄戦と民衆』大月書店、2001年、243頁。

防衛隊の場合は（引用者注、皇民化教育の洗礼を受けていた学徒隊のようには）そう単純に「殉国の至情」にもえるわけにはいかない。彼らは一家を抱えた生活人であり、軍隊教育も軍事教練も受けていない農民である。第一線にかりだされた彼らは、友軍の敗勢をみきわめると雪崩を打って戦線を離脱して妻子のもとに逃げ帰ってきたのである。帝国軍人の金科玉条は〝必勝の信念〟であったが、生活者の彼らの目から見れば、槍を持って戦争に飛び込んでいくような戦法ではもはや勝ち目はないと判断できたのである。こうした防衛隊の戦場行動は旧日本軍を顕彰する立場からみれば許しがたい卑劣行為に映るだろう。防衛庁戦史などが防衛隊の史実にふれたがらないのも当然ではある。[71]

　こうしたなか、新聞は何を書いたか。結論から言うと、新聞もまた、戦時体制に組み込まれ、戦意高揚を煽り続けた。『沖縄戦新聞』の前提をなす「新聞人の反省」は、自らの当時の姿を検証することでもあったのである。

　当時の新聞、「沖縄新報」は「一県一紙」政策で1940年、「琉球新報」「沖縄朝日新聞」「沖縄日報」の3紙が統合されて生まれた。全国紙の「朝日新聞」と「毎日新聞」も那覇に支局を置いていたが、そろって戦争に駆り立てる紙面をつくっていた。嘘の記事さえ載った。

　1942年9月10日付の「朝日新聞」沖縄版に危篤のわが子をおいて軍事訓練に参加した人が美談として取り上げられたが、これは全くのねつ造で、記者は「戦意が高揚すればいいと本当に錯覚していた」と語った。[72]「10・10空襲」の際、「沖縄新報」は号外を発行したが、「流言を恐れ」て被害を過小にしか伝えなかった。[73]与那国島出身の大舛松市中尉（戦死後大尉に昇進）がガダルカナルで戦死したことを陸軍省が戦功として発表すると、「沖縄新報」は1944年12月8日から136回にわたって「大舛大尉伝」を連載し、「大舛精神は体当たりの精神であり、所謂特攻精

71　大城将保『改訂版　沖縄戦　民衆の眼でとらえる[戦争]』高文研、1988年、203～204頁。
72　保坂廣志『戦争動員とジャーナリズム』ひるぎ社、1991年、82頁。

神である」「死ぬことによって不滅の勝利を確信するの精神」（1945年1月14日付見出し）などと書き立てた。「朝日新聞」沖縄版も「紙芝居　忠烈大桝大尉」「大舛大尉の生家を訪ふ」を連載して「大舛顕彰運動」を盛り上げた。こうした新聞の姿を『沖縄戦新聞』第4号は「大舛大尉の死、『軍神』運動へ／戦意高揚に利用」と批判的に紹介した。

次節では、その新聞も廃刊となってしまう「ありったけの地獄」の戦場に目を移す。

『沖縄戦新聞』第4号（2004年12月14日付19面）

73　「沖縄新報」は「10・10空襲」当日も新聞を発行したとする証言はあったものの、社屋が焼けるなどの混乱のためか現存しないとされていた。しかし、「沖縄タイムス」が2004年10月10日付朝刊1面で「10・10空襲の号外発見／統合紙『沖縄新報』」と特報、同社会面で、軍の発表と知事談話で構成する号外の全文を掲載した。それは「流言恐れ過小報道」の見出しにあるように、軍の圧力が紙面に色濃く影を落としていた。
74　保坂、注72前掲書、44頁、82頁。同じ内容が林博史『沖縄戦が問うもの』（大月書店、2010年）でも紹介されている（65頁）。
75　この言葉は、前田高地をめぐる日米両軍の激戦について米兵が発したものとして米国陸軍省編、外間正四郎訳『沖縄　日米最後の戦闘』（光人社NF文庫、1997年）が紹介している（293頁）。これがやがて、沖縄戦の戦場全体を指す言葉として使われるようになった。

第3節　戦場の記憶

　『沖縄戦新聞』は第1号から第5号までに展開した7カ月を沖縄戦への前奏として、戦時体制に組み込まれていく住民の姿を丹念に描いている。では、第6号（「米軍、慶良間上陸」）から最終号の第14号（「南西諸島の日本軍が降伏調印」）にかけて報じることになる戦場と「戦場後」の多様な実相のなかから何を抽出し、継承すべきものとしてどの記憶を強調しているであろうか。とりわけ歴史認識の問われる課題に、ジャーナリストの主体的な判断を発揮できているであろうか。住民の死が日米両軍兵士のそれを上回った特異な戦場の記憶の伝え方にも目配りして読み進みたい。

　「友軍（日本軍）の方が怖かった」という多くの住民の記憶に依拠して沖縄戦を直視すれば、着目すべき特性として住民が自死を選ばざるを得なかった事件と日本軍による住民虐殺が挙げられるであろう。『沖縄戦新聞』でも、第1号でサイパンでのこうした惨劇を報じて以後、ほぼ毎号でいずれかに触れながら展開し、「6・23」以後を描いた第13号でも住民虐殺を取り上げ、最終号の第14号ではこの流れを受けて「軍隊は住民を守らない」と、今に伝えられる民衆知に基づいて最大級の見出しを張って総括としている。「守備軍」と称した第32軍が守ろうとしたのは、住民の命や暮らしではなく、沖縄住民に差別を強いた「国体」であった。その構図のなかで、一連の惨劇が頻発した。『沖縄戦新聞』は多様な実相のなかでも特にこれを重視して証言を書き連ねている。

　なお、『沖縄戦新聞』はこれまで論議の絶えない「集団自決」という表現を「集団死」と表記するとし、その理由を次のように説明している。

> 　沖縄戦で民間人の戦場死を特徴付ける言葉に「日本兵による住民虐殺」「スパイ容疑による虐殺」「集団自決」「餓死」などがあります。これらの言葉は、地上戦が行われた沖縄で、住民や兵士が島しょ内に混在し、さらに戦時下の特異な軍国主義教育なども手伝い、本来保護されるべき住民と兵士の区別があい

まいな状況にあったことを物語るものでもあります。戦後、沖縄戦の教訓や反省のなかから家永教科書裁判などで「集団自決」死をめぐる論争が起こりました。①自決というのは旧軍兵士の特異な戦場死を表わす言葉であり、民間人にはなじまない②自決の原因には「追い込まれた死」があり、言葉本来の意味での「国に殉ずる崇高な死」という意味は限りなく薄い③死をめぐる態様のなかで、年端もいかない子どもが自決することはありえない——の意見から現在では「集団自決」という文言を再検討する動きが出ています。以上の点を踏まえ、『沖縄戦新聞』はある特定の地域共同体や家族などが、集団で「死を選択した」という意味から「集団死」と表現することにしました。もちろん、この言葉すら当時の戦争の実態や状況を正しく反映したものとは言えないとも考えています。そこで『沖縄戦新聞』の証言部分は、証言者が使う表現をできる限り尊重したいと考えます。[76]

1 「集団死」と住民虐殺をめぐって～第6号を中心にほぼ全号

　沖縄戦は「集団死」から始まったと言っても過言ではない。戦闘は1945年3月26日、慶良間諸島への米軍上陸から幕が開く。そのうちの渡嘉敷、座間味、慶留間、屋嘉比4島で住民が次々に手りゅう弾やカミソリなどで自ら命を絶った。その数、計約500人。4月1日に米軍が沖縄本島に上陸した直後、読谷村でも約130人の「集団死」があった。沖縄戦は開戦劈頭、兵士の戦闘死よりも住民の「集団死」が先行した。地上戦は、第32軍が司令部を置いた沖縄本島・首里から5月末に南部に撤退して以降は様相を変え、米軍にとっては勝利間近の掃討戦となる。しかし、住民も兵士同様に投降は許されず、「集団死」や日本軍による住民虐殺が相次いだ。

　『沖縄戦新聞』に「現在の証言を基に60年前の場面を再現しました」というただし書き付で掲載された証言は、証言者の年齢、住所、名前（女

---

[76] 『沖縄戦新聞』第6号（2005年3月26日付）1面「おことわり」。本書でも『沖縄戦新聞』が使用した部分については「集団死」と表記した。

性は結婚前の旧姓)が沖縄戦当時のままで書かれた。実に生々しく、読者が食い入るように読んだ姿を想像しながらその一部を以下、引用する(証言1〜3「集団死」、同4〜5住民虐殺)。

【証言1　渡嘉敷島で】
　金城重明さん(16)は、迫る死を子供らに諭す母親や、死を目前に髪を整える女性の姿が忘れられない。車座となった家族ごとに手りゅう弾が渡され、古波蔵惟村長(33)=故人=が「天皇陛下、万歳」の三唱を行った後、爆発があちこちで起こった。だが死に至ったのは少数で、けがを負うだけや不発に終るのがほとんどだった。
　「『生き残って鬼畜米英から陵辱されるなら、死んだ方がまし』との思いで、家長の男性らは愛する妻や子供、兄弟姉妹を殺した」。ある男性は木をへし折ると、妻子をめった打ちにして殺したという。直視した重明さんは「生き残る恐ろしさ」が伝わり、兄と二人で母と弟、妹を手にかけた。「自分を産んだ母を手にかけ、あとの記憶はない」[77]。

　金城は1929年、渡嘉敷島生まれ。沖縄キリスト教短期大学創設(1957年)以後、1994年3月まで教鞭をとった。一方で、自らの体験を『「集団自決」を心に刻んで』(1995年)などに著わし、牧師として積極的に証言活動を続けた。その証言は、「生き残ること、すなわち生が恐怖と化したのだ」[78]という金城が直面した絶望的な状況を物語る。「集団死」の犠牲者にとって、死が唯一の選択肢だった。生き残って「鬼畜」である米軍に殺されるよりは、自らの手で肉親の命を断ち、自死することが絶望のなかで残された道だった。しかもそれは、「共死」を強いる軍がそばにいる限り、自発的な死でもなかった。言葉や文書による命令など

---

[77] 『沖縄戦新聞』第6号(2005年3月26日付)中面「母親手にかけ号泣/『集団死』で数百人犠牲/渡嘉敷」。
[78] 金城重明「強制された死―集団死の実相」『挑まれる沖縄戦』沖縄タイムス社、2008年、14頁。

なくても、あくまで強制された死であった。

　金城は「集団死」を「殺意なき虐殺」と呼ぶ。そして、「戦後60余年、私は集団死の歴史的事実と行為に苦悩し続けた。内面的には加害者意識を一時も忘れたことはなかった。しかし、理性的には軍国主義的皇民化教育を加害要因として記憶し続けた」のである。[79]

　沖縄戦当時、渡嘉敷島に駐屯していた海上挺進隊第3戦隊長の赤松嘉次元大尉が1970年、沖縄を訪れた。記者団に囲まれ、「集団死」を「命令していない」と言いつのった。[80]そんな姿に金城は「戦争の傷跡というのも、ただ被害者意識だけでいつまでも思い悩んでいては意味がない。済んだことは済んだこととして、大事なことは過去が現在にどう生きているかということだ。その意味でわたしは戦争は絶対に許せない。赤松大尉にも、渡嘉敷の責任者だった人として、いま何をどう感じているのか、その戦争責任をきびしく問いたい」と怒りを抑えて話した。[81]

　「集団死」は当時「玉砕」と呼ばれた。次の証言も、民間人である住民が軍隊同様の「玉砕」を選んでいく様子が描かれ、息がつまる。

【証言2　座間味島で】
　座間味国民学校4年生の長田一彦さん（11）は（3月）23日から母、弟、妹の4人で「産業組合壕」に入った。壕には村長以下、役場の三役、職員やその家族が避難していた。25日夜、大人達のただならぬ気配を感じた。「玉砕は避けられない」との雰囲気が漂い、母は「みんな死んでいく。死ぬ決意を」と促した。「親せきと一緒に最期を」。家族は叔母がいる真下の壕に向かうと、校長らがいた。教師は「大和男児として覚悟しなさい」と語った。
　26日未明、「玉砕」の場所に指定された忠魂碑前に集まるが、長田さんと叔母の家族以外誰もいないので、引揚げる。「産業

79　金城、注78前掲書、14頁。
80　赤松元大尉の来沖についての報道は第2章第2節「虐殺の指揮官をめぐって」参照。
81　「沖縄タイムス」1970年3月27日付朝刊社会面。

組合壕」に戻ると「満杯だ」と銃を持った男に断られ、近くの壕に避難した。夜通し歩き疲れて長田さんらは寝てしまう。入り口で銃声と人の声がした。米兵が手りゅう弾らしきものを放った。「産業組合壕」に戻るが、中は静まり返っていた。入り口にいた男が銃を持ったまま倒れていた。15家族67人が命を絶っていた。

　真下の壕に戻った長田さんらが米軍の上陸を伝えると、校長は「覚悟ができた人は近寄って」と言った。教師の手りゅう弾で2人が死んだ。校長は「独自の判断で行動を」と言うが、周囲は食い下がる。校長は妻の首にカミソリを当てた後、自分の左の首を切りつけ、倒れた。崖から身を投げて死のうと長田さんらは壕から飛び出す。山を目指す途中で現場を見た。男が子供らの首を切り、燃やした壕に次々と放り投げた。[82]

　住民のこうした悲劇的な事件は、戦後しばらくは「玉砕」という言葉で語られていた。これを「集団自決」と呼び改めたのは、『鉄の暴風』の執筆者の一人だった太田良博である。「私が考えてつけたものである」と認めたうえで「当時、『玉砕』『玉砕命令』『玉砕場』などと言っていた。『集団自決』という言葉が定着した今となって、まずいことをしたと私は思っている」。その理由は「この言葉が、あの事件の解釈をあやまらしているのかも知れないと思うようになった。『集団自決』は、一種の『心中』または『無理心中』である」とする一方で、根拠があいまいなまま「あの事件は、じつは『玉砕』だったのだ」と再び言い直している。[83]太田は当初、住民が集団で亡くなったという外形的な事柄を重視して「集団自決」を思いついたのであろう。しかし、凄惨な出来事の背景に投降を許さない軍の存在があり、「鬼畜」とされた敵への恐怖感が加わって、死以外の選択を考えようもなくなった住民の絶望的な心理と行動の結果と

82　『沖縄戦新聞』第6号（2005年3月26日付）中面「住民同士で命断つ／カミソリ、首を絞め……／座間味」。
83　太田良博「土俵をまちがえた人　曽野綾子氏への反論」『太田良博著作集③戦争への反省』ボーダーインク、2005年、250〜251頁。

いう状況把握に踏み込んでいれば、「集団自決」から「心中」、「無理心中」、そして「玉砕」への回帰といった言葉の取り替えが本質的な「事件の解釈」につながるものではないことに気づくはずである。

「玉砕」はアッツ島で日本軍の守備隊が全滅した（1943 年 5 月）ことをきっかけに大本営が使い始めた。全滅を強いた自らの無策を覆い隠したうえで、援軍も糧秣もなしで絶望的な戦いに臨んだ兵士を賛美するための言葉として選んだとされる。以後、これを奨励し、やがて「民間人も同様」とされるようになった。

「玉砕」とは現実、事実を歪曲し詭弁を弄する際の「美しい」言葉である。そして「『玉砕』の思想は分かちもつことが強要される。その隠れた、けれども際だった特徴は、『玉砕』を命じた責任者が、いつも犠牲は『自発的』であって『強制』ではないと主張できる点にある。そして、そのように仕組まれた『自発性』が顕揚される。それに抗弁出来るはずの『犠牲に身を捧げた』人びとは、その行為によってすでにこの世にいない。だから自らは『玉砕』などしなかった大本営は、その無言の死を国家のものとして回収し（それが靖国神社の役割であり、存在根拠だ）、次に『玉砕』すべき者たちに『鏡』として示し、『自発的献身』の強要を増幅することができる」[84]。

『沖縄戦新聞』は、証言という生の言葉のなかに「玉砕」を聴き取ってはさみ込んだ。そして、その意味するところを深掘りし、第 6 号最終面の解説で「軍が『共死』を強制」「恐怖を煽って投降を許さず」として「集団死」の背景に迫り、「集団死」が発生した地域を地図で示して「日本軍のいた地域で発生」と特徴も指摘した。

この記事の下に宮城晴美の「識者の視点」が組み込まれている。戦後、座間味島に生まれ、身近に「集団死」の犠牲者もいた宮城は、学生時代の 1971 年からこの島での戦争体験を聴き取り、記録してきた。そして、集団で死に追い込まれた 135 人のうち女性と子どもが 83％も占めていた事実に注目し、「天皇制をベースにした家父長制原理に要因があった

---

[84] 西谷修「沖縄戦　玉砕と原爆のはざまで」『世界』臨時増刊第 774 号「沖縄戦と『集団自決』」岩波書店、2008 年、224 頁。

と言わざるを得ない」として次のように分析した。

> 日本軍駐留からちょうど半年経った45年3月末、激しい空襲、艦砲射撃のあと、恐怖におびえる住民の前に予想だにしなかった米兵が現われた。「捕まれば強姦される」と誰もが思った。敵に汚されることは、夫、「家」を汚すに等しく、女性たちは命に代えてでも敵から身を守らなければならなかった。
> 　しかし、子どもだけ残すわけにはいかない。天皇の赤子として「産めよ殖やせよ」の国策のもとに生まれた子どもたちの生存権は、戦地に出向いた父親に代わって、「銃後」を守る母親の手にゆだねられた。
> 　亡くなった83％の中に、いわゆる「無学」の年寄りはほとんど入っていない。いかに皇民化教育、家父長制社会が犯罪的であったか、改めて問わなければならないだろう。[85]

「捕まれば強姦される」という恐怖の支配と家父長制の無言の圧力が、住民証言にある「玉砕」を強いたことにつながるという指摘である。「識者の視点」を書いた宮城の当時の肩書きは「沖縄ジェンダー史研究会」となっている。このジェンダーの視点で惨劇を見つめたとき、浮き上がってきたのは「家父長制が犠牲を広げる」痛ましい姿であった。[86]

痛ましい現場を支配していたのは、圧倒的な恐怖だった。前述の金城は「生き残ること、つまり生の恐怖」を実感し、宮城は「捕まったら強姦される」という女性の抱いた恐怖の背景に家父長制を見出した。

こうした惨劇の背景に、もうひとつ、日本軍の中国大陸での体験とその所業の記憶があることも付け加えなければならないだろう。中国戦線

85　宮城晴美「識者の視点・8割が女性と子ども／家父長制が犠牲広げる」『沖縄戦新聞』第6号、2005年3月26日付最終面。
86　「捕まれば強姦される」という恐怖が女性にあったが、男性には「去勢され、戦車にひき殺される」という恐怖があったとして北村毅は「恐怖がジェンダー化されていた」と指摘している（「＜強姦＞と＜去勢＞をめぐる恐怖の系譜　『集団自決』と戦後の接点」『世界』臨時増刊第774号『沖縄戦と『集団自決』』岩波書店、2008年、32頁）。

で従軍経験のある沖縄出身の在郷軍人が、その中国人捕虜の虐殺など戦場体験を住民に語るケースもあり、「捕まることへの恐怖」は住民にとって日常化していた。次の証言はこれを裏付ける。

【証言3　読谷村で】
　避難民は（4月）1日、上陸した米軍に見つかった。何人かが竹やりを持って米軍に斬り込んだが、手りゅう弾を投げ込まれ2人が重傷を負った。翌2日、通訳を伴って3人の米兵がガマの入り口で投降を呼びかけた。そのとき、壕内に持ち込まれた布団や毛布に火が付けられた。火を付けた男は中国戦線で従軍経験があり、日本軍が中国軍を殺害したように、今度は自分たちが米軍に殺される、と思い込んだという。
　たちまちガマの中に煙が立ちこめ、知花（カマドさん＝25歳）の周りは何も見えない。「苦しくて夢中で手を伸ばしたら、誰かの服をつかんだ。その人が歩き出したのでそのままついて行った」。火を飛び越した瞬間、知花さんの着物をつかんでいた長男の手が離れ、はぐれてしまった。「その後、かすかな光りが見えた。そこに向かったら出口だった」。抱いていた長女を見ると、ぐったりしている。「アメリカー（米兵）がサトウキビを短刀で切って汁を口に含ませると、息を吹き返した」。知花さんは米兵から電灯2本を借りて再び壕に飛び込んだが、煙がきつくて中に入れない。とうとう長男を助けられなかった。

　こうした事件は沖縄だけでなくサイパンでも、ソ連（当時）侵攻（1945年8月9日）後の満州（中国東北部）でも頻発したが、共通するのは、【証

87　玉栄ヤス「マーランで避難」（『沖縄県史　第10巻　各論編9　沖縄戦記録2』沖縄県教育委員会、1974年）の中に「中国大陸から帰ってきた在郷軍人の人たちから、日本軍が、支那人を『チャンコロ』と呼んで、大変ひどいことをしてきた話を聞いて、軍隊というのは、非常に恐ろしいもんだと思っていました。それで、沖縄にアメリカ軍が上陸してきたら、私らアメリカ兵に日本軍が支那人にやったような目に遭わされるんではないかと思っていました」という証言がある（848頁）。

言3】にもある通り日本軍の「中国戦線での体験[90]」である。

　住民虐殺についても、詳細な証言がある。
　1945年4月16日、米軍が上陸した伊江島では6日間の戦闘で日本軍兵士約2000人が戦死。住民は我が子を背負って兵士同様に斬り込んでいった若い母親なども含め約1500人が犠牲になった。米軍に保護された住民約2100人のうち1700人が渡嘉敷島に強制移住させられた。そこで日本軍による住民虐殺が起きた。手を下したのは、「集団死」でも証言に出た「赤松隊」である。

【証言4　渡嘉敷島で】
　渡嘉敷島では5月中旬のある日、山中に立てこもる第32軍の海上挺進第3戦隊（赤松隊）に投降を呼びかけるため、6人の（引用者注、強制移住させられてきた）伊江島の住民が米軍に呼び出された。「男だけでは信用されないかもしれない」として、3人は女性が選ばれた。その中に安里正春さん（7つ）

88　『沖縄戦新聞』第7号（2005年4月1日付）中面「迫る恐怖『集団死』へ／従軍経験者火放つ／煙に巻かれ多くが犠牲／チビチリガマ」。全長約50㍍のこのガマでは83人が犠牲になった。近くの全長約270㍍、高さ10㍍のシムクガマでは、住民約1000人が避難していた。米軍上陸に動揺する住民を、中にいたハワイ移民帰りの2人が「米兵は民間人を殺さない」と説得。投降させた。この2人をたたえ、ガマの入り口に「救命洞窟之碑」が立っている。
89　加藤聖文『満蒙開拓団　虚妄の「日満一体」』（岩波現代全書、2017年）第6章2「開拓団の壊滅と開拓民の引揚げ」で麻山事件（1945年8月12日、465人死亡）や佐渡開拓団事件（8月27日、1464人死亡）などについて背景、経緯を詳述している（197〜208頁）。
90　『日中戦争全史・上、下』（高文研、2017年）を著わした笠原十九司へのインタビューをもとに構成した「琉球新報」2017年8月17日付文化面「戦争と平和の歴史に学ぶ・中国での虐殺、直視を」の中で、笠原は「他人の土地で8年にわたり（引用者注、1937年の盧溝橋事件から45年の敗戦まで）、大勢の兵士や民衆を殺害し、生活を破壊したというのが（中国での戦争の）本質」と指摘。これを受けた記事は「集団虐殺、毒ガスや細菌兵器の使用、食料や物資の略奪、女性への暴行……。兵士同士の戦闘が主体だった（引用者注、米軍相手の）太平洋の島々とは異なる戦場の実像が浮かび上がる」としている。沖縄戦を闘った日本軍には中国からの転戦部隊も多く、自らが中国で犯した蛮行を根拠に沖縄住民を恐怖に陥らせることになった。

の姉安子さん（18）がいた。安子さんは両親に告げる間もなく、投降勧告文を手に山に向かわされた。

　日本軍は６人を戦争忌避の目的で陣地に潜入した「米軍のスパイ」とみて捕らえた。そして自らの墓穴を掘らせて、その中に立たせた。「ここに来ることを母に言っていない。母に会ってから殺して」。安子さんは懇願した。しかし、兵隊は「あの世で会え」と取り合わず、刀を振り下ろして全員を殺した。

　後に赤松隊が米軍に投降した時、安子さんの父正江さん（50）＝故人＝は米兵に制止されながらも日本兵につかみかかって猛り狂った。「殺してやる」。長男はすでに戦死して死んだ場所も分からない。日本軍に長女を奪われた悲しみは深く、以後、正江さんはこの話にほとんど触れない。[91]

日本軍が住民を「スパイ」とみなした虐殺は、沖縄本島でも続いた。

【証言５　大宜味村・渡野喜屋で】
　那覇から（本島北部に）避難していた仲村渠美代さん（28）一家は５月10日、米軍に捕まり、大宜味村渡野喜屋に降ろされた。集落には中南部から来た住民数十人が集められた。米軍は缶詰や粉状にした卵など、数日分の食料を与えてその場を去った。

　12日、集落が静かになった午前３時ごろ、突然10人ほどの日本兵が住民を襲った。土足で人々の枕もとに立つと、銃剣を突きつけて起こして回り、綱で数珠つなぎにして広場に集めた。（中略）４列に並んで座らされた女性や子ども、お年寄りら数十人に、日本兵は「敵の捕虜になってそれでも日本人か」と怒鳴りつけた。数㍍離れて取り囲んでいた兵隊らが「１、２、３」と号令をかけた。「シュー」という音に白い煙。危険を感じた

---

[91] 『沖縄戦新聞』第９号（2005年５月５日付）中面「伊江島住民、投降呼び掛け／『スパイ』と軍殺害／渡嘉敷」。

美代さんはとっさに着ていた半てんを長女康子さん（4つ）、長男元一さん（2カ月）にかぶせて押し倒した。その途端、兵が投げた数個の手りゅう弾がさく裂し、破片が美代さんの頭上をかすめた。振り返ると、血の海だった。手足が切れた人、首のない人。全身に破片を浴びて血だらけになりながらも、泣きもせず座っている幼児もいた。
　同じころ、美代さんの義父仁王さん（56）ら3人の男性は山を越えて東村慶佐次の奥地に連れていかれた。連行したのは、元宇土部隊の国頭支隊通信隊。数日前に2人の兵士が行方不明になり、「住民が米兵に引き渡した」と疑っていた。米軍の襲撃を恐れ、木の葉が擦れる音にもおびえていた。兵士らは避難民を「米軍に通じて食料をもらい、日本軍の情報を提供するスパイ部落」とみなし、「復讐斬り込み」を敢行した。仁王さんらを「なぜ日本兵を敵に渡したか」と尋問し、日本刀と銃剣で斬殺した。
　美代さんたちは兵たちが戻って来るのでは、と体を震わせ、手を合わせて祈るように夜明けを待った。戻った家では高齢の男性が柱に縛られて殺されていた。首には刀が突き立てられていた。家にあった食料は何一つ残っていなかった。[92]

　後に「渡野喜屋事件」と呼ばれるこの虐殺の背景には、石原昌家によると、日本軍による住民スパイ視、食糧強奪、避難民と地元住民の分断があった。当時、渡野喜屋では、地元住民が山中に避難しており、一時収容所として数軒の民家に他の地域からの避難民90人ほどが収容されていた。特に囲いもなく、毎朝、3人の米兵が見回りに来るほかは出入り自由であり、米軍による配給も行われ、食糧は豊富にあった。このようななか、1945年5月12日の深夜、日本兵が襲撃してきた。事件を起こしたのは、国頭支隊通信隊の東郷少尉を隊長とする班であった。米軍

---

[92] 『沖縄戦新聞』第10号（2005年5月27日付）中面「日本軍が住民殺害／『スパイ』として食料強奪／本島北部」。

の報告書によれば、10人の日本兵が35人の民間人を殺害、15人を負傷させた。被害者の多くは女性と子どもだった。このほかに日本兵は男性4～5人を山に連行した[93]。

渡野喜屋での虐殺について、第10号の「識者の視点」で福地曠昭も「血迷った敗残兵」の見出しで次のように指弾している。

> 3万人のいわゆる避難民は1ヶ月間の食料しか持っていなかったので餓死者が続出した。日本の敗残兵は手りゅう弾や抜刀で脅して住民の食料を強奪した。
>
> 5月初旬に（北部には）捕虜収容所が置かれ、下山する地域が出た。渡野喜屋では30人余の避難民が砂浜に集められ、敗残兵が手りゅう弾を投げ、虐殺した。食料を略奪して逃げている。避難民が馬を解体して分け合っているところを襲ってかっぱらっていった例もある。山賊化した脱走兵たちは〝斬り込み〟、〝戦況報告〟と偽って食料を強奪した。
>
> 国頭からくり船を盗んで与論に渡った敗残兵は原隊に戻るよう命令されている。これを日本軍の逆上陸と宣伝された。宇土大佐の国頭支隊は戦闘意思がなかった。北部戦線は戦場ではなく米軍の掃討戦と窮乏、マラリアの犠牲者を生んだ[94]。

戦闘意欲もなく、山賊化した軍の姿。食いつなぐために住民を殺す。人間が人間でなくなるほどの状況に追い込まれていても、その所業に被害者がいる限り、責任がないはずはない。しかし、沖縄戦では「石垣島事件[95]」のように、日本軍による米兵虐殺は戦後、直接手を下した学徒動員の士官らが戦犯として処断されたが、日本軍による住民虐殺については実行者、首謀者ともその責任が問われることはなかった。

直接手を下す殺害ではないもののマラリア汚染地域に住民を強制移住

93　石原昌家「日本軍の住民迫害と虐殺」『沖縄県史　各論編6　沖縄戦』沖縄県教育庁文化財課史料編集班、2017年。

94　福地曠昭「識者の視点・血迷った敗残兵／山岳戦、住民を巻き添え」『沖縄戦新聞』第10号、2005年5月27日付最終面。

（1945年3月以降）させて計約3600人を感染死に追い込んだ八重山の「戦争マラリア事件」は、軍による虐殺にも等しい仕打ちだった。感染死は戦後もしばらく続いた。地上での戦闘がなかった八重山の沖縄戦は終わってはいなかった。しかし、明らかに汚染地域への強制移住という人為的要因が引き起こした病は、あたかも自然の疫病のように扱われて単に戦争中に発生したマラリアという意味で「戦争マラリア」と呼ばれ、誰も責任を取ることがなかった。

「この戦いなき虐殺」について第12号の「識者の視点」で大田静男はこう指摘した。

> こういう狂気の作戦（引用者注、米軍の上陸の可能性が少なかったにもかかわらず、八重山に配備された第45旅団は6月10日、全部隊の戦闘配備、戦闘態勢をとる「甲戦備」を発した。住民の強制移住はこのためにさらに加速した）で住民はマラリアに罹患し次々と死亡した。八重山全体で3600余名のマラリアによる死者を出した。兵隊の死者の約6倍である。横暴極まる天皇の軍隊が地上戦もないのに八重山の住民を死に追いやったのである。

最後に、第2章第2節「虐殺の指揮官をめぐって」で触れた久米島に

---

95 『沖縄戦新聞』第8号（2005年4月21日付）中面「米捕虜3人を殺害／石垣島の日本軍」。1945年4月15日、石垣島の宮良飛行場を空襲した米艦載機が日本軍の高射砲で撃墜、搭乗員3人が落下傘で石垣島の浅瀬に降下したところを日本軍に捕らえられ、即日殺害された。これにかかわった日本軍司令官ら46人が戦後になって米軍によって起訴され、いったん、死刑41人、懲役20年1人、同5年1人、無罪2人（1人は途中で免訴）の判決が下されたが、再審査により最終的に死刑7人、終身刑8人、有期刑24人、無罪6人となった。1950年4月、東京の巣鴨プリズンで死刑執行。戦後の経過については、同事件を題材にした森口豁『最後の学徒兵』（講談社文庫、1996年）を参照。
96 「琉球新報」は1989年8月9日付夕刊3面で、波照間島で残置諜報員の任につき強制疎開を命じた陸軍中野学校出身の元軍人の1人にインタビューし「（住民の疎開は）軍の命令だった。私個人ではできない」との証言を引き出したことを報じている。
97 大田静男「識者の視点・横暴極まる日本軍／住民を死に追いやる」『沖縄戦新聞』第12号、2005年7月3日付最終面。

おける住民虐殺にも触れておく。『沖縄戦新聞』は、8月15日の天皇が戦争終結を宣言した「玉音放送」の後も日本軍が住民の命を奪ったこの虐殺も見逃してはいない。久米島には、敗戦後も投降を拒んだり投降のタイミングを見計らって立てこもるなどした敗残兵が多数、残存していた。このうち久米島配属の海軍通信隊（約40人、隊長・鹿山正兵曹長）は8月18日、住民一家3人を、20日には朝鮮半島出身者の一家7人を殺害するなど、住民計20人を虐殺（他に1人殺害の疑い）し、9月7日、米軍に投降した。しかも、さらなる虐殺を重ねるべく9家族40人の「処刑リスト」まで作成し、降伏2日後の9日には実行する計画だったという[99]。

すでに述べたように、鹿山元兵曹長は1972年、テレビのワイドショーに出演するなどで話題になった。殺害された久米島の遺族と「テレビ対決」に臨んだが、真摯な謝罪に至ることはなかったし、「琉球新報」に寄せた「手紙」でも自己弁護に終始した[100]。結局、この虐殺も、責任を鮮明にした者は誰もいなかった。

安仁屋政昭は『沖縄戦新聞』第7号の「識者の視点」で「軍民共生共死」の持久戦に沖縄戦の本質があり、これが虐殺の背景となったとして次のように述べ、「戦争責任に時効はない」と結んだ。

> 南部に撤退する牛島司令官は「寸度の土地が存するかぎり最後の一兵まで」戦うことを命令している。皇軍と行動をともにした住民は、地獄の戦場を往来することになった。
> 一般に「南部の激戦地」というが、実態は、米軍によって一方的に殺される場面であった。米軍はガマ（壕）にこもる日本軍と住民を無差別に殺し、これを「ジャップ・ハンティング」といった（モップ・アップ作戦）。皇軍は住民を壕から追い出し、食料を奪い、スパイ容疑で拷問・虐殺し、傷害者や住民を戦場に放置した。当時の人口は60万人にみたないというが、沖縄

---

98 『沖縄戦新聞』第13号（2005年8月15日付）中面「敗戦後に住民殺害／日本軍スパイ容疑で次々／久米島」。
99 大田昌秀『久米島の「沖縄戦」』沖縄国際平和研究所、2016年、152頁。
100 第2章第2節2「虐殺の元指揮官をめぐって」参照。

戦における死者は15万人以上と推測される。自国の軍隊による拷問・虐殺の実態は、これからも解明されなければならない（戦争責任に時効はない）。[101]

　住民虐殺は1982年、「集団死」は2007年、それぞれ政府（文部省、文科省）が教科書から抹消あるいは書き換えを図り、沖縄で官民あげての反対運動が巻き起こった。「琉球新報」と「沖縄タイムス」も政府を糾弾する論調を展開し、企画や特集で戦場の実相を掘り起こした。[102]

　住民虐殺の抹消、「集団死」の書き換えは沖縄戦への政府の認識を露わにしたもので、石原昌家はこの背景として「戦傷病者戦没者遺族等援護法」（以下、「援護法」）があることを指摘している。[103] 援護法に関連しては、第2章第1節5「戦後10年前後〜日本本土の沖縄（戦）認識」で触れたが、これに基づいて給付を受けるには日本軍兵士による自然壕（ガマ）からの住民追い出しを「壕の提供」とするなどを記載した「戦闘参加者申立」が必要だった。たとえ実相から乖離していても、働き手を戦争で失って困窮する母子家庭にとって、援護法で生活を支えるという切羽詰まった現実もあった。

　こうして、国の主導する沖縄戦認識は「軍に協力して国に殉じた住民」という図式になっていった。教科書書き換え問題は、この論理の反映だった。しかし、証言で明らかなように、沖縄戦では、援護法の枠内に入りきれない死が無数にあった。この史実は軍の視点からはとらえられないが、地べたをはいずり回った住民の姿を直視して沖縄戦の実相に迫った『沖縄戦新聞』の随所に見出せる。安仁屋の言うとおり、「戦争責任に時効はない」。新聞／記者の責任を明確にした『沖縄戦新聞』は、それを識者に語らせる以上のことができたはずだが、そこまで踏み込んだ展開はなかった。

101　安仁屋政昭「識者の視点・苦悩と屈辱の原点／『軍民共生共死』の持久戦」『沖縄戦新聞』第7号、2005年4月1日付最終面。
102　1982年の教科書書き換え問題を「琉球新報」、「沖縄タイムス」がどのような紙面を展開したかについては、第2章第3節2「記者が（再）発見した『命どぅ宝』」で詳述。
103　石原昌家『援護法で知る沖縄戦認識』凱風社、2016年、4頁。

2　言葉にならない戦場の記憶／「戦争遺跡を歩く」考〜第7号─第13号

　『沖縄戦新聞』は第7号から第13号まで、最終面で「戦争遺跡を歩く」を続けた。「集団死」や住民虐殺など重々しい事実と証言の詰まったモノクロの1面や中面に比べ、避難先となった自然壕（ガマ）や陣地跡などの写真と戦跡の位置を示す特大の地図が並んだだけの、一見すると軽い紙面である。しかし、「戦争遺跡を訪ね、追体験してみよう」と読者に短く呼びかけた前文に続いて写真に目を凝らすと、感情を抑えた紹介文が添えられている。読み進むと、その場所で命を落とした人たちの無言の声がざわめいているように感じ取ることができる。この紙面だけがカラーで、「いま」をアピールしているが、醸し出されるメッセージは「そのとき」に誘う仕掛けが施されているようでもある。

　紹介されている戦跡には、その地元でさえ知る人が少なくなったものも数多くある。これを頼りに実際に戦跡めぐりを始めた人がかなりいたと聞いているし、第14号までまとめて箱入りにして書店で現在も販売されているため、活用者は今もいる。

　その一人でもある私は、戦争遺跡を回り、戦争体験者や継承者から聴き取ることも自らに課している。戦場の非情、残酷を遺跡に学ぶ。そして感じ取ってきたのは、戦跡に閉じ込められた戦没者の無念、怨念であり、生き残った人の戦争体験とは、戦場での体験に加えて戦後の生活のなかで抱え込み抑え込んだ喪失感、悔恨、慚愧、憤怒といった想念が絡み合った感情の総体ではないかという実感であった[104]。であれば、それを言葉にして証言するには、相当の葛藤、覚悟、時間が必要となることが想像できる。語らないまま戦後を生き、生涯を閉じた人がどれだけいたことであろう。意を決して証言のための口を開いた人たちの存在の重さ

104　仲程昌徳は「『ひめゆり』たちの声」（出版舎Mugen、2012年）で「ひめゆり学徒隊」の引率教師だった仲宗根政善の心について「死んだ子供の証がほしいという母親、死んだという確証がないかぎり、必ずいつかは帰ってくると信じている父親や母親の姿、生き残ったことで苦悩する『ひめゆり』たち、そして生徒たちは誰もが生きていたいと思っていたことや命への愛おしさといったようなことを、仲宗根は繰り返し書いていく。仲宗根がまず『ひめゆり』で伝えたかったことは、そのような、戦争が死者のみでなく死者の肉親をはじめ生き残ったものにも耐えがたい悲哀をもたらすものになるということであった」と指摘している（201頁）。

を改めて意識すると同時に、言葉にならない記憶もあるのだということにも気づかされる。

　私はまた、いくつかの自然壕（ガマ）で、放置されている骨片を目にした。戦没者の遺骨であろうことを想い描き、今も沖縄で続く遺骨収集の意味を考えるとき、沖縄戦に終止符が打たれていないことも感じ取って、言葉にならない記憶に耳を澄ますことの重要性に気づく。

　言葉にならない記憶への接近には、想像力の喚起が欠かせない。

　戦争遺跡から離れた場所でも、想像力について考えてみよう。

　米軍普天間飛行場から土地を返還されてできた私設の美術館、佐喜眞美術館に常設展示されている縦4㍍、横8.5㍍の「沖縄戦の図」。丸木位里、俊夫妻が1984年に描き上げた巨大な絵画は、沖縄戦の「集団自決（強制集団死）」と住民虐殺がイメージされている。そして、画面左下には2人が書き記した文言がある。[105]

　　　沖縄戦の図
　　　恥かしめを受けぬ前に死ね
　　　手りゅうだんを下さい
　　　鎌で鍬でカミソリでやれ
　　　親は子を夫は妻を
　　　若ものはとしよりを
　　　エメラルドの海は紅に
　　　集団自決とは
　　　手を下さない虐殺である
　　　　　　　　　　　　　位里
　　　　　　　　　　　　　俊

---

[105] ともに画家。丸木位里は1901年－1995年。広島生まれ。1941年結婚した北海道生まれの赤松俊（1921年－2000年）と共に「原爆の図」「アウシュビッツの図」「水俣の図」などを描き、「沖縄戦の図」に取り組んだ。「手を下さない虐殺」という言葉は「原爆の図」に連名で書き記した。

「沖縄戦の図」には、一人の兵士も描かれていない。老人、女、子どもだけである。そのほとんどに瞳が描かれていない。それはなぜか。
　２人はこの絵画に取り組むにあたり、徹底的に史料/資料に接し、生き残った戦争体験者の証言を聴いた。そして、その証言の奥に潜むものを画家の感性で見抜いていく。佐喜眞美術館学芸員、上間かな恵はこう分析する。

　　沖縄戦の証言にも見られるように、死の極限まで追いつめられた人間は、恐怖や怒りや痛みを感じるだけでなく、狂気から自分を守るため、その恐怖や怒りや痛みをマヒさせていく。目の前で行われていること、自分が行っていることが現実の様には思えなかっただろう。多くの証言の中に、位里は真実をみることを回避した空白の瞳を見たのではないだろうか。[106]

　画面中央からやや右斜めに、空白の部分が残されている。この空白について上間の説明はこうだ。

　　生存者の証言を聞けば聞くほど２人は、その語りの中に記憶の空白、言葉を持たない記憶を感じたのだろう。[107]

　「言葉を持たない記憶」―言葉を文字化し、新聞で伝える『沖縄戦新聞』に、鋭敏な画家が読み取ったこうした感性は表現されているだろうか。
　この点で「戦争遺跡を歩く」に改めて注目したい。各号の中面に掲載されている住民の証言とは別に、計88の戦跡や慰霊碑を淡々とした筆致で描くことで「言葉として語ることのない声」を記者が聴き取ろうと試みているようにみえる。戦跡や慰霊碑という止まった時間に向き合うことで読者に想像力を喚起させ、同じ号の別ページで展開される証言と

106　上間かな恵「沖縄戦の記憶　トラウマを超えて５　空白/『沖縄戦の図』が語るもの/人間の感性の力を信じる」「琉球新報」2003年6月27日付朝刊文化面。
107　上間、注106前掲論文。

併せ読むことで戦争の実相が立体的に伝わる効果をもたらしているようである。戦跡という「いまの場所」を歩くことが「そのときの戦場」の記憶に時空間を超えてつながり、言葉では言い表せない記憶も呼び覚ませようと試みた戦記媒体として読者に向き合ったとも言えよう。

そのなかから無作為に２つを抽出すると―。

【忠霊之塔・一家全滅の碑】
　米須集落の一家全滅家族をまつった慰霊塔。50の屋号の下に159人の名前が刻まれている。地域の人たちが建てた。米須小北側にも一家全滅の碑「鎮魂の塔」がある。米須小は当時の人口1259人のうち58％の735人が戦没し、全296世帯の14％にあたる42世帯が一家全滅となった。日本軍が摩文仁に撤退した後に犠牲者が集中した。米軍の掃討戦が繰り広げられた米須や国吉集落には、石垣で囲まれた敷地内に位はいと香炉だけが置かれた一家全滅の屋敷跡も多い。／糸満市米須の県道７号沿いにある。米須小学校正門の道向い。[108]

【ヌチシヌジガマ・300人の命しのぐ】
　嘉手苅や山城、伊波の住民約300人が、米軍上陸の1945年４月から６月まで避難していた自然洞窟。戦闘による犠牲者はいない。方言で「命をしのいだ洞窟」という意味。３つの入り口があり、中でつながっている。平和学習に使われる「メーヌテラ」から「クシヌテラ」までは全長約200メートル。１人しか通れない狭い通路の後、大きなホールがいくつか続く。ガマの中は川が流れ、鍾乳石も発達している。／うるま市石川嘉手苅の県道６号を恩納村向けに走り、沖縄自動車道の下をくぐった直後に看板がある。県道からガマ入り口まで標識あり。[109]

---

[108] 『沖縄戦新聞』第11号（2005年６月23日付）中面「戦争遺跡を歩く⑤南部」。

情緒を排した無機質な筆致が続く「戦争遺跡を歩く」は、「いま」の戦跡が「そのとき」の記憶への誘いであることを示した。だが、戦後の生活に追われるなかで封印し、やがて心の奥底に沈殿していった生き残った人びとの戦場の記憶の発現は、個々人によってさまざまな形を取るのが常であり、戦争との直接・間接の因果関係が判別できにくいケースも多々ある。一括りにして記事にまとめるのは、極めて難しい。

　これを小説の世界で克服しようと試みたのが、作家、目取真俊である。目取真が描く沖縄戦の記憶は過去という「そのとき」に封印されることがなく、フィクションで創造／想像した「怪物」が記憶の変種として「いま」に蘇る。

　目取真の眼差しを感じてみよう。

目取真は1960年、沖縄本島北部の今帰仁に生まれている。沖縄戦の直接の体験者ではないが、その祖母、父母から当時の出来事をよく聴いていた。そして、身近に戦没者の白骨が放置されたままになっていた少年時代の記憶も鮮明だ。

　白骨に至るまでのその戦場の死は、五体が引きちぎられ、人間の形すら残さない「異形の死」であり、名前を持った人格としてではなくモノとしての死でもあった。

　沖縄戦は、現在も未鑑定の遺骨のなかに住民のそれが多数混じってい

109　『沖縄戦新聞』第13号（2005年8月15日付）最終面「戦争遺跡を歩く⑦中・北部」。
110　1960年生まれ。琉球大学法学部国文科卒業。小説に「水滴」（九州芸術祭文学賞、芥川賞）、「魂込め」（木山捷平賞、川端康成賞）、「平和通りと名付けられた街を歩いて」、「風音」など。評論に『沖縄「戦後」ゼロ年』（NHK出版生活人新書、2005年）など。
111　新城郁夫「母を身籠もる息子」『沖縄を聞く』みすず書房、2010年、175頁。目取真の小説「魂込め」の主人公の口から体内に侵入したアーマン（オオヤドカリ）を、主人公と「共なる生を生きつつある怪物」として分析している。
112　目取真は「子どもの頃、自分の生活しているすぐ側に白骨があたりまえにあったんですよ。あのころはまだ錆びた手りゅう弾を見つけたり、鉄砲の弾を探して首飾りを作ったりしてたんです。戦争の痕跡が身近にたくさんあったんです。（中略）そこに骨があることによって、ずっと村の人たちは戦争を忘れなかったわけですよ」と語っている（「映画『風音』を巡って」『Wander』36、ボーダーインク、2004年、56頁）。
113　北村毅『死者たちの戦後誌』御茶の水書房、2009年、6頁。

るという事実から、その凄まじい実相を雄弁に物語る。それは、「いま」が「そのとき」に直結していることへの想像力を広げることであり、言葉を持たぬ遺骨が語る、あるいは遺骨から感じ取るべき記憶の意味も想起させる。目取真にとって、こうした物言わぬ遺骨がさらされている限り、沖縄戦は決着していない「いま」の出来事なのだ。

　自作「風音」が映画化された2004年、目取真は「琉球新報」のインタビューを受け、こう語っている。

　　　―戦後生まれの目取真さんは、どのように沖縄戦を意識し始めたのか。
　　「僕の祖父母は、文字通りの戦争体験者。父も14歳で鉄血勤皇隊となり、銃を取って戦ったという体験がある。大学に入り、基地問題に関心を持つようになって、子どものころに聞いた話を思い出し、沖縄戦を再認識した」
　　「自分にとって沖縄戦を考える手段は小説だった。歴史的研究は資料の読み取りが中心だが、小説の場合は登場人物の中に入り込むことによって、感覚的な形で沖縄戦を追体験できる。その一つの試みが20代のころに書いた『風音』だ」
　　　―目取真さんにとって、沖縄で戦争を書いていくことの意義は。
　　「意義というよりも個人的な理由だ。沖縄戦は一緒に生活した祖父母や両親の体験だ。自分の一族、家族の歴史を振り返った場合、必然的に沖縄戦に出会う。歴史を振り返ることは自分自身を確かめることだ。自分のことを深く知り、どう生きるか考えるとき、両親の歴史としての沖縄戦は必ず出てくる。過去の歴史を客観的に知るのではなく、小説という方法で一族、家族の歴史として考えたい」

---

114 「琉球新報」2017年7月27日付朝刊1面「民間人遺骨も鑑定へ／厚生省　戦没者対象広げる」。沖縄戦の遺骨について政府は「これまで鑑定の対象は軍人・軍属であることや死亡場所の地域条件を設けるなど限定的な対応をしていたが、今後は民間人の戦没者も鑑定の対象とし、戦後処理問題の解決に乗り出す」と報じている。

目取真にとって、沖縄戦は自らの「自分のことを深く知り、どう生きるかを考える」というアイデンティティにかかわることなのである。

　その「風音」(1985年)は、白骨がテーマである。凜々しく殉国の情に燃えたとされる特攻隊員が腐乱し、手足や首のない無残な死体となって沖縄の海に浮かんだ事実は、日本本土では実感の伴わない記憶であろう。しかし、銀翼を輝かせ颯爽と滑走路を飛び立つ特攻機の窓越しに手を振る隊員の姿を「最期の姿」として語る「国民の記憶」の先にこそ、戦争の実相があった。特攻機が片道しかない燃料を使い果たし、撃ち落とされて沈んでいく沖縄の海。目取真の祖母はそれを島側から凝視したひとりであった。[116]

　「風音」の特攻隊員の遺体は五体をとどめて海に浮かんでいた。しかし、祠に移された遺体は浜からわき出た無数の蟹の群れに覆われて異形の姿に変貌し、白骨となる。銃弾で貫通したとみられる頭蓋骨には穴が空き、通り抜ける風が音を奏でる。これを観光の目玉にすべく画策する一部の地元住民と取材しようとする日本本土のテレビマン(特攻隊員と「同期の桜」として設定されている)の世俗的な姿とは対照的な戦争の記憶の永遠性が描かれている。

　目取真は文学の世界で「言葉にできない沖縄戦の記憶」のありようを表現した。そこでは、直接的で能弁な記憶の証言はない。それだけに、言葉を失った死者の「そのとき」や、胸にしまい込んだ生き残った人の「そのとき」の記憶に触れる側の「いま」を激しく問い続けるものとなる。[117]

　新聞は小説とは対極にある。事実を連ね、現状を論評し、現況を分析する。「いまの情報、視点」で沖縄戦に向き合った『沖縄戦新聞』は、「新聞」であろうとし、しかし、敢えてその枠に収まろうともしていないように読める。「あのときこんな新聞をつくっていたら」という想いで「いま」の新聞記者が「そのとき」に舞い降りた。しかも、「戦争に加担しない」という未来への強い想いも込めている。だからこそ、想像力が試された。

115　「琉球新報」2004年6月14日付朝刊文化面「『風音』をめぐって　戦争体験と記憶＜上＞(聞き手　文化部・小那覇安剛)」。
116　目取真、注110前掲書、79〜80頁。

それをどのようにして紙面に反映できるのか。そのひとつの形として挑んだのが、「戦争遺跡を歩く」であったと読み解くべきであろう。

『沖縄戦新聞』は「6・23」で沖縄戦についての語りを終わらせなかった。台湾への疎開船が撃沈されたり（1945年7月3日）、前述の、久米島での住民虐殺（同8月）が続いたこともある。加えて、日本本土とは異なる降伏調印式を経て、以後は冷戦という戦後の世界体制に一気に沖縄が組み込まれ、「新たな戦時体制」に入ったからだ。「6・23」以後の『沖縄戦新聞』に進もう。

『沖縄戦新聞』第7号（2005年4月1日付40面）

---

117 『鹿野政直思想史論集第4巻』（岩波書店、2008年）で鹿野は目取真俊を「戦後世代のなかから、沖縄戦への固執を軸として評論を含む作品世界を繰り広げる表現者・思索者そして行動者として出現した」と位置づけ、「目取真にとって沖縄戦は、原点であるばかりでなく今につづくものとしてある」とする（379頁）。そして、目取真の言葉の渦に込められた想いを次の5つの要素に分析する。第一は、死者への想像力の回復をという想い。第二は、繰り返し語られてきたようにみえる「沖縄戦についてはまだ考えられていない問題、作り得ていない視点、明らかにされていない事実がいくらでもある」という想い。第三は、いまだ戦中とことなった〝戦後〟を作り出しえていないという、無念を込めた想い。第四は、「沖縄はすでに『有事』である」との切迫した想い。第五は、沖縄戦における日本軍の住民虐殺のもたらした深いトラウマを感知したことによる想い（379〜381頁）。

沖縄戦 事実上の終結

米軍、占領を宣言
牛島司令官ら自決

南部で住民8万人保護

傷つきぼうぜんとする保護された沖縄の住民＝1945年6月8日　場所不明　米国公文書館所蔵

バックナー中将戦死
本島南部の前線視察中

県庁、警察部が解散
島田知事　荒井部長
摩文仁で消息絶つ

国民義勇隊を結成
政府　根こそぎ兵士に動員

「沖縄戦新聞」発刊の狙い

沖縄戦60年

戦場からの生還

焦土の島 すべてを失い

日本軍の組織的戦闘が終わった六月、裏切った住民の姿が三方に切り分けた絶望の地上戦を物語っている。戦という生活を折られて泣き叫ぶ子供、腹を抱え込む老人、日米両軍による地上の戦火は住民を巻き込み、多くの命を奪った。そして生き残った者は、深い「つめ跡」を残した。

命の水
大きな薬缶から小さなどんぶりに入れ、小さなはだかの子供が子供たちに水を配る＝1945年6月、場所不明（米軍撮影、県公文書館所蔵）

伊平屋島
伊是名戦没者の遺体収容作業は、沖縄戦が終わった7月中旬に行われた＝1945年6月、伊平屋島（米軍撮影、県公文書館所蔵）

野戦病院
米軍の野戦病院で治療を待つ人々＝1945年6月、具志川村（米軍撮影、大田昌秀氏提供）

溝から
カメラマンに促され、壕から出てくる地元住民。行き先不明＝1945年6月、場所不明（米軍撮影、県公文書館所蔵）

担いで
荷物を持って壊れた壕から収容所へ向かう地元住民＝1945年6月、場所不明（米軍撮影、県公文書館所蔵）

瀬長島
瀬長島が見える海岸沿いで、避難する地元住民＝1945年6月、場所不明（米軍撮影、県公文書館所蔵）

母さんは？
戦争の混乱におびえ、母を呼ぶ小さな2人の子供＝1945年6月、場所不明（米軍撮影、県公文書館所蔵）

お年寄り
頭を抱えて座り込むお年寄り＝1945年6月、場所不明（米軍撮影、県公文書館所蔵）

『沖縄戦新聞』第11号より（2005年6月23日付、15・22面）

第4節　戦闘終結と新たな戦時体制
　　　〜「捨て石」から「要石」、「踏み石」へ

　沖縄戦はいつ終わったか。「組織的戦闘が終結」し、これを「慰霊の日」とする「6月23日」は、第32軍の牛島満司令官と長勇参謀長が自決した日とされている。だが、終わりのない持久戦を強いた軍のトップの自決だけでは戦争に区切りはつかない。沖縄戦では「6・23」以後も投降を許されない兵士の多くがその後も敗走しながら抵抗戦を続け、住民も司令官らの自決すら知らず依然として戦場を逃げまどった。

　「6・23」をどのように位置づけるのか。沖縄戦の認識にもかかわる重要な視点として見落としてはならないであろう。それは、『沖縄戦新聞』を読み込む際にあらかじめ提起しておいた沖縄戦の特質、問題点や課題を、最終号に向かう本節であらためて想起することでもある。

　この点について、自身も学徒動員され9月になって投降した体験を持つ大田昌秀は「琉球新報」1977年8月14日付朝刊文化面で「6・23」の終戦は誤解で、南西諸島の日本軍が降伏調印した9月7日を終結日とするよう提起した。[118]「沖縄タイムス」も1995年9月7日付朝刊で沖縄戦終結は史実認識で」とする社説を掲げ、「住民の側に立って、戦争の原因や性格を追求し、その本質を住民の側から認識する作業を積み重ねていき史実に即すことが重要である」と指摘している。[119]

　こうした観点から『沖縄戦新聞』は「6・23」以後にも視線を注いだ。戦場にさらされた住民にとって戦闘の終結とは、危険を脱し当面の安全が確保されたときであった。それは多くの場合、米軍に保護され収容所での生活が始まったときの記憶に重なるが、そこに至った事情も経緯も個々人各様でそれぞれに異なる。日本本土のように「玉音放送」を機に状況が一変したのとは違い、沖縄住民にとっての「終結観」は一括りに

118　「琉球新報」1977年8月14日付朝刊文化面「8月15日を思う」。大田は自著『沖縄戦の深層』（高文研、2014年）でも同じ提起をしている（173頁）。
119　「沖縄タイムス」1995年9月7日付朝刊社説「沖縄戦終結は史実認識で」。

できないほど諸相が重なり合っている。だからこそ、『沖縄戦新聞』は第12号「宮古・八重山の戦争」（2005年7月3日発刊）、第13号「日本が無条件降伏」（同8月15日発刊）、第14号「南西諸島の日本軍が降伏調印」（同9月7日発刊）と「6・23以後」も3号にわたって発刊し、そこでも住民の眼差しを放さなかった。

米軍は、日本軍から奪って整地し直した飛行場を日本本土への空襲拠点として使用した。「本土決戦」に備えるための「捨て石」にされた沖縄は、戦闘の帰趨が決すると今度は米軍による日本本土空襲の「踏み石」にされた。さらに、戦後は日本本土と切り離されて米軍の極東戦略の「要石」として組み込まれ、1949年以降は共産革命後の中国をにらみ、朝鮮戦争勃発（1950年）も絡んで新たな最前線基地へと変貌させられていく。そして、軍用機の事故、米兵による凶悪犯罪などが後を絶たないという「基地犯罪」にも直面し続けている。

『沖縄戦新聞』は「6・23」以後にも目配りすることで、沖縄戦がもたらした結果が、米軍の直接統治を経て日本本土復帰後も続く今日の基地問題の出発点につながっていることを明確に示した。

まず、『沖縄戦新聞』が沖縄戦をどのように総括したかを読んでみよう。

1　軍隊は住民を守らない～第14号を中心に

最終号となった第14号は最終面で住民の視点から沖縄戦を総括している。主見出しは「軍隊は住民を守らない」。「守らなかった」という過去形ではない。今も米軍基地が存続するが故の事故・犯罪が後を絶たない状況を重ね合わせていると判断できる。

そして「民間人犠牲がなぜ多い」との脇見出しを置いて、市町村（現

120　戦場体験自体についても多様である。仲宗根政善は『ひめゆりの塔をめぐる人々の手記』の角川文庫2015年改訂版の「あとがき」で「激しかった沖縄戦では、隣の岩かげに誰がいて、どうしていたのかわからなかった。各人は各人の点と線を歩いたのであった。生き残りが集まって、戦争の話をするたびに、想像もつかないような耳新しい話が出る。沖縄戦の体験は多岐にわたり、無限に広く深いことをつくづくと感じさせられる。一人一人のこうした体験を湮滅させてはいけないと、私はいつも思い続けている」（442頁）と記している。

在）ごとの犠牲者率を表で示している。[121]

　犠牲者率が40％を超えるのは、西原町（63.69％）、東風平町（53.27％）、浦添市（51.99％）、南風原町（50.20％）、豊見城市（49.43％）、北中城・中城村（43.44％）、渡嘉敷村（42.77％）、具志頭村（42.75％）、宜野湾市（42.25％）、糸満市（41.97％）、伊江村（41.54％）。渡嘉敷村は「集団死」があり、伊江村は「沖縄戦の縮図」と形容されるほどの激しい戦闘が展開された離島で、いずれも住民と軍が混在した地域である。宜野湾市、中城村以南の沖縄本島住民は南部に避難し、戦闘に巻き込まれた。

　沖縄県援護課によると、沖縄戦戦没者（推計）は総数20万656人（引用者注、『沖縄戦新聞』刊行時）。うち一般住民は9万4000人（推計）、沖縄県出身の軍人・軍属2万8228人を入れると沖縄県出身者は12万2228人（推定）。県外出身日本兵6万5908人、米軍1万2520人をはるかにしのぐ。「推定」とあるのは、一家全滅などで詳細な把握が現在に至るもできていないためだ。これには、米軍に保護されながら収容所で餓死した住民や八重山の「戦争マラリア事件」による犠牲者約3600人は含まれておらず、住民を中心とする沖縄県出身者の犠牲は15万人に達するとみられている。

　住民の命を奪った直接の要因は、「鉄の暴風」と呼ばれた米軍の無差別攻撃だった。米軍は沖縄戦で陸軍211万6691発、海軍60万18発（空爆による砲弾や機銃掃射による銃弾は除く）の砲弾を撃ち込み、沖縄本島南部では畳1畳に1発の割合で攻撃された。これに、火炎放射器による攻撃、主に自然壕（ガマ）に投げ込まれた黄燐弾攻撃が加わった。

　以上のようなデータを示したうえで、住民の犠牲者が多かった理由を①本土防衛の時間かせぎにされたことで終わりのない持久戦にもつれ込んだ。②第32軍の南部撤退で軍民が混在した。③偏見と差別意識から

121　『沖縄戦新聞』第14号（2005年9月7日付）最終面で示している犠牲者率とは、「摩文仁にある平和の礎刻銘者を人口で割り、100を掛けてパーセント表示したもの。平和の礎は1931年の満州事変以降の戦没者が刻印されているため、中国大陸や南洋諸島など海外の戦没者も含まれる。しかし、9割以上は沖縄戦での犠牲者とみられ、一定の傾向を知る目安となる」としている。また、人口は1940年の国勢調査による。その後の44年の統計は調査漏れがあり、また疎開などによる流動で正確なデータたりえないため。

住民を「スパイ」と見なすなどした日本軍による住民虐殺が相次いだ。④老人や子育て中の母親、子どもを除く全ての住民が根こそぎ動員された——と指摘した[122]。

こうした実相を、しかし、当時の新聞は報じなかった。来たるべき「本土決戦」のために軍官民が一体となって戦ったという文脈で沖縄戦の終結を締めくくっていた。

全国紙や各県の地方紙は（引用者注、1945年6月）26日付の紙面で「沖縄方面最高指揮官牛島満は6月20日敵主力に対し全戦力を挙げて最後の攻勢を実施せり」とする大本営発表、牛島司令官の「決別電」とともに、沖縄本島における敗北を報じた。その後も「軍官民一体」の戦いによる〝戦果〟をたたえ、国民の戦意をあおる報道を続けている。「皇土防衛」という軍部の方針そのものの報道姿勢が顕著な一方で、軍民混在の戦場で生じた住民犠牲を問う記事はない。

26日付の「朝日新聞」は「沖縄陸上の主力戦最終段階　軍官民一体の善戦敢闘3箇月」の見出しで「敵の人的消耗約8万、本島周辺における敵艦船の撃沈破は600隻」と、米軍に対し、かつてない出血を強いたことを強調した。「皇軍精華の発揚」と題した社説では「最後の決戦を続けつつある第一戦将兵ならびにその背後の戦力として敢闘しつつある島田知事以下の非戦闘員の上に思いを馳するとき、抑うべからざる感動に胸奥の熱するを禁じえない」と、一般住民の戦争協力を賞讃した。

「朝日」「読売」両紙は29日、「沖縄戦の戦訓」と題して安倍源基内相との一問一答を掲載した。このなかで安倍内相は「沖縄における経験を生かして軍、官、民ともに各その肩書きや裃を脱いで真に日本国民として裸一貫の姿に立ちかえり日本人本来の忠誠心と敢闘精神とを余すことなく発揮しこの国難を突破することが必要」と強調し、鉄血勤皇隊や一般住民によって組織された義勇隊をたたえた。さらに首里城裏の壕で発行された「沖縄新報」にも触れ、「敵の砲爆撃下にありながら一日も休刊せず友軍の士気を鼓舞していることなども特記すべきである」[123]と語っている[124]。

---

122 『沖縄戦新聞』第14号（2005年9月7日付）最終面「軍隊は住民を守らない」。

「軍隊は住民を守らない」どころか、住民は国体護持のための駒のようにみなされていた典型が、次に述べる「護郷隊」でもうかがえる。

沖縄戦の敗北を見通し、日本政府は「本土決戦」に備えるため、それまでの兵役法による徴兵対象を拡大する義勇兵役法を6月22日に公布、ただちに施行された。15歳以上60歳以下の男子、17歳以上40歳以下の女子に義勇兵役を課し、年齢制限外の者にも「志願」を促すものだが、そこには、国民は守るべき対象ではなく、「1億総特攻」で国体を護持するための動員対象でしかないという論理が貫かれている。沖縄戦とは、この論理を先取りして住民の兵役枠を広げられた戦闘でもあり、『沖縄戦新聞』はその典型例として本来、国が庇護すべき少年たちを兵士として召集し、陸軍中野学校出身者が指揮するゲリラ戦（遊撃戦）に投入した事実も見落としてはいない（第12号中面「『陸軍中野学校』出身者／離島に諜報員を派遣／ゲリラ訓練やスパイ監視」）。この記事をもとに「陸軍中野学校と沖縄戦」の関係を補足しておく。

沖縄戦では、正規軍とは別に、スパイを養成しゲリラ戦術の教育機関でもあった陸軍中野学校出身者（計42人）が送り込まれた。その役割は、ゲリラ戦を担う遊撃隊の編成及び実践（計29人）、離島工作を行う離島残置諜者（計10人）などで、他に大本営陸軍部直轄特殊勤務部隊、第32軍参謀情報班にも配置された。[125]

遊撃隊は正規軍が崩壊後に地下に潜伏して、敵の後方をかく乱して戦力を消耗させるのが目的で、国外ではニューギニア（引用者注、第1遊撃隊）とフィリピン（引用者注、第2遊撃隊）に配備。国内では唯一、沖縄に第3、第4遊撃隊（引用者注、遊撃隊の名を秘匿してそれぞれ「郷土防衛」を意味する第1護郷隊、第2護郷隊と呼称）[126] が編成され、沖縄

---

123 「沖縄新報」は戦況悪化に伴い、第32軍司令部が首里を撤退したのを機に1945年5月25日で廃刊しており、この認識は誤っている。
124 『沖縄戦新聞』第11号（2005年6月23日付）中面「日本の新聞は『玉砕』報道／軍官民一体たたえる」。
125 川満彰「秘密戦」『沖縄県史　各論編6　沖縄戦』沖縄県教育庁文化財課史料編集班、2017年、573頁。

本島北部の山岳地帯で活動した。

　沖縄で遊撃部隊が編成された直接の理由は、米軍の主力が殺到した南部の背後を襲うとともに山深い北部でゲリラ戦を展開するためで、15歳から18歳までの北部全域の青年学校生が召集された。[127] 15歳から17歳は当時、召集適齢に達しておらず、あくまで「志願」という形をとったが、大半が威圧的に強制された「志願」だったという。

　少年たちは一般兵士同様の戦闘にも従事しながら、後方かく乱のための村の焼き払い、米軍駐屯地の偵察、住民の監視などにも酷使された。第1護郷隊は1945年7月、「潜伏」という名目で解散し、それぞれの郷里に戻ったが、610人中91人が亡くなった。第2護郷隊も同年10月、これも「地元での潜伏」を理由に解散した。388人の隊員中69人が犠牲になっていた。[128] 一般兵士以上の異常な体験であり、戦後も口を閉ざす生還者が多いため、その実態のすべては今も解明されていない。一方、戦後生き残った陸軍中野学校出身者のなかには、贖罪意識から沖縄に足を運び、非業の死を遂げた少年らの慰霊を行う者もいた。しかし、戦中の体験について周囲に触れないまま鬼籍に入った者も少なくなかった。

　第2章第4節で述べたように、新平和祈念資料館の展示が当時の県政によって改ざんされようとしたとき、自然壕（ガマ）の中で住民を威嚇する日本兵を模した人形から銃が取り除かれていたことが問題視されたのは、沖縄戦を性格づける「軍と住民」に関する記憶が矮小化され、抹消されてしまうという危機感からだった。それ故に『沖縄戦新聞』は今に伝え、今後も語り続けるべき記憶の柱として「軍隊は住民を守らない」というひとことに沖縄戦総括の意味を込めた。

　なお、「軍隊は住民を守らない」という観点では、米軍による残虐行為も留意しておかなければならないであろう。捕らえた日本兵をその場で殺したことも少なからずあったし、「誰であろうと、立っている者な[129]

126　川満彰「やんばるの少年兵『護郷隊』─戦場の記録③」『名護市史本編・3　名護・やんばるの沖縄戦』名護市史編さん委員会、2016年、253〜254頁。
127　川満、注125前掲論文、575頁。
128　川満、注125前掲論文、580〜582頁。

らまず撃っておいて、それから敵か味方かを確かめようという考えだった」という米兵の証言があり、こうした戦闘方法が住民の犠牲を増やしたことも間違いないであろう。米軍は日本軍と比較して人道的側面もあったが、戦闘が終わった直後から米軍の性犯罪が激増、多くの沖縄女性が被害にあったことを忘れてはならない。

2　戦場後～第14号を中心に

　米軍は1945年4月1日、沖縄本島に上陸した戦闘部隊とは別に10人の将校と13人の兵士で構成する軍政本部の先発隊も送り込んだ。軍政府を設置し、占領後の軍政を行うためだ。この本部要員に加え軍政府野戦分遣隊も上陸し、住民を集めるために戦闘地域に分散した。住民に対する医療支援を行う医療班も加わっていた。

　米軍は、早い段階で占領の進んだ沖縄本島中・北部を中心に住民向けの収容所を開設した。収容所生活が始まった一方で、南部では戦闘が続いていた。つまり、「戦後」と「戦中」が同時進行していたことになる。戦闘のなかった離島では「戦前」がそのまま続いていた。「戦前・戦中・戦後」状況が雑居していたことについて、『沖縄戦新聞』第11号は「識者の視点」で以下のような事実を紹介している。

　　慶良間諸島では、45年3月末段階で米軍占領下の戦後生活
　　が開始された。また、沖縄本島でも米軍が上陸した4月1日に

129　デール・マハリッジ著、藤井留美訳『日本兵を殺した父　ピュリツァー賞作家が見た沖縄戦と元兵士たち』原書房、2013年、143～144頁、267頁。
130　ジョージ・ファイファー著、小城正訳『天王山（下）　沖縄戦と原子爆弾』早川書房、1995年、111頁。
131　『沖縄戦新聞』第7号（2005年4月1日付）1面「米軍　読谷山比謝に軍政府設置へ／民間人収容班も上陸」。
132　若林千代『ジープと砂塵』（有志舎、2015年）によると、民間人収容所が集中した（引用者注、沖縄本島）北部地域は、戦前期には総人口の2割、およそ10万人が居住していたが、戦闘から占領の過程で、その3倍以上の人口が集中した。北部地域は、面積的には沖縄島の3分の2近くを占めるものの、そのほとんどが深い森林地帯であり、増加した人口を養い得る余地はなかった。しかし、人口稠密であった中・南部地域は焦土化し、また米軍戦闘部隊の占領地域となったため、米軍は住民に居住を許可しなかった」(31頁)。

保護された住民は、難民収容所の中で戦後生活の第一歩が記された。さらに、日本の軍作業に従事していた住民は、その数日後には敵国だった米軍の作業に従事することになった。一方、3月14日に文部省が「決戦教育措置」を発表し、4月1日から1カ年間全国の学校修業を停止することを発表した。だが、空襲の合間をぬって八重山諸島の国民学校では入学式なども挙行されたし、与那国島では4月下旬に教師の家庭訪問までも実施された。

　ところが、浦添・首里戦線における日米両軍が死闘を繰り広げていた5月9日、その10数㌔北方の石川では、城前初等学校が開校され、戦後教育がスタートした[133]。

　米軍に保護された住民は、4月末で11万人。第32軍が首里の司令部を放棄して南部に撤退した5月末には14万人。日本軍の組織的戦闘が終わったとされる6月23日には22万2309人に達し、このうち6月だけで延べ7万6000人が米軍基地建設に動員された[134]。

　一方、7月には収容所内で新聞が発刊された[135]。増え続ける収容所の住民に正確な戦況を知らせる必要があるとして米軍が指導して創刊された。しかし、この時点ではまだ戦場に取り残された住民の一部が自然壕（ガマ）に潜み、投降をかたくなに拒否している敗残兵もいた。日本本土とは異なる「戦後」のスタートを『沖縄戦新聞』はどう描いたか。

　1945年7月26日に発表された米国大統領、英国首相、中国（中華民国）主席の名によるポツダム宣言は①日本の軍国主義の除去、②戦争犯罪人の処罰、③連合国による占領―などを提示し、日本に無条件降伏を迫った。日本政府はこれを「黙殺」したとの報道が流れると、米軍は8月6

133　石原昌家「識者の視点・『国体護持』の沖縄戦／住民守らない軍隊」『沖縄戦新聞』第11号、2005年6月23日付中面。
134　清水史彦「基地に消えた集落」『沖縄県史　各論編6　沖縄戦』（沖縄県教育庁文化財課史料編集班、2017年）によると、保護された住民はその後も増え続け6月30日には28万5272人に膨れあがった（637頁）。
135　第2章第1節1「『琉球新報』と『沖縄タイムス』の出発」で詳述。

日広島に原爆を投下。8日、ソ連が日本に宣戦布告してポツダム宣言にも加わった。9日、米軍が長崎に再び原爆を投下、ソ連は満州（中国東北部）、南樺太などに侵攻してきた。長崎に原爆投下した米軍機は給油のため沖縄本島の飛行場に立ち寄った後、発進したテニアン島に戻った。

日本政府は天皇参加による「御前会議」を9日、14日に開き、ポツダム宣言受諾を決定。15日、天皇が肉声（録音）によるラジオ放送（「玉音放送」）で宣言受諾を明らかにした。

『沖縄戦新聞』13号は1面で「日本が無条件降伏」と伝えたが、同じ1面に「米軍政府　沖縄諮詢会を設立」の見出しがある。それによると、沖縄諮詢会は沖縄の統治政策に関する米軍の諮問に対し、意見を述べる役割を果たすとされた。

米軍は1945年3月26日に慶良間諸島に上陸すると、海軍軍政布告第1号を公布し、日本政府のすべての行政権、司法権の停止を宣言して占領行政を開始。沖縄本島に上陸した4月1日に同様の軍政布告第1号を公布し、南西諸島およびその近海と居住者に対する日本政府の一切の機能を停止。政治、行政責任は米国海軍のC・W・ニミッツ元帥に帰属すると宣言し、軍政を始めた経緯があった。戦闘後の占領地にはこの公布が適用され、戦闘後の占領地では米軍政が直ちに開始された。

沖縄の占領統治にあたっては「可能な限り現地の住民と現地の政府機構を利用して、基本的政府機能を継続する」という方針が示されたが、上陸後に軍政スタッフが直面したのは、行政組織が完全に崩壊し、難民化した膨大な数の住民の姿であった。[136] そのため住民の救済が当面の任務となり、軍政チームが指名した住民の「班長」を中心として収容所での登録・配給・労務などを運営することになった。[137] 6月23日付で軍政府は諮詢会の設置を通告し、各地の軍政スタッフに代表候補の選抜と審査を要請。[138] 住民指導者が選ばれ、8月15日、128人の住民代表が参加し

136　宮城悦二郎「初期軍政（1945－1946）」『琉球大学法文学部紀要　地域・社会科学系篇』創刊号、1995年、78頁。
137　沖縄県文化振興会公文書管理部史料編集室編『沖縄県史　資料編14　琉球列島の軍政1945－1950　現代2（和訳編）』沖縄県教育委員会、2002年、90頁。
138　宮里正弦『日米関係と沖縄　1945－1972』岩波書店、2000年、15頁。

て第1回仮諮詢会が開かれた。会議の最中に日本の降伏が知らされた後、諮詢会の目的と委員の選出方法について説明を受け、「仮沖縄人諮詢会設立と軍政府方針に関する声明」が示された。それは沖縄住民による「社会、政治、経済組織」を出来るだけ迅速かつ広範囲に設立し、「責任と管理は漸次沖縄の住民に移譲されなければならない」という内容だった。[139]

　8月20日の会議で「日本の軍部や帝国主義と密接な関係を有する者は望まない」ことを基準に15人の委員が選出された。[140]この組織は、沖縄民政府が設立されることになっている翌年の4月までの約8カ月の間の過渡的な住民の中央機構と位置づけられ、占領統治を円滑に進めるために「米軍政府に同調的」な「占領行政の補助機関」としての役割が期待された。米軍のねらいは、沖縄を米国の戦後戦略のなかで「主要基地」とし自由な軍事的展開を可能にし、なおかつ効率的な占領統治を推進するところにあった。[141]

　「戦後」に向けた動きが加速されるなか、戦場に身を潜め続けていた一部の住民の戦争も終ろうとしていた。沖縄諮詢会設立を報じた『沖縄戦新聞』第13号は中面で、敗戦も知らず自然壕（ガマ）に潜んでやっと保護された住民を描いている。このコントラストが戦闘の区切りが明確ではない沖縄戦の実相を言い表しており、「戦中」「戦後」の同時並行を確認するために、ここで読んでおきたい。

【玉城村糸数アブチラガマ】
　日本軍の組織的戦闘が終結した6月下旬以降も、玉城村糸数のアブチラガマ（糸数壕）に隠れ続けていた避難民百人余と傷病兵7人は、8月22日になってようやく壕から出てきた。米軍の呼び掛けに応じたもので、3月24日にガマへ避難した糸

139　沖縄県議会事務局編『沖縄県議会史　第16巻資料編13　群島議会Ⅳ』沖縄県議会、2000年、709頁。
140　沖縄県沖縄史料編集室編『沖縄県史料　戦後1　沖縄諮詢会記録』沖縄県教育委員会、1986年、250頁。
141　若林、注132前掲書、41〜42頁。

数集落の住民は、約5カ月ぶりに太陽の陽を浴びた。

　投降の直前まで、避難民や負傷兵の多くが日本の勝利を信じ切っていた。米軍の宣撫班となった日本兵が敗戦を伝え、投降を呼び掛けたが、これをうそと疑い、投降に応じなかった。その後説得された避難民と負傷兵の男性2人が外に出て、近くの製糖工場で米兵と日本兵が共にいるのを確認。2人の報告を受け、避難民らもようやく投降に応じた。

　（ガマで保護された後、）収容所に送られた知念ヨシさん（17）は「（収容所には）学校に通う子どもたちや重箱を抱えている女性がいたので驚いたよ。すでに世の中は落ち着いていると感じた。同時に（終戦を）喜んでいいのか、悲しんでいいのか、なんだか分からなくなった」と戸惑いをみせた。[142]

　そして、住民を待っていたのは「過酷な戦後始まる」（『沖縄戦新聞』第14号中面見出し）という新たな状況であった。戦闘が終結しても、今度は米軍と向き合わざるを得なかった住民の姿を見るために、次の二つの記事を引用する。

【軍作業】
　戦火を逃れ、収容所で生活する住民の一部は軍作業に駆り出されている。沖縄戦の前は日本軍の陣地構築などに協力させられていた住民は一転、沖縄戦終了後は米軍の下で労働力を求められた。

　米軍の上陸地点に近い北谷村の一部住民は、中城村の島袋収容所に移動させられた後、海岸で軍需物資の陸揚げを手伝わされた。喜友名朝昭さん（15）もその一人だ。私立開南中学校の鉄血勤皇隊だった喜友名さんは米軍に保護される直前まで、日本軍の地雷を地面に埋設する作業を手伝っていた。米軍上陸直

---

[142] 『沖縄戦新聞』第13号（2005年8月15日付）中面「敗戦知らず隠れ続け／5カ月ぶりの太陽」。

後の4月2日に捕虜になったが、数日後に収容された島袋収容所から軍作業に駆り出された。

　収容所では、戦闘要員に当たる18歳から45歳までの成人男性が家族と離されて収容され、毎朝軍作業に駆り出された。喜友名さんは大柄だったので肉体労働を課せられた。

　過酷な仕事は、米兵の遺体処理。遺体の身の回りの物を外しビニールシートで巻いた。掘られた長い溝に遺体を並べ、ブルドーザーで土をかぶせ、十字架を立てた。

　現在（引用者注、1945年9月）、金武村の福山収容所にいる喜友名さんは、焼き尽くされた集落の復興作業に当たっている。学校や病院などを建設する資材を集めるため、山から木を切り出す作業に毎日追われている。[143]

　米軍は収容した住民を軍作業に投入しただけではない。住民が収容され、それまでの居住地から離れている隙をついて飛行場など軍用地を確保していった。今日、その存在が問題となっている普天間飛行場もその典型例である。

【住民（引用者注、普天間飛行場をめぐる人びと）】
　宜野湾村宜野湾、新城、神山の3集落のほとんどが米軍の飛行場用地にとられ、そこでは普天間飛行場の建設が進められている。集落を追われた住民は収容所で食料不足にあえぎ暮らしているが、戦後、自分たちの土地へ戻れるのか、めどは立っていない。

　同村宜野湾の玉那覇祐正さん（12）の家や広大な農地、墓地も基地の中だ。宜野湾国民学校5年生の玉那覇さんは、母、叔父、兄弟6人で逃げたが、米軍上陸直後の4月4日に保護され、2週間ほど野嵩収容所で生活した後、安慶田の収容所に移った。

---

143 『沖縄戦新聞』第14号（2005年9月7日付）中面「収容所から軍作業へ／荷揚げ／炊事／遺体処理…」。

玉那覇さんの家は中規模の農家だった。普天間飛行場の中には所有する広大な農地がある。「戦前、食料増産のため畑で大豆を作っていた」と振り返る。
　野嵩収容所で生活する佐喜真初子さん（20）の自宅も普天間飛行場の中にある。佐喜真さんは中城村島袋に収容されていた4月、食料を探すため5、6人で収容所を抜け出し、自宅がある神山に戻った。食料はなかったが、自宅と普天間から真栄原まで続く美しい松並木は残っていた。「いつかここに戻って来られる」。そう信じて収容所に戻った[144]。

　普天間飛行場内にあった戦前の集落に定住できなかった字は、宜野湾、神山、中原、新城、普天間、安仁屋、真志喜、宇地泊、大山、大謝名、真栄原、佐真下、志真志、伊佐、我如古の15に及んでおり、計8308人が郷里に戻ることができなくなった[145]。一方で、1950年代後半まで普天間飛行場は、空軍の「補助飛行場」として遊休化し、この時期、フェンスも張られておらず、住民による飛行場立ち入りは常態化していた。住民は飛行場の中で農地を耕し、鉄くずなどの廃材を拾い、細々と生活を営んでいた。米兵やフィリピン兵による性犯罪が頻発するなか、女性たちは「アメリカーに出くわさないかと、命がけで畑を耕した」という[146]。
　後日、人びとは米軍の監視、取り締まり、警告が強化されたため、飛行場の周辺に住まざるを得なくなった[147]。
　ここで語られた女性たちの恐怖感は、普天間飛行場周辺に限られたことではなかった。銃声は止んでも、米軍占領地のあちこちで女性たちは新たな〝戦争〟にさらされていた。『沖縄戦新聞』第14号は「普天間飛行場建設進む／土地奪われ戻れず」の記事の隣に「米兵の女性暴行多発」

144　『沖縄戦新聞』第14号（2005年9月7日付）中面「普天間飛行場建設進む／土地奪われ戻れず」。
145　宜野湾市教育委員会文化課『宜野湾市史　第8巻　資料編7　戦後資料編1』宜野湾市教育委員会文化課編集・発行、2008年、142頁。
146　宜野湾市教育委員会文化課、注145前掲書、714～715頁。
147　清水、注134前掲論文、643頁。

の記事を配し、基地があるが故の犯罪を告発している。子どもをおぶってまきを取りに出かけた30歳代の女性が複数の米兵に連れ去られて行方不明。米兵に暴行されそうになった妻を守ろうとした50歳代の男性が射殺……。

　米軍は沖縄本島に上陸した1945年4月1日から6月23日までにレイプ事件の検挙数を12件としたが、これは「氷山の一角」だった。米兵による性犯罪を調査している宮城晴美によると、井戸で洗濯中、芋掘り作業中、野草を摘んでの帰り道など、例をあげればきりがないと述べ、「事件は外でばかり起こったのではない。米軍の野戦病院で働いている沖縄人看護婦や女性患者へのMP（憲兵）によるレイプ事件も発生していた。なかには、病気で入院している少女までもが父親の目の前で襲われたケースもあった」という。

　米軍は10月になって基地とする地域を除き、収容所で生活する住民に元の居住地への帰還を許可したが、米兵は今度は住民の居住地に侵入し、女性たちに襲いかかる事件が続発した。このため、若い男性を中心とする自警団がつくられ、米兵が集落に近づくと半鐘を乱打して女性たちをかくまった。

　この時期、米軍は、対ソ、対アジア戦略の軍事的拠点として沖縄を確保するという目的のために着々と布石を打っていた。ただ、このような軍部の考えは、この段階では、米国政府と議会の共通の認識にはなっていなかった。これが大きく転換するのが、1949年、中国での共産党政権誕生と翌50年の朝鮮戦争勃発で、沖縄の恒久的軍事基地建設が本格化した。そして米議会が1950年会計年度に5千数百万ドルの沖縄基地建設予算を組んだことを背景に、住民の土地を軍用地として強制的に接収していく。

　戦後の混乱から、本格的な「基地・沖縄」に変貌しようとしていた1950年当時、宜野湾村長だった桃原亀郎は普天間飛行場を含む沖縄本

148　宮城晴美「沖縄のアメリカ軍基地と性暴力」中野敏男、波平恒男、屋嘉比収、李孝徳編著『沖縄の占領と日本の復興』青弓社、2006年、47頁。
149　宮城、注148前掲論文、49頁。
150　中野好夫、新崎盛暉『沖縄戦後史』岩波新書、1976年、39頁。

島中部一帯の模様を「戦災の跡と言ふよりは、戦争未だ終らずの感深く、戦前の姿は此の地区では見られない様だ」と日記に書き残している[151]。この感慨通り、間もなくして朝鮮戦争が始まり、普天間飛行場に近い宜野湾村伊佐浜は米軍の「銃剣とブルドーザー」によって消滅し、新たな基地へと姿を変えさせられた。

　天皇の「聖断」によって「本土決戦」をまぬがれた日本本土は、政府が1945年9月2日、米戦艦ミズーリ号の甲板上で降伏調印した。日本の主権が及ぶのは、本州、北海道、四国、九州とその周辺の島々に限定され、連合国総司令部（GHQ）が間接統治する戦後体制が始まった。沖縄では、その5日後の7日、南西諸島の日本軍代表が降伏文書に調印し、北緯24度以北、同30度以南を米軍が直接統治することになった。これにより、沖縄は日本本土から分離され、戦後世界の中で米軍戦略の新たな基地の島として苦難の道を歩むことになる。『沖縄戦新聞』はこの段階まで展開したうえで、沖縄戦での戦闘終結が米軍による新たな戦時体制に直結していることを明示して終刊した。

3　さらなる共感へ〜どこまで踏み込んで沖縄戦を描いたか
　第1号から第14号までの『沖縄戦新聞』の展開は、沖縄戦に至る要因と結果を鮮明にした。未曾有の地上戦の内実を住民の目線で活写しただけでなく、「戦闘前」と「戦闘後」を丁寧に追うことで、沖縄戦はどの段階で運命づけられたのか、その実相はいかなるものであったのか、結果としてもたらされたものは何か―を浮き彫りにした。
　『沖縄戦新聞』は、沖縄戦を「戦力比」や「作戦の優劣」という軍事的史観からだけで分析することを排した。「サイパン陥落」を起点に米軍占領・直接支配開始を終着点とする時間の流れのなかに巻き込まれていった住民の姿を、生き残った人の証言や史料／資料によって描いた。

---

[151]　宜野湾市教育委員会文化課編集・発行『戦後初期の宜野湾―桃原亀郎日記』1997年、155頁。清水、注134前掲論文、644頁にも「戦争未だ終らずの感深く」として引用されている。

そして、忘れてはならない記憶を引き出して歴史の教訓として提示し、沖縄戦のもたらした結果を東アジアの中で展望して歴史の連続性にも目を配った。
　さらに、強調しなければならないのは、戦争に協力した戦前・戦中の新聞／記者の活動を「負の歴史」として真摯に総括し、戦後60年の時点で「二度と戦争のためにペンを執らない」という読者への誓いを改めて明言して沖縄戦に向き合ったことである。
　沖縄戦で直視すべきは、戦争を「正義」として煽り煽られた近代国家日本の実像であり、これに飲み込まれた近代沖縄の姿と歴史であった。敗戦後の焦土のなかでペンを執った沖縄の新聞／記者は、自省を込めてその想いを強く抱いた[152]。
　第1章で述べたように「歴史とは歴史家と事実との間の相互作用の不断の過程であり、現在と過去との間の尽きることを知らぬ対話」である[153]。戦後60年の時点の状況から沖縄戦を捉え直すという試みを、沖縄戦の体験を持たない戦後生まれの、歴史家ならぬ記者たちが『沖縄戦新聞』という形で展開した。それは、主権は国民にあり、基本的人権が尊重され、平和国家でありたいという願いを視点に込め、「国家の記憶」に絡め取られない住民本位の「土地の記憶」を意識した取材で紙面をつくった例のない新聞であり、戦記であった。
　次章では、「二度と戦争のためのペンは執らない」と誓った記者の想いに触れたうえで、アンケート調査などをもとに記者たちの内面に迫って『沖縄戦新聞』を創った意味と意義を解明するが、その前に、本章第1節で提起しておいた沖縄戦の特質、責任にかかわる問題点、認識にかかわる課題を『沖縄戦新聞』が描ききれなかったいくつかについて、大きな成果への評価とは別に点検しておかなければならない。
　一つは、「サイパン陥落」以前に進行していた戦争と沖縄との関係が後景に退いたままであったことである。前述したように、この段階までの直接の戦争当事者は、召集され、中国を中心とする「外地」で戦っ

152　本書第4章で詳述。
153　E・H・カー、清水幾太郎訳『歴史とは何か』岩波新書、1962年、40頁。

兵士（と若干の女性看護従事者）だった。こうした兵士たちのうち退役した者は沖縄戦当時、在郷軍人として沖縄に少なからずいた。彼らは第32軍に協力して「非国民」の情報を収集したり、中国での日本軍の所業を住民に伝えることで直接、間接に「集団死」に導くなど、沖縄戦時でのその行動に着目する視点の重要性は「識者の視点」などで的確に指摘されてはいる。しかし、兵士として彼らが「外地」で何をしたか、何を体験したかという具体的事例は、本人の証言も含めほとんどなかった。

　二つは、これと関連する。「サイパン陥落」を機に当初の飛行場建設部隊から戦闘部隊へと衣替えして増強された第32軍は中国大陸の戦地からの転属部隊が主体であった。また、牛島司令官はかつて南京攻略に参加した旅団の旅団長であり、熊本に拠点を置く師団の傘下にあった。長参謀長も上海派遣軍の作戦課長だったこともある。いずれも中国での戦闘指揮を体験していた。第32軍の指揮官や各部隊のこうした軍歴が住民虐殺と沖縄戦の特質とどう関係したのか。『沖縄戦新聞』に示唆はあっても、十分な検討はなされなかった。これは「アジアでの加害」という日本の戦争の本質を、沖縄戦との関係でどのように考えるべきであったのか、という思考につながるだけに、追究されるべきテーマであったろう。

　三つは、「天皇と沖縄戦」という視点である。天皇制と天皇の責任は、宮中の動き（第1号「天皇制護持で終戦内閣探る」、第5号「ついえた和平」など）や学校にも迫る戦時色をめぐる動きの描写（第4号「天皇崇拝の『少国民』」「支える『御真影』『教育勅語』」）のなかで垣間見えるものの、住民の被害と対をなすものだけにさらなる掘り下げが欠かせなかったのではなかろうか。戦後になっても沖縄の長期にわたる米軍占領をマッカーサーに促したとされる「天皇メッセージ」の存在は、『沖縄戦新聞』に取り組む際には当然意識されていたはずである。

　四つは、虐殺にかかわった元軍人・兵士の責任にかかわる。戦後、彼らの大半から反省や謝罪は聞こえてこない。第2章第2節で述べた元指揮官らも、沖縄側から激しい糾弾を受けながらも結局、言い訳や釈明に終始した。また、日本軍の中には沖縄出身の兵士も多くおり、住民虐殺に関与したケースも記録されている。戦時下では、個人の行為はすべて

免罪されてしまうのか。ほとんどが鬼籍に入ってしまった『沖縄戦新聞』刊行当時でも、視線を注ぐべきであったろう。

　五つは、沖縄側での戦争協力者の責任にかかわる。沖縄側から総動員体制に協力した教師や地域リーダー（大政翼賛会、大日本婦人会、役場の兵事係、警察官、在郷軍人など）がいたが、戦後、いつの間にか復活した彼らの証言、沖縄戦時の動きは無視できるものではない。戦争には、これを立案・遂行する者、積極的に協力する者、巻きこまれる者、そしてわずかな反対者の姿が必ず含まれる。沖縄戦は、生き残ることが奇跡にも等しい軍民混在の苛烈な地上戦だったために、ほぼすべての住民が被害者でもあり、積極的協力者の責任があいまいになったのではないか。[154]このことが沖縄戦後史にどのような影響をもたらしたのかという分析につながるだけに、放してはならない視点であったはずである。

　六つは、「いま」の重要課題としての米軍基地への視線にかかわる。沖縄戦と米軍基地の存在は地続きの歴史でつながっていることは、『沖縄戦新聞』の最終号で明確に述べている。であれば、「いま」も過重な負担を沖縄に強いている構造（＝差別）の払拭という困難な課題が克服されない限り、沖縄戦に区切りはないことになろう。「いまの情報、視点」で沖縄戦に向き合ったからこそ、『沖縄戦新聞』の最終号は、辺野古で「子や孫たちに戦争を体験させたくない」と座り込む人たちや沖縄戦の記憶継承に尽力している戦後世代への共感と、その意味することへの分析で結ばれていれば、「いま」がいっそうくっきりと浮き上がってきたのではないか。

　七つは、戦争孤児など沖縄戦が残した問題についてのテーマ設定ができなかったことである。『沖縄戦新聞』は沖縄戦の「終結」をもって終刊したが、「終結」は、これらの問題を抱えたままの出発を意味したはずである。住民が巻きこまれた未曾有の地上戦への想像力は、奇跡的に

---

[154]　大城将保は『沖縄戦新聞』第4号（2004年12月14日付最終面）「識者の視点・総動員体制の極限」で「敗戦後、本土では戦時中の軍国主義者は行政や議会などから排除して民主化の地ならしをしたが、沖縄では『琉球住民はすべて日本軍国主義の犠牲者である』という理由で戦争責任の追及がなかった。このことが沖縄戦後史にどのように影響したかは、もっと議論されてよいだろう」と指摘している。

生き残った人たちの過酷な戦後の暮らしにも及んでいくべきであった。

こうしたことに実際の取材記者、その継承者である後輩記者がどう向き合い、向き合おうとしているのか。次章では記者たちの声を聴き取る。

『沖縄戦新聞』第14号（2005年9月7日付17面）

第4章
負の歴史を背負いつつ
～「戦後60年」の記者たちの沖縄戦

第1節　社告の変転

　『沖縄戦新聞』は第1号1面に「『沖縄戦新聞』編集にあたって」という社告を掲載した。

　　2005年は沖縄戦の終結から60年を迎えます。沖縄戦の体験者が他界、高齢化していく中で記憶が鮮明な体験者から生の証言が聞き取れる時間も残り少なくなり、琉球新報の沖縄戦報道も節目を迎えようとしています。
　　本紙は1944年7月のサイパン陥落60年に当たる今年から、沖縄戦終結を迎える来年まで、節目の日に「沖縄戦新聞」を編集します。「沖縄戦60年」報道の一環として、住民を巻き込んだ沖縄での地上戦へと向かう過程を60年後の現在の情報と視点で再構成する企画です。
　　戦時下の新聞は、戦争の正当性を流布し戦意高揚に加担、国民を戦争へと駆り立てた負の歴史を背負っています。琉球新報も例外ではありません。「恒久世界平和の確立に寄与する」と社是に掲げた精神を踏まえ、過去の歴史を二度と繰り返さないという決意で編集しました。NIE（教育への新聞活用）のページも設けました。
　　自衛隊の海外派兵、有事法の成立、憲法9条改正の動きなど、日本全体の平和観が議論されている今、国内で地上戦を体験し

た沖縄から、戦争の意味をあらためて問い直していきたいと考えます[1]。

通常、どの新聞も本紙内で展開する企画記事では、こうした社告は掲げない。企画の第1回目の前文など（いきなり本文で始め、最後段で短く説明するケースもある）で内容を説明するにとどまるが、『沖縄戦新聞』は本紙から独立した「新聞」という体裁をとったことで企画全体の意図を社告にまとめることができた。そのなかで新聞／記者の戦争責任にまで踏み込んだ。だが、この社告は小ぶりになった次号の第2号から戦争責任に関する表現が一時的に消える。

　　来年は沖縄戦終結60年を迎えます。琉球新報社は「沖縄戦60年」報道の一環として沖縄戦新聞を発行しています。
　　第1号（7月7日付）では、沖縄戦突入前、太平洋戦争に巻き込まれた旧南洋群島（ミクロネシア連邦）の一つ、サイパンの陥落を特集しました。
　　沖縄戦新聞は、記者が60年前にさかのぼり、当時の報道を検証しながら貴重な証言、新たな事実を加味して再構成する企画です。言論統制で当時伝えられなかった沖縄戦の全体像を現代の視点で、今年から向こう1年にわたり報道します[2]。

この社告には、「受け手発想」が欠けていた。新聞をつくる側の発想にとどまるのではなく、読者に読みやすく、親切な紙面を、という「受け手発想」が新聞界で強調されたのは1990年代に入ってからである。そのきっかけは「毎日新聞」が1991年11月7日付朝刊で「新聞革命」と呼んだ大胆な紙面改革から始まった。それまでどの新聞も1頁15段の紙面で、新聞の折り目が段の間にかかり、折りたたんで読むのは不便

1　『沖縄戦新聞』第1号、2004年7月7日付1面社告。
2　『沖縄戦新聞』第2号、2004年8月22日付1面社告。以後、第3号、第4号も同じ文面を踏襲した。

だった。この組み方を、最上段に余裕を持たせることなどによって折り目と段の境を一致させ、切り抜きにも有効な整理ができるようにした。こうした工夫に歩調を合わせ、新聞各社は高齢読者を意識して、文字を段階的に拡大。従来の1行15文字から現行の1行12字前後に変わっていった。必然的に記事全体の文字数は少なくなり、前文と本文の重複を極力避けるなど記事のまとめ方に工夫が求められた。

『沖縄戦新聞』の第2号から一時的に戦争責任に関する表現が消えたのは、2回目以降は簡略化するという作業に流された結果だった。残ったのは企画のねらいの説明という「送り手発想」であり、せっかくの反省と決意が隠れ、受け手との一体感が遠のいてしまった。

「受け手発想」とは、これまで以上に読者の立場に立って紙面をつくることが出発点であった。前日（前回）は読めなかった読者がいることを想定し、短く削り込んだ記事であっても、必要なメッセージは必ず残すことに気配りしなければならない。愚直に繰り返すことによってメッセージはより深く伝わるものである。送り手本位の紙面は、受け手にとっては不親切なものとなり、双方に意識のズレを生じさせる。

だが、第2号から第4号にかけて消えた「新聞の戦争責任」の明示は、第5号以後第13号まで復活する。

　　今年は、1945年の沖縄戦終結から60年です。琉球新報社は「沖縄戦60年」報道の一環として2004年7月から「沖縄戦新聞」をスタートさせました。昨年12月まで4号を発行しました。
　　新聞は戦前、戦中の一時期、戦意高揚に加担した負の歴史を背負っています。「沖縄戦新聞」はその反省を踏まえ、本社が社是に掲げる「恒久世界平和の確立に寄与する」との精神を忘れず、このような歴史を二度と繰り返さないという決意でつくりました。
　　「沖縄戦新聞」は、記者が60年前にさかのぼり、当時の報道

3　『沖縄戦新聞』は1行12字で「目に優しい紙面」だが、その整理は段の途中に折り目が入る従来型を踏襲して戦時中の紙面スタイルにこだわっている。

を検証しながら貴重な戦争体験者の証言、新たな事実を加味して再構成する企画です。言論統制で住民に当時伝えられなかった沖縄戦の全体像を現代の視点で報道します[4]。

そして最終号となった第 14 号の社告は次のように踏み込んだ。

　今年は 1945 年の沖縄戦終結から 60 年です。琉球新報は戦後 60 年報道の一環として「沖縄戦新聞」を企画し、2004 年 7 月に第 1 号「サイパン陥落」を発行してから、最終号「降伏文書調印」まで計 14 号を本紙特集面として発行しました。
　「沖縄戦新聞」は戦争を知らない記者が 60 年前までにさかのぼり、多くの住民を巻き込んだ国内最大規模の地上戦について現在の情報と視点、体験者の証言を盛り込み再構成した企画です。
　沖縄戦を 3 カ月間の地上戦に限定するのではなく、軍による住民の根こそぎ動員など、すべての県民が戦争に巻き込まれていく過程も描くことで、沖縄戦の実相に迫ろうと試みました。
　新聞は戦前、戦中の一時期、戦意高揚に加担した負の歴史を背負っています。琉球新報も例外ではありません。「戦（いくさ）のためにペンを執らない」。戦後 60 年の今、報道の現場に立つ私たちは、この企画を通して改めて誓いたいと思います[5]。

戦争に加担する報道は二度としない―新聞人としての決意表明が一時期消えながら復活し、最終号でさらに決意を「読者への誓い」にまで昇華させた社告の変転にみえるのは、戦争責任の自覚と、だからこそ二度と戦争のためにペンを執らないことを長期の取り組みのなかで獲得した記者たちの覚悟であったろう。101 歳で没するまで生涯ジャーナリスト

4　『沖縄戦新聞』第 5 号（2005 年 2 月 10 日付）1 面社告。以後、これまでの発行状況を加えた微調整はあるが、ほぼ同じ文面を第 13 号（2005 年 8 月 15 日付）まで続けた。
5　『沖縄戦新聞』第 14 号（2005 年 9 月 7 日付）1 面社告。

であり続けた「むのたけじ[6]」は、このように述べて『沖縄戦新聞』の姿勢を高く評価した。

> 沖縄戦新聞を読んでしばらくすると、全身が真っ赤になるほどのショックを受けた。
> 私は1945年8月14日（ママ引用者注、15日とする評伝もある）に記者として自分の責任を通すつもりで新聞社を去った。しかし、沖縄戦新聞を読んで、新聞社がさまざまな拘束を解かれた8月16日からこれをやるべきだったと思った。戦時中に伝えられなかった事実を伝える作業を、日本の新聞社は8月16日からこぞってやれば良かった。私は読者をあざむいた罪悪感を償うために辞める決心をした。しかし、そんなものは自己満足だった。60年後の琉球新報を見て、60年前にやるべきだと気付かされた[7]。

「琉球新報」は2005年10月19日付朝刊で13面から16面にわたる特集「『沖縄戦新聞』新聞協会賞受賞」で識者座談会、識者の寄稿、読者の声[8]、戦跡ガイドや教育現場での活用状況などをまとめている。そのなかに取材班の肉声も掲載されており、回を重ねるごとに記者の意識が高まっていったことを読み取ることができる。
　この特集に3人の記者が寄稿している。

　玉城江梨子（『沖縄戦新聞』創刊当時25歳、南部報道部。以下、年齢、所属は当時）。

6　1915—2016年。「戦争絶滅」を訴え続けたジャーナリスト。1940年、朝日新聞に入社。中国、東南アジアの特派員になるが、戦意高揚に関与したとして自らの責任を問い、敗戦を機に退社。48年から故郷の秋田県で週刊新聞「たいまつ」を創刊し、以後「休刊」の78年まで780号を数えた。著書に『たいまつ60年』『戦争絶滅へ〜93歳・ジャーナリストの発言』など多数。
7　「琉球新報」2005年10月19日付朝刊14面「民衆の立場を貫く／全身が真っ赤になるほどショックを受けた」（談）。

忘れられない一言がある。まだ新聞記者になる前の2003年3月20日、米英がイラクに攻撃を開始した。わたしはその様子をスポーツジムのテレビで見ていたのだが、その時、そばにいた70代と思われる女性がつぶやいた。「沖縄戦と同じだ」。同じ映像を見ているはずなのに、全く違うものを見ていた。戦争をリアルに感じるにはどうしたらいいのか。それ以来、自分自身に問い続けてきたことだった。

　「沖縄戦新聞」を記者として取材し、読者として読んだ期間は、まさに戦争をリアルに感じるための作業の期間だった。2004年7月7日の1号から2005年9月7日の14号まで「沖縄戦新聞」は1年2カ月に及んだが、それは、県民が戦争に巻き込まれた時間でもある。そこに身を置くことで、ゆっくりじっくり沖縄戦をわたしの身に刻んだ。

　戦争体験者の高齢化という状況に、多くの戦後世代がさまざまな方法で記憶の継承を試みている。「体験がない世代がどの

8　「琉球新報」2005年10月19日付朝刊13面「読者の声／涙止まらなかった／戦争風化に歯止めを／息を詰め読んでいる」は、読者からの反響を次のようにまとめた。「壕で娘を出産したという那覇市在住の80代の女性は『記事を読んで涙が止まらなかった』と語った。娘も今年60歳を迎えたといい、『戦争を知らない世代が増える中、戦争を伝えるには沖縄戦新聞は素晴らしい。きょうは3年前に他界した主人の仏壇にお供えして、今夜は娘や家族、皆で新聞を読んで当時の話をしたい』と激励した。／戦火に包まれる旧南洋群島を特集した1号を読んだ那覇市の女性は『新聞を読んで眠れなくなった』と電話をかけてくれた。／サイパン生まれの女性は16歳で戦争を体験。両親を含め13人を失った。『今76歳、孫にサイパンの話をしたら涙ぐんでいた。サイパンのことを思い出すといつも眠れず、この新聞を読んだ日も眠れなかった。家族が1人でも生きていたら』と胸の内を明かした。／『毎回、息を詰め胸をおさえて読んでいる』とファクシミリを送ってくれたのは那覇市に住む24歳の女性。『新聞報道の形を取っているせいか、こんなにも身近に感じられる戦争資料は今までに出合ったことがない』と今後の取材を激励してくれた。／戦時中、多くの県人がいたフィリピンで国民学校5年生だった71歳の男性。『有事法制が通って、9条がないがしろにされようとしている。戦前が戻っている状況だ。軍靴の音が耳元まで聞こえてくる状況なので、戦争を風化させないよう歯止めにしてほしい』と電話口で語り、フィリピンへの米軍上陸も取り上げてほしいと希望した。／県外在住の方々からも多くの声が寄せられている。ホテルのロビーで見たという西宮市在住の男性は『写真のようなことの発生を避けることが人類最大の目標。みんなが忘れずに認識すべき』とファクシミリで感想を寄せた」。

ように伝えていくのか」。わたしたちは戦後世代に質問するが、それはまた、沖縄戦報道を避けることができない沖縄のマスコミにも問われている。

　取材では、体験者の「伝えたい」という強い思いに出合う。帰ってからも、その人の体験が頭を離れないことがしばしばだった。直接話を伺った20人以上の記憶をどのように刻み、これから先、どのような言葉を選び伝えていくか。それこそが今、わたしに課せられた課題だと思う。[9]

「石垣島事件[10]」の当事者を取材した松堂秀樹（26歳、八重山支局長）。

　事件の当事者に、ちょうど60年後となる2005年の4月に話を聞くことができた。少年兵だった男性は、口調は穏やかだったが、「戦争さえなければ」という言葉を何度も口にした。魂の悲痛な叫びに聞こえた。

　60年前を振り返り、男性は「その時はみな異常な精神状態だった」と語った。いつ死ぬか分からないという異常な状況で、八重山の自然豊かな地域で穏やかに育った少年が憎しみや復讐心に燃えて人を刺したのだ。

　「憎しみ」や「恐れ」という人間の負の部分を最大限に引き出し、他者に対する「慈しみ」などを消し去ってしまう戦争。加害者ではあるが「戦争さえなければ」、男性は一生消せない苦しい記憶を背負う必要などなかったはずだ。

　戦争の準備が「憲法改正の動き」から「基地の強化」まで至るところで始まっている。正義をうたったイラク戦争の米国メディアの報道は自国軍を応援しているようにも見えた。

　戦前の日本のメディアは活字で国民を鼓舞し、戦争に駆り立てた。「戦争さえなければ」という男性と同じ悲痛な思いが繰

9　「琉球新報」2005年10月19日付朝刊16面「記者の重みを実感」。
10　第3章第3節「戦場の記憶」参照。

り返されないよう、報道を通じて戦争への道を閉ざしたい[11]。

　取材班のキャップだった宮城修（41歳、政経部）は『沖縄戦新聞』誕生の経緯を書いた。

　それによると、きっかけは、2003年秋の衆院選だった。当時選挙取材班の一員だった宮城らは沖縄での立候補者に憲法改正の是非を問うアンケートを実施した。その結果、戦争の放棄を明記した憲法9条の改変を含む改憲派が初めて登場したことに驚く。この意味をどう理解すればいいのか。候補者のほとんどは戦後生まれ。記者も戦争を知らない世代だ。私たちは沖縄戦の実相や教訓を知っているのだろうか……。自問自答はやがて同じ思いの記者たちとの論議に広がり、次第に『沖縄戦新聞』のイメージが固まっていった。

　取材班は19人の記者で構成された。といっても全員が専従したわけではない。持ち場での仕事や不測の事件・事故の取材を続けながらの取り組みだった。第2号（2004年8月22日付）の締め切り直前の8月13日、沖縄国際大学に米軍のヘリコプターが墜落した。この取材に追われ、『沖縄戦新聞』の記事も書き終えると夜が明けた。激務に記者が耐えたのは、目の前の「いま」の事故におびえる住民の姿が、60年前の「そのとき」の住民に重なったからであった。沖縄戦を局所的で時間も限定された「点」として視るのではなく、それをもたらした背景、前奏としての動きに目を凝らし、原因と結果に「線」を引いてみることに気づく。記者たちの視野は長期の取材を通して確実に広がっていった[12]。

　取材に携わった記者の直接の想いが紙面化されたのは、この特集だけであった。記者がこうした肉声を発するのは現在においてもそれほど多くはない。しかし、「二度と戦争のためにペンは執らない」と社告の場を借りて読者に異例の宣誓を行った『沖縄戦新聞』については、この「慣

11　「琉球新報」2005年10月19日付朝刊16面「加害者の癒えぬ傷」。
12　「琉球新報」2005年10月19日付朝刊16面「企画を終えて／「点」ではなく「線」で見る視点／戦況の進行実感」。

例」を破って記者の内面に迫り、思索の過程を検討する必要があるのではなかろうか。『沖縄戦新聞』のコンセプトである「いまの情報、資料」は、この記者たちが主体的に選択したからである。「住民の視点」も、この記者たちの具体的な取材で示されたからでもある。そして、60年の時を超えて向き合った沖縄戦から記者たちが何を学び、何を未来に伝えようとしているのかを探り、いかにして「新聞人の責任」を共有し、「当事者性の獲得」に至ったかを明らかにするために、その心の内に入っていく必要があるであろう。

そこで、取材班19人のうち2017年現在も在籍中の16人全員に対し2016年12月〜2017年8月にかけてアンケート（別掲）にもとづいて調査を実施した。取材班だった現編集局幹部の協力で個別にメールで送付、本人確認も含めた問い合わせも行い、一部記者については面談し補足の聴き取りを行った。キャップの宮城（修）については、日本新聞協会報『新聞研究』への寄稿、早稲田大学での講義録も参考にした。

【『沖縄戦新聞』アンケート内容】
1　(氏名、生年月日など)
2　沖縄戦に関心を持った時期、そのきっかけ
3　沖縄戦体験者が家族など身近にいますか（いましたか）
4　その体験を聴いたことがありますか
5　それは『沖縄戦新聞』の仕事をする前ですか、後ですか
6　その体験談の内容は
7　その体験をたどるような追体験（体験者の軌跡をたどるなど）をしたことがありますか
8　『沖縄戦新聞』当時の所属部署（政治部、社会部など）・役職、現在の部署・役職
9　『沖縄戦新聞』での立場（キャップ、取材、資料収集・整理など）
10　『沖縄戦新聞』にかかわった回数、その内容
11　『沖縄戦新聞』づくりで最も配慮したこと
12　『沖縄戦新聞』づくりで最も苦労したこと
13　『沖縄戦新聞』の意義と意味（個人的評価で可）
14　『沖縄戦新聞』の課題（欠けていたものも含む。個人的評価で可）
15　『沖縄戦新聞』にかかわって以後、戦争・基地・平和などの企画にかかわった回数とその内容
16　『沖縄戦新聞』の戦後80年版をつくるとして、どのような内容にするべきと思いますか（「不要」であれば、その理由も）
17　『沖縄戦新聞』にかかわり、記者活動で変化したところはありますか
18　『沖縄戦新聞』にかかわり、個人的に変化したことはありますか
19　沖縄の新聞記者として沖縄戦に向き合うことの意味をどう考えますか（大学などの研究者、平和ガイドなどの継承者とどこが同じで、どこが異なりますか）
20　沖縄戦への誤解（殉国など）を解き、その実相を伝えていくために必要なことは何だと思いますか
21　沖縄戦の記憶／記録を継承するために必要なことは何でしょうか
＜以下、企画者及びデスクに対して＞
22　『沖縄戦新聞』の企画経緯、ねらい、手法

＜以下、まとめ役（キャップ）に対して＞
23　反響内容、その数、反省も含む分析、課題

『沖縄戦新聞』第 12 号（2005 年 7 月 3 日付 17 面）

第2節　身近な沖縄戦〜記者たちの心

　16人は、宮城修（前出）、志良堂仁（39歳、整理部）、小那覇安剛（38歳、文化部）、高江洲洋子（33歳、社会部）、立津淑人（41歳、デザイン部）、宮里努（36歳、社会部）、外間崇（35歳、社会部）、島袋貞治（27歳、社会部）、伊波夕子（30歳、社会部）、黒田華（29歳、北部報道部）、玉城江梨子（前出）、宮城隆尋（23歳、中部報道部）、松堂秀樹（前出）、久場安志（29歳、宮古支局）、滝本匠（31歳、ワシントン支局）、石井恭子（31歳、文化部）。男性11人、女性5人。全員が戦後生まれで、年齢と所属は創刊時。

1　家族の沖縄戦体験

　第1章第2節ですでに示したように、非体験の位置を自覚しながら、体験者に連なる「当事者性」を獲得する視点のひとつとして、屋嘉比収は家族史や個人史などの「小さな物語」に注目していた。沖縄戦や米軍占領といった「大きな物語」に対して「私だったらどうするか」という主体的な視点から断片をつなぎとめて、さまざまな問題群を考えることが重要だからである。つまり、「小さな物語」に端を発した記憶はさまざまに連鎖し、やがて「大きな物語」と重なり合いながら、当事者としての自覚につながっていく、と言い換えることもできる。こうした観点から、最初に、戦後生まれの記者たちがそれぞれ戦争（沖縄戦）といつ、どのようにして向き合ったのか考えてみたい。

　外間は祖母の体験に、生き抜く苦しみを感じ取った。

　「大宜味村で沖縄戦を迎えた祖母が、生まれたばかりの長女（私の母）を抱えて、壕の中で息をひそめていたということだった。友軍（日本兵）が怖くて、食糧なども住民から奪うこともあったと。加えて、私の母の5歳年上の兄が沖縄戦で避難している中で、病気にかかってしまった。生き抜く苦しみを乗り越えた戦後も、夫（私の祖父）が船舶で犠牲となっ

13　『沖縄戦新聞』第14号（2005年9月7日付）最終面「沖縄戦60年取材班」の順による。

ていたため、祖母は女手ひとつで子ども３人を育てあげた。祖父は戦時船舶の開城丸に乗船し亡くなった。見たこともない祖父のことを祖母から人柄を含め、いろいろ聴いた。県が行った戦時船舶者慰霊の船旅に母と参加し、沈没したとされている地点で手を合わせたことがある」。

　志良堂は両親の体験談で、「本部町の戦争」を知った。

　「父＝当時16歳。本部町山川生まれ。青年学校に通い、徴用として何度か伊江島の滑走路建設に動員された。10・10空襲の際は、早朝から滑走路に砕石を運び整地する作業をしていたところ、間近で機銃掃射を受け、近くにあった溝に入って夕方まで隠れていた。夜になって父親（私の祖父）が本部からサバニを出して伊江島まで迎えに来たため、同郷の数人と一緒に真っ暗な海を渡って本部に帰った。その後も何度か伊江島に徴用された。ある時、飛行場そばの大きな門中墓の中で、護郷隊（遊撃隊、少年ゲリラ隊）の検査があり、身体検査や口頭試問を受けた。三男の父は、長男が陸軍、次男が海軍に徴兵されていて、両親も病弱ということを告げた。兵事係が「△」を付けて保留となった。「○」が付いた同郷の若者たちは護郷隊に駆り出され、命を失った者もいた。母＝当時12歳。本部町浜元在。体が大きかったため、米兵に捕まると大変だからと叔母と一緒に本部町大堂のガマに朝から晩まで避難する生活だった。本部沖の米艦船からの艦砲射撃が近くに着弾した様子や、日本軍の特攻機が米艦に体当たりする様子を何度も見たという」。

　小那覇は両親の縁戚に当たる人が日本兵に虐殺されたことを知り、息をのんだ。

　「沖縄戦当時、父は今帰仁村渡喜仁という集落で暮らしていた。空襲警報が鳴ると、５歳年下の弟をおぶって、家族で掘った防空壕に避難したことなどを断片的に話してくれた（渡喜仁では激しい地上戦はなかった。父は当時、10歳ほどなので、戦場動員の体験もない）。母は大阪市大正区生まれで、敗戦翌年、今帰仁村渡喜仁に引き揚げてきた（父と母は同郷）。帰郷後、マラリアに罹患し、苦しんだことなどを聴いている。なお、渡喜仁では日本兵が住民２人を殺害する住民虐殺が起きている。亡くなった２人は両親の縁戚に当たる」。

　玉城は祖母の実家が米軍普天間飛行場に接収されていることを知っ

て、「終わらない戦争」を意識している。

「父方の祖父はフィリピンのダバオで戦争を体験。父方の祖母は沖縄戦を体験。母方の祖父は満州、母方の祖母は熊本疎開。父方の祖母は宜野湾市神山出身。家の近くの壕に隠れていたが、4月の始めに米兵に見つかり壕を出た。収容所を転々とした。収容所にいる頃に一度、米軍の目をかいくぐって自分の家に戻ったことがあるが、そのときには家はなくなっていた。祖母の実家は普天間基地に接収されている。母方の祖母は、疎開対象の年齢ではなかったが、沖縄に駐屯していた日本兵に『沖縄は危ないから疎開しなさい』と言われ、船にもぐりこんだ。熊本ではいろんな人によくしてもらったけれど、戦後は何もなかったから駅前でおにぎりを作って売ったりしていたという」。

家族や周辺に沖縄戦体験者がいても、その体験談をまだ聴いていなかったり、聴けないまま当人が他界したケースもあった。

久場は物心つく前に、周囲の体験者が亡くなっていた。

「母方の祖父が沖縄戦当時、郵便配達業務をしていて銃弾を受け亡くなった。ほかに終戦を沖縄で迎えた親族もいたということだが、私が物心つく前にほとんどが亡くなった。沖縄戦関連の書物に名前が出ている人もいるが、直接、話を聴く前に亡くなった」。

宮城（隆）は聴き取りをためらっているうちに体験者が亡くなってしまった。

「父、祖母が体験者だったが、どのように聴いていいか分らず、話したがらないものは聴いてはいけないものと思っていた。記者になってからは、いつかは聴かなければと思っていたが、（共に故人となり）聴けずじまいになってしまった」。

住民が根こそぎ動員され、その4人に1人が命を奪われ沖縄戦は、体験者が身近にいる限り、時を経ても「身近な戦争」であるに違いない。沖縄出身の記者たちにとって、『沖縄戦新聞』とは自らの祖父母や両親の世代が直面した時を共有し実感する場であり、沖縄以外の出身の記者にとっても取材を通じて当事者性を意識するきっかけになった場でもあったはずである。

2　沖縄戦に関心を抱いたきっかけとその時期

　それぞれの「小さな物語」は、やがて「大きな物語」と重なっていく。16人のうち、14人が入社前から関心を持っていた。きっかけは家族の体験談に加え、学校での平和教育があった。入社後に関心を持った２人は、日常の取材で沖縄戦の意味を考えざるを得なかったことが契機となっていた。

　島袋は高校生の時、沖縄戦をはっきりと意識した。

　「きっかけは小学校時代の平和学習だが、意識するようになったのは高校生になってから。那覇高校を卒業したが、那覇高の前身は多くの学徒兵を出した県立第二中学校で、毎年６月23日には学校主催の慰霊祭があった。また、自らの将来の進路を意識し始めた３年生だった1995年は、米兵少女乱暴事件があり沖縄の基地問題があらためてクローズアップされた時期だった。その頃に意識が芽生えたと思う。琉球大学に進み、マスコミ学を専攻したが、戦前の言論統制の研究や沖縄戦のフィールドワークなども体験したので、同世代の周囲に比べると関心は強かった方と思う」。

　小那覇は幼いころから沖縄戦についての本を読んでいた。

　「小学校の時から沖縄戦に関心を持っていた。２年生で『つしま丸のそうなん』（1972年刊）を読んだことが、沖縄戦に関心を持つきっかけ。４年生で学校の課題図書として『捕虜になるまで』（1976年刊）を読んだことも、沖縄戦への関心を深める契機となった。小中学生だった1970年代、教師の多くは沖縄戦体験者で、授業の合間に自身の体験を聴かされることがあり、自然と沖縄戦に対して意識的になったように思う。中学２年生の担任（戦後生まれだが、平和学習に熱心だった）は、アブチラガマ（糸数壕）に連れて行ってくれた」。

　志良堂は宿題がきっかけだった。

　「中学１年生のときに『親の戦争体験を聴く』という宿題が出て、初めて父の話を聴いた。高校時代、新聞で南部戦跡を案内するバスガイドの説明が殉国美談調、軍人賛美的だという記事を読んで、授業をさぼって本部から那覇まで行き、定期観光バスに乗って初めて南部戦跡を見て回った。さらに、放送部の手伝いをして６・23特設授業用の番組を作っ

た。高3の時には、本部町在住でひめゆり学徒の生存者である城間素子さんの体験を基に校内放送番組を作った——ことなどがきっかけ。『沖縄戦新聞』での取材が終わった後、両親の体験談を聴き取る必要性に駆られ、ビデオ撮影しながらあらためて父の話を聴いた。数回撮影し、まだ途中だったが、途中の15年1月、他界した。母についてはこれからビデオ撮影に入ることにしている」。

　玉城は「ひめゆり」との出合いが進むべき道を決めた。

　「きっかけは、仲宗根政善『ひめゆりの塔をめぐる人々の手記』。高校2年生のとき、通っていた私立高校の理事から戦後50年の慰霊の日に合わせて、全生徒に配布された。『ひめゆり』というと何となく知っていると思っていたので、しばらくは読まなかった。半年以上たってから読んでみると、自分が思い描いていた『お国のために散っていったかわいそうな人たち』という姿ではなく、自分と同じ年齢でほとんど変わらない学校生活を送っていた人が、生きたくても生きられなかったことが記されていたことに気がついた。そして、なぜ私はひめゆりを知っていると思い込んでいたのだろう。そう考えるようになり、沖縄戦に関心を持つようになった。その後、大学、大学院で『ひめゆりの塔をめぐる人々の手記』をテーマに卒業論文、修士論文を書いた」。

　ここで重要なのは、沖縄戦とそれに続く米軍占領は沖縄の「いま」の枠組みを形づくっており、記者たちの「小さな物語」と「大きな物語」との往還は常にこの歴史と現況に向き合う姿勢を学ぶことにつながっているということである。小那覇が指摘しているように、記者たちが教育を受けた時代は教師にも沖縄戦体験者が多くいた。16人の大半は日本本土復帰（1972年）をはさんで10年前後の幅の間に生を受けているが、この世代を教えた教師たちは、復帰推進運動をリードした沖縄教職員会（当時）の影響を強く受けていた。「平和憲法のもとに帰る」がスローガンのひとつに掲げられ、教師たちの「戦争を繰り返してはならぬ」という強い思いが平和教育の核となっていた。学校が記者たちに沖縄戦の実相継承の芽を育む場となっていたことが読み取れる。

3　取材での配慮、苦労

　取材対象者の多くは、高齢者である。60年の時を経て初めて口を開いた人もいた。子や孫の世代に当たる記者がどう聴き、何に戸惑ったか。
　伊波は取材相手のウチナー口に戸惑った。
　「体験者の当時の記憶をできるだけそのまま記録することを心掛けたが、方言（ウチナーグチ）が分からないため、取材対象が限られてしまった。地理に詳しくないため、学徒の歩いたルートや距離感などの理解も難しかった」。
　高江洲はじっくり話を聴いた。
　「60年前の体験とはいえ、語り始めると涙を流し、表情が険しくなる高齢者が数多くいた。感情の揺れには個人差があったが、今思えばＰＴＳＤ（心的外傷後ストレス障害）を抱えながら生きていた人だと思う。戦時中の時に限定して断片的に聴き取るのではなく、戦後、どんなふうに生きてきたのか（仕事、子育て、楽しかった出来事）などを合わせて聞くように心掛けた。戦争の話でつらそうな表情を見せたり、相手がこれ以上話したくないという状況があるなら、休憩を挟むようにした。高齢者なので、すぐに思い出せないということもあり、できるだけ複数回会って違う角度から質問をし、耳を傾けるように心掛けた。体験者のなかには、講演会や資料館で証言をするなど話し慣れている人もいる。体験談の流れが整然として、記者としては文章化しやすいと思うほど、非常にまとまった話だが、まれに、ほかの歴史資料からの知識や他人の体験談を盛り込んで話す人がいる。その場合、話の脈絡から本人の体験ではないと思ったら『これは○○さんの体験ですか』とその都度、確認するようにした」。
　松堂も相手の気持ちを尊重した。
　「取材を了承してもらった体験者がトラウマを抱えていると感じた場合は、じっと待った。沖縄戦当時を記録した資料と証言との整合性を吟味することに時間をかけた」。
　沖縄県外出身の黒田は自分がどんな態度で被害者や関係者に相対し、思い出したくもない話を聴くのか、いつも躊躇する気持ちがあった。
　「県民に共通理解されている歴史的事実を把握しておくこと、誠実に

耳を傾け、一個の人間として被害者の立場・気持ちにできるだけの想像力を働かせることを心掛けた。沖縄が受けてきた構造的差別についても、女性やアジア人として差別的な扱いをされた／されていることを頭に置いて理解に努めたが、十分ではなかったと思う。伊江島の女性は、ガマの中の強制集団死で手榴弾が爆発し、地獄絵になったことまでは語ってくれたが、死にきれなかった人たちを男性たちが棒で殴って死なそうとしたこと、女性は実父にそれをされたことまでは語ってくれなかった。女性は、1人ではしゃべりきれないからと取材時に友人を同席させており、女性が席を外したときに、その友人が『以前こんなことも言っていたよ』と教えてくれた。その場に戻った女性がそのことを言ってくれないか、それとなく聴き出そうとしたが、話してはくれなかった。踏み込むのが怖い気持ちもあり、記者としても力不足で、何も引き出せなかった。女性が話してくれるまで何度も通って信頼関係を築くべきだったが、日頃の多忙さを言い訳にして、そこまでのことはできなかった。聴き出せていない事実はたくさんあり、それを記録できなかったという後悔のような気持ちは常にある」。

　記者自身には戦争体験がない。しかし、時には力が及ばないことも自覚しつつ、体験者の心に寄り添うためには何をなすべきかを自問自答した記者の生の姿が垣間見える。こうした過程をたどりながら、記者たちは体験を共有し分かち合うことを身にしみこませていったのであろう。

4　編集での工夫

　『沖縄戦新聞』のコンセプトである「当時の状況を　いまの情報　視点で」を紙面に反映するために、どのような工夫で臨んだのであろうか。
　宮城（修）を中心に「いつを『あの日』に設定するか」の論議を繰り返した。第1号の起点をどこに置き、終刊となる着地点をいつにするのか。史観の芽生えである。
　沖縄「守備軍」である第32軍は1944年3月に創設された。当初は飛行場の建設を主任務とした。7月7日、サイパンを失ったことで大本営は作戦を変更し、中国大陸を転戦していた部隊など大がかりな兵員・物資を送り込んできた。飛行場建設に駆り出されて以後、住民は不安を強

めつつあったが、近親者が多数住むサイパンで軍民が「玉砕」したこと
が伝えられると、「次は沖縄」との恐怖も加わった。こうした事実を踏
まえれば、起点は「サイパン陥落」に置くべきではないか。では、着
地点をいつにするか。「6・23」でも戦闘は終わっていなかった。「8・
15」以後も日本兵による住民虐殺は続いていた。日本政府の正式な降伏
調印（1945年9月2日）に続いて南西諸島の日本軍代表が降伏調印し
た「9・7」をもって沖縄戦の終結と判断できるのではないか―。こう
して『沖縄戦新聞』の骨格が出来上がった。[14]

　小那覇は宮城と共に全体像を俯瞰しながら取材を続けた。

　「戦闘経過を詳述した『沖縄方面陸軍作戦』（防衛庁戦史資料室編）な
どの既存の戦史資料を戦争被害に遭った住民の目線でどう読み解くか
という点に配慮した。『当時の状況』（戦闘経過、日本軍の意図や判断、第
32軍の統制下に置かれた県、市町村の戦場行政、戦争遂行に加担した
メディア）を今日の視点で検証するための資料、証言収集に時間を要し
た」。

　志良堂は第2号から第14号まで最終面（NIE面）を取材、執筆した。

　「『御真影』を『天皇・皇后の写真』と言い換えるなど、小学生にもわ
かりやすい表現を心掛けた。内容も沖縄だけに限定せず、時間軸と空間
軸を広げ、例えば、空襲では全国の空襲被害を、学童疎開では各国の学
童疎開事情を盛り込むなど、視点を広げて沖縄戦を考えられるように努
めた。戦争遺跡シリーズでは、県埋蔵文化財センター発行の『沖縄県戦
争遺跡調査報告書』を基に、各地域の戦争遺跡をできるだけ多く現地取
材。小学生でも大人と一緒なら行ける比較的安全な戦争遺跡のみを限定
して掲載した。戦争遺跡取材では、地元の人でも存在を知らないことも

14　宮城修、国吉美千代「再現紙面で語り継ぐ戦争―戦後60年夏に向け『沖縄戦新聞』発行」
　　『新聞研究』日本新聞協会、2005年1月号、37〜38頁。この論文は、2004年12月に
　　書かれた。この時点では、『沖縄戦新聞』はまだ第4号発行にとどまっていたが、早くも
　　注目度が高まっていたことから、寄稿を求められた。文中、着地点について言及はないが、
　　現在進行形の企画であるため「手の内」を明かさなかったことによる。宮城の早稲田大
　　学での講演録（2006年5月11日）や宮城へのアンケート、インタビューで、すでに着
　　地点を定め、そこまでの展開を決めていたことが判明した。

多く、存在そのものの有無、場所の特定に難航することもあり、60年前の沖縄戦が現代生活と切り離されていることを痛感した」。

　『沖縄戦新聞』には、教材用としてビジュアルな紙面に徹した最終面（NIE面）と1面題字上の罫線と横に置いた「沖縄戦60年」のワッペン以外にカラーは一切使われていない。紙面デザインを担当した立津は「『新聞』なので、沖縄戦当時の新聞の様式（少し古めかしく）にこだわって制作した」。

　映像と違い、新聞の紙面は静止している。企画力をより映えたものにするには、文章力、見出しの工夫、写真の選択、そして全体の構成にかかっている。これらが組み合わさって、動きのないはずの紙面が読者の想像力を呼び覚まし、映像を超える動的存在となって共感の輪が広がっていく。60年前の再現と、これを通じて「いま」を感じ取らせることを目的とした『沖縄戦新聞』には、これまでにない工夫と創意が求められていたことになる。

第3節　『沖縄戦新聞』の力〜記者たちの覚醒

　膨大な史料／資料を基に積み重ねられてきた沖縄戦についての研究、これを収めた文献という「いまの情報」から何を選ぶかは、記者たちの主観に委ねられていた。そして、その主観を支える「いまの視点」は、戦後沖縄のジャーナリズムが放すことがなかった「住民の視点」であった。これを基本理念として世に問うた『沖縄戦新聞』に、全員が意義を見出し、その意味と課題も考え、記者として、個人としても変化し学びを深めていた。新聞人としての自覚を呼び起こすことになった過程を追ってみよう。

１　『沖縄戦新聞』の意義と意味。取材後、記者として個人として変化
　　したこと
　さまざまな面で新たな境地を切り拓いた『沖縄戦新聞』に全員が達成感を感じていたが、できなかったこと、果たしえなかったことにも気がついていた。
　島袋は「新聞力」を実感した。
　「戦後の60年経過したとはいえ、戦時中に伝えたくても伝えられなかったことを、きちんと新聞という形として後世に残すことができたことは、いまに生きる新聞人としての役割を果たすことになったのではと思う。あらためて新聞力を実感した。2005年時点でインターネットは相当普及しニューメディアといわれ、オールドメディアと呼ばれていた新聞だったが、新聞ならではの発信力を示すことができたのではと思った」。
　宮城（隆）も新聞の役割を意識した。
　「日本がこれから戦争にかかわったときに、新聞は何を、どう伝えるべきなのかということの一例を示した。あの取材以降、涙もろくなってしまった」。
　宮里は新聞の立ち位置を確認できた。
　「戦時に日本の新聞がジャーナリズムの役割を果たせなかったことの

反省に立ち、現在の視点から当時の新聞が書けなかった沖縄戦を再現することができた。読者に当時、届けることができなかった紙面を届け、後に研究などで明らかになった情報も盛り込んでいる。新聞自らにとっても、いま報道が立つべき場所を再確認するものだった。また、沖縄戦を戦った兵士らから貴重な証言を得るうえで、ぎりぎりのタイミングだったと思う。自らも学ぶ機会になった」。

松堂は平和への誓いをさらに強くした。

「戦争体験者の生の声を聴いたことで、平和への思いがより強くなった。戦没者や戦争体験者、遺族らが、沖縄が直面する問題をどう感じているのかを念頭に置き、取材するようになった。取材した人が亡くなったとき告別式などに参列し、平和な世の中のためにできることをしていくことを誓うとともに、他界が迫った生存者を大切にして証言を集めるべきだと意識するようになった」。

伊波は「いま」に引きつけて考えるようになった。

「新聞媒体の特性を活かして、60年前の出来事をまるで『いま』起こっている出来事のように引きつけて考えられるようになった。反戦ティーチインなど、沖縄戦関連の講演会に参加するようになった」。

石井も同じ意義を感じ、「戦争は絶対にだめだ」という信念を持った。

「この10数年で、特にここ数年で多くの戦争体験者や関係者が去り、記録の難しさが課題となるなかで、まだあの頃は体験を肉声で聞ける人たちが若く、そしてたくさんおられた最後の時代だった。それらをあのような形で今を生きる人の『きょう』という日に引き寄せたやり方が、普段の記事にはない、読ませる力を持っていたのだと思う。私たちは人々の死屍累々の上に生きているのだと感じることが多くなった。話をしてくれた数々の顔を思い返し、戦争をしてはいけない理由は『だって戦争はだめだからだ』ということでしかないのだと確固たる気持ちを持てるようになった」。

高江洲は新聞人としての反省と歴史軸で考えることの大切さを学んだ。

「戦前・戦時中の新聞社は、情報統制下、政府の〝広報機関〟のような役割しか果たさなかった。大本営発表を報道し戦意を高揚し、国民を

戦場に駆り立てる一翼を担ってしまった。『沖縄戦新聞』はこうした過去の反省に立って発行した。60年前の県民に知らせることができなかった戦争の実相を伝える、非常に意義のある企画だったと思う。この取材にかかわり、琉球処分から沖縄戦に至るまでの歴史軸の上で沖縄戦をとらえることが大事だと気づいた。私はこれまで医療・福祉、貧困を主なテーマに取材してきたが、高齢者を取材する際には戦争体験の有無を聴くようにしている。その人が抱えている生活の困難さ（精神疾患、貧困、アルコール依存など）と戦争体験が絡み合っているケースが少なからずあると考えるからだ。また、過去に戸籍がなかった高齢者、戦争の影響で学校に通う機会を逸し、就職の選択肢が少なく今も貧困状態にある人などから話を聴く際にも、沖縄戦取材を通して得た知識が役に立つ。高齢者の置かれた状況については、戦争体験を踏まえながら理解しようとするようになった。取材を通して、子どもたちの未来のために、戦争をしてはいけない、戦争ができる国にしてはいけないと強く思うようになった。いま、小学生の息子２人を育てているが、子どもたちが図書館で借りてきた新里堅進さんの漫画『沖縄決戦』や沖縄戦の写真集を一緒に見て、自分の知っている沖縄戦のことを話し、戦跡と基地をめぐるスタディーツアーにも参加している」。

　志良堂は若手記者への継承も考えるようになった。

　「意義としては、60年前の戦争を、日頃見慣れている新聞という形で再現したことで、より身近に、立体的に沖縄戦の全体像を捉えることができた。１回限りではなく、１年２カ月という長期間で展開したことで、沖縄戦の物理的長さ、戦場になるまでの経緯、それぞれの事象の関連性、その時期の季節感（梅雨や猛暑）を伝えられた。住民証言に頼るだけではなく、近年判明した最新の研究成果、日米の軍人の証言、日米の１次資料などを盛り込み、沖縄戦を多角的に浮き上がらせようとした—ことなど。取材を通して、若手記者への『沖縄戦報道の継承』を強く意識するようになった。その考え方は20代から30代前半の若手記者が中・高校生と体験者に取材する『未来に伝える沖縄戦』企画（現在も継続中）でも貫かれ、実践されていると思う。また、戦争遺跡取材の過程で、身近な場所に多数の戦争遺跡が残っていることを知り、現在も個人的にガ

マ・戦争遺跡調査を続けている。平和ガイド団体や公立博物館・公民館主催の戦跡巡りにも積極的に参加するようにして、各地域での戦争の実相を学んでいる。体験者がいなくなる近未来に、戦争遺跡は沖縄戦を伝える重要な『モノ』として、より一層重要になってくると思う」。

沖縄戦という「そのとき」に終止符を打ってはならないという実感。「いま」を質し、「これから」の平和を模索したい、という気持ちの芽生え。しかし、こうした達成感があったからこそ、新聞人の責任の大きさを感じ取っていた。実験的とも言える『沖縄戦新聞』に、課題は残されていた。

2　『沖縄戦新聞』が残した課題、取材を通して感じた自らへの課題
　記者たちは多岐にわたる課題を列挙したが、『沖縄戦新聞』が見落としていた視点もあった。これを記者自身がどのように考えていたか。
　小那覇は視点の「限界」に気づいていた。
「米側の沖縄戦体験者の証言を集めるには限界があった。兵士として沖縄戦に参加した米国人の取材を大がかりにできなかったのは残念。同様に朝鮮半島から沖縄に渡り、戦場に動員された韓国・朝鮮人の証言、第32軍の南部撤退後、戦場に放り出された朝鮮の女性たちに関する取材も不足していた。兵士として沖縄戦で亡くなったアイヌや台湾の人々についても同様。強制的に日本の版図となり、『帝国日本』の皇民化強要・同化政策に苦しんだ国の人々が沖縄戦で倒れたという事実をもっと重視すべきだった（皇民化・同化→日本への『忠誠』→戦争犠牲という流れは台湾、朝鮮、アイヌ、沖縄で共通している）。韓国・朝鮮、台湾の犠牲については取材班でも議論し、紙面化もしたが、現地に記者を派遣する余力はなかった。今後、沖縄戦を取材する上での課題だ。また、『10・10空襲』『慶良間上陸』などの事項を各号で重点的に紙面化するという『再現新聞』の性格上、紙面に掲載した証言がやや限定的になったのではないか──という点は気になった。戦争体験者の多くは①沖縄戦前夜の状況（陣地構築、食糧供出、空襲激化）、②地上戦、③米軍の保護下に入る（軍人・軍属の場合は捕虜）──という一連の流れを順序立てて証言する。しかし、沖縄戦新聞で採用、掲載した証言は各号のテーマに即した部分に限られた（もちろん、各号のテーマに合致した体験者を

取材対象とするのだが)。テーマに合わせるがあまり、証言をパーツ（部品）のように扱かったのではないか、丁寧さを欠いたのではないかという反省が私の中にはある」。

　志良堂はミクロな視点も必要だったとした。

「沖縄戦のマクロな全体像は描けたと自負しているが、地域ごとのミクロな状況については記事に濃淡があり、情報が欠落している点があった。市町村ごと、集落ごとの特徴について、もっと詳細に書き込めていれば、同じ地上戦でも地域によって多様な様相があるという沖縄戦をもっと丁寧に描くことができたのではないかと思う」。

　宮城（修）は写真の選択で米軍の視点を感じざるを得なかった。

「米軍撮影の写真を使用したため米軍の視点にならざるをえなかった。4000点を超えるといわれる県公文書館の所蔵写真は、慶良間諸島上陸（1945年3月下旬）から組織的戦闘が終了する時期（同6月下旬）に集中し、それ以外の時期に撮影された写真を確認する作業は難航した。ほとんどが米軍撮影のため、攻撃する米軍側からとらえたアングルになってしまう。住民の視点で紙面を再構成する場合、どの写真を選択するか、毎回頭を悩ませた」。

　こうした自省は、玉城「沖縄戦研究の課題でもあるが、満州、沖縄人の加害性、県外への一般疎開の体験（の取材と紙面化）が欠けていた」、久場「もっと多くの証言があれば」、宮里「元日本兵の証言があれば、もっと厚みを増した」、松堂「日本軍、米軍側の証言（の充実）」、滝本「軍の動きと絡めた動向も充実すべきだった」―とする指摘にもつながっていた。

　『沖縄戦新聞』は沖縄戦を1年2カ月にわたる時間の帯の中で住民の姿を追ったが、「住民の視点」を広げて「非戦闘員の視点」に立てば、「慰安婦」の記述なども充実度を増したであろう。さらに、住民を守らなかった「日本軍」の実情は総括的に描くことはできているが、軍属だった朝鮮半島からの「軍夫」やアイヌや台湾の人々を含む下級兵士の具体的な言動への言及はなかった。取材時間や取材範囲が限定されていたなかでの取り組みであったことを考慮しても、視点の根幹にもかかわることだけに、これらに目配りした工夫は凝らせたはずである。

また、宮城の指摘する「米軍の視点」となった写真は、日本側の手によるものがほとんどないために今後も課題として残されたままである。しかし、例えば、第三高女の「なごらん学徒隊」の隊員だった上原米子が当時の模様を画用紙に絵で描いて証言活動に活かしているように、写真に限定することなく伝える方法もある。証言者が高齢で描くことが難しい場合は、聴き取る側が証言をもとに絵にすることもできる。本章第5節で詳述する長期連載「未来に伝える沖縄戦」でインタビューアーに起用された中・高生が聴き取った内容を絵にして紙面化するような試みもできよう。限界や課題は、それを感じた瞬間から具体的な克服方法が模索されていくはずである。立津が「紙面のビジュアル化にもっと配慮することができないかと思う」と今も考え、外間が「この貴重で画期的な紙面をより多くの方々に関心を持って読んでもらえる工夫が、もっと必要だったと思う」と指摘するのは、こうした克服方法を念頭に置いたものであったと考えられる。

3　課題を踏まえ、『沖縄戦新聞』の 80 年版をつくるには

　『沖縄戦新聞』は戦後 60 年の節目での展開で止まったままである。課題を残し、ジャーナリズムを取り巻くメディア環境が劇的に変わっていくなか、その使命は終わったのであろうか。新聞人としての責任感と倫理観を前提に戦後 80 年に新たな装いで再刊するには、どのような方法があるのだろうか。そう考えることが、今後の沖縄戦の継承報道につながり、重なってくるのではなかろうか。

　戦後 60 年版と 8 年後の戦後 80 年版で大きく異なるのは、体験者の数である。沖縄戦の記憶が残る年齢を当時の 5 歳以上とすると、戦後 60 年の時点では 65 歳以上であった。沖縄県の人口の 16.1％、21 万 9000 人がこれに当たった[15]。その 20 年後の戦後 80 年では、85 歳以上に相当する。いかに高齢化社会とはいえ、絶対数も割合も急激に減少している。沖縄戦当時、15 歳以上だった人たちは 95 歳以上となっており、直接証言を聴く機会はほぼ皆無に近い状況となる。戦争を知らない世代が

15　総務省統計局 2004 年 10 月 1 日現在推計人口。

100％に迫り、意識にも変化が現れる可能性がある。[16]『沖縄戦新聞』が創刊されたのは、体験者に向き合うのは「今しかない」という切迫感が大きな要因であったが、戦後80年は「もういなくなってしまった」という、これまでと全く異なる社会環境の中で沖縄戦をとらえ返すことになる。

　全員がこうした認識を示し、そのうえで「同じものはできない（難しい）」としながらも、新たな『沖縄戦新聞』の姿を模索している。

　高江洲は「立体的な継承」を考えている。

　「当時の新聞を再現するという手法を再び使うと二番煎じのようになると思うし、2004〜05年は戦時中、大人（20歳以上）だった体験者の証言をぎりぎり聞けた時代だったので、沖縄戦新聞の社会面（中面）は、主に住民証言で構成する紙面づくりができた。同じような紙面づくりは難しいのでは。戦後80年は従来の新聞紙面だけでの企画・連載という手法ではなく、本紙連載『未来に伝える沖縄戦』の証言・映像や市町村史・字史、沖縄戦関係資料を活用し、沖縄戦を立体的に伝えながら、現代の紛争（シリア、イラク、スーダンなど）と引き付けて戦争は過去のものではないこと、戦争がもたらす悲劇は今も他の国で起きていることを伝えられたらいい」。

　久場も「未来に伝える沖縄戦」に言及する。

　「同じ体裁でつくるのは困難。体験を語ることができる世代がほとんどいなくなるため。個人的には、80年版の前にできるだけ戦争体験を紹介することを目的に『未来に伝える沖縄戦』企画が継続しているという認識」。

　黒田は「いま」と重ねる発想を大事にする。

　「『戦前』として、『80年前』と『いま』を重ねる必要があると思う。戦争体験者の新たな証言を得ることは望めないため、戦争体験は新聞記事を含む記録資料を活用すること（埋もれているものも多い）、敗戦後の苦難も含めて戦争が残したものを改めて見つめたいと思う。が、『戦後80年』の2025年がどんな状況になっているのか、甚だ不安を感じる」。

　伊波も「いま」と「未来」のつなぎ方を考える。

16　第1章第1節「迫り来る『時』〜戦争体験者の退場と意識変化の兆し」参照。

「『沖縄戦新聞』という形にはこだわらず、いろいろな表現方法で沖縄戦を報道していく必要があると思う。個人的には沖縄戦という過去の出来事が沖縄の『いま』や『未来』にどうつながっていくのか、ということを分かりやすく伝える紙面が必要だと思う」。
　宮里は、繰り返しの大切さを訴える。
　「証言者が減るなか、今後の沖縄戦報道をどのようにしていくかは大きな課題。記憶の継承という観点から、繰り返し紙面化する意味はあると思う」。
　外間は「継承」を分かりやすく多角的に、と考える。
　「次代への継承をしっかり念頭におき、今の暮らしやそのなかでの問題が、沖縄戦とどのように関係しているのかを残す。体験者の証言をたどり、当時の日米両軍の動きと照らし合わせながらまとめる。各地域特有の史実を、子どもたちにも理解できるような表現でまとめる」。
　立津は「再構築を」と思う。
　「80年版は必要。しかし、ビジュアルな紙面づくりにもっと力を入れるべきで、ネット環境も含めて再構築した方がいい」。
　玉城は「80年」という時代に合った工夫をと訴える。
　「見せ方を変えなければいけないと思う。60年版はまだ紙の力があったからあれだけの反響があった。80年版をつくるなら、動画、WEB、VRなど、戦争を知らない人たちが手に取りやすい形で発信する必要があると思う」。
　小那覇は既存資料のさらなる活用を考えている。
　「必ずしも『再現新聞』の手法にはこだわらなくてもいいと思うが、沖縄戦で何が起きたのかを紙面上で再現する企画は今後も必要。ただ、戦後80年の時点では証言できる人は今以上に限られてくるため、場合によっては既存の資料を活用する必要が出てくる。例えば、1960年代末から70年代にかけて琉球政府の『沖縄県史』編纂事業の中で集められた沖縄戦証言を活用することは可能（NHKは戦後70年企画で実行した）。また、米軍資料の中に軍人・軍属らの捕虜尋問調書がある（この中には韓国・朝鮮人兵士の調書も含まれている）。このような資料を活用しながら、沖縄戦を再現する紙面づくりはある程度可能ではないか」。

志良堂も資料活用についてほぼ同じである。
　「戦後80年の時点では、戦争体験者がゼロに近くなっている。読者の側も戦後世代ばかりなので、従来とは異なる伝え方が必要になってくると思う。ホームページと連動して、紙面のＱＲコードをスマホでかざすと関連の映像（体験者の証言、１フィートの映像）などに接続できるような工夫が求められる。内容に関しては、『日米の１次資料』『証言』『新たな研究成果』という基本構成は変わらないのではないか。証言に関しては、体験者からの直接取材ではなく、県公文書館にある県史未収録の証言テープ（70年代取材なので、戦中の地域の要人、中心的人物の証言が残っている）や、米公文書館から近年取り寄せた捕虜尋問調書などの検証によって、新たな証言も期待できる」。
　滝本も「資料を活かし立体的に」と言う。
　「その後明らかになった軍の動き（戦術面も含めて）と絡ませながら、軍と住民の動向を交錯させるような紙面づくりもしてみたい。捕虜尋問調書も明らかになってきているようなので、その辺りの声も使いながらより立体的に描ければと思う」。
　松堂も「資料活用で多角的に」とする。
　「生存者の証言を継続的に掘り起こすと同時に、米公文書館などに保管されている膨大な捕虜尋問調書などを収集し、多角的に沖縄戦を検証する」。
　島袋は時間軸を広げ、対象地域も広域化するよう提案する。
　「『沖縄戦新聞』は南洋諸島（サイパン）から始まったが、県系人が多数住むハワイの真珠湾攻撃以降から始まっているともいえる。また、中国大陸、台湾、フィリピンの視点も抜け落ちているので、その点も網羅してもいいかと思う」。
　小那覇、志良堂、滝本、松堂が挙げている捕虜尋問調書については、保坂廣志が米国立公文書館に保管されている調書をもとに2015年から2016年にかけて著わした『沖縄戦捕虜の証言　針穴から戦場を穿つ（上下）』、『沖縄戦将兵のこころ　生身の捕虜調査』によって日本軍兵士の戦場での行動の一端が明らかになった。また、松堂が「琉球新報」2006年４月１日付朝刊で沖縄本島での戦闘で最初に捕虜となった朝鮮出身の

日本兵に対する尋問調書を独自に入手して記事にまとめ、「『部隊で虐待、脱走』／朝鮮出身日本兵の調書入手」の見出しでスクープしており、米軍が保管する未解明の資料の分析が今後の沖縄戦報道の大きな柱になることを示唆している。

　沖縄戦での米軍資料は、この捕虜尋問調書のように米公文書館に保管されているものを研究者が独自に入手、分析してきたが、沖縄県公文書館も1997年から2006年までの10年間、米国から資料の収集を続け、海兵隊、海軍、陸軍の文書のほか写真、映像も多数所蔵している。今後はこれを体系的に整理したうえで和訳し、県史や市町村史での活用が望まれよう。新聞社も研究者や県公文書館の翻訳を待つのではなく、英文の読解力のある人材を投入して独自の分析も必要になろう。日本軍は戦闘中の資料を焼却などで廃棄処分しており、入手できる陣中日誌などは開戦前のものが多い。これに対して米軍資料は戦闘中のものも多く含まれ、分析を進めていけば、沖縄戦がより多角的に把握できることになる。沖縄戦はまだ、語り尽くされてはいない。沖縄を取り巻く「いま」の状況が変わらない限り、沖縄戦の記憶は代を継いで語り続け、これまで以上に広く伝えていかなければならない。記者たちはこう認識しており、この自覚が課題の克服を促し、今後も継承媒体として新聞／記者があり続けるための方策がみえてくるのではないか。そのためにも、あらためて新聞人としての覚悟が求められていくことになるであろう。

第4節　新聞人の責任〜記者たちの覚悟

　新聞人を律するのは自らの良心であり、これを支えるのは、透徹した目で歴史に向き合って現況を直視し、読者と共に築いていけるより良き社会のための情報と指針を示す責任感と倫理観であろう。しかし、権力を監視し、時によっては対峙することを求められるその姿勢は、沖縄も含めて、戦前、戦中の日本にはほとんどみられなかった。『沖縄戦新聞』が住民の視点に徹して軍と日本本土を見据え、「二度と戦争のためにペンを執らない」と明言し続けたのは、新聞人のあるべき姿を自覚してのことだった。沖縄戦を住民の視点で再現することを目指して出発した新たな新聞は、これに取り組むことで、新聞人のモラルの（再）確認を表明する場になっていった。

１　沖縄で活動する新聞記者として、沖縄戦に向き合うことの意味
　沖縄では、どんな分野でも、取材を深めれば深めるほど、沖縄戦（やその記憶、地続きの基地問題）に突き当たる。日常の取材を通じてそう感じてきた記者たちが、戦後60年という節目に沖縄戦と正面から向き合った。そして、新聞／記者には「負の歴史」があったことを、当事者性を持って自覚した。他の分野の継承者との比較もしながら語った「いま」の想いを聴いてみよう。
　小那覇は「新聞人の責任」を強く感じている。
　「研究者や平和ガイドの方々と同様、私たち新聞記者も沖縄戦に関する新たな事実を発掘し、次代に継承する役目を負っている。ただ、私たちは県民に誤った情報を伝え、最終的に県民を戦場へ追いやった責任を常に感じなければならない。『沖縄戦新聞』の企画意図の根底にも、新聞人の戦争責任をどう考えるかという命題があったように思う。メディアの戦争責任から私たちは逃れることはできない。沖縄の新聞—私たちで言えば戦前の『琉球新報』、1940年の3紙統合で生まれた『沖縄新報』—が戦争に加担し、県民を戦場に追いやった責任を、今日の沖縄の新聞人は背負っている。1945年5月に消滅した『沖縄新報』の記者を取材

した経験がある。彼らが抱えていた自責の念は取材時の戦後40年の時点でも非常に重いものがあった。それを忘れずにいたい」。

　志良堂は「戦前に回帰する動きに警鐘を鳴らすのが記者」と考えている。

　「『沖縄戦』と『基地』は沖縄の新聞社の二大柱。現在の沖縄の最大課題＝基地問題を考える上で、その原点である沖縄戦を知ることは、沖縄の新聞記者としての必須条件。沖縄戦から延々と続く占領下での基地建設、土地の強制接収、異民族支配下の人権蹂躙、住民闘争などの歴史を踏まえたうえで、基地問題の取材に当たるべきだと考える。沖縄の新聞記者の存在意義を支える大きな柱、背骨とも言える。研究者や平和ガイドとの比較では、戦争を知らない世代にも地上戦の実相をしっかり伝え、平和でより良き社会を築き上げていくという役割は共通している。ただ、情報の送り手であるメディアの人間としては、権力者を監視し、戦前回帰する兆候にはいち早く警鐘を鳴らす〝炭鉱のカナリア〟の役割が求められる。戦争に加担した戦前戦中の新聞の反省も踏まえ、二度と沖縄を戦場にさせない、二度と県民を戦争の犠牲にさせないという報道を続けたい。そのためにも、沖縄戦を昔話、歴史の一事象で終わらせるのではなく、今の私たちの暮らしと結びつける視点でのアプローチが必要になってくる。沖縄戦と向き合うことは、今の沖縄を照射するための重要な手掛かりの一つである」。

　宮城（修）は「沖縄戦は過去の話ではない」ことをあらためて思う。

　「沖縄の全ての新聞記者は沖縄戦と向き合わなければならない。世界中で今もなお地上戦が続いている。沖縄戦は過去の話ではなく、沖縄戦から導かれる教訓は今も生きている。記憶の上書きを許さず沖縄戦認識をしっかり継承することで、自衛隊の海外派兵や憲法改正、共謀罪、安保法など今起きている出来事の先にあるものを意識することができる。過去に戦争に加担したことを自覚して二度と戦争のためにペンを執らないこと」。

　玉城も「二度と戦争のためにペンを執らない」ことを覚悟している。

　「記者にとっての沖縄戦取材とは、二度と戦争のためにペンを執らないという誓いを確認する作業。米軍基地が集中する沖縄でどのような視

点、姿勢で取材をするのかというのを教えてくれるもの。記者が平和ガイドと違うことは、多様な証言を聴いているということ、今の社会状況と沖縄戦を結びつけて考えることができること。研究者と違うのはより多くの人に伝える力を持っていること」。

島袋は「権力との対峙ができる」覚悟を自らに課す。

「沖縄戦は権力による情報操作の恐ろしさ、その結果がもたらす悲惨さを示している。現在の基地問題まで続く歴史も踏まえ、情報を読者に届ける立場として沖縄戦は教訓だと思う。権力と対峙する立場が恒常的かそうでないか、またそのことを常に意識しているかどうかに、平和ガイドや研究者との違いがあるかと思う」。

外間は「これからの社会や生き方を考える記者」を意識している。

「平和ガイドの人たちは県外からの人々に沖縄戦を伝える大切な役割がある。新聞記者としては、沖縄戦が今の基地問題とどうつながっているのか、戦争によって個々の命がどのように扱われてしまうのか、各国の思惑を含め、今後の社会や生き方を考えてもらうような事実を伝えることが求められていると思う」。

宮城（隆）は「ぶれない軸」を沖縄戦に向き合う際に考えたい、とする。「戦争体験者の言葉が、沖縄の新聞記者としてどうあるべきかを考える際の基準になると思う。沖縄に軸足を置いた報道を心掛ける際に、軸がぶれないための重しになる」。

どの記者も新聞人としての姿勢を自らに問うていた。『沖縄戦新聞』の取り組みを通じ、戦前、戦中の新聞人が果たせなかった役割を自らが果たすという自省と覚悟が読み取れるが、この強い想いは、戦後一貫して「琉球新報」と「沖縄タイムス」の両紙に流れており、記者たちにも影響を及ぼしたと考えられよう。

ここで1980年1月5日、「琉球新報」の池宮城秀意と「沖縄タイムス」の豊平良顕が呼びかけて「平和をつくる百人委員会」ができたことを想起したい。共にそれぞれの新聞社の元社長で、池宮城は戦前の一時期、「沖縄日報」の記者、豊平も「沖縄朝日新聞」と後に統合して生まれた「沖縄新報」の記者でもあった。新聞人が反省しなければならなかった時代を体験し、沖縄戦を生き延びて、戦後はその責任と倫理のもとで新聞づ

くりに取り組んできた。そして、日本政府が準備を進めていた有事立法法制化の動きに危機感を抱き、協力して「平和を求めるには、武器を取るのではなく、武器をこそすてなければならぬ」とアピールする委員会結成に動いた。発表された委員会の宣言には「英知と良識に基づいて戦争及び、戦争につながる一切の企てに反対し主体的に平和の世界をつくり出す」とある。この文言が新聞人の想いのすべてを語っている。16人の記者たちは、先人のこの動きには直接触れてはいない。しかし、宣言から四半世紀後に生み出した『沖縄戦新聞』が戦後沖縄の新聞ジャーナリズムに流れる理念を（再）確認したということは、自らもこうした新聞人に連なっていくという強い決意と覚悟の表明でもあったのではなかろうか。

2 沖縄戦への誤解（殉国など）を解き、その実相を伝え、継承するために必要なもの

　教科書検定による書き換え・抹消など、沖縄戦をめぐっては実相を覆い隠す動きが間欠泉のように噴き出している。沖縄の歴史や現況への日本本土の、そして沖縄でも既得権益者や若い層を中心にした無関心もこれに拍車をかける。この状況にどう抗していくか。記者の心と力量が問われている。

　石井は真摯に繰り返すことの重要性を思う。

　「何度でも地道に繰り返し、記録に残していくしかない。必要なのは、優しさ、想像力、根気強さ」。

　黒田は無関心をどう克服するかを考えている。

　「集団死でも、機微や真髄にまでは達しなくても、概要はそれほど理解しがたいことではないと思う。現在は文字、写真、映像、音声、遺物と多くの情報がすでに蓄積され活用できるため、知ろうとしさえすればいろんなことを知り、理解することができる。問題は、関わろうとしな

---

17 「琉球新報」、「沖縄タイムス」共に1980年1月6日付1面「平和をつくる百人委員会が発足」。森口豁『ヤマト嫌い～沖縄言論人　池宮城秀意の反骨』講談社、1995年、221～224頁。

い無関心、もしくは理解したくない、そうは思いたくないとする拒絶反応ではなかろうか。そうなる理由は、たとえば私の関西の友人では『暗い話……』といった現実逃避だったりするのだと思う。同じ社会の構成員である彼ら／彼女らと問題意識を共有するには、それを欲する側から彼ら／彼女らの懐に入り、彼ら／彼女らに届くように言葉を発する努力が必要なのではないか。とはいえ実際には、そのような人たちを前にしたときには、嫌悪感や怒り、無力感などでいっぱいになってしまい、効果的なことができずにいる。おそらく相手も同じように思っていて、現在の二極化され分断された状況、または大量の傍観者がいる状況をつくり出したのだと思う。しかし、戦争を回避したいと切望するならば、議論できるようになるための作業は避けて通れず、個人として、新聞として何ができるか、今までとは違う新しい回路や方法をひねり出さなければならないのだろうと考えている。関心のない人、そうは思いたくない人たちと共有できる回路をどう作り出すかどうかだ」。

玉城も多くの人が「自分事」と考えるような仕組みを提案する。

「体験者が存命の間に、できるだけ多くの戦争証言、戦後の体験、思いを記録していくこと。文章だけでなく、動画で記録していくことがまず必要なことだと思う。時代に合った形で伝えていくことが不可欠で、受け止める側が遠い昔の話、自分には関係ない話ではなく『自分事』として考えられるような工夫をしなければならないと思う。このほかに、学校での平和教育はもちろんだが、大人への平和教育も必要だと思う。特に親になってから戦争証言を聴くと、全く感じ方が違うので、大人の平和教育、親子で平和教育があるといいと思う」。

高江洲は「五感で感じてもらえる工夫」を考える。

「軍に壕や食料を提供した人、集団死で命を落とした人が援護金を受給するために『戦闘協力者』にさせられてしまったことが、沖縄戦への誤解を生んでいる元凶の一つだと思う。県外から多くの人に沖縄に来てもらい、暗い壕の中を体験し、佐喜眞美術館の『沖縄戦の図』の前にたたずみ、体験者の証言を聴いてもらうなど目と耳で、沖縄戦の実相を体感してもらう機会を増やす取り組みが大切では。写真や文字だけではなく、五感で感じてもらうことが大事だと思う。沖縄戦と、現在、世界各

地で起きている紛争を重ね合わせて、戦争は決して過去の物ではないと伝える必要がある。また、沖縄で頻発する米軍人・軍属による暴行事件は、戦時性暴力に重なる。事件・事故が発生した時には、加害者個人の責任を追及すると同時に、常日頃から人を殺戮する訓練をする軍人という組織が招く構造的暴力であるという視点が大切だ。今の出来事と重ね合わせて、戦争を考える姿勢が求められる」。

　島袋は「リテラシー能力の向上」を思う。

　「実相については、住民視点による事実を報道していくことに尽きると思うが、SNSなどの普及のようにネットが台頭するなか、その発信方法のあり方、向上が大きな課題だと実感している。効果的な方法を見出せていないのが現状で、いくら報道をコンスタントに続けていても、例えばフェイクニュースが流布されていたり、普天間返還をめぐる政府の論理すり替えなどの動きがあったりするからだ。いわゆる歴史修正主義のような動きが台頭し、いつかは沖縄戦の意味が大きくすり替えられるようなことにもならないかという危機感も感じている。体験者はやがて亡くなっていく。記憶／記録の継承についても、文献等資料、モノを頼りとする取材が主流になってくると考えられる。沖縄の米軍基地問題を考える上で沖縄戦は切り離せないことだが、これらの素材をいかに住民視点で理解し、採用していくリテラシー能力の向上がいっそう求められてくると思う」。

　志良堂は「最後の１人まで証言を掘り起こす地道な報道が重要」とする。

　「基本は、住民史観の視点を忘れずに報道していくこと。南京虐殺や慰安婦問題が教科書から消され、強制集団死に軍命はなかったとする大江・岩波訴訟などをはじめとする歴史修正主義の動きがすでに定着している。それに対抗するためには、数多くの住民証言を集めたオーラルヒストリーに基づき、事実を積み上げて反証していくことが重要になってくる。６月前後の集中豪雨的報道ではなく、日常的に沖縄戦に関する報道を続けること。沖縄戦体験者が健在の間は、最後の１人まで証言を掘り起こし、聴き取り、営々と掲載し、歴史を記録し続ける努力を重ねていくこと。愚直で地道なこの作業は沖縄の新聞社の使命だと考える」。

小那覇は「誤解・歪曲には絶えず反論し、さらにわかりやすく伝える」ことを重視する。
　「沖縄のメディアとして、沖縄戦への誤解（意図的な歪曲を含め）にたえず反論しながら、沖縄戦の実相を分かりやすく伝える必要がある。そのためには取材する記者を育てながら、たえず記事を出稿しなければならない。教科書検定問題に見るような意図的な沖縄戦の歪曲に抵抗する手だてが私たちには必要だと実感している。沖縄戦に対する誤解、殉国美談を解くためには、引き続き沖縄戦証言の積み重ねと新資料の発掘、紙面を通じた発信が必要。それによって県民・読者と私たちが共闘関係を結ぶことができれば、と願っている。そのためには可能な限り、証言収集活動を継続しなければならない。引き続き新資料の発掘が必要で、それを活字、音声、映像の形でだれでも閲覧できるようなシステムも欠かせない。同時に、県内外を問わず若い世代に沖縄戦体験を伝えるさまざまな機会をつくっていかなければならない。学校での平和学習や沖縄を訪れる修学旅行生を対象とした講話、語り部活動は現在もさまざまな形で続いている。ただ、ネットに親しく接している若い世代に対し、どのような伝え方が効果的なのか再考が必要だ。取材を通して得た多数の証言を整理し、記者間で共有しながら、沖縄戦の全体像を捉える努力を重ねなければならない。それが苦痛を伴いながら私たちの取材に応じてくれた証言者に報いることでもある」。
　宮城（修）も「誤解・歪曲はただちに打ち返す。沖縄戦報道をやり続ける」ことを強調する。
　「誤解を放置せず、ただちに打ち返すこと。沖縄戦報道をやめないこと。現在続いている『未来に伝える沖縄戦』を続けること。教育とタイアップすること。新たな取り組みに挑戦すること」。
　こうした意見と想いを聴くなかで、気がついたことがある。
　記者たちの思索には、学校での平和教育に加え、その職場である沖縄の新聞社という環境も大きな影響を及ぼしているのではないか。「沖縄戦を常に振り返ること。これが沖縄の新聞の使命。入社当時、先輩記者からよく聞かされた言葉である」。『沖縄戦新聞』を展開していた当時の社会部長、玉城常邦は日本新聞協会報『新聞研究』にこう書いている。[18]

これを当然のことと受け止めながら、アンケートを整理し、インタビューを重ねるまで記者の担当持ち場の呼び名として、社会部に「フリー」という言葉があることを私は知らなかった。
　事件・事故を含めた社会の動き全般を受け持つ社会部には、警察や司法、行政といった記者クラブに所属しない記者もいる。情報提供を当局に頼ることなく、自ら動いてニュースを発掘し、クラブ記者の応援にも駆けつける。全国紙を含め日本本土の新聞社の多くは、こうした記者を「遊軍」と呼ぶ。正規部隊の他に臨機応変に動く部隊に由来する軍隊用語だが、沖縄では軍隊になぞることを排し、「フリー」と呼称する。その起源は、「戦後間もなく、いつの間にか」としか分かっていないが、日常のこととして定着している。
　些細なことなのかもしれない。しかし、私には、無意識のうちに軍隊にも似た組織的秩序を持ち込まない姿勢と環境が、目線を読者と同じ地平に置いて文字通り「自由（フリー）な言論」を心に期すきっかけとして作用しているようにみえる。これが、戦争を煽った多くの先人の轍を踏まないという決意にどこかでつながっているのではないか。
　米軍占領下の沖縄では、新聞を含む全ての出版物は許可制であった。布令144号（第2次集成刑法）は「あらかじめ琉球政府の許可を得ずして新聞、雑誌、書籍、小冊子又は回状を発行又は印刷」した場合の罰金、懲役を規定している。実質的な許可主体は琉球政府の上位にある米軍であり、言論・出版の自由が法的に何ら保障されないまま新聞はこうした言論統制下に置かれ、新聞の生命線ともいわれる用紙の配給を米軍から受けていたこともあり、自己検閲・自己規制で許可取り消しをまぬがれようとした。
　この状況で、社説は一時、米軍の占領政策に迎合的な論調になったこともあった。しかし、現場の記者たちは、米軍の軍用地強制接収に反対した「島ぐるみ闘争」以降の住民の権利を求めるうねりのなかで記者のモラルに基づいた「自由（フリー）な言論」を獲得し、不動のものとして守り通した。宮城（修）の言う「打ち返す」力はこうした積み重ねの

18　玉城常邦「あの悪夢を再現させないために」『新聞研究』2005年10月号、24頁。

なかで培われたものであろう。

では、次世代の若い記者たちは沖縄戦にどう向き合っているのか。沖縄戦継承企画である連載「未来に伝える沖縄戦」に携わった入社2～5年の若手記者6人を選んで意識調査した。内容は次節の通りである。

「未来に伝える沖縄戦」　第250回　琉球新報2018年8月8日付

第5節　未来に伝える沖縄戦

　「琉球新報」の連載「未来に伝える沖縄戦」は継承を前面に押し出した沖縄戦報道の取り組みである。中学生・高校生が体験者から聴き取り、インタビュー記事にまとめる。中学生・高校生の「聞いて学んだ」という感想も載せる。体験者を選び、インタビューに立ち会い、全体の編集は記者が行うが、担当記者は若い世代をあてている。2017年から記者も記事の最後に自らの年齢を明記したうえで「記者も学んだ」という感想を添える形式になり、2011年9月から現在（2017年11月末現在）までに233回を重ねる長期企画で、2013年からはこれまでの連載を順次、刊行している。[19] 第1回は、この企画の発案者の一人でもあり『沖縄戦新聞』取材班で最も若かった玉城江梨子が担当した[20]。

　ここで対象とした6人は、この1年間で「未来に伝える沖縄戦」にかかわった入社2～5年目の記者から選んだ。入社順に、阪口彩子（31歳、北部支社報道部、2013年入社）、明真南斗（あきら・まなと、26歳、中部支社報道部、2014年入社）、清水柚里（26歳、中部支社報道部、2015年入社）、塚崎昇平（26歳、文化部教育取材班、2016年入社）、嘉数陽（31歳、南部支社報道部、2016年入社）、半嶺わかな（26歳、南部支社報道部、2016年入社）。年齢と所属は調査した2017年9月末現在。2017年7～9月に行ったアンケートでの質問（アンケートは前出の16人に対する方法と同じで、質問内容も16人への問いをベースに若手記者向けに一部変更した。内容が重複するところも多く、別掲していない）と再質問、インタビューも加えてまとめた。

19　「沖縄タイムス」も同様趣旨の企画「語れども語れども　うまんちゅの戦争体験」を長期連載（2017年11月末現在で273回）し、2017年からは刊行も始めているが、記者が体験者にインタビューし、中学生・高校生は登場しない。

20　玉城江梨子は「沖縄戦はどのように記録、継承されてきたか」（労働大学出版センター刊『まなぶ』2015年8月）で「戦争体験を子どもたちに直接伝えるだけでなく、一つでも多くの証言を残していくこと、6月だけでなく年間を通じて沖縄戦を伝えることも目的としています」と企画のねらいを述べている（30頁）。

1　現場から考える

　記者歴は短い6人だが、うち5人は米軍基地取材を通じて沖縄の現実に向き合った。

　明は入社した年の2014年11月20日、辺野古取材で機動隊員に妨害され、地面に落ちた眼鏡のレンズが割れた。機動隊員に排除されている座り込みの住民の姿を写真に収めようと前に進んだ際のことだ。割れたレンズのままの眼鏡をかけ直し、この現実を直視し続けた。

　阪口も取材妨害を受けた。2016年8月20日、米軍のヘリコプター着陸帯（ヘリパッド）工事が続く高江で抗議活動を続ける人たちを取材していたところ、機動隊員に強制排除され、約15分間、隊員による人垣と車両の間に閉じ込められた（「沖縄タイムス」の記者も同様に排除された）。「戦の足音がきこえるというのはまちがっていない」（ママ）。その時の感情を阪口は取材ノートに書きなぐった。拘束を解かれた後、本社デスクに電話を入れ、事態を報告し、「悔しいです」と添えた。デスクは「その悔しさを記事にして伝えよう」と応じた。

　この高江では、新基地建設反対の候補が圧勝した参院選開票日の翌日の7月11日から、民意を踏みにじるように工事再開が強行されていた。人口150人足らずの小さな集落に、警視庁、大阪府警などからの応援を含めた機動隊計500人が動員され、非暴力だが無抵抗ではない抗議の人々を連日、強制排除し続けた。緊迫する現場。阪口の属する北部支社に加え本社からも、そして中部支社の明も清水も、南部支社の嘉数も半嶺も取材に向かった。

　明は座り込みの集会に、沖縄戦で米軍に撃沈された学童疎開船、対馬丸に乗船しながらも九死に一生を得た平良啓子さんの姿を見つけた。「戦争で生死をさまよい、厳しい戦後を生きぬいてきた戦争体験者に、まだ大変な思いをさせないといけないのか」と憤りを感じた。

　嘉数は抗議船に乗船し、河口から民間ヘリによる資材空輸の様子を取材した。資材が降ろされたのは、切り立った崖の上。抗議の人たちが崖をよじ登っている。「危なっかしくて見ていられない」。それでも、目を離すことはなかった。

　半嶺は、機動隊員に「手を取り合えば世界はまるく踊り出す」と歌い

かける男性を目撃した。座り込む人たちを強制的に排除した機動隊員にこのメッセージが届いているといいな、と思った。この現場にいない人たちに、どうすれば強制排除の様子を伝えることができるか。そればかりを考えた。

　12月、オスプレイが名護市安部で墜落した。清水は高江で、その飛行再開について取材した。70歳代の女性がこう言った。「米軍統治下より今の日本政府の方がひどい」。この言葉が清水の胸を刺した[21]。

　若い記者たちは、米軍基地の「いま」が沖縄戦以後の歴史につながっていることを、こうして実感していった。

2　記者を志したそれぞれの動機と強い問題意識

　6人のうち沖縄出身者は3人。沖縄以外は3人。出身に違いはあっても、「沖縄の新聞記者であること」への強い意識は共通している。

　沖縄生まれの明は、進学した東京の大学で「沖縄は基地がないとやっていけないんだよね」という同級生の言葉に、反論できなかった自分を見つめ直し、同じ想いを持っていた沖縄出身で東京在住の大学生と沖縄の歴史や沖縄戦について勉強会を開いた。本土出身の学生に「沖縄平和ツアー」も呼びかけ、一緒に戦跡をめぐり、辺野古、高江も訪れた。

　このツアーに、同じ大学で「平和学」を副専攻としていた清水も参加していた。高校生のころパレスチナの報道写真に接し「戦争と平和」を考えるようになっていた。ツアーでは、沖縄戦を学び、その記憶に向き合う「沖縄の記者」を意識した。入社前、『沖縄戦新聞』を初めて読んだ。「こういう切り口で新聞がつくれるのか」と驚き、「沖縄で記者として働く」ことを決めた。

　大阪生まれの阪口は、京都の大学で教えを受けた教官が「読売新聞」大阪本社で黒田清の薫陶を受けていたことから「平和報道」を手がける[22]

21　高江での各記者の動きは、「琉球新報」2016年12月21日付朝刊16面〜17面　特集「着陸帯工事再開ドキュメント」参照。「権力に抑圧される現場」の見出しで、高江の米軍ヘリコプター着陸帯（ヘリパッド）工事再開をめぐる動きを、抗議する住民と取材する記者の行動を通してドキュメントにまとめている。

22　第2章第4節「記憶継承の定着」参照。

記者を将来の仕事として漠然と思い描いた。入社前の2012年、沖縄を訪れた際、元白梅学徒隊員から話を聴いた。体験者の証言を聴くのはこの時が初めてだった。自分が沖縄戦のことを何も知らず、沖縄のことを学んでこなかったことを恥ずかしいと思った。それと同時に、戦争体験を自分の言葉で語り継いでいきたいと強く感じた。

　大分県生まれの塚崎は小学生のころ、対馬丸のアニメのビデオを平和授業で鑑賞したり、住民が集団で死に追いやられた話などで「沖縄は大変だったのだな」と思った覚えがある。「鎌やカミソリ、クワなどで殺し合い」という記述があり、兼業農家で農具があったわが家で、「あんなもので殺し合ったなんて」と恐ろしくなった。

　大学受験を控えた高校3年生の時に民主党政権が誕生し、鳩山由紀夫首相の「最低でも県外」発言から一連の混迷が始まったことから、沖縄の基地問題に興味を持った。当時は「本当に沖縄の人たちは基地に反対しているのか、一部の人だけではないのか」との考えも持っていた。だが、進学した琉球大学の実習や友人に連れられて辺野古や高江に行き、座り込んでいる人たちの話を聴いて、本当に普通の人たちが座り込んでいること、そしてその動機のなかに「沖縄戦の悲劇を繰り返してはいけない」との意識が強く影響していることがわかってきた。沖縄をめぐる政治状況も、国と県が持つ権力に圧倒的な差があるなかで、両者が対等に渡り合って駆け引きをしているのではなく、国が県に一方的に基地負担を押しつける構造があること、本土の人たちがそれを見て見ぬふりをしていること、米軍に接収された土地に基地が一方的につくられたという歴史を踏まえ、「それを繰り返してはならぬ」と沖縄の人々が基地の拡大や新基地建設に反対していることも理解した。沖縄2紙が説明する「弱い者の言い分をより多く報じるべきだ」とのスタンスが説得力を持つものと感じるようになった。また、国防の理論や政局上の判断を振りかざし、一方的に沖縄に基地を押しつける日米両政府と、沖縄戦や戦後の歴史、現状の基地負担に根ざして新たな負担を拒否する沖縄県民の視点は根ざすものが全く違っており、両者の認識の差を埋める必要があると考えた。メディアの仕事であれば、両者を取材して、そのギャップを描き出すことができると考えるようになった。

嘉数は沖縄国際大学に進学する前は、「沖縄の新聞は基地ばかり」、「騒音なんて我慢できるだろう」、「米軍機は落ちないよ」などと感じていた。だが、大学入学１年目の夏、実際に校内に米軍ヘリが落ちた。携帯電話に、親や祖父母から涙声で「どこにいる。生きていて良かった」と電話がかかってきた。翌日から、今まで手に取らなかった新聞を読み始めた。特に沖縄２紙は新聞記者が身を削って、沖縄の不条理を追究していたことに気がついた。

　卒業後は、沖縄で小学校の教師を務めた。ある日、担任していた２年生男児の父親から「戦争の話は絶対にしないように。怖がります。もし戦争の話や写真を見せるときは、息子は図書館など別の場所に移動させたあと、絶対に目に触れない、聞こえないようにしてください」と懇願された。家庭訪問して家族と話し合い、結局、語り部を招いての平和学習には参加させることになった。

　平和学習の内容は、45分間の授業で前半20分は語り部による沖縄戦についての紙芝居。その後は質疑応答。「残りの25分間、質疑応答は続くかな」と始める前は気がかりだったが、実際には子どもたちからの質問がやまず、質問をきっかけに現在の基地問題まで話が及んだ。父親から心配された男児も何回も質問していて、授業後に話しかけたら「戦争の話って大事だと思った」と言ってくれた。これこそ〝継承〟だと感じた。考えるところがあって、今、記者の道に転じたが、「沖縄は沖縄戦の延長線上にいる」と強く意識している。

　半嶺は高校生の時に『沖縄戦新聞』を読み、衝撃を受けた。「私もいつか、こういう仕事をしたいと思った」。

　大学では少数言語に関する社会言語学を学んだ。社会のマイノリティーに関する講義も履修した。沖縄の置かれた言語状況を、学問としてとらえることがとても新鮮だった。さらに、世界中に同じような言語状況があることや、多くのマイノリティーと呼ばれる人たちがいろいろな生活をしていることも知った。社会のさまざまな現象を伝え、社会の「なぜ？」を深くみることができる新聞記者という職業がとても魅力的に映った。少数言語の継承や啓発にも関わることができるのではないか、多くの人に会って一生勉強できる仕事ではないか、と思った。また、東

京の大学に進んだことで、本土と沖縄での基地や戦争に対する感覚に温度差があり、壁が広がっているようにも感じていた。沖縄と本土を少しでもつなげるような仕事に就きたい。新聞記者は、それができると考えた。

　6人のたどってきた思考の過程はそれぞれに違いはあるが、新聞記者を選んだ動機がそれに「なる」ことではなく、沖縄社会とのかかわりのなかで行動を「する」と考えている点で共通している。沖縄戦に記者として向き合う際に「する」べきことは、「住民の視点」の獲得であろうことに気づき始めてもいるようでもある。

3　祖父母の戦争

　6人は『沖縄戦新聞』取材班だった先輩記者より10〜15年後に生まれており、その父母も戦後生まれ。戦争体験者は祖父母に限られる。

　嘉数は祖母から戦争体験の語りを拒まれたことがきっかけで、かえって沖縄戦の悲惨さを感じ取った。

　「小学校低学年、慰霊の日。学校が休日のその日、父が『慰霊の日は休みの日じゃない。戦争について考える日だ。今からおばあちゃんに戦争の話を聴いてきなさい』と勧めた。遊びに行く感覚で祖母宅に行き、『おばあちゃん、戦争の話聞かせて』と尋ねた。いつも笑顔で優しい祖母が、このときだけは急に悲しい顔になり、『ごめんね、その話はできないの』と言って、その場から離れてしまった。見たことのない祖母の表情に驚いてすぐ自宅に戻り、父にその様子を伝えた。父は『話ができなかったことをずっと覚えていなさい』と言った。幼いころは、その意味をよく理解できなかったが、後に祖母が戦争で兄弟や友人を多く失ったことを知り、語ることができないほどの傷を心に負った人がいることに気づいた」。

　半嶺の父方の祖父母は八重山と台湾に、母方の祖父母は広島と宮崎にそれぞれ疎開していた。母方の祖父の弟は鉄血勤皇隊に属して命を落とした。その話を小学生のころに聴いた。

　「父方の祖父母＝祖父は石垣島で食べ物がなく、マラリアの恐怖を感じる経験をした。祖母は、台湾に出稼ぎに出ていたが、とても貧しかっ

たという。

　母方の祖父母＝祖父は広島への原爆投下の翌日、友人を探して広島市内を歩いたが、誰も見つからなかった。祖母は、対馬丸に乗ろうと港で待っていたら、『那覇の人を乗せる』と言われた。与那原出身の祖母は対馬丸とは別の船に乗った。対馬丸が魚雷でやられた音はその船にも聞こえてきて、自分の船がやられたと思って、弟を背負って懸命に船のはしごを登った。宮崎では貧しくて、真冬も裸足でつらかった。戦後、与那原に戻ると、なんにも残ってなかった。また、祖父の弟の遺骨はない。亡くなった場所は、摩文仁となっているが、詳細は現在も不明」。

　明も、小学生のころから沖縄戦は「身近な戦争」だった。

　「当時11歳だった祖母は弟を背負って逃げ回ったが、弟は亡くなった。他の人の遺体を踏みながら逃げた。防空壕から日本軍に追い出され、南下の途中で、沖縄出身の兵士から（危険なので）南部には行くなと言われ、引き返した。引き返す際に受けた爆弾の破片がいまも体に残っている。そんな話を聴き、心に残っていたので入社試験の作文にも書いた」。

　日本本土生まれの3人についても触れておく。

　阪口は小学2年生の時、大阪で空襲を体験した祖父母の話を聴き取ってノートにまとめ、それを絵に描いた。

　清水の祖父は北九州の八幡製鉄所の近くに住んでいた。「原爆は、もともと計画されていた北九州への投下が天候のため変更になって長崎に落とされたと知ってぞっとした」。

　大分出身の塚崎の祖母は、戦時中の勤労奉仕で自宅近くの飛行場の造成作業に従事したと聴いている。

　それぞれの戦争（沖縄戦）との出合いは、『沖縄戦新聞』に取り組んだ先輩記者のように頻繁ではなかったかもしれない。しかし、それを受け止める感性には、さほどの違いはない。

4　「チビチリガマ損壊事件」を根絶するために

　このアンケート調査中の2017年9月、読谷村のチビチリガマが4人の地元少年によって損壊される事件が起きた。チビチリガマには1944年の「10・10空襲」以後、住民の避難壕として使用され、米軍が沖縄

本島に上陸した時点で141人が避難していた。上陸翌日、米兵がガマに入り、「殺しません。食べ物ある。出てきなさい」と書かれた紙を住民に渡したが、「これはウソだ」と言って、誰も出なかった。「殺して」と叫んだ若い女性がその母親に包丁で刺し殺されたのを機に、ガマ内はパニックになり、83人が集団で命を絶った。読谷村はこのガマを2008年、文化財に指定し、平和学習の場として活用している。壊した少年はこうした歴史を知らなかったと供述した。[23] 少年が小・中学校でガマについて学ぶ機会がなかったはずはない。教えられても、結果的に心に残っていなかったことが問題だった。事件は、6人の記者の心を暗くした。

　清水は普段、チビチリガマがある読谷村を担当している。それだけに事件で受けたショックは大きかった。どうすれば、こうした事件を防ぐことができるのか。

　「誤情報の一掃が急務。チビチリガマの『心霊スポット』としてのネットでの紹介など、間違った情報が広まっているのを放置してきたことに責任を感じた。基地問題のフェイクを扱った連載を政治部が取り組んだ。沖縄戦のフェイクについて考える企画もやるべきと感じた。チビチリガマについては、遺族会や自治会などの紹介で体験者に語ってもらえないかお願いして回ったが、断る人が多かった。応じてくれた人も最初はためらっていた。時間が経っても話したくないことが多いのが戦争体験、ということをいつも肝に銘じている」。

　嘉数も沖縄戦の歪曲や誤解を解くために、ネット世代に真実をどう伝えるかがポイントだと考える。

　「伝え方の工夫が必要だ。簡単に情報をとれるネットが、なぜか信用されることもある。沖縄戦を継承するはずの立場の人も誤解していたりする。ある作家が『沖縄2紙をつぶせ』、『普天間飛行場は、人も住んで

23　保護観察処分を受けた少年4人はその後、12月6日、保護者や保護観察官と共にガマを訪れ、遺族に謝罪した。少年は「自分たちの子どもに沖縄戦のことを伝えていくため、勉強したい」などと話し、うち一人が謝罪文を遺族に手渡した。遺族らは、少年がチビチリガマの歴史を知らず、悪ふざけで損壊に及んだことから今後、資料や文献で学び、報告書にまとめるよう求めた（「琉球新報」、「沖縄タイムス」2017年12月7日付朝刊社会面）。

いない何もないところにできた』などと発言したとの報道があったとき、当時勤務していた小学校の20歳代の同僚職員がその言説を完全に信じていたことに驚いた。ネット世代へ、どう真実を伝えるかがポイントだと思う」。

　担当の地域以外の戦跡にもしばしば足を運び、戦争体験の聴き取りを続けている阪口も、「伝え方」を課題にした。

　「チビチリガマに関しては、この場所がどういう場所であるかを子どもたちに伝えきれなかった、伝えてこなかった大人たちの責任だと思う。伝えてきたかもしれないが、この場所で何が起きたかを想像できなかったのだろう。あらためて沖縄戦の伝え方や教育のあり方を考えた。沖縄の新聞社だからこそできる、訴え方があると思う。県民に対して紙面をつくるのはもちろんだが、それだけでなく、本土や米国に向けて紙面以外の方法で伝えるやり方が必要かもしれない」。

　半嶺は、学校での沖縄戦の学びが形だけのものになっているのではと心配する。

　「学校教育での沖縄戦の学びが、形骸化しているのではと思う。報道しても『また沖縄戦か』や『沖縄戦のことはもう知っている』などと思われていないか不安もある。一人ひとりが違う体験をしていても『沖縄戦』とひとくくりにされ、単なる史実の一つとなってしまっているのかなと思う。働き世代の大人も巻き込むような、沖縄戦学習が必要ではないか。沖縄戦は突然発生したのではなく、日中戦争や世界大戦、世界恐慌など、いろんな流れのなかで沖縄戦に突入した。戦後も沖縄戦から続く流れ（基地など）があり、今があるということを、もっと分かりやすく報道で伝える工夫が必要だ」。

　塚崎は事象の背景を明確に伝えることが大切、と感じている。

　「住民が集団で自死した例でも『友軍の足手まといにならぬため』と『天皇陛下万歳』と叫び、『潔くも』自ら命を絶った住民たち、という現象のみに着目するのであれば、殉国美談になる。しかし、集団死には皇民化教育や軍による直接的・間接的な命令があったこと、軍による手りゅう弾の配布など、その背景にも視点を広げるのであれば、アジア太平洋戦争を戦って日本が米軍から守りたかったものが沖縄県民でなく、天皇

であったこと、その天皇を守るために県民が犠牲になったことを示す事例となる。このように、単に現象に着目するのではなく、その背景に何があったかを深く掘り下げることが誤解を解くために必要な取り組みとなる」。

　ガマを壊した少年のような世代に伝えるべき沖縄戦の記憶とは何か。それをどう伝えるか。6人が近い将来、継承報道の中核を担うのは間違いないだけに、この事件を今後、教訓としてどのように活かすのか、課題のひとつであろう。

5　「未来に伝える沖縄戦」の意義と課題について
　「未来に伝える沖縄戦」は、子どもたちが学ぶと同時に、継承媒体者である記者がこの企画取材を通して沖縄戦への視線を養う意味もある。阪口の取り組みはそれを意識している。
　「沖縄戦体験者は、時系列がばらばらになって話すことが多い。若い世代の自分たちが時系列や位置関係を間違って受け止めてはならないので、納得いくまで事前に何度も通い、自分で整理がついてから中・高生を連れて行く。そのほか、この話は史実と異なるのではないか、と疑問に思うときは必ず市史や字誌を読むようにしている。そうすると事実と異なる証言であることや、新たな証言であることが推測できるようになる。何度も通うと、最初に聴けなかったことが二度目、三度目に出てくることがあった。中・高生に話をする時も、体験者は時系列がばらばらになって話すことがある。そのたびに話を止め、生徒に時系列を整理して要点や生徒が知らないであろう単語を説明する。生徒も初めて耳にする沖縄戦で、時系列や知らない単語が出てくれば理解することができずに無駄な時間を過ごすだけになってしまう。そうならないように地図や写真を事前に用意し、体験者の話を理解してもらうように気をつけている」。
　沖縄戦は長期にわたった広範囲の地上戦であった。場所によって、体験の内容がそれぞれ異なる。一人ひとりのこうした体験を中・高生を立ち会わせてきめ細かく聴き取り、記録することは、実は、記者にとっても貴重な取材でもあり、感性も試される。半嶺はそう感じている。
　「(「未来に伝える沖縄戦」企画では) 一人ひとりの個別の戦争体験の

記録ができる。沖縄本島の戦だけでなく、県外、離島、海外での戦争体験、母親の戦争体験、なども幅広く扱っており、しかもそれが継続していることが大きい。より実感を持って聴きたい、高校生にも聴いてほしいと考え、工夫している。現在の場所と当時の場所を一致させるために、現在の地図と当時の地図を持参したりもした。体験者が苦しそうな顔をするとき、これ以上聴いたら、体験者の心をもっと苦しめるのでは、と怖かった」。

若い記者なりの沖縄戦への強い想いが工夫を生み、それが体験者の心に入っていく新たな道をつくっていく。「未来に伝える沖縄戦」の連載は、体験者が存命する限り今後も継続するであろうし、「記者への継承」のためにも貴重な企画であり続けるだろう。だからこそ、その活用方法を常に検討し、質を高める努力を積み重ねていかなければならないであろう。

塚崎は、その活用方法に注文をつける。

「アーカイブ的な意味は大きい。私が担当した方も掲載日に電話があり、『一生の思い出になった』と言っていただいた。戦後70年以上がたち、自分の記憶をなんとか残したいと思っている戦争体験者は少なくないはずで、そういうニーズに応える企画になっていると思う。課題はある。いかに読まれる紙面につなげるか、ということが重要。個人の戦争体験談が中心の紙面で、当時の写真も白黒であるので、ビジュアル的にも読まれる紙面とは言いづらいのではないか。掲載頻度を減らしてでも、記者が体験者の逃避行を追体験したり、動画にしたりするなどの形を取ってもいいのではないか」。

体験者の証言は動画でも紹介している。清水は、その動画に工夫が必要、とする。

「動画へのアクセスが少ないのが現状。単に映像をアップロードするだけではなく、工夫した編集が必要だ。記事も興味のある人以外にどれほど読まれているか疑問だ。これにも工夫が欠かせない。絶対に資料価値はある企画だと思っているので」。

小学校の教師として平和学習に取り組んだ経験のある嘉数の意見はさらに具体的で、新聞と教育現場の双方が「優秀な子の立派な感想」を求

めているのではと問題点を指摘し、大胆な見直しを提言する。

「聴き取る中・高生には、体験者の思いをしっかり受け止めてもらうようにしている。悲惨さ・残酷さをできる限りそのままの濃さで伝えてほしいと強く思うからだ。話すことで体調不良になる体験者もいることに考慮しながら、可能な限り、生々しく具体的に話してもらうようにしている。この企画ですぐに見直すべきは、聴き取りの生徒をどう選ぶか。どの学校も、生徒会長など優秀な子を推薦しているような雰囲気を感じる。感想文を掲載することを見込んでのことだろう。そこを変えたい。回数を減らしてもいいから、語り手に対して１学級全員という割合で平和学習の特別授業を実施し、全員に簡単な感想文を書いてもらって、特に印象的なものから掲載したらどうか。子どもがどう感じたかを発信することは大切だが、最も留意しなければならないのは継承の方法。学校現場のほとんどは、６月の慰霊の日に向けた時期にしか沖縄戦を取り上げない。この企画をもっと活用するためにも、大胆に工夫することが不可欠だ」。

企画が長期化すると、前例を踏襲するケースが増えてくる。しかし、体験者が急速に減少していくなかでの沖縄戦継承企画は、「これまで通り」では立ち行かなくなってしまうであろう。2017年から新たに「記者も学んだ」というコーナーを設けているが、例えば半年ごとに取り組み方法を見直し、さらに踏み込んだ取り組みを紙面に反映して継承の質を高めていくような工夫が求められよう。重要なのは、嘉数のような発想を放さないことだ。

6　沖縄の新聞／記者と沖縄戦

日本国土の0.6％の面積に過ぎない沖縄に米軍基地の70％が集中するいびつな姿の出発点は沖縄戦にある。この異常な事態を「まともな感情」（屋嘉比収）[24]で直視すれば、沖縄戦の記憶継承は、今後も沖縄の記者にとって不可欠な仕事であり続ける。

24　第１章第２節「屋嘉比収の視座／歴史への想像力〜『土地の記憶』に根ざした当事者性の獲得」参照。

半嶺は「記者の役割」を強く意識している。
「戦争は、止められないはずはなく、戦争に突入する前の段階がいくつもある。その前の段階をしっかり見極め、沖縄戦当時と比較しながら事実を報道する。戦争前の段階が、今の時代にあるのであれば、読者が考えて議論できる紙面をつくる。研究者は、事実の解明、平和ガイドは幅広く伝える。新聞記者はその両面を持ち合わせることができるはずだ」。
　沖縄で「いま」起きていることの根っこには沖縄戦がある。塚崎は、ここから考える。
「現在沖縄で起きているあらゆる問題の根源に直接的、間接的に沖縄戦が関係していると思う。それを念頭に置くことが求められる。また、日本国内で唯一の大規模に住民を巻き込んだ地上戦が発生した点も意識すべきだと思う。第一次大戦以来、戦争は軍隊同士が戦うものでなく、市民を巻き込んだ『総力戦』となるのが一般化した。それを経験した地で働く記者として、その実態を記録し、伝えていくことは使命であるとも考えている。自衛隊がPKOに参加していた南スーダンでも、内紛に住民が巻き込まれるという点では共通している。そうした状況に平和憲法を持つ日本が入るべきなのかという点を考える上でも、沖縄戦の実態を考え、発信していくことは日本社会にとっても重要だと思う。体験者の話を聞いたり文献を読んだりして当時の状況を他者に伝えるという点では、新聞記者は平和ガイドと同じだ。だが、記者は当時の状況を踏まえて、現在の問題との関連性を表現する。基地問題だけでなく、戦争PTSDや教育の問題など、当事者に取材をして記事として表現できることがある。研究者との違いは、それを届けることのできるレンジの広さだと思う」。
　嘉数は教師の体験から「平和教育に役立つような新聞/記者」を目指す。
「学校現場での平和教育に役立つような報道が必要だと強く感じる。教師時代、毎週、県内２紙の子ども新聞を自分の学級に持参していた。沖縄戦についてもよく取り上げられていた。子ども新聞に記載された内容について時間を割いて子どもの前で特に話すことはなかったが、子どもたちは自分で目を通し、学んでいた。子ども新聞を読んでいた子たち

は、平和学習での学びが他の子より大きかったと断言できる。自分で新聞をつくった女児もいた。彼女の新聞を今も持っているが、県知事になったばかりの翁長雄志知事のことが書いてある。また『陽先生は基地をつくるのに賛成ですか、反対ですか』との問いかけもある。新聞が子どもの身近にある環境をつくることが、沖縄戦を含めた全てを伝えるための一番の近道なのではないか」。

7　今後の沖縄戦報道に求められるもの

　6人は近い将来、沖縄戦報道の中核を担うであろう。その際に具体化すべきことを考えていた。

　阪口は体験者の肉声を残す「オーラルヒストリー」の取り組みの必要性を訴える。

　「2年前に沖縄戦の体験を語ってくれた人はもう亡くなった。肉声はもう聴くことはできない。そのため、ICレコーダーに録音した声が、永遠に残さなくてはいけない唯一の『歴史』になる。そんなオーラルヒストリーを集めて、新聞社は保管すべきだと思う。『未来に伝える沖縄戦』で録音した生の声を、集めて保管し、その肉声は、今後も沖縄戦を伝える際に活用すべきだ。『記者が語り継ぐ沖縄戦』という形で沖縄の新聞記者が沖縄戦の体験をきちんと説明できる体制をつくるべきではないか。広島市が市の事業として、被ばく者の体験を第三者によって伝える取り組みを始めている。そのような体制づくりを沖縄も始めるべきだと思う。もう一つ。学校の教育現場での取り組みも重要だと思う。新聞社と学校（教育委員会）が一緒になって体制づくりを進める。NIEなど新聞を活用して子どもたちに沖縄戦を実感してもらい、記者が企画する沖縄戦ツアー、ガマ巡りに連れて行くなどの校外学習を通じて沖縄戦を身近に考えさせることが必要ではないか」。

　清水はデジタル展開を考えている。

　「デジタルの展開で、最新の技術を使って（VRなど）沖縄戦を体感できないか。沖縄戦だけでなく、現在の基地問題も体感して伝えることができないか考えたい。学校現場との結びつきも必要だ。学校でも、文献や資料で知るだけでなく実際にガマを訪れるなど体感を含めた企画が

必要だと感じる。チビチリガマの事件の後に平和ガイドを取材していたら、県外の高校生が熱心で沖縄の子どもたちが自分たちの足元を見詰める機会が少ないことを嘆いていた。私も同感だ」。

塚崎はビジュアルな展開を提案する。

「体験者の聴き取りの蓄積はできてきていると思う。それをいかにビジュアル的に工夫して見せていくかが問われている。例えば漫画として連載するなど、ヒットするものも考えていく必要があるのではないか」。

半嶺は英語を駆使して世界に発信することが欠かせないとする。

「沖縄戦についてはまだまだ未解明なことがたくさんある。体験者が少なくなっている今、その解明には米軍文書の解読と、日本政府の文書でまだ世に出ていないものの分析は必須だと思う。膨大な資料の分析にかかる時間や専門性、英語力を備えた人が不可欠で、取り組むのであれば、沖縄戦報道専門のチームをつくらなければ不可能だ。それほど、時間と知識、労力が必要な取材だが、それはやらなければならないことだと感じている。また、より多くの人が報道資料に触れられるよう、デジタル面を充実させることも必須だと思う。沖縄戦の多面的な出来事を、それぞれ伝えることで、『また沖縄戦』、『沖縄戦のことはもう何度も聞いたし知っている』という反応を防ぐことも必要では」。

8　記憶を引き出し、広げる

この章では、『沖縄戦新聞』取材班の16人、「未来に伝える沖縄戦」にかかわっている若い記者たち6人と「対話」してきた。そして、確認できたのは、世代をへだてていても、全員が沖縄戦の記憶を未来につなぐ覚悟を固めていたことであった。

その際のヒントになると思われる研究を示しておこう。記憶の継承には、記憶の発掘と記録化が不可欠であるが、時系列にも正確性が求められる「証言」とは別の、記憶を引き出す「語り」に注目した臨床心理学を専門とする吉川麻衣子の研究である。[25]

吉川は、家族に沖縄戦の犠牲者がいたこと、小学校時代に沖縄戦を体験した教師から戦場の実相を学んだことなどから、沖縄戦への取り組みを自らのテーマに掲げた。17年間で500人以上の体験者と語り合い、

体験者を7つの地域でグループ分けして体験者同士で語り合う会をつくることを促し10年間で計837回の「語らう場」を開催した。その音声記録は2924時間にのぼる。

　吉川自身が体験者に「語らう場」への参加を呼びかけ、ためらう人には無理強いをせず、時間をかけて待つ。やがて（声をかけて数年後に参加というケースもあった）参加することになった体験者に、最初から特に発言を求めない。グループの人たちがどんな話をしているのかに耳を傾けてもらいながら、グループ内で人間関係を徐々につくり、精神的な緊張感が溶けてきたところで、体験者が自発的に語りを始める——という方法でそれぞれの記憶をグループ内で共有し合った。

　吉川が紹介している事例は以下のようである。

　　沖縄生まれで元日本兵だった照屋さん（仮名）は、自然壕（ガマ）で母子を殺したことを悔いていた。戦後も長年、口にすることはなく自責の念だけで生きてきたが、グループの語らいのなかで、告白した。自分一人だけがつらい想いでいたのではないことを感じ、口を開いた。そして、グループでこの壕に足を運び、照屋さんが号泣しながらかつて手をかけた母子に謝罪した。[26]

　　ハルさん（仮名）は沖縄戦で父とともにスパイ容疑をかけられ、父は殺され、自らも虐待を受けて指を損傷した。人間不信に陥り、戦後も一人暮らしを続け、近所付き合いもほとんどしていなかった。「語らう場」の参加に時間がかかり、参加してからも聞き役に回っていた。しかし、グループ内での他愛ない会話や付き合いの距離感がなくなっていくにつれ、次第に体験を口にするようになった。この語りの後、ハルさんはがんで亡くなるが、看取ったのは「語らいの場」のメンバーであり、亡

---

[25]　吉川麻衣子『沖縄戦を生きぬいた人びと』（創元社、2017年）は、吉川の長年の研究成果をもとに、「語り」の一部を紹介し、その背景である沖縄戦についても平易な文体で書き起こしている。
[26]　吉川、注25前掲書、90頁〜104頁。

くなる直前、ハルさんは「みんなと出会って、初めて死にたくないと思った。それまでは、早く死にたいと思っていたのに」と話した[27]。

　この事例は何を伝えているのであろうか。
　誰にも話さないできた戦場の体験を語るようにするには、研究者が時間をかけ、その心をねぎらいながら癒やしていく。そのうえで、体験者の話を聴いてくれる具体的な人びとの存在を実感してもらう。研究者と体験者だけの限られた空間で語りを促すのではなく、信頼できる人びとと共感し合える場を用意する。こうしたことの積み重ねが、記憶を引き出すことにつながるのではないか。
　沖縄戦体験者と向き合うとき、研究者も新聞記者も忘れてはならないこの手法（というより、人間としての振る舞い）があって初めて、心の底に抑え込んでいた記憶の引き出しの前に立つことができる。成果を挙げた『沖縄戦新聞』でも、すでに述べたように、記者たちは体験者の心に分け入ることの難しさを感じており、「語らなかった記憶」をどう発掘していくか、今後の沖縄戦報道でも基本であり続けるであろう。

　この吉川の研究と研究姿勢に学んだうえで、証言者の激減という動かしがたい条件のなかで、新聞／記者がなすべきことは何かを提言したい。その柱は、沖縄戦の記憶をさらに引き出し、さらに広げるということである。記者たちの問題意識や提案も踏まえ、考えられることは、次の７点である。
　一つは、デジタルの積極的活用。メディアをめぐる環境が急激に変化するなか、デジタルを使って海外も含む沖縄以外の地域にも沖縄戦報道を拡大する。目的は、関心の輪をより広くすることにある。住民の視点に重きを置いた沖縄戦の記憶を沖縄という限定された地域にとどめるのではなく、より広く理解を求めるための工夫と実践が今後、急務となろう。
　二つは、上記の応用として地元の大学研究者らと協力しながら沖縄戦

27　吉川、注25前掲書、105頁〜132頁。

の記憶を多言語に翻訳し、世界に発信することである。殉国を強調する「国家の記憶」を相対化する民衆知としての「土地の記憶」が内包する普遍性を「人類の記憶」として刻んでいく試みも喫緊課題だ。

　三つは、沖縄戦での「心の傷」や証言の奥に潜む記憶の闇への着目である。前述の吉川の取り組みや當山冨士子の論文「本島南部一農村と沖縄戦―精神衛生の問題を中心に」などをまとめた『終戦から67年目にみる沖縄戦体験者の精神保健』（沖縄戦トラウマ研究会編、2013年）の研究は従来の沖縄戦研究にはなかったアプローチであり、これを意識することで取材の際に記者の想像力はより高まるであろう。

　四つは、戦争遺跡から考える、という発想である。現在、沖縄県内で文化財指定を受けている戦争遺跡は、11市町村19カ所でしかない。証言者からの資料収集が限界に近づきつつあるなか、「場所」としての戦争遺跡を活用する方法を見出すべきであろう[28]。

　五つは、かつて沖縄県史や那覇市史に新聞人が積極的にかかわったように、メディアが発案者となって行政／教育、研究者、平和ガイドなど継承に関連するすべての団体、さらに沖縄戦に対して独自の感性で向き合っている文学者、作家なども網羅する協議体の構築を図るべきであろう。継承を、組織の枠を超えて「島ぐるみ」の事業として行うべき時である。

　六つは、ひめゆり平和祈念資料館や佐喜眞美術館など自治体の制約を受けず、戦争体験者や平和希求者の想いを込めて設立・運営されている施設と新聞社との連携強化を図り、発信部門で新聞が責任を持って展開する新たな企画を立案することである。ひめゆり平和祈念資料館は体験者から引き継いだ若い世代が2017年、海外の平和施設を視察し、より広い形で記憶の継承を模索しており[29]、こうした流れを新聞はウォッチす

28　吉浜忍は自著『沖縄の戦争遺跡』（吉川弘文館、2017年）で沖縄県内149カ所の遺跡・慰霊碑を取り上げ、戦争の記憶を未来につなげるために、これらの「モノ」から学ぶべきことが多いと指摘している。
29　古賀徳子「ヨーロッパ平和交流　旅に参加して（上、下）」「沖縄タイムス」2017年6月19日付〜20日付朝刊文化面、仲田晃子「ひめゆり×欧州　平和交流の旅報告（上、下）」「琉球新報」2017年6月22日〜23日付朝刊刊文化面。

るだけでなく、積極的な関与・協力態勢をつくり、当事者性を持って発信する行動に出るべきであろう。
　最後の七つは、学校現場との協力である。沖縄戦の記憶という沖縄のアイデンティティにかかわる「土地の記憶」を絶やさず、沖縄の次々代に継承していくという強い意志を持続させるために取り組むべき教育課題に、新聞／記者が能動的にかかわっていくべきではないか。

終　章

　『沖縄戦新聞』は沖縄戦を戦後60年の「いまの情報、視点」で描いた。それは、沖縄戦という「そのとき」に向き合いながら、米軍基地の過重な負担という過酷な「いま」を住民の視点に徹して直視するというジャーナリズムの思想として提示した新しい形の戦記であった。そして、証言や史料／資料の奥底に、語ら（れ）ないまま封印された記憶の塊、伝えきれない記憶の束が眠っていることを示唆し、戦後60年という時点にとどまってはならないメッセージと課題も内包していた。戦争体験者から直接聴き取ることが出来る時間はもう、多くはない。であれば、その記憶を常に「いま」に引きつけ沖縄戦を未来に伝え続けていくために求められるものは何か。その方法は、どうあるべきか。

　確実にいえるのは、沖縄戦への想像力が今後、ますます必要とされるであろうということである。第3章第3節で言及した目取真俊について再検討しながら結びに入る。

　目取真は自身の小説「水滴」が芥川賞を受賞（1997年）した際に創作の発想について質問を受け、このように答えている。

　　僕が幼い頃、ウブシリーのお爺という人がいました。百歳まで生きたんですが、80を過ぎてから胸に角が生えだした。角が伸びすぎると皮が引きつって痛いというので、定期的に切ってもらっていたんです。発想の元にあるのはそういう記憶ですね。沖縄の各地には、終戦直後、戦死者たちの養分を吸収して、大きな南瓜や冬瓜ができたという話がたくさんあります。戦死者が植物を育てたり、植物に姿を変えて、生きのびている……。身近なところでそういう話に接していて、身体の一部が変形したり、何かがこぼれてきたりするイメージは、ずっと温めていました。

この答えを質問者は「いかにも沖縄的な話ですね」と、ローカル性に閉じ込めて受け流した。しかし、目取真は住民の肌に染みこんだ「土地の記憶」の奥深さを語っていたように受け止めるべきであったろう。それは具体的な土地の具体的な人々への愛着であり、尊厳を有する固有性―アイデンティティとも言い換えられよう―を放さない思想に通底するもので、「国家の記憶」につながる「ナショナリズム」を相対化するものとしてとらえられなければならない。このため、ローカル性という特殊領域に固定して「土地の記憶」が孕んでいる価値を敢えて無視する思考方法では、その意義が見出せないことになるのではないか。
　目取真の創造／想像する「記憶」は、実証不可能である。戦後生まれの目取真には、沖縄戦の体験もない。しかし、幼いころから祖母の話や地域の言い伝えを通じて戦争の記憶につながる確かなものを内在化させてきた。この目取真の一連の作品について「日常の裂け目からいつなんどき噴き出してきても不思議ではない沖縄戦の命脈を探り当てている」とした新城郁夫は次のように論じる。

　　「体験」という枠組みに閉じることなく、むしろ体験していないが故に、戦争体験者や戦死者たちとの内的対話を通じて、語りえない記憶、一般化され得ない問いとしての沖縄戦を今に蘇らせようとする目取真の作品を読む時、体験していない私（たち）もまた、むしろ当事者性を獲得するようにして、沖縄戦を自らの痛みとして発見し得る可能性を感じることができるであろう。その時必要なのは、私たちにとっての沖縄戦をいま一度再構築していくような試みであるだろうし、また、自らの日常の中に戦争を感じ取って行く想像力であるように思える。[2]

　新城はさらに、「沖縄戦をめぐる論議の中で、ある種、検証され得な

1　目取真俊「受賞の言葉　目取真俊」『文藝春秋』1997年9月号、424頁。
2　新城郁夫「沖縄戦を紡ぎなおす言葉」『沖縄文学という企て　葛藤する言語・身体・記憶』（インパクト出版会、2003年）53頁。

い語り、実証的資料としての価値を持ち得ない語りは、多く、閑却されてきたように感じられる[3]」として戦後沖縄文学の成果を沖縄戦研究のなかで位置づけるよう、次のように提起する。

　　今現在、盛んに議論されている沖縄戦研究の作業の中にあっても、様々な形で沖縄戦を描き続け問い続けてきた戦後沖縄文学の成果が、積極的に位置づけられるということはない。客観的事実の検証という側面だけでなく、文学を含め、実証的証言という枠組みからこぼれ落ちていくような多くの語りを包含するような、そんな沖縄戦の語りの総合的な見直しが求められているのではないか[4]。

　新城の指摘する「語ら（れ）ない記憶」への注視に関連しては、『沖縄戦新聞』で展開した「戦争遺跡を歩く」に触れつつ第3章第3節ですでに述べた。体験者が早晩、歴史の舞台から去っていくとき、求められる継承の「かたち」のひとつは、こうした記憶への想像力が生むものであり、継承ジャーナリズムのあり方もそのようにウイングを広げていかなければならないであろう。

　本書は戦後沖縄ジャーナリズムが沖縄戦と向き合った姿を、企画連載・特集の流れ、『沖縄戦新聞』の展開を軸に考えた。そこから眺望出来るのは、仲宗根政善や大田昌秀など沖縄戦を体験した英知が強い意志を持って語った「反戦平和という沖縄の心[5]」であった。そして、『鉄の暴風』が提起した「住民の視点」を沖縄2紙は放さず、その視点が「心」に通じることを紙面で伝えていったことも確認した。

　仲宗根も大田もすでに亡い。その「心」が語り続けられるには、ジャーナリズムにこれまで以上の当事者性を伴った決意と覚悟が欠かせない。『沖縄戦新聞』は「二度と戦争のためにペンを執らない」ことをすでに

3　新城、注2前掲書55頁。
4　新城、注2前掲書56頁。
5　仲宗根政善『石に刻む』沖縄タイムス社、1983年、191頁。

読者に誓った。この誓いを未来に向かっても堅持するための力となるのが沖縄戦への想像力を通じた当事者性の獲得であろう。「琉球処分」の行き着いたところが沖縄戦であったという史実に謙虚に向き合い、沖縄戦が今日の過酷な状況につながっているという事実を冷静に分析できる想像力。この力が紡ぎ出す像の中心に描かれるのが非戦闘員の理不尽な非業の死と、生き残った人たちの言語に絶する戦場体験及び戦場後の葛藤であったと受け止めるのがジャーナリズムの「まともな感情」であり、これが「いま」を眼差す視点につながっているというのが、『沖縄戦新聞』が発した沖縄戦の記憶の継承を支える思想の原点というべきであろう。

　体験者なき時代にも続く継承、という新たな局面に私たちは間もなく向き合うことになる。沖縄戦の体験を語り継ぐということは、戦争に至るまでの経緯と、この結果が生み出した現況を直視しながら感じ取る痛みの語り継ぎでもある。体験者の痛覚と辛苦を核とする「土地の記憶」への畏敬を引き継いで、これを読者に提示するのが継承媒体としての新聞／記者であるとすれば、『沖縄戦新聞』が体現しようとした「理想への執念」は「戦後60年」だけの輝きではなく、読者と新聞／記者が想像力を共有し分かち合う「魂（まぶい）の新聞」の原型として今後もその光を放ち続けるはずである。

補　章
==========
継承の「かたち」

補章　継承の「かたち」

1　青山学院高等部入試問題の波紋

　沖縄戦の継承活動を蔑むような出来事が、『沖縄戦新聞』が刊行中だった戦後60年の節目の年に発覚した。東京の高校の入学試験で、英文読解問題にひめゆり学徒隊の体験者の語りを「退屈」とする表現があり、その理由の「正解」として「彼女の話し方が好きでなかったから」を選択させていた。「沖縄慰霊の日」が近づいた2005年6月9日、「沖縄タイムス」夕刊にスクープ記事が載った。その前文。

> 　東京の私立進学校、青山学院高等部が今年2月に実施した入学試験の英語科目で、元ひめゆり学徒の沖縄戦に関する証言が「退屈で、飽きてしまった」との英文を出題していたことが9日までに、分かった。生徒の感想文の体裁になっているが、教員が試験のために書き下ろした。元ひめゆり学徒らは「つらい体験を明かしている語り部をむち打つもの」と憤った。同校は「大変申し訳ない」と謝罪している。[1]

　英文で出題された問題の箇所は、以下のように記述されていた（日本語訳・喜納育江）。

> 　確かにひめゆり部隊[2]で生き延びた老婦人が私達に語った体験談は、ショッキングだったし、戦争のイメージについてもすごくよく伝わった。でも、ほんとうのことを言うと、私にとってそれは退屈だったし、私は彼女の体験談を聞いているのが嫌になってしまった。彼女が話せば話すほど、私はあの洞窟の強い印象を失った。私は、彼女がその体験談を何度も何度も、とて

---

[1]　「沖縄タイムス」2005年6月9日付夕刊社会面。

も多くの機会に話しているからそれを語るのがとてもうまくなっているのだということがよく分かった。彼女の体験談は、母親が赤ん坊に枕元で語る話のように、（ほとんど覚えている話が）実に簡単に口をついて出てくるような感じだった。もちろん、私の友達の何人かはそれに感動したし、だから私は、彼女の体験談には何の意味もないなどとは言うべきでない。

　これを受験生に読ませたうえで、設問は「なぜ筆者はひめゆり記念公園（ママ）で語られた話が好きではなかったのか」とし、A 彼はすでに話の全体を知っていたから、B 彼はそれがウソだと知っていたから、C 彼は老婦人が彼を子供のように扱っていると思ったから、D 彼は彼女の話し方が好きではなかったから──のなかからDを「正解」として回答させようとした。しかし、そもそもひめゆり学徒隊やひめゆり平和祈念資料館についての記述自体が誤りであり、沖縄戦に対する理解や認識が浅薄な「私」が受けたままの印象を英文読解力の問題として出題すること自体が無謀であった、と喜納は指摘する。

　　無数の命の犠牲のうえにやっと気づいた「人類の真実」をなんとか必死に伝えようとする行為に、なんて愚かな問題提起を

2　出題の英文表記は「Himeyuri squad」とあり、「＊」を付けて文末に日本語で「ひめゆり部隊（第二次世界大戦中、沖縄で女子学生によって結成された従軍部隊）」と不正確で粗雑な注釈を設けている。この呼称について、「琉球新報」2005年10月28日付朝刊文化面コラム「落ち穂」で仲田晃子は「呼称について」の見出しで次のように説明している。「沖縄戦当時、『ひめゆり部隊』という部隊があったわけではない。（中略）『陸軍病院に動員されたひめゆり学徒と引率教諭たち』を総称する言葉は戦時中にはなく、戦後、出来事を語る際にさまざまな呼称が用いられてきた。とりわけ『ひめゆり部隊』という言葉は、主にひめゆりを殉国美談として語るときに使われてきた呼称だ。（中略）ひめゆり平和祈念資料館が、即座に殉国美談の物語を呼び込んでしまう『ひめゆり部隊』という呼称を避けて『ひめゆり学徒隊』という言葉を使っているのは、戦争の美化を許さない、という生存者たちの姿勢の現われでもある」。

3　ひめゆり平和祈念資料館「2005年度青山学院入試問題（抄録）・喜納育江訳」『青山学院高等部入試問題に関する特集』財団法人女師・一高女ひめゆり同窓会立ひめゆり平和祈念資料館編集、2006年、48頁。

してしまったのだろう。(中略)おそらくそこには、「戦争の記憶」や「それを語り継ぐことの難しさ」が、いかに重いテーマであるかという歴史感覚や政治認識が欠けていたのではないか。その結果が"boring"という、中学生でもわかる簡単な(＝単純な)感情表現の単語を、言葉の置かれる文脈や状況もよく考えずにただ置くことによって、ひめゆりの語りの重みを見下した形となった。[4]

こうした沖縄側の反応に対し青山学院側が「心で理解していなかった」、「現実を理解していなかった」として全面的に謝罪し、資料館側は「この経験をきっかけに良い方向にいくよう期待している」としてこれを受け入れた。沖縄県副知事は謝罪に沖縄県庁を訪れた青山学院側に「問題は三つある」と前置きして「沖縄戦は本土決戦の時間稼ぎだった」、「本土が平和憲法の下で経済発展する前提として、沖縄を切り離し犠牲にした」、「基地の過重負担も日本全体の問題としてとらえない」と語り、「災い転じて、という言葉もある。沖縄ではなく、皆さん自身の問題として考えてほしい」と注文をつけた。[6]

問題の本質は、語る側にあったのではなく、受け止める側にあったことは明白だった。沖縄戦の記憶の継承は、聴き取る側の覚悟と行動にかかっていると屋嘉比収が指摘し、そこを出発点に思索を深めたことは第1章ですでに言及した。青山学院高等部の入試問題は、その出発点への想像力がなかったことに加え、戦争体験者の悲しみや怒りを受け止める感性もが摩滅していたことから惹起したといえる。学校側は反省のうえで謝罪し、表面上は発覚から1週間で一応の終息をみたが、この問題を

4　喜納育江「ひめゆりの視点から見える日本の英語教育と言葉の問題」ひめゆり平和祈念資料館、注4前掲書、37頁。
5　報道を受けて稲嶺恵一知事が「がくぜんとした。心に重荷を背負う証言者の努力に冷水を浴びせるようなもの。大変ショック」と定例記者会見で述べていた(「沖縄タイムス」2005年6月10日付夕刊社会面)ことから、青山学院側が謝罪に県庁を訪れた。
6　「沖縄タイムス」2005年6月14日付朝刊1面、社会面。

受けて「沖縄タイムス」は「沖縄慰霊の日」の社説で、こう書いて意識的な継承作業を読者に促し、新聞／記者の決意も込めた。

> 体験者の声を聞くことができるぎりぎりの時代に入っているからこそ、今を生きる私たちが、しっかりと「沖縄」を受け継いでいかなければならない。戦争を心にとどめるだけでなく、自分の言葉で次の世代へどう伝えていくのか。古い記憶と体験を継承する意識的な作業が必要だ。戦後60年の節目に行動したい[7]。

　この問題をはさんで刊行を続けていた『沖縄戦新聞』に、波紋が直接反映されることはなかった。しかし、「沖縄戦　事実上終結」を報じた6月23日付の第11号発行の前日と当日、本紙の「琉球新報」文化面で寄稿「戦を語る　平和を学ぶ　青山学院高『入試問題』と証言活動」を連載（「上」「下」の2回）し、紙面上の連携を図った。
　「上」を担当した上間かな恵は「死の恐怖乗り越え証言／知る機会奪うことへの抵抗を」として、次のように結んだ。

> よく知り、語り合い、いろんな感情の中で葛藤することから他者に対する豊かな想像力も柔らかい感性も生まれる。この感性の豊かさが傷ついた人々の話を「聞く」力をつくっていく。豊かな感情や柔らかい心で戦争はできない。真実を知る機会を奪い、感情を硬直させようとするものに対して愚直に、したたかに抵抗していかなければと思う。私たちはすでに、沖縄戦という地獄をみた証人たちがゆるぎのない確かな存在であることの証人なのだから[8]。

7　「沖縄タイムス」2005年6月23日付朝刊社説。
8　上間かな恵「死の恐怖乗り越え証言／知る機会奪うことへの抵抗を」「琉球新報」2005年6月22日付朝刊文化面「戦を語る　平和を学ぶ　青山学院高『入試問題』と証言活動」。

「下」では吉川由紀が「証言者に思い寄せる／痛み分かち合う姿勢を」として、こう締めくくった。

> 科学がこんなに発達して、体の中を透かして見ることができるようになった現代でも、人の心の中だけは決して見ることができない。だから私たちは、自分以外の人の心の内側を想像するしかない。平和学習は決して戦争学習ではなく、痛みを背負う人々と共に立ち痛みを分けてもらいながら、痛みに学ぶ姿勢を社会全体でつくっていくことのように思う。学習のための平和学習で終らせたくない。[9]

突然、矢面に立たされたひめゆり平和祈念資料館側も、この問題を機に「次の世代にいかに伝えるか」（本村つる館長＝引用者注、当時）[10]の提起と受け止め、課題を整理し、これを深化させようと試みた。問題発覚に際して考えたことを元学徒の宮城喜久子が「証言員のひとりとして」[11]とする手記を書き、寄せられた感想文を元学徒の津波古ヒサと仲里正子が「寄せられた感想文から」[12]として分析し、これに職員の仲田晃子がメールや手紙も加えて「入試問題への反響」としてまとめた。[13]普天間朝佳、前泊克美、我那覇亮司ら職員もこの問題を総括し、それぞれに沖縄戦体験の継承のあり方、平和学習の今後の課題などを導き出した。これら文書のほか、識者の見解、報道された新聞紙面、入試問題全文とその日本語訳、青山学院側の反省文（校内誌から転載）と経過表を網羅した特集を冊子『青山学院高等部入試問題に関する特集』にまとめ、記録として残した。

9　吉川由紀「証言者に思い寄せる／痛み分かち合う姿勢を」「琉球新報」2005年6月23日付朝刊文化面「戦を語る　平和を学ぶ　青山学院高『入試問題』と証言活動」。
10　本村つる「次の世代にいかに伝えるか」ひめゆり平和祈念資料館、注4前掲書、4〜5頁。
11　宮城喜久子「証言員のひとりとして」ひめゆり平和祈念資料館、注4前掲書、6〜7頁。
12　津波古ヒサ、仲里正子「寄せられた感想文から」ひめゆり平和祈念資料館、注4前掲書、8〜11頁。
13　仲田晃子「入試問題への反響」ひめゆり平和祈念資料館、注4前掲書、19〜27頁。

青山学院高等部の入試問題による衝撃は決して小さくはなかったが、ひめゆり平和祈念資料館は『特集』をまとめることで、これを乗り越えた。この問題の発覚前から進んでいた次世代への継承に向けた取り組みにも拍車がかかった。

2　継承者としての「説明員」

　ひめゆり平和祈念資料館は「財団法人沖縄県女師・一高女ひめゆり同窓会」（2011年に公益財団法人に移行し、名称が「沖縄県女師・一高女ひめゆり平和祈念財団」となった）によって建設された民間施設で、1989年6月23日、開館した。国や県、自治体その他の団体のどこからも出資を求めない形で運営されている。

　沿革を概観すると、1982年6月、財団法人沖縄県女師・一高女ひめゆり同窓会の総会で資料館の建設を満場一致で決議。1983年1月、同会に「ひめゆり平和祈念資料館建設期成会」を設置。1984年12月、建設期成会に「資料委員会」を設置。そのメンバーのほとんどは元学徒隊員で、資料館の資料収集や展示づくりに携わった。1989年の開館後、「資料委員」たちは資料館の「証言員」となり、証言活動（展示室内での来館者への説明、館内外での体験講話）や館運営に携わった。「証言員」は毎月一回、「証言員会」を開き、情報交換を通じて証言の内容などについて話し合いを重ねた。また、資料館運営について「運営委員会」がつくられ、財団の役員と「証言員」の中から選出されたメンバーで構成された。運営委員は証言活動だけでなく、資料の発掘収集や整理保存、企画展の企画立案、原稿執筆などを続けた。1999年、「運営委員会」を「資料委員会」に名称変更。2010年、「資料委員会」を廃止し、実務は学芸職員に引き継がれた。[14]

　「証言員」の高齢化や死去などにより、「戦争体験の継承」が喫緊の課題として浮上し、①「証言員」の語りに代わる証言映像の撮影・上映、②ヨーロッパにおける「次世代継承の実情」を視察、③「証言員」が不

14　ひめゆり平和祈念資料館資料委員会『ひめゆり平和祈念資料館ガイドブック』（財団法人女師・一高女ひめゆり同窓会、2004年）の「年表ひめゆりの動き」など参照。

在でも伝わる展示」を目指した展示のリニューアル―などを「次世代プロジェクト」として新たな継承事業を立ち上げた。後継者の育成もその事業の一環で、2005年4月、「証言員」の説明や講話を継承する「説明員」を置いた。仲田晃子（1976年生）[15]が最初で、尾鍋拓美（1981年生）[16]、宮城奈々（1986年生）が続いた。2015年3月末、元学徒が「証言員」として来館者にその体験を語る講話活動が終了（展示室内での説明は継続）し、講話のバトンは「説明員」と学芸員に引き継がれて今日に至っている。

＜「説明員」と沖縄戦との出合い＞

「説明員」は継承活動をどのように考えているのか、2017年11月、3人に個別にインタビューした（仲田へは1日10時～12時、尾鍋へは3日10時～11時30分、宮城へは6日15時～16時30分）。

最初にまず、3人の沖縄戦との出合いを聴いた。3人とも幼いころから「戦争」を身近に感じていた。

仲田は小学生時代が1980年代に当たったことが大きかった。「1フィート運動」が始まり、幼いころからそのフィルムを観たし、アニメの対馬丸も観た。あのころの「慰霊の日」はテレビでも正午から1分間、番組を中断して黙祷の時間があった。そんな雰囲気のなかで自然に沖縄戦に触れるようになった。両親とも、フィルムに記録されたような体験はないが、フィルムを観るたびに「大変だったね」と自分のことを語るように感想を漏らしていた。

父はテニアンで生まれた。沖縄戦当時は6歳で細かい記憶はないものの、語ってくれた話をつなぎ合わせると、こんなストーリーになる。テニアンで戦闘が起きる前に家族で引揚げ船に乗った。その船の直後に出

15　3人の「説明員」については、時代背景が想像できるよう、生まれ年で表記した。

16　「沖縄タイムス」2005年4月5日付朝刊社会面で「28歳ひめゆりの語り部／仲田晃子さん／『説明員』に／沖縄戦継承次世代へ」として紹介された。記事は、本村つる館長（引用者注、当時）の「亡くなった友人や私たちの平和への思いを受け継いでくれるのは、やはり人だ」という言葉を添え、「生存者が『証言員』なのに対して仲田さんは『説明員』。体験の重みの違いは否めない。しかし、同館は非体験者がガイドを務めるアウシュビッツ強制収容所などの先例に学び、時間をかけて養成する考えだ」とまとめている。

港した別の引揚げ船は撃沈された。「あの時、父の乗った船が沈没していたら私はこの世にいない」と思った。引揚げ船は神戸に着き、そこから南向きの列車に乗るはずが、幼い父は誤って反対の北向きの列車に乗ってしまい、一時、迷子になった。「そのまま家族とはぐれてしまっていたら、私は生まれていない」と、この話を聴いたときも思った。なんとか故郷の伊是名島に着き、そこで沖縄戦を迎えた。

　母はやんばる（沖縄本島北部）生まれ。沖縄戦では防衛隊だったその父（仲田にとっては祖父）が亡くなり、母親（同祖母）は戦後、苦労して子育てをした。母が遺族会の青年部にいたこともあって、母に連れられ、「慰霊の日」の平和行進に参加したこともあった。今は子どもが行進に参加するのは珍しくなく、ピクニックのような雰囲気もあるが、当時は子どもの参加者は少なく、周囲の大人から褒められた記憶がある。褒められたことでとても誇らしい気持ちになった。

　小学生時代はこのほか、（元ひめゆり学徒隊員だった）宮良ルリや「白旗の少女」の物語を読んだ。また、高学年になったとき、校長先生が自らの沖縄戦体験を語るのを聴いた。体験者から直接、話を聴いたのは、これが初めてだった。話の内容は断片的にしか覚えていないが、この時も「戦争で校長先生が亡くなっていたら、今、ここにはいないはず」と思いながら体験を聴いた。

　1980年代は、（ライシャワー元駐日大使が日本への核持ち込みが恒常化していたことを明らかにしたり、ヨーロッパに始まった反核運動が世界に広がったこともあって）核兵器の話をよく耳にした記憶がある。中性子爆弾の存在も、その時初めて知った。

　琉球大学に入学したのは、1995年。国語の教師を志望してのことで、沖縄で教師になるのであれば沖縄戦のことを知っておかなければというぐらいの考えだった。しかし、この年の2月に仲宗根政善が亡くなっており、その門下生が教壇に立っていた。9月には少女暴行事件が発生し、反基地運動が盛り上がった。こういう〝磁場〟のなかで沖縄戦が戦後、どのように語られているのかを考えるようになり、「『ひめゆり』をめぐる諸言説の研究―米軍占領下の新聞資料を中心に」を研究テーマに選び、大学院で引き続きこのテーマに取り組んだ。

尾鍋は小学校４年生の時、テレビで戦争のドキュメンタリー番組を観た日のことを鮮明に記憶している。背の高い草むらのようなところを、誰かが火炎放射器で火を放ち焼いている。その草むらから、背中に火のついた人が飛び出してくる映像だった。これが戦争の時の映像なんだ、とショックを受けた。火炎放射器を放っているのが、米兵とは断定できない。今はなんとなく、「草むら」だと思ったのはサトウキビ畑で、「１フィート運動」で集められた、米軍撮影の、サイパンか沖縄の映像だったのではないかと思っているが、それだと言い切れるわけではない。どこの誰かはあまり重要ではなく、「自分たち人間が戦争をするのだ」ということが初めて分かったのがこの映像だった。焼かれるのも人間、焼き殺すのも人間、これを撮影していたのも人間。何ということか。とてもショックで、戦争って何なのだろうと思った。その後、自分なりに戦争に関するテレビ番組やドラマを観たり、本を読んだりして考え続けた。
　大学の２回生（京都の大学）で「沖縄戦の記憶と沖縄アイデンティティー」をテーマにしていたゼミに参加した。先生から提示されたグループテーマは「本部町」「首里城」「民俗」「ひめゆり学徒隊」で、「ひめゆり学徒隊」を選んだ。彼女たちがどのように描かれ、どのように伝えられているかについて関心を抱き、小説も含めて関連の資料、文献で調べた。「ひめゆり学徒隊」についてはさまざまなメディアで取り上げられており、そのイメージは、一方で「殉国少女」であり、他方で「無垢な犠牲者」でもある。いずれも「被害者」として強調されるが、「被害者」イメージだけが強すぎると、加害性もある戦争の全体像が分からなくなってしまうのではないかと考えたりもした。このテーマをもっと深めるためもあって大学卒業後、琉球大学の大学院に進み、修了後の2006年、資料館に入った。資料館が説明員の増員を考えていたこともあり、翌年から「説明員」に加わることになった。
　三重県出身の尾鍋は、移り住んだ沖縄の新聞の読者の声の欄に、しばしば「家族の沖縄戦」の投稿があることに感動する。実に多くの人たちが体験し、巻き込まれたことが分かるし、「戦争は絶対にダメ」という意見が沖縄戦を直接体験していない世代にも伝わって、それが日常的にあることも実感できる。投稿欄から沖縄戦は「終わってしまった昔の出

来事」ではないということを学ぶことができると思っている。

　宮城は身近にひめゆり学徒隊として沖縄戦を体験した人がいた。ひめゆり平和祈念資料館が開館したときから証言活動をしている人で、小学校２年生のときに学校に来て、講演してくれた。そのなかで、こんな話が印象に残っている。学徒隊として戦場に動員されることを父親に話したとき、父親は「お前を死なせるために学校に行かせたんじゃない」と言った。自分は「戦争に行って当たり前」と思い込んでいたので喜んでもらえると思っていたのに……。これを聴いたとき、そんな時代だったんだと思った。今の時代の感覚とは違っていたんだと。国のために死ぬなんて、とても不思議なことと感じた。

　大学の夏休みで、体験者が北海道で講演することになり、付き添って一緒に北海道まで同行した。講演したのは、寺院の大広間のようなところで、100人位の人が集まった。とても熱心に聴いており、こうした講演はとても意義のある活動だと思った。

　３人とも沖縄戦を学生時代から学び、この資料館に職を得た。周到な準備を経て今、「説明員」を体験中である。「説明員」はどんな役割なのか。詳細を知るために、インタビューで語った内容を紹介する。概要ではなく、ほぼ語り口のままに記述したのは、それぞれが来館者に対してきめ細かい対応を日々重ね、そのやりとりの機微が継承の具体的な「かたち」として表現されていると私が感じたためである。

３　「説明員」の目を通して

　仲田が「説明員」になった時、「28歳の語り部誕生」という見出しの新聞記事になったが、違和感があった。「証言員」である体験者に成り代わって体験談をするだけの存在ではないし、教育的観点からの活動も大切だと感じているからだ。

＜小学生に＞

　展示室に立って来館者を迎える時、「私が伝えるべきもの、できることは何か」を考える。小学生の質問には、（ジオラマである展示のガマを見て）「どうしてこれは土でつくってあるの」というものもあるし、「捕虜って何ですか」というものもある。小学校４年生から「どうして（沖

縄戦当時）戦争に反対する人はいなかったんですか」と尋ねられたことがある。まだ憲法の言論の自由を学んでいない学年。「当時は法律で厳しく規制されていて、何を言ってもいい時代ではなかった」ということを本当に理解してもらうには、どういう言葉で、どういう内容で説明すればいいのか。戦場での体験がどうであったか、を説明する以前の知識をどう伝えればいいのか。

「証言員」の体験談はとても重い内容なので、子どもたちはよく聴いている。では、私たちの場合はどうか。「証言員」のようには話せなくても、ともかく、どんな小さな質問にも答えること。子どもたちの興味と関心に、私たちも関心を寄せているように「構ってあげること」がとても大切なことなんだと気がついた。

＜講話の内容＞

「証言員」は戦場の体験、同級生を失った悲しみを語るものの、生き残った自分の戦後のつらい気持ちを語ることは遠慮していた。でも、「説明員」としては生き残ったこの人たちの戦後（戦後数十年も口を閉ざし、やっと語り始めた人たちの沈黙していた時間の意味）をもっと伝えなければ、と思う。

資料館にいて、直接、来館者と話をするということの意味は大きい。よく知っているからと言って研究者ではないし、関心のない人にも、説明することもある。講話によって、本を読むことで得るものとは違う形で戦争に触れることができるようにしている。細かいことをどう伝えるかということを資料館という場で考え、（戦争全体を考える）大きなストーリーも考えるのが「説明員」ではないか。

＜来館者への対応＞

来館する人たちは「ここに来れば、何かを伝えられる」と思っているはずだが、一人ひとりの関心の度合い、情報量を私たちは把握しきれていない。この機会を逃がすと、戦争のことを考えることがなくなってしまうかも知れない。そう思うと、本当にきちんと細やかに伝えなければならない。修学旅行生の事前学習の内容を知るためにはどうすればいいのか、来館者の意向を知るためのアンケートなどをやってみるのも一つの方法だと思う。

尾鍋は、この仲田や他の学芸員が来館者にガイドしているのを見聞きして、参考になることがあれば実践している。「説明員」の仕事は、館内に立つことに始まり、入館者と直接、話をする。来館者に「話を聞いてみよう」と思ってもらわなくては会話に入れない。
<子どもたちに>
　例えば、(ジオラマの)病院壕を見ている子どもたちに、いきなり病院壕の説明をするのではなく、まず、「戦争ってわかる？」と聞いてみる。付き添いの親は戦争を子どもに伝えたくて、資料館に連れてきているが、まず戦争って何なのかがわからない、ということには案外気づいていないようで(大人たちはわかっているから)、そうか、そこから話さないと、これが何なのかもわからないのか、だから伝わらなかったんだ、となる親も少なくない―ということもあると、他の「説明員」から聞いたので、自分も子どもたちにそのように話しかけてみたりすることもある。
<工夫>
　説明の補助として、絵を見せることもある。病院壕をのぞいている人がいれば、壕の内部のことを描いた絵を示し、当時のことを説明することもある。男子の生徒には「あなたと同じ位の年齢で、鉄血勤皇隊の師範生が重傷を負ってここに運び込まれ、間もなくして亡くなった。その師範生は教師になるのが夢だったけれど、戦争はその夢を奪った」と言葉を添えると、じっと考え込んでくれていたこともあった。
<修学旅行生に>
　思ったほど質問は多くない。修学旅行生は沖縄に来る前の事前学習が、ひめゆりや沖縄戦の映画やドラマを観ただけ、という学校も少なくない。そうすると、ここに来ても何を聞いていいのか分からない。なぜ、ここに来ているのかも分からない、となっている人も多いのではないかと感じている。
　だから、無理して説明するようにはしないが、生徒同士の会話には注意を払っている。展示物の前で、その印象を話している生徒がいれば、交わしている言葉を拾って声をかけ、会話するようにしている。遺影を見て笑っている人たちを見かけることがある。その時は、「この写真は、

家族から預かった大切な写真です。家族がここに来ることもあるので、笑ったりしないで静かに見てください」と声をかける。大概の人がその言葉を聞くとおとなしくなるか、その場を立ち去るのだが、一度だけ、私が離れるとまた笑っているグループがいた（多分一人だったらこんなことはできないと思う）。それを見た時はこれだけ言っても伝わらないのかと悲しい気持ちになった。一方で、懸命に展示を見ている修学旅行生も多い。展示を見て心が動かされている人、何かは伝わっている人がいることは確信している。

＜感想文を読んで＞

展示室に立っている時に、直接、批判や反論を言われたことはほとんどない。しかし感想文の中には、「ひめゆりの人たちは、日本のことを思って命を捧げて戦ってくれたのに、ここの展示ではそのことが伝わらない」というような反論もある。男子高校生が（同じような意味のことを）書いている時もあった。こういう人たちは「体験してもいない奴が何を言うのか聞いてやろう」と思って（自分の考えを直接はぶつけてこないだけで）説明を聞くのではないかと思う。

資料館で働いていてうれしいことは、これも感想文にあったのだが、「中学生の時に来て、その時は映像をゆっくり見ることができなかったから、大学生になってまた来た」ということを書いていた。その感想もうれしかったのだが、その人が、「映像を見に来たのに、修学旅行生がうるさくて、この人たちはここに来る意味があるのか」と思ったが、次の部屋に行ったら、証言本を読んで泣いている生徒もいたので、伝わる人もいるのだと思った」とも書いてあった。

＜平和の種まき＞

「証言員」の先生方は、「話を聴いた200人のうち、1人にでも何かが伝わって、戦争はダメだと思い行動する人が出てくればいい。それが平和の種まきなのだ」と言っていた。自分も展示室の中に立ったり、講話をしたりして同じようなことを感じている。全員に伝わらなくても、何か感じている人はいるはず。館内に立っていれば、聞いてくれているときの反応や、展示を見ている姿からそれを感じることができる。来館者が何かを受け止めてくれている姿を目の当たりにすることができること

が、「説明員」の仕事をするうえでの糧となっている。

　宮城は「説明員」になる前、来館者はひめゆりや沖縄戦に関心を持っている人が多いと思っていた。しかし、ここがどういう場所かを知らない人もいる。ひめゆり学徒隊はどんな人たちだったのか、なぜ戦場に行ったのかなど、基本的なことを知らない年配の人がいたりもする。こうした「知らない人」にどう伝えるか。そして「知っている」と思っている人にどう説明するか。考えながらの日々が続く。

＜子どもの関心＞
　ジオラマの病院壕を見て「これは本物ですか？こんなに暗かったんですか？」というような質問にも丁寧に答えるようにしている。だから、戦争が身近ではない修学旅行生などには「ひめゆりの生徒たちは皆さんと同じような年齢の人たち」という説明が重要だ。こちらから声をかけないと質問が出ないケースも多く、グループ内で交わしている会話に耳を傾けてその会話に入っていくこともある。

　とても感動したことがある。小学生にもならない男の子にジオラマの壕の前で「こんな壕を見たことある？　病院なんだよ。戦争になったら、こんなところに入ることになるのよ」と話しかけると、不思議そうな顔をしながら熱心に耳を傾けてくれた。男の子はその場を離れたが、しばらくしてまたやって来て、別の展示物のところに私を引っぱっていった。そこに展示されていた手術用の器具、（ひめゆり学徒の）ノートを指さして次々に「これは何？」「これは何？」と次々に質問してきた。子どもなりに、とても関心を持ってくれているんだなあ、と感動してしまった。

＜心ない反応も＞
　逆に、がっかりし、つらくなったこともある。年配の男性がいきなり「ここの展示はダメだ。国に命をささげたようなことが伝わってこない」と言って怒りだし、「（ひめゆり学徒は）国のために死んだんだ」と言い続けた。説明は一切聞いてくれないし、聞こうともしなかった。

　遺影の前で笑っている人もいる。こんなとき、「何か説明しましょうか」とか「気になることがありますか」と話しかけ、説明につなげていくよ

うにしている。遺影を指さして笑っている人には、「遺族が見ていますよ」と注意するが、つらい。
＜伝えることの意味＞
　「ひめゆりを知らない人」に伝えることだけでなく、「ひめゆりを知っている人」に伝えることにも難しさを感じることがある。限られた時間のなかで話をしなければいけないので、一人ひとりに時間を掛けて話をすることが難しい。そのため、来館者がどういうことを知りたがっているのかを判断して、それに沿った内容を選んで話すとことが難しいと感じる。後になって、あの話で良かったのか、あれも話せば良かったといった反省をすることも多い。（本土からの修学旅行生に向けては）どの程度の事前学習で来館しているのかを知る工夫も必要だし、（沖縄県内に向けては）教員向けの講習などを通じて教育現場と連携して平和学習の現状を把握していくことも大切だと思う。また、外国人の来館者への対応がとても重要になってくる。彼らがどんなことに興味と関心を持っているのかを知ることが必要で、そのためにこちらも英語力を身につけて、日本人の来館者と同様に双方向のコミュニケーションを行うことを目指していきたい。

　こうした日常を重ね、会話を続けながら、何が伝わり、何が伝わりにくいのかを「説明員」も学んでいた。会話は基本的な所作ではあるが、来館者に沖縄戦への関心を抱くよう促すだけでなく、さりげない（と一見、みえるかもしれない）「子どもとの会話」からでも気づきを始める姿勢に、「当事者性の獲得」（屋嘉比収）へのヒントが隠されているように思える。

4　ひめゆりの心
　展示室の出口に至る壁に、沖縄の空と海を思わせる青色をバックにした大きなボードが掲げられている。そのボードに、白い字で日本語と英語のメッセージが大書してある。

〝太陽の下で大手を振って歩きたい〟
〝水が飲みたい、水、水〟
〝お母さん、お母さん〟
学友の声が聞こえます

私たちは
真相を知らずに
戦場に出て行きました

戦争は
命あるあらゆるものを殺す
むごいものです

私たちは
一人ひとりの体験をとおして知った
戦争の実体を語り続けます

　生き残った元学徒の心を映すこの言葉を、「説明員」は具体的な展示物、証言ビデオを通じて直接、来館者に伝える。
　この「ひめゆりの心」について仲田は「資料館の設立に際し、戦争を否定することがうたわれている。これが『ひめゆりの心』だが、以前、『生き残ったひめゆり学徒たち』という企画展を私たちが行った際、『私たちにはこうした企画はできなかった。戦後の私たちの気持ちをよく理解してくれた』という感想を当の生存者からいただいた。こうした深い苦しみが『ひめゆりの心』につながっているのかも知れない」と考える。
　尾鍋は「戦争をしないための努力を尽くすこと。それをたくさんの人たちと一緒にやっていくこと。そのためにこの資料館がある。これが『ひめゆりの心』だと思っているし、実相の継承につながると信じている」としたうえで「来館者と会話し、説明するという日常に追われている。1日として同じ日はない。体験者である『証言員』の先生方ではない私たちがやらなければならないことは何か。来館者一人ひとりが何を知り

たいと思ってやって来るのか、そういう人たちに何ができるのか—を考え、実践することが日常で、『これが正解』というものがないなかで模索を続けている。ほとんどの人が戦争体験を持たない今の社会では、沖縄の人でも、本土の人でも、どの世代も、戦争は遠く、よほど興味を持っていないと戦争を知ろうとするきっかけを自分から持てる人は、そんなに多くないのかもしれないと感じる。そんななかで、何かのきっかけでこの資料館に来てくれた人たちに、『知ることができてよかった』『資料館に来てよかった』と思ってもらえるような、知るためのお手伝いをしていけたら」と思っている。

　宮城は「『説明員』とは、来館者と対話をする存在。説明するだけでなく、本土の年配者の人が自分の空襲体験を思い出して話しかけてきたときは、その体験談に耳を傾けるようにしている。そんなとき、双方向のやりとりが大切だとあらためて感じる。『証言員』である体験者は、自らの戦場での体験を話す。でも、戦後のつらい気持ちを自分から積極的に話すことは少ない。だから、私たちがその心の内を説明するようにしている。そして、生き残った体験者がどんな思いでこの資料館をつくったか、につなげて説明している。こうした活動から考えたことは、学徒隊の体験をまず伝える。それを通じて、戦争を起こして欲しくないという思いを持ってもらう。どうすれば、戦争を起こさずに済むかということを考えるきっかけにする。それが『ひめゆりの心』ではないか。沖縄戦は歴史に埋もれてしまう単なる過去の出来事ではなく、たとえ体験がなくても自分に引き寄せて考えるべきもの。自分の身に置き換えて考えるもの。資料館はそうしたことを教えているし、そのきっかけをつくることに私たち『説明員』の役割があるのだ」と思う。

　3人は非体験者でありながら、体験者の想いに連なっていることが分かる。「説明員」であるという立場から自然に継承者になったのではない。「説明員」の活動を通して継承者になっていったと言い換えてもいい。

　5　当事者としての自覚
　青山学院高等部の入試問題発覚から1年後、「琉球新報」文化面の寄稿連載「沖縄戦61年　記憶の継承と課題」で仲田は改めて「その日」

の模様を次のように描写している。

>　当番で資料館に来ていた証言員5人は大勢の記者に向かい合って座り、たくさんのマイクとカメラを向けられていた。戸惑ったままの5人をこのような状況に置くことになってしまったこと自体とても苦しかったのだが、何より私を落ち着かなくさせたのは、そのときに私がいたのは報道陣がいる側であったということだ。(中略)大きな焦点になっている戦争体験の継承という課題においては、私も当事者であり、そこにいる報道記者たちも当事者でないとはいえないはずである。マイクとカメラが証言員のいる方向へ向けられたその場は、当事者の声を聞く場のようにみえるけれど、この件について語らせることでひめゆりの証言員にばかりこの問題の当事者としての役割を一方的に任せてしまっているようにも思えた。[17]

この件について仲田は「語らずに済む側にいたということへの違和感」を抱きながら、『青山学院高等部入試問題に関する特集』に取り組み、「たくさんの意見や反応を聞いていると、当然ながらこの問題の〝何が、どのように〟問題であるかということについて捉え方が様々であること」を知り、「ひめゆり資料館だけでは到底背負えない困難な課題や問題を多くの人たちと一緒に考えた」として寄稿をこうまとめた。

>　この「特集」が、たくさんの人たちの声を聞きながら、それぞれの場所で考えをめぐらせ言葉や行動を模索する、そのような言葉がやりとりされる始まりとしての場になることを願っている。この先ますます難しくなっていくであろう戦争体験の継承に取り組もうとするとき、多くの人と問題を共有するための場を丁寧につくることの大切さについても考えさせられた、こ

17　仲田晃子「沖縄戦61年　記憶と継承の課題⑤青学入試問題から1年／捉え方さまざま／一緒に考えることが大切」「琉球新報」2006年6月23日付朝刊文化面。

の1年であった[18]。

「説明員」になって直後の仲田には、善意ではあるが好奇の目も寄せられていた。

> 「戦争体験がないのに語り部をするすごい人」「若いのに難儀な仕事をしてくれるありがたい人」「難しいことをわざわざしようとする偉い人」……今でもそのような「私」の像は生きていて恐ろしく感じるが、報道されてよかったのは、「次世代への継承」という課題を共有し、つながりたいと願う見ず知らずの人たちと出会うきっかけができたことだ。マスコミの中にも一緒に考えてくれる人と何人かに出会えた[19]。

煩悶の末にたどり着いた「つながり」の大切さへの実感。それは、戦争体験を「共有し分かち合う」自覚への昇華であり、「継承の当事者性」を獲得することでもあったろう。「説明員」は責任の重さを背負いながらも、一人だけで担うことはできないこと、説明し講話することで理解の輪が広がることを信じている、とインタビューを通じて受け止めた。そして、第1章第2節でみた屋嘉比の思索の「かたち」をここでも感じ取り、加えて「ひめゆりの心」もまた、沖縄の「土地の記憶」のひとつとして今後も生き続けることを確信した。それは、今後、沖縄戦の記憶継承を報じ続けるはずの新聞／記者にとっても極めて示唆的で基本的な「かたち」の提示でもあろう。

---

18 仲田、注17前掲論文、2006年6月23日付朝刊文化面。
19 仲田晃子「『落ち穂』・大変だったこと」「琉球新報」2005年12月8日付朝刊文化面。

年表と参考・引用文献

「琉球新報」「沖縄タイムス」の沖縄戦関連の主な企画連載・特集年表

<注記>
- 関連ニュースは明朝で表記(中野好夫、新崎盛暉『沖縄戦後史』、新崎盛暉『沖縄現代史』、両紙の社史などから引用)
- 「琉球新報」「沖縄タイムス」の動きと連載・特集はゴシックで表記
- 掲載時の敬称、「〇〇記者」の「記者」は省略
- 表記の期間と連載回数のズレは、休載を含むため
- 「2社」は第2社会面
- 「学芸面」は「文化面」に統一

1945年

7月26日　石川収容所で新聞誕生(島清社長、無題紙。第2号から「ウルマ新報」に)
8月15日　日本降伏
8月15日　沖縄諮詢会発足
9月2日　日本政府代表団、米戦艦「ミズーリ」艦上で降伏調印
9月7日　南西諸島の日本軍代表が沖縄本島で降伏調印

1946年

1月29日　GHQ、日本本土と南西諸島の分離を宣言
4月6日　「ひめゆりの塔」建立
4月22日　沖縄民政府発足
5月22日　「ウルマ新報」、米軍政府、沖縄民政府の機関紙として指定
5月29日　「ウルマ新報」、「うるま新報」に改題

8月17日　本土疎開者の第1陣、帰還
9月20日　「うるま新報」社長に瀬長亀次郎就任

1947年

3月22日　沖縄全島で昼間通行許可
4月 1日　「うるま新報」、米軍政府から初の企業として認定を受ける
7月20日　沖縄人民党結成（委員長に「うるま新報」社員、浦崎康華。委員に瀬長亀次郎ら）
9月19日　沖縄統治に関する「天皇メッセージ」、マッカーサー・米国務省に伝達（月刊誌『世界』1979年4月号で進藤榮一が論文「分断された領土」としてこれを暴いた）

1948年

7月 1日　「沖縄タイムス」創刊（高嶺朝光社長）
7月16日　通貨、軍票B円に切換え
8月 6日　伊江島で米軍弾薬輸送船爆発（巻き添えで住民ら102人が死亡）

1949年

2月10日　「沖縄タイムス」、月刊雑誌『月刊タイムス』創刊
8月17日　「うるま新報」、瀬長亀次郎社長退任、池宮城秀意社長就任
10月 1日　中華人民共和国成立
10月28日〜50年2月4日
　　　　　「うるま新報」朝刊最終面＝2面　雑誌『令女界』から転載で石野径一郎の小説「ひめゆりの塔」連載（58回）
11月 1日　「沖縄タイムス」、『鉄の暴風』脱稿（豊平良顕監修、牧港篤三、太田良博執筆）
12月10日　「うるま新報」、月刊雑誌『うるま春秋』発刊

1950年＝戦後5年

2月10日　GHQ、「沖縄に恒久的基地建設を始める」と発表

3月13日	軍政府、基地建設に参加希望の日本本土業者に沖縄渡航を許可
5月22日	琉球大学開学
6月25日	朝鮮戦争勃発
6月27日	在沖米空軍、朝鮮戦争に出動
8月14日	「沖縄タイムス」朝刊最終面＝２面　司会・川平朝申（ＡＫＡＲ）、座安盛徳（沖縄タイムス社専務）、豊平良顕（同常務、戦記監修）、牧港篤三（同記者、戦記執筆）、太田良博（同記者、戦記執筆）、富名原尚武（諮詢委員、読者代表）による座談会特集「『鉄の暴風』ができるまで」
8月15日	「沖縄タイムス」『鉄の暴風』発刊
10月 2日	「沖縄タイムス」『鉄の暴風』出版事業として「姫百合の塔慰霊祭」と「姫百合の歌」発表会を塔前で開催
12月15日	琉球軍政府、琉球列島米国民政府（民政府）と改称

1951年

6月18日	「うるま新報」、創作バレエ『ひめゆりの塔』の沖縄公演を主催
9月 8日	サンフランシスコで対日講和条約調印、日米安全保障条約調印
9月10日	「うるま新報」が「琉球新報」に復元改題

1952年

3月 2日	第１回立法院議員選挙（社大党15人、人民党１人、無所属15人が当選）
3月28日	那覇市長選挙で「琉球新報」社長、又吉康和当選
4月 1日	琉球政府発足
4月28日	対日講和条約、日米安全保障条約発効。沖縄が日本本土から分離

1953 年

- 1 月 10 日　沖縄諸島祖国復帰期成会発足
- 1 月 15 日　東映映画『ひめゆりの塔』、沖縄を含む全国で公開、1952 年度の興行収入で第 1 位になる大ヒット
- 1 月 20 日　沖縄教職員会長、屋良朝苗ら上京、全国行脚して沖縄教育界の危機を訴え
- 6 月 22 日〜 23 日
  　「琉球新報」最終面＝ 4 面　大田昌秀寄稿「"沖縄健児隊"発刊について」連載（2 回）
- 6 月 26 日〜 28 日
  　「琉球新報」最終面＝ 4 面　屋良朝苗、喜屋武真栄の全国行脚寄稿「祖国同胞に感謝」連載（3 回）
- 7 月 26 日〜 8 月 16 日
  　「琉球新報」朝刊最終面＝ 4 面　宝塚歌劇グランド・レビュー『ひめゆりの塔』のもとになった菊田一夫脚本「ひめゆりの塔」連載（21 回）
- 11 月 20 日　ニクソン米副大統領、来沖。「共産主義の脅威ある限り、米国は沖縄を保有」と声明
- 12 月 5 日　小禄村具志地区に武装米兵出動。土地を強制接収
- 12 月 25 日　奄美群島、日本に復帰

1954 年

- 1 月 7 日　アイゼンハワー米大統領、一般教書演説で沖縄の米軍基地無期限保有を言明
- 4 月 30 日　立法院、「軍用地処理に関する請願」を決議、一括支払い反対など「土地四原則」を打ち出す
- 4 月 30 日　軍用地問題の四者協議会発足
- 5 月 7 日　フランス軍がベトナム軍に降伏。以後、米国がベトナムに介入へ
- 10 月 6 日　米軍政による人民党弾圧事件（瀬長亀次郎ら 23 人逮捕）

1955年＝戦後10年

1月13日	「朝日新聞」朝刊 「米軍の『沖縄民政』を衝く」。「忘れられていた島・沖縄」の姿を特集、戦後の沖縄について本土紙が初めて明らかに
3月11日	宜野湾村伊佐浜に武装米兵出動。軍用地域の整理開始
3月14日	米軍、伊江島真謝区の軍用地接収を開始
5月23日	軍用地問題折衝団が渡米
9月3日	米兵による幼児惨殺事件「由美子ちゃん事件」発生
10月23日	プライス調査団（米・下院軍用地問題調査団）来沖

1956年

6月9日	プライス勧告の骨子判明。「土地四原則」を否定
6月20日	プライス勧告反対・軍用地四原則貫徹住民大会、全島各市町村で一斉に開始（「島ぐるみ闘争」へ発展）
6月27日	「島ぐるみ闘争」への理解と協力を得るための第一次渡日代表団、東京へ
7月28日	那覇高校グラウンドで四原則貫徹住民大会。10数万人が参加
8月7日	米軍、沖縄本島中部地域を無期限オフリミッツ
9月20日	「沖縄土地を守る会総連合」結成
12月25日	那覇市長選挙で瀬長亀次郎当選
12月28日	米民政府、瀬長亀次郎当選で那覇市の都市計画補助・融資を中止

1957年

5月7日	日米琉合同沖縄戦没者13回忌法要開催
6月21日	岸・アイゼンハワー共同声明。沖縄基地の継続維持を強調
10月	米民政府発行の沖縄住民向けPR月刊誌『今日の琉球』創刊
11月	瀬長亀次郎追放のための改正布令公布

1958年
- 1月12日　那覇市長選で民主主義擁護連絡協議会（民連＝瀬長擁護派）の兼次佐一が当選
- 6月10日　土地問題派米代表団、出発
- 9月16日　通貨交換実施、B円から米ドルへ
- 10月15日　守礼門復元落成式

1959年
- 1月　　　民政府、高等弁務官の機関誌として月刊誌『守礼の光』創刊
- 6月30日　石川市宮森小学校に米軍ジェット機が墜落（死者17人、負傷者121人）
- 10月 5日　保守合同で沖縄自由民主党結成
- 12月26日　キャンプ・ハンセン演習場で海兵隊員が、弾拾い中に誤って立ち入った農婦を射殺

1960年＝戦後15年
- 4月28日　沖縄県祖国復帰協議会結成
- 6月19日　アイゼンハワー米大統領、沖縄訪問
- 6月23日　日米新安保条約発効
- 10月 1日～11月30日
  「琉球新報」朝刊1面　「沖縄戦の真相」連載（「産経新聞」連載の「帝国陸軍の最後」の転載。59回）
- 12月2日～61年5月28日
  「琉球新報」朝刊1面　「沖縄戦・米陸軍の記録」記者（外間正四郎、翻訳も）による連載（166回）

1961年
- 4月28日　祖国復帰県民総決起大会開催
- 5月20日　復帰協代表5人、祖国復帰を国会、各政党に訴えるため東京へ
- 6月24日　キャラウェイ高等弁務官、祝祭日に限り公共施設に「日

の丸」の掲揚認可
12月 7日　具志川村の民家に米軍ジェット機墜落（死者2人、重傷4人）

1962年
1月 3日〜8日
　　　「琉球新報」「キャパの写真展」開催
1月 1日　法定祝祭日の公共施設での「日の丸」掲揚始まる
3月19日　ケネディ米大統領、沖縄新政策発表。沖縄が日本領土であることを認める
6月22日　初の「慰霊の日」
12月20日　米軍輸送機、嘉手納村の民家に墜落（死者7人、重軽傷9人）

1963年
2月28日　中学3年の男子生徒、米軍車に轢殺（「国場君事件」。5月1日、轢殺の米兵に米軍法廷が無罪判決）
3月 5日　キャラウェイ高等弁務官、那覇市内の「金門クラブ」月例会で「沖縄の自治は神話」と演説
6月21日〜26日
　　　「琉球新報」夕刊1面　古波津照子寄稿「血みどろ従軍看護隊」連載（5回）
11月 2日　在沖米軍、南ベトナム派兵開始

1964年
6月21日〜22日
　　　「沖縄タイムス」朝刊文化面　森口豁寄稿「沖縄戦跡の受難」連載（2回）
9月 7日　東京五輪の聖火、沖縄入り

1965年＝戦後20年
1月18日〜20日
　　　「琉球新報」朝刊文化面　辻村明寄稿「沖縄の新聞」連

　　　　　　　載（3回）
2月22日〜7月7日
　　　　　　「沖縄タイムス」朝刊文化面　比嘉春潮寄稿「年月とともに　自伝的回想」連載（106回）
2月 7日　米空軍、北ベトナムへの爆撃開始
3月 3日　『沖縄県史　第11巻　資料編1』上杉県令関係日誌、出版
3月 8日　米海兵隊、南ベトナム・ダナンへ上陸。米軍の本格介入開始
4月 9日　立法院、憲法記念日を祝日に追加。「慰霊の日」を6月23日に改める
5月 7日〜19日
　　　　　　「琉球新報」朝刊1面　「見てきたベトナム」特派記者（外間正四郎）による連載（12回）
6月 2日〜19日
　　　　　　「琉球新報」朝刊文化面　松下芳男寄稿「軍事史上の沖縄」連載（12回）
6月11日　読谷村で米軍機から演習トレーラー落下。少女が圧死
6月17日〜26日
　　　　　　「琉球新報」夕刊社会面　「あれから20年　私の沖縄戦記」記者（東京総局員による8人へのインタビュー）連載（8回）
6月21日〜29日
　　　　　　「琉球新報」朝刊文化面　石野径一郎寄稿「沖縄戦の前後」連載（7回）
6月23日　「慰霊の日」、この年から日付変更
6月23日　「沖縄タイムス」朝刊8面　大田昌秀寄稿「慰霊の日　亡き友をしのぶ」
8月 9日〜14日
　　　　　　「沖縄タイムス」夕刊社会面　「南太平洋の戦跡地」記者（共同通信特派員）による連載（5回）
8月15日　「琉球新報」朝刊社会面・2社面　「終戦20年　見てきた南洋諸島　きょう終戦記念日」特派記者（社会部・岡

　　　　　　　田輝雄）によるルポ
　8月19日　佐藤栄作首相、沖縄を訪問
　10月 5 日　米戦略爆撃機B52、グアム島から嘉手納基地に飛来

1966年

　5月19日　米軍の大型ジェット空中給油機、嘉手納基地近くで墜落
　　　　　　（死者1人）
　6月20日〜25日
　　　　　　「琉球新報」朝刊文化面　浦崎純寄稿「日本の終戦と天皇」
　　　　　　連載（4回）
　8月14日〜15日
　　　　　　「沖縄タイムス」朝刊社会面　「終戦あれから21年」記
　　　　　　者（無署名）による連載（2回）

1967年

　1月 1日〜5月2日
　　　　　　「琉球新報」朝刊3面　新里金福、大城立裕両氏の寄稿「沖
　　　　　　縄百年（人物編）」連載（104回）
　1月 1日〜6月20日
　　　　　　「沖縄タイムス」朝刊文化面　名嘉正八郎寄稿「沖縄現
　　　　　　代百年史」連載（120回。うち5月30日の第105回か
　　　　　　ら最終回となる120回までが沖縄戦）
　4月 1日〜5日
　　　　　　「琉球新報」夕刊1面　「ベトナム戦争と民衆」記者（本
　　　　　　紙特派員・石川文洋）による連載（3回）
　5月28日　「全沖縄土地を守る連合会」結成（会長・阿波根昌鴻）
　6月19日〜20日
　　　　　　「琉球新報」朝刊文化面　浦崎純寄稿「戦争の惨禍を繰
　　　　　　り返すな」連載（2回）
　6月22日〜24日
　　　　　　「沖縄タイムス」夕刊2社面　中村律子寄稿「健児隊の

　　　　　　兄を思う」連載（2回）
　6月21日～24日
　　　　　「琉球新報」朝刊文化面　中曽根邦光寄稿「戦争体験と
　　　　　戦後世代」連載（3回）
　7月 1日～68年9月21日
　　　　　「琉球新報」朝刊3面　新里金福、大城立裕両氏の寄稿「沖
　　　　　縄百年（歴史編）」連載（161回）
　10月13日　「琉球新報」朝刊特集面　「戦火の中の南ベトナム」特派
　　　　　記者（写真部・新崎正恭）による特集
　11月16日　佐藤・ジョンソンの日米首脳会談で「沖縄の日本復帰は
　　　　　両3年以内にメド」と言明

1968年

　1月 1日～12月27日
　　　　　「琉球新報」朝刊特集面　「沖縄をつくる」記者（「沖縄
　　　　　をつくる」取材班）による連載（毎週金曜日、年間企画
　　　　　として48回）
　1月26日　「琉球新報」朝刊6面全面　「私はベトコンにつかまった」
　　　　　記者（新垣正恭前本社サイゴン特派員）によるルポ
　1月29日　南ベトナム解放民族戦線と北ベトナム軍によるテト攻勢。
　　　　　米大使館を一時占拠
　1月29日～3月11日
　　　　　「琉球新報」夕刊社会面　「見てきたベトナム」記者（新
　　　　　垣正恭前サイゴン特派員）による連載（30回）
　2月 5日　嘉手納基地にB52が15機飛来
　5月31日　沖縄から初の南洋墓参団150人が出発
　6月23日～71年12月17日
　　　　　「沖縄タイムス」朝刊特集面　「沖縄の証言」記者（「沖
　　　　　縄の証言」取材班）による連載（週1回を基本に敗戦直
　　　　　後以降の沖縄現代史を証言で描写。106回）

6月24日～25日
　　　　　「琉球新報」朝刊文化面　浦崎純寄稿「23年目の怒り」連載（2回）
8月16日　B52の即時撤去運動に参加した本土の学生27人が嘉手納基地第1ゲート前で逮捕
11月10日　初の公選主席選挙実施。屋良朝苗当選
11月19日　B52、嘉手納基地で墜落、爆発

1969年

1月3日～12月26日
　　　　　「琉球新報」朝刊特集面　「安保と沖縄」記者（本社「安保と沖縄」取材班）による連載（毎週金曜日、年間企画として41回）

1月16日～12月25日
　　　　　「沖縄タイムス」朝刊特集面　「"70年"沖縄の潮流」記者（「沖縄の潮流」取材班）による連載（年間企画として46回）

2月1日　いのちを守る県民共闘会議、2・4ゼネスト回避決定
5月10日　尖閣諸島に行政標識を建立
6月22日　「琉球新報」朝刊7面　「いつ終る…"長い戦後"／慰霊の日話題2つ」特集
6月23日　「沖縄タイムス」朝刊5面　山川泰邦（立法院議員、『秘録沖縄戦史』著者）、嘉陽安男（作家、疎開学童遭難記『悪石島』共同執筆）、小木曽郁男（松竹映画業務課長、『ああ沖縄』共同執筆）、川辺一外（松竹映画企画室）、司会・名嘉正八郎（沖縄史料編纂所長、県史編さん）各氏による特集「慰霊の日座談会」
7月18日　13,000㌧の毒ガス沖縄配備の実態を米紙が報道
11月22日　佐藤・ニクソン共同声明で「沖縄の核抜き本土並み72年返還」が決定

1970 年＝戦後 25 年

- 1月 1日〜8月23日
  「沖縄タイムス」朝刊総合面　「沖縄と70年代」記者（「沖縄と70年代」取材班）による連載（第10部5回まで＝全体の通し回数の表記なし）
- 1月 5日　米軍、軍雇用員757人に解雇通告
- 1月 8日　全軍労、48時間スト決行
- 1月19日　全軍労、5日間スト突入
- 2月25日　豊見城村の旧日本海軍司令部壕が復元完成
- 3月29日　沖縄戦当時の渡嘉敷島駐屯海上挺進隊隊長が来沖
- 4月 3日〜4日
  「沖縄タイムス」朝刊文化面　儀部景俊寄稿「戦争責任について　赤松氏の来県に寄せて」連載（2回）
- 7月31日　米軍、新年度人員整理計画として軍雇用員516人の解雇を発表
- 8月14日〜15日
  「沖縄タイムス」朝刊文化面　仲宗根勇、金城睦各氏の寄稿「八月十五日に寄せて」連載（2回）
- 8月15日　「琉球新報」朝刊2社面　特集「問われる"日本国民の条件"／日本軍の久米島住民虐殺事件／証言／玉砕回避努力に／斬殺、砲火の報復／これでも日本人か！／お前たちはスパイだ／米軍より恐ろしい日本軍／久米島の人柱／自存せよ」記者（山根安昇）による企画的特集ニュース
- 11月15日　戦後初の国政選挙実施。衆院5人、参院2人の国会議員誕生
- 12月11日　米軍、毒ガス移送作戦発表
- 12月20日　コザで反米暴動

1971 年

- 6月　『沖縄県史　第9巻　沖縄戦記録1』が刊行、74年3月には『沖縄県史　第10巻　沖縄戦記録2』の刊行が続く。

　　　　　　『沖縄戦記録1』では、のべ461人の体験談を基礎に編集されている
6月19日〜20日
　　　　　　「沖縄タイムス」朝刊文化面　船越義彰寄稿「沖縄戦─懺悔の断章」連載（2回）
6月23日〜24日
　　　　　　「沖縄タイムス」朝刊文化面　宮城聰寄稿「沖縄戦荘民の体験を採録して」連載（2回）

1972年＝施政権返還、日本本土復帰

3月20日　週刊誌『サンデー毎日』4月2日号発売。沖縄戦当時、久米島で住民虐殺の指揮官だった元兵曹長に初めての単独インタビュー。
4月 4日　久米島住民虐殺の指揮官だった元兵曹長と遺族が〝対決〟したテレビのニュースショーが放映
4月 4日〜7日
　　　　　「琉球新報」夕刊2社面　「久米島虐殺と波紋」記者（早瀬勝、東京総局）による連載（3回）
4月15日　「琉球新報」朝刊社会面・2社面　「750人以上を虐殺」「沖縄の皆さんえ（鹿山元兵曹長からの手紙）」と「鹿山事件」を見開きで展開
4月18日〜5月7日
　　　　　「沖縄タイムス」朝刊2社面　「27年目の怨念　掘り起こされる戦争犠牲」記者（無署名）による連載（14回）
4月18日〜5月11日
　　　　　「沖縄タイムス」朝刊文化面　星雅彦（上中下）、安谷屋節子（上下）、豊川善一（上中下）、喜舎場順（上下）、狩俣真彦（上中下）、仲尾次清彦、平山良明（上中下）各氏の寄稿「戦後は沖縄をどうかえたか」連載（計17回）
4月25日〜12月20日
　　　　　「沖縄タイムス」朝刊文化面　会長・高嶺朝光「新聞50

年」会長・高嶺朝光による連載（197回）

5月15日　沖縄、日本本土に復帰
5月15日　「琉球新報」　復帰特集として朝刊34ページ発行
5月15日　「沖縄タイムス」　復帰特集として朝刊32ページ発行
5月15日～6月13日
　　　　　「沖縄タイムス」朝刊文化面　大城立裕（上下）、長堂英吉、いれいたかし（上下）、新城兵一（上下）、清田政信（上下）、具志堅康子（上下）、岡本恵徳（上下）、仲宗根勇（上中下）、比嘉俊爾（上中下）、儀間進（上下）、森次郎（上下）、船越義彰（上下）各氏による寄稿「『日本人』になることの意味」連載（25回）

5月17日～7月15日
　　　　　「琉球新報」朝刊文化面（第3回まで夕刊2面）　中里友豪、緑間栄、長堂英吉、東清良、当間実光、神山敏雄、平良宗潤（上下）、岸本重夫、平山良明（上下）、寺嶋芳一郎各氏による寄稿「いま問い返す『復帰』」連載（12回）

6月24日～28日
　　　　　「琉球新報」朝刊文化面　安仁屋政昭寄稿「沖縄における戦争体験の意味」連載（3回）

8月8日～10日
　　　　　「沖縄タイムス」朝刊文化面　山本陽三寄稿「くたばれ本土なみ」連載（3回）

10月5日　「沖縄タイムス」などが主催、那覇市内で「10・10空襲祈念戦時記録展」開催（10日まで）
10月5日～10日
　　　　　「沖縄タイムス」朝刊2社面　「10・10空襲と沖縄戦　戦時資料から」記者（無署名）による連載（5回）

1973年

6月8日～21日
　　　　　「沖縄タイムス」朝刊文化面　「曽野綾子『ある神話の背景』を

めぐって」をテーマに連載。岡本恵徳「赤松氏は免罪されるか」、星雅彦「歴史の解釈と真実」、いれいたかし「『神話』との暗闘」(それぞれ上中下、計9回)

6月11日　「琉球新報」創刊80年記念に「戦前の沖縄記録映画祭」を開催。この後、沖縄本島、宮古、石垣など27会場で45回にわたって上映

6月18日　「沖縄タイムス」朝刊3面　特集「『慰霊の日』に向け反戦平和の特設授業　〝敗戦〟明確に位置づけ　自衛隊員子弟入学　現場はジレンマ」

6月22日　「琉球新報」夕刊2面　特集「世界の平和を願い　伝えよう戦争の恐怖と悲惨さ戦争を語る母と子　あすは『慰霊の日』です」
　　　　　「沖縄タイムス」夕刊7面　特集「反戦平和の特設授業『慰霊の日』を前に」

7月11日〜25日
　　　　　「琉球新報」朝刊文化面　太田良博寄稿「渡嘉敷の惨劇は果たして神話か　曽野綾子氏に反論する」連載(11回)

1974年

5月14日〜23日
　　　　　「琉球新報」朝刊文化面　「復帰2年を考える」連載(7回)

5月15日〜16日
　　　　　「沖縄タイムス」朝刊文化面　いれいたかし寄稿「『復帰』2年・崩壊への歩み」連載(2回)

6月25日〜27日
　　　　　「琉球新報」朝刊文化面　嶋津与志寄稿「戦争体験を平和思想の核となしうるか」連載(3回)

1975年＝戦後30年

1月 1日　「琉球新報」朝刊34面　特集「往復書簡(高良倉吉、藤島宇内両氏)　戦後30年の時点に立って」

   「沖縄タイムス」朝刊40面　特集「座談会（米須興文、池田和、新崎盛暉3氏）戦後30年を考える」
1月30日〜7月4日
   「琉球新報」朝刊文化面　「太平洋の勝利　米海兵隊沖縄戦の記録」編集局長・外間正四郎による翻訳連載(110回)
3月18日〜9月28日
   「琉球新報」文化面　「ふるさととの対話　―新聞人の半生から」社長・池宮城秀意による連載（160回）
3月30日〜4月9日
   「沖縄タイムス」朝刊文化面　村上仁賢（上下）、仲宗根将二、中山忠亨、大城将保（上下）、石原昌家（上下）、石垣久雄、安仁屋政昭各氏寄稿「沖縄体験の実証　県史『記録編2』を執筆して」連載（10回）
4月30日　南ベトナム・サイゴン陥落。南ベトナム崩壊。米軍敗北
6月18日〜21日
   「琉球新報」夕刊2面　宮城栄昌寄稿「沖縄の歴史」（3月5日〜7月5日連載95回)のうち第81回(6月18日)〜第84回（6月21日）が沖縄戦
7月17日　皇太子夫妻に火炎瓶投げつけ事件（ひめゆりの塔事件）
11月4日〜9日
   「沖縄タイムス」朝刊文化面　我部政男寄稿「沖縄戦における軍の住民対策　国立公文書館所蔵文書から」連載（6回）

1976年

   ＜注＞CTSタンク設置許可を屋良知事が決断（6月22日）し、離任(24日)。この一連の動きが6月の報道の大半を占め、目立った沖縄戦関連企画はない。
6月17日〜18日
   「琉球新報」朝刊文化面　中山良彦寄稿「平和資料館の在り方」連載（2回）

7月 1日　県道越え実弾砲撃演習の砲弾破片で阻止団に負傷者
　10月 8日〜9日
　　　　　「琉球新報」朝刊2社面　「10・10空襲　返還された軍事機密文書から」記者（無署名）による連載（2回）
　10月10日　具志堅用高、世界ジュニア・フライ級チャンピオンに

1977年＝33回忌

　3月27日〜9月7日
　　　　　「琉球新報」夕刊1面　大田昌秀寄稿「これが沖縄戦だ　33年忌」連載（129回）
　6月13日〜27日
　　　　　「琉球新報」朝刊社会面　「33年忌への鎮魂譜」記者（無署名）による連載（12回）
　6月14日〜24日
　　　　　「沖縄タイムス」朝刊文化面　「汚名の軌跡　ある教師の復権」記者（粟国安夫）による連載（9回）
　6月17日〜23日
　　　　　「沖縄タイムス」朝刊社会面　「悲しみの歳月　沖縄戦33回忌」記者（無署名）による連載（6回）
　6月19日〜23日
　　　　　「琉球新報」朝刊文化面　「問いかける戦争体験」をテーマに仲程昌徳寄稿「『神話』『幻』を超えて」（上下）、久手堅憲俊寄稿「慰霊塔の現状と沖縄戦」（上下）連載（計4回）
　6月20日〜24日
　　　　　「沖縄タイムス」夕刊2社面　「生活の中の6・23　33回忌を迎えて」記者（無署名）による連載（4回）
　6月25日〜7月12日
　　　　　「沖縄タイムス」朝刊文化面　我部政男寄稿「沖縄戦における軍隊と住民　防衛庁戦史室蔵沖縄戦史料から」連載（13回）

1978年

- 4月12日　尖閣諸島周辺に中国の漁船100隻現れる
- 6月23日〜29日
  「琉球新報」朝刊文化面　玉城尚寄稿「戦争疎開ドキュメント　玉城氏鹿児島までの16日間」連載（6回）
- 7月30日　交通方法、日本式の「人は右、車は左」に変更（ナナサンマル）
- 10月19日〜21日
  「沖縄タイムス」朝刊文化面　中山良彦寄稿「平和祈念資料館『沖縄戦』を演出して」連載（3回）
- 10月31日〜11月23日
  「沖縄タイムス」朝刊文化面　「日の目をみる住民資料　平和資料館の沖縄戦展示から」記者（無署名）による連載（15回）
- 11月23日〜24日
  「沖縄タイムス」朝刊文化面　山口栄鉄寄稿「対馬丸とボーフィン号」連載（2回）
- 12月29日　キャンプ・シュワブ基地内から、演習中の米兵が名護市許田の集落に機関銃を乱射

1979年

- 6月20日〜22日
  「沖縄タイムス」夕刊社会面　「慰霊の日　沖縄戦から35年」記者（無署名）による連載（3回）
- 6月21日〜24日
  「琉球新報」朝刊文化面　山谷哲夫寄稿「沖縄戦と朝鮮人慰安婦」連載（3回）
- 6月23日　日本平和学会が春季研究会を那覇市で開催（〜25日）
- 6月24日　「琉球新報」朝刊2面・3面　日本平和学会まとめ「沖縄から平和の潮流を　非核国の横の協力必要」（報告者の1人に編集局長・外間正四郎）

　　　　　　「沖縄タイムス」朝刊2面・3面　日本平和学会まとめ「戦争体験の教訓を継承　平和と自立の展望開く」
　6月25日　「琉球新報」朝刊2・3面　日本平和学会2日目まとめ「地域産業の育成を　自立の前提は基地撤去」
　　　　　　「沖縄タイムス」朝刊2・3面　日本平和学会2日目まとめ「平和の普遍的価値探る　どう脱却する基地・財政依存」
　8月14日～22日
　　　　　　「沖縄タイムス」朝刊文化面　版画・儀間比呂志、文・中山良彦として寄稿「沖縄戦の中の住民」連載（5回）
　8月15日～16日
　　　　　　「沖縄タイムス」朝刊文化面　いれいたかし寄稿「8・15への新たな思念」連載（2回）
　9月29日～10月6日
　　　　　　「琉球新報」朝刊文化面　山城善光寄稿「沖縄戦捕虜第2号、第1号物語」連載（7回）
　12月4日　「沖縄県戦災障害者の会（6歳未満）」結成

1980年

　　　　　＜注＞衆参ダブル選挙があり、投票日が6月22日。一連の選挙報道で沖縄戦関連の企画はない。
　10月4日～8日
　　　　　　「沖縄タイムス」朝刊文化面　宮城聰寄稿「中山良彦氏の県史九巻誹謗への反論」連載（3回）
　10月17日～19日
　　　　　　「沖縄タイムス」朝刊文化面　中山良彦寄稿「『人間でなくなる日』の真意　宮城聰氏の『反論』を読んで」連載（3回）

1981年

　1月21日～27日
　　　　　　「琉球新報」朝刊文化面　仲村元惟寄稿「宜野湾村の学

童疎開」連載（5回）

4月9日～11日
「沖縄タイムス」朝刊文化面　仲程昌徳寄稿「俘虜収容所の声『沖縄新聞』に触れて」連載（3回）

4月15日～17日
「琉球新報」朝刊文化面　大田昌秀寄稿「沖縄の平和思想」連載（3回）

5月18日　「毎日新聞」朝刊　「米艦船、核搭載で日本に寄港」を特報。「琉球新報」「沖縄タイムス」同日夕刊から沖縄の核危機警鐘キャンペーン

6月16日～20日
「琉球新報」夕刊社会面　「〝有事法制〟の中めぐりくる慰霊の日」記者（無署名）による連載（5回）

6月19日～21日　日本新聞学会沖縄開催
「沖縄タイムス」21日付朝刊2面　大田昌秀は基調報告で「現存する沖縄2紙は読者の厳しい批判にもたえてきた」と評価。しかし、一方で「新聞が問題を提起して世論を引っぱるのではなく、世論ができてから社説で書くというパターンができた」と批判。

6月20日～24日
「沖縄タイムス」朝刊2社面　「慰霊の日・37年目　沖縄戦のいま」記者（無署名）による連載（5回）

6月23日　「琉球新報」「沖縄タイムス」連名で共に朝刊1面に異例の「平和と非核を求める統一アピール」掲載

6月23日～25日
「琉球新報」朝刊文化面　仲程シゲ子、真尾悦子、W・T・ランドル寄稿「沖縄戦を考える」連載（3回）

7月　沖縄大学、高文研共催で「沖縄セミナー」開催（82年から「沖縄で学び、沖縄を学ぶ教育実践セミナー」と改称、戦跡・基地めぐりも取り入れたセミナーとして毎年の取り組みに。2015年まで継続）

7月10日～11月5日
　　　「琉球新報」朝刊文化面　仲程昌徳寄稿「沈黙の地平　沖縄戦記大概」連載（101回）
8月13日～14日
　　　「琉球新報」朝刊文化面　真尾悦子、牧田信子各氏の寄稿「敗戦記念日に思う」連載（2回）
8月17日　6歳未満の戦傷病者戦没者遺族に「援護法」適用
8月18日～26日
　　　「沖縄タイムス」朝刊文化面　中原俊明寄稿「沖縄の慰霊塔碑文を問い直す　沖縄キリスト者連絡会調査・実態と問題点」連載（7回）
8月25日～26日
　　　「琉球新報」朝刊文化面　池上倫明寄稿「慰霊塔碑文を問う」連載（2回）
8月29日～9月3日
　　　「沖縄タイムス」朝刊文化面　平良修寄稿「沖縄の慰霊塔碑文を問い直す　沖縄キリスト者連絡会調査・欠けているもの」連載（5回）
11月13日　ヤンバルクイナ、野鳥の新種と認定

1982年＝教科書検定で住民虐殺削除の動き表面化

1月1日～8月16日
　　　「沖縄タイムス」夕刊文化面　宮城悦二郎寄稿「占領者の眼　イメージで綴る戦後史」連載（152回。うち1回～13回が沖縄戦関連）
2月26日　嘉手納基地周辺住民、爆音訴訟を提訴
5月10日～18日
　　　「沖縄タイムス」朝刊2社面　「平和の水平線」記者（無署名）による連載（8回、最終回は記者＝匿名＝座談会）
6月15日～18日
　　　「琉球新報」朝刊文化面　仲程昌徳寄稿「復帰十年の沖

　　　　　縄学　第43回〜45回『沖縄戦記』」連載（3回）
6月18日〜25日
　　　　　「琉球新報」朝刊文化面　名嘉正八郎寄稿「沖縄戦における統合と抵抗」連載（6回）
6月21日〜26日
　　　　　「沖縄タイムス」朝刊社会面　「6・23マラリアの悲劇　波照間島」記者（社会部・諸見里道浩）による連載（6回）
6月26日　各紙朝刊で検定教科書について報道。「毎日新聞」が沖縄戦での住民虐殺の記述が検定後に削除されていたことを指摘する。沖縄では「沖縄タイムス」が7月4日付朝刊で、「琉球新報」が7月6日付朝刊で住民虐殺削除問題の報道を開始した
7月 7日〜11日
　　　　　「沖縄タイムス」朝刊1面　「削られた"事実"　教科書検定を追う」記者（「教科書問題」取材班）による連載（5回）
7月 9日〜10日
　　　　　「沖縄タイムス」朝刊文化面　高嶋伸欣寄稿「教科書から消えた県民虐殺　本土で教える立場から」連載（2回）
7月11日〜8月15日
　　　　　「琉球新報」朝刊2面　「沖縄戦と継承　教科書から削除された県民虐殺」記者（無署名）による連載1部「虐殺はあった」（5回）▽名嘉正八郎（上下）、大城将保（上中下）、大田昌秀（上下）、田港朝昭（上中下）、石原昌家（上下）、平良宗潤（上中下）による寄稿連載第2部「記録発見」（15回）▽記者（無署名）による連載第3部「教育」6回（計26回）
7月20日〜21日
　　　　　「沖縄タイムス」朝刊文化面　大田昌秀寄稿「教科書から消えた県民虐殺　教育と歴史記録の立場から」連載（2回）
7月26日〜31日
　　　　　「沖縄タイムス」朝刊文化面　玉城朋彦寄稿「湖南丸遭

難の実相　米海軍省資料から」連載（5回）

8月10日〜21日
　「沖縄タイムス」夕刊3面　牧港篤三、犠同保、与儀達治、嘉陽安男、城間政州、当真荘平、比嘉正範、山城達雄、大城静子、上原義三各氏の寄稿「私の八月十五日」連載（10回）

8月14日〜12月20日
　「沖縄タイムス」朝刊1面（途中から3面）「平和への検証　なぜ今、沖縄戦なのか」記者（「平和への検証」取材班）による連載（第1部「実相」は9月22日まで35回、第2部「37年目の風景」は10月3日〜13日で10回、第3部「根からの問い」は12月4日〜20日で16回。計61回）※第34、35回に「命ど宝」の表現

8月17日〜18日
　「琉球新報」朝刊2面　江口圭一寄稿「沖縄戦の記述と検定　教科書執筆者として」連載（2回）

8月27日〜31日
　「琉球新報」朝刊2面　共同通信原稿「教科書問題　衝撃と波紋」連載（5回）

9月2日〜10日
　「琉球新報」夕刊社会面　「37年目の墓参　中国東方地区」記者（嘉数武）による連載（8回）

9月25日〜10月1日
　「琉球新報」朝刊文化面　増田由太郎寄稿「沖縄の内なる皇国史観　郷土史副読本が意味するもの」寄稿（6回）

9月25日　「沖縄タイムス」夕刊4・5面　大田昌秀、大城将保、石原昌家各氏による座談会特集「今こそ語り継げ　県民殺害の実相」

10月19日〜30日
　「沖縄タイムス」朝刊文化面　玉木真哲寄稿「沖縄戦史論　住民戦力化・防諜・虐殺について」連載（8回）

10月20日～11月12日
「琉球新報」朝刊文化面　阿波根朝次寄稿「第2ラウンドに入った沖縄の教科書問題」連載（5回。最終回に「阿波根氏は11月9日急逝、この稿が絶筆となりました」と付記）

10月31日～11月6日
「琉球新報」朝刊文化面　新里益弘寄稿「『沖縄県の歴史と政治』編集者の立場　増田由太郎氏の批判に答える」連載（5回）

11月12日～17日
「琉球新報」朝刊文化面　増田由太郎寄稿「金城幸福さんに沈黙を強いたもの　「沖縄の内なる皇国史観」補論」連載（4回）

12月12日　一坪反戦地主会結成

12月15日　定例沖縄県議会で西銘順治知事が「住民殺害の記述は好ましくない」という趣旨の発言。問題化する。

12月22日　「沖縄タイムス」朝刊3面　糸数和雄（学芸部）、長元朝浩（政経部）、諸見里道浩（社会部）の3記者による座談会特集「殺害　遠い過去ではなかった　『平和への検証』を終えて」

12月23日～24日
「沖縄タイムス」朝刊2社面　「39年目の祈り　湖南丸海上慰霊祭」記者（池間正次）による連載（2回）

12月30日～31日
「琉球新報」朝刊文化面　名嘉正八郎寄稿「『副読本』はいかにあるべきか」（2回）

1983年

2月15日～17日
「琉球新報」夕刊社会面　「38年目の遺骨収集」記者（石堂清彦）による連載（3回）

4月22日〜24日
　「琉球新報」朝刊文化面　玉木真哲寄稿「防衛召集はいかにして行われたか　沖縄反戦の歴史的前提」連載(3回)

6月 4日〜11日
　「沖縄タイムス」朝刊教育面　「教科書に書かれた日本軍の住民殺害」記者（東京）による連載（2回）

6月15日〜17日
　「琉球新報」朝刊文化面　宮城晴美寄稿「座間味の集団自決」連載（3回）

6月15日〜7月4日
　「琉球新報」朝刊教育面　江口圭一、山住正己、吉浜忍、高嶋伸欣（上下）、石原恭枝、山川宗秀、平良宗潤、佐久川政一各氏の寄稿「教科書問題から1年　今問われているもの」連載（9回）

6月18日〜20日
　「琉球新報」朝刊文化面　平良修寄稿「6・23『慰霊の日』はこのままでいいのか」連載（2回）

6月20日〜27日
　「沖縄タイムス」夕刊文化面　高嶋伸欣、下嶋哲朗、榊原昭二、大城将保、吉浜忍、石原昌家へのインタビュー「沖縄戦体験どう伝える」連載（6回）

6月21日〜22日
　「琉球新報」朝刊文化面　嶋津与志寄稿「沖縄戦をどう伝えるか」連載（2回）

6月21日〜25日
　「沖縄タイムス」朝刊対社面　「6・23戦争と女たち」記者（無署名）による連載（5回）

6月24日〜26日
　「琉球新報」朝刊文化面　米田正治寄稿「旧沖縄県立病院の最後」連載（3回）

6月27日〜6月30日
「琉球新報」朝刊文化面　仲程昌徳寄稿「碑文のゆくえ」連載（4回）

8月14日〜85年4月18日
「琉球新報」朝刊1面（初回。以後社会面）「戦禍を掘る」記者（「戦果を掘る」取材班）による連載（第1部208回。第2部89回は84年11月14日〜85年4月18日）

8月16日〜18日
「琉球新報」朝刊文化面　新垣安子寄稿「フィリピンでの沖縄県人集団自決」連載（3回）

8月17日〜19日
「琉球新報」朝刊社会面　「ダバオ墓参見聞」池間聡記者による連載（3回）

10月3日〜12月28日
「沖縄タイムス」夕刊1面　大田昌秀寄稿「那覇10・10大空襲　日米資料で明かす全容」連載（51回）

10月3日〜84年3月11日
「琉球新報」朝刊3面　大田昌秀寄稿「戦後秘史シリーズ『沖縄の帝王』高等弁務官」連載（136回）

12月8日　「沖縄戦記録フィルム一フィート運動の会」結成（2013年3月15日解散）

1984年

1月1日〜11月23日
「沖縄タイムス」朝刊社会面　「100万人の語り部」(178回)

4月6日　沖縄戦跡・基地案内人養成講座始まる

5月9日〜25日
「琉球新報」夕刊社会面　「戦禍の日々　沖縄戦記録フィルムから」記者（無署名）による連載（14回）

5月16日　沖縄戦記録フィルム上映会

6月 4日～19日
　　「琉球新報」夕刊社会面　「続・戦禍の日々　沖縄戦記録フィルムから」記者（無署名）による連載（11回）

6月15日～16日
　　「沖縄タイムス」朝刊文化面　仲村梧郎講演会から「母は枯葉剤を浴びた　ベトナム戦争とダイオキシン」連載（2回）

6月18日～24日
　　「沖縄タイムス」朝刊文化面　玉木真哲、吉浜忍、下嶋哲朗（2回）、真喜名光各氏の寄稿と安仁屋政昭の談話「曲がり角の視点　6・23『慰霊の日』連載（6回）

6月18日～7月5日
　　「沖縄タイムス」朝刊2面　「シリーズ復帰20年　いま沖縄戦は」記者（「『シリーズ復帰20年』取材班」）

6月20日～21日
　　「沖縄タイムス」朝刊文化面　石原昌家の寄稿「6・23『慰霊の日』　軍隊の論理と住民抑圧～沖縄戦災調査」連載（2回）

6月22日～23日
　　「沖縄タイムス」朝刊文化面　玉城朋彦の寄稿「6・23『慰霊の日』　一フィート運動と沖縄戦」連載（2回）

6月23日～28日
　　「琉球新報」朝刊文化面　安仁屋政昭寄稿「沖縄の内なる戦争責任　6・23『慰霊の日』特集」連載（6回）

9月11日～17日
　　「沖縄タイムス」夕刊社会面　「償いはいつ　戦争マラリア問題」記者（社会部・軸屋忍、比嘉満、東京支社・森田美奈子）による連載（5回）

1985年＝戦後40年

1月 1日〜29日
　　　　「沖縄タイムス」朝刊社会面　「戦禍背負った婦人たち」記者（「40年の軌跡取材班」）による連載（「40年の軌跡」第1部として29回）

1月 1日〜12月21日
　　　　「琉球新報」朝刊特集面（第2回以降2社面）「昭和の沖縄」記者（「昭和の沖縄」取材班＝社会部・知念光弘、慶田城健仁、宮良健典、譜久村勝男、芦原栄喜、玉城常邦）による連載（48回）

1月15日〜7月18日
　　　　「沖縄タイムス」朝刊国際面　上原正稔翻訳寄稿「沖縄戦日誌（1945年3月23日〜10月7日）第10軍G2㊙報告書」連載（125回）

3月26日　「戦後40年　沖縄からのアピール」（呼びかけ人12人のうち新聞人である池宮城秀意が「沖縄戦を考える会」、豊平良顕が「学術文化連盟会長」として参加。賛同者は県内の大学人、法曹人、市町村長、労組員ら149人）

3月26日〜27日
　　　　「琉球新報」朝刊文化面　宮城初枝寄稿「あれから40年　座間味島の惨劇」連載（2回）

4月 8日〜18日
　　　　「沖縄タイムス」朝刊文化面　太田良博寄稿「沖縄戦に〝神話〟はない」連載（10回）

4月18日　「琉球新報」朝刊社会面　「戦禍を掘る・第2部」記者（「戦禍を掘る」取材班）による連載（89回、1部・2部計297回）

5月 1日〜6日
　　　　「沖縄タイムス」朝刊文化面　曽野綾子寄稿「沖縄戦から未来に向かって」連載（5回）

5月11日〜17日
　　　「沖縄タイムス」朝刊文化面　太田良博寄稿「土俵をまちがえた人」連載（6回）
6月11日〜15日
　　　「沖縄タイムス」朝刊文化面　「『太田・曽野論争』と沖縄戦」をテーマに石原昌家、大城将保、いれいたかし、仲程昌徳、宮城晴美の5人が論評(それぞれ1回で計5回)
6月11日〜28日
　　　「琉球新報」朝刊社会面　「戦場から40年　語られる沖縄戦の周辺」記者（無署名）による連載（14回）
6月11日〜7月3日
　　　「琉球新報」朝刊文化面　石野径一郎（上下）、森杉多、渡辺憲央（上下）、佐木隆三、福地曠昭（上下）、上原正稔（上下）、大城将保（上中下）、安仁屋政昭（上中下）、中村誠司、崎山直、嘉手納昇、石原昌家（上中下）各氏の寄稿「沖縄戦から40年　第1部『私に筆をとらせたもの』第2部『次代に語り継ぐ』第3部『体験・記録を見直す』」連載（計22回）
6月19日〜30日
　　　「沖縄タイムス」朝刊2社面　「鉄の暴風から40年」記者（無署名）による連載（12回）
6月23日　「琉球新報」朝刊2・3面　新崎盛暉(問題提起)、仲程昌徳、岡本恵徳、大城将保、牧港篤三各氏による「沖縄大学土曜講座・沖縄戦シンポジウム」まとめ特集「どう語り継ぐ戦争体験　重い今日的意味と課題」
6月23日　「琉球新報」夕刊家庭面　特集「『6・23』ってなんですか　各世代に聞く」
6月23日〜26日
　　　「沖縄タイムス」朝刊文化面　福地曠昭（司会）、金城祥信、伊波清光、玉城弘次による座談会「沖縄戦と『防衛隊』」連載（4回）

7月 1日〜11日
:　「琉球新報」夕刊社会面　「沢田教一の見たインドシナ」沢田の遺した写真と記者（無署名）による連載（9回）

7月10日〜17日
:　「琉球新報」朝刊文化面　「沖縄戦はいかに語り継がれるべきか」をテーマに開かれたシンポジウムの登壇者、新崎盛暉、仲程昌徳、岡本恵徳、大城将保、牧港篤三の5人の報告と会場からの質疑応答再現（6回）

8月14日〜16日
:　「沖縄タイムス」朝刊文化面　安里彦紀、石原恭枝、金城秀一各氏の寄稿「『命どぅ宝・沖縄平和年』に寄す」連載（3回）

8月15日〜17日
:　「琉球新報」朝刊2社面　「命どぅ宝展」記者（無署名）による連載（3回）

8月28日　文部省、「日の丸」「君が代」促進の通知

1986年

2月25日　「日の丸」「君が代」反対県民総決起大会

6月12日〜16日
:　「琉球新報」朝刊文化面　福地曠昭寄稿「沖縄戦・朝鮮人の受難」連載（4回）

6月15日〜24日
:　「沖縄タイムス」朝刊2社面　「大いなる遺産」糸数和雄記者による連載（9回）

6月19日〜24日
:　「琉球新報」朝刊対社面　「語やびら沖縄戦」記者（無署名）による連載（5回）

6月20日〜7月7日
:　「沖縄タイムス」朝刊文化面　内間武義寄稿「痛哭の心象　私の戦争体験抄」連載（14回）

6月23日　「沖縄タイムス」朝刊9面　慰霊の日特集「これでいいのか戦没者数の扱い」長元朝浩記者（所属部記載なし）

8月12日〜13日
　　　　「琉球新報」朝刊文化面　上原正稔寄稿「事実に語らしめる　戦後41年目の感慨」連載（2回）

1987年

4月 2日　チビチリガマの「世代を結ぶ平和の像」建立除幕式

5月15日〜27日
　　　　「琉球新報」朝刊文化面　年間企画「検証おきなわの心」シリーズの4人目の論者として高良勉寄稿「死者たちの視線」連載（12回）

6月16日〜30日
　　　　「沖縄タイムス」朝刊文化面　海野福寿寄稿「朝鮮人軍夫の沖縄戦」連載（11回）

6月19日〜25日
　　　　「沖縄タイムス」夕刊社会面　「ひめゆりは風にゆれて」社会部・糸数和雄記者による連載（5回）

6月20日〜26日
　　　　「琉球新報」夕刊社会面　「6・23沖縄戦　語り部の灯は消えず」記者（無署名）による連載（5回）

6月21日　嘉手納基地包囲行動（「人間の鎖」）

6月22日〜24日
　　　　「沖縄タイムス」朝刊教育面　宮良ルリ、宮城喜久子、又吉文夫、知念優子による座談会（司会・天久仁助）特集「語り継ごう沖縄戦」連載（2回）

7月27日〜8月1日
　　　　「沖縄タイムス」朝刊文化面　福地曠昭寄稿「鍬の少年兵士」連載（6回）

8月 9日〜9月13日
　　　　「琉球新報」朝刊2面　「天皇と沖縄」記者（「天皇と沖

縄取材班」) による連載 (第1部「皇民化の歩み」15回、第2部「戦後・海邦国体 12 回。計 27 回」

8月14日〜19日
「琉球新報」朝刊文化面　上原正稔「米暗号解読文書に見る日本降伏の舞台裏」連載 (5回)

8月21日〜26日
「琉球新報」朝刊文化面　福地曠昭寄稿「沖縄戦七島灘の惨劇・追跡ルポ」連載 (6会)

9月20日〜23日
海邦国体夏季大会

10月25日〜30日
海邦国体秋季大会

10月26日　平和の森球場 (読谷村) で「日の丸」焼却

1988 年

6月16日〜29日
「琉球新報」朝刊文化面　吉浜忍、大石芳野、儀同保各氏の寄稿「過去の戦争　未来の戦争　慰霊の日に寄せて」連載 (各3回、計9回)

6月20日〜30日
「琉球新報」夕刊社会面　「母親たちの沖縄戦」記者 (無署名) による連載 (9回)

6月21日〜26日
「琉球新報」朝刊社会面　「命どぅ宝　イン　アメリカ〜SSD Ⅲ平和行動同行記」記者 (上原修) による連載 (5回)

6月21日〜25日
「沖縄タイムス」朝刊2社面　「44回目の6・23　慰霊の現場」記者 (無署名) による連載 (5回)

6月22日　「沖縄タイムス」朝刊教育面　特集「高校日本史における沖縄戦の記述をみる」

6月22日〜27日
　　　「琉球新報」朝刊教育面　徳武敏夫寄稿「新教科書にみる沖縄戦」連載（2回）
6月22日〜7月4日
　　　「沖縄タイムス」朝刊文化面　船越義彰（上下）、嶋津与志（上下）、安仁屋政昭（上下）、梅田正己、村上有慶（上下）、篠原武夫各氏の寄稿「それぞれの沖縄戦」連載（10回）
6月30日〜7月2日
　　　「琉球新報」朝刊文化面　上原正稔寄稿「解き明かされたワシントン『軍縮』会議と『沖縄』の非武装化」連載（3回）
7月　1日　「沖縄タイムス」朝刊39面　創刊40周年特集「社説の40年　新聞人の気概貫く」
7月　1日　「沖縄タイムス」朝刊43面　創刊40周年特集「反戦の心を原点に　あのころのこと・上間正諭」
7月　1日　「沖縄タイムス」朝刊59面　創刊40周年特集「沖縄新聞史」

1989年

1月　1日〜12月14日
　　　「沖縄タイムス」朝刊2面（第1回は特集面）　基地問題を取り上げた年間企画「ちゃーすが沖縄」記者（「基地関係」取材班＝喜久村準、金城英男、「本土基地取材では謝花勝一記者の協力を得た」）による連載（209回）
1月　1日　「琉球新報」朝刊文化面　大田昌秀、石川文洋による対談「21世紀　平和への視座　沖縄体験を普遍化できるか」
1月　7日　昭和天皇、死去
1月　7日　「沖縄タイムス」夕刊2・3面　見開き特集「沖縄ご訪問果たせず　つきまとった政治の影　昭和天皇と戦後政治の接点」
1月　7日　「沖縄タイムス」夕刊4・5面　見開き特集「翻弄され

た63年 〝区切り〟なく終幕〜写真で見る沖縄の昭和史」

1月 8日　「沖縄タイムス」朝刊8・9面　特集「悲しみと怒りの世替わり〝節目〟にみる故・天皇と沖縄のかかわり」記者（無署名）によるまとめ

1月 8日　「共同通信」配信の「天皇の戦争責任をめぐる論議」を「沖縄タイムス」は朝刊6面、「琉球新報」は朝刊11面にそれぞれ掲載

1月 8日　「共同通信」配信の「『私の昭和』特別インタビュー」（家永三郎、松本重治、安岡章太郎）を「琉球新報」が同日付朝刊8面、「沖縄タイムス」は10日付夕刊にそれぞれ掲載

1月 8日〜10日
　　　　「琉球新報」朝刊2面　「天皇と沖縄」記者（無署名）による連載（10回）

1月 8日〜11日
　　　　「琉球新報」朝刊文化面　大城立裕、新崎盛暉、宮城晴美による座談会（司会・野里洋文化部長）「昭和と沖縄」連載（4回）

1月 8日〜19日
　　　　「琉球新報」朝刊社会面　「私の歩んだ昭和の道」記者（無署名）による連載（9回）

1月 9日　「沖縄タイムス」朝刊8・9面　大田昌秀、船越義彰、宮城喜久子、幸喜良秀による座談会（司会・豊平良一編集局長）「本土と亀裂深く　歴史の違いまざまざ『沖縄の昭和史』を語る」

1月 9日　「共同通信」配信の座談会（色川大吉、高畠通敏、大沼保昭）「昭和の時代を考える」を「琉球新報」朝刊13面、「沖縄タイムス」朝刊15面で掲載

1月10日〜17日
　　　　「沖縄タイムス」朝刊社会面　「ドキュメント沖縄『昭和→平成』」記者（無署名）による連載（7回）

1989年

1月10日〜25日
「沖縄タイムス」朝刊文化面　「天皇（制）の過去・現在・未来」連載（12回）（第1回・「兵隊と天皇」＝伊藤桂一、「戦争責任」＝島袋哲▽第2回・「千人針」＝森南海子、「天皇公選制」＝平恒次▽第3回・「侵略の戦後処理ないまま」＝金石範、「沖縄分割」＝宮里政玄▽第4回・「昭和を生きて」＝古山高麗雄、「憲法に則して」＝恒川隆生▽第5回・「ぼくの昭和」＝水上勉、「ポスト昭和の風景」＝新崎盛暉▽第6回・「被爆者」＝栗原貞子、「政教分離の原則」＝池永倫明▽第7回・「沖縄からみた『昭和』」＝大城立裕、「移住者と祖国」＝島袋須美子▽第8回・「昭和というフィクション」＝佐藤信、「霧が流れ、空虚が視える」＝仲里効▽第9回・「昭和天皇の不幸」＝柄谷行人、「『象徴』の意味」＝山入端信子▽第10回・「文化としての天皇制」＝比嘉加津夫▽第11回・「象徴天皇の政治記号論」＝大城宜武第▽12回・「私的圏域からの雑感」＝田場由美雄）

1月11日　「朝日新聞」が朝刊で「天皇メッセージ」を裏付ける「入江日記」の存在を特報。「沖縄タイムス」が同日付夕刊1面トップで、「琉球新報」も12日付朝刊1面トップでこれを報じた

1月11日〜12月30日
「沖縄タイムス」朝刊3面　大田昌秀寄稿「検証『昭和の沖縄』連載（165回）

1月12日〜30日
「琉球新報」朝刊文化面　岡本恵徳、関広延、中上健次、石原昌家（上下）、吉岡忍、金城朝夫、宮迫千鶴、佐和隆光、高良勉、大石芳野、大城宜武各氏の寄稿「『昭和』と天皇制」連載（12回）

1月17日〜3月9日
「沖縄タイムス」夕刊2社面　「昭和史をゆく　沖縄の軌

	跡」記者(無署名)による連載(35回)に毎回、各回のテーマの関係識者が「証言」として補足
1月23日〜25日	「沖縄タイムス」朝刊5面　上原正稔寄稿「新時代を迎える沖縄戦研究」連載(3回)
1月26日〜2月1日	「沖縄タイムス」朝刊文化面　進藤榮一寄稿「『天皇メッセージ』をめぐる断章　いくつかの批判に答えて」連載(5回)
2月10日	「沖縄タイムス」朝刊1・12・13・27面　「平成1カ月　天皇(制)と沖縄〜電話による県民意識調査」
4月21日	「慰霊の日」休日廃止問題で、県遺族連合会が存続要請
5月30日〜90年1月11日	「沖縄タイムス」朝刊5面　上原正稔寄稿「沖縄戦トップシークレット」連載(150回)
6月7日〜24日	「沖縄タイムス」朝刊(第1部は1面、第2部は2社面)「風化に抗して『慰霊の日』・第1部『原点をみる』、第2部『休日廃止を考える』」記者(「慰霊の日取材班」)による連載(15回)
6月15日	「沖縄タイムス」主催の「慰霊の日問題を考えるシンポジウム」開催
6月18日〜23日	「琉球新報」朝刊社会面　「6・23忘れられた戦没者　朝鮮人たちの沖縄戦」記者(無署名)による連載(5回)
6月21日〜22日	「琉球新報」朝刊文化面　「遅すぎた聖断と6・23　県歴史教育者協議会研究発表から」記者(無署名)によるまとめ連載(2回)
6月22日	「琉球新報」朝刊12・13面　特集「沖縄戦を風化させぬ　『不戦の心』脈々とあす慰霊の日」

6月22日～23日
　　　　　「沖縄タイムス」朝刊文化面　大石芳野寄稿「一人一人の語り部へ　6・23によせて」連載（2回）
6月23日　「ひめゆり平和祈念資料館」開館
6月26日～7月3日
　　　　　「沖縄タイムス」朝刊文化面　又吉盛清（上下）、高嶋伸欣（上下）、名嘉正八郎（上下）各氏の寄稿「沖縄戦もう一つの側面」連載（6回）
7月13日～8月4日
　　　　　「琉球新報」朝刊社会面　「戦後44年目の叫び　八重山"戦争マラリア"」記者（八重山支局・中村喬次）による連載（13回）
8月3日～16日
　　　　　「琉球新報」朝刊10・11面見開き（第2回以後は2面）「地域で語る移動編集局　戦争マラリア」記者（鳥取部邦夫編集委員）による司会で連載（10回）
8月4日～11日
　　　　　「琉球新報」朝刊5面　篠原武夫寄稿「戦争マラリア問題」連載（5回）
8月9日　「琉球新報」夕刊3面　「波照間島のマラリア禍　元特務員酒井氏と一問一答」記者（鳥取部邦夫編集委員）によるインタビュー特集

1990年＝戦後45年

4月1日～6月29日
　　　　　「琉球新報」朝刊2社面　「45年目の沖縄戦　同時進行ドキュメント」記者（無署名）による連載（21回）
5月24日～7月3日
　　　　　「沖縄タイムス」朝刊1面（6月1日から2社面）「風化の中の傷痕　戦後処理・45年目の現実」記者（「戦後処理」取材班）による連載（26回）

6月 2日〜16日
「沖縄タイムス」夕刊社会面 「戦乱の中から 移動平和資料館」

6月14日〜7月2日
「琉球新報」朝刊社会面 「世代を超えて 〝沖縄戦〟を継ぐ」記者(「世代を超えて」取材班)による連載(16回)

6月14日〜7月4日
「沖縄タイムス」朝刊文化面 インタビュー(米須興文、幸喜良秀、照屋林助)と寄稿(仲程昌徳3回、牧港篤三2回、上原直彦、仲井間憲児2回、嶋津与志3回、大城貞俊)で構成「風化の深層 沖縄戦に視る表現の系譜」連載(15回)

6月19日〜26日
「琉球新報」朝刊文化面 琉球大生(4人)、沖縄国際大生(2人)、沖縄大生(1人)の寄稿「『慰霊の日』を考える 学生たちの『6・23』」連載(7回)

8月10日〜91年7月16日
「琉球新報」朝刊3面(第1回は1面) E・B・スレッジ著、外間正四郎訳「泥と炎の沖縄戦 あるマリン兵の回想」連載(132回)

8月16日〜20日
「琉球新報」朝刊文化面 吉浜忍寄稿「学童疎開の足跡を訪ねて 宮崎、熊本800キロ走破の旅」連載(3回)

11月30日〜12月18日
「琉球新報」朝刊5面 石原昌家寄稿「沖縄戦の諸相とその背景」連載(15回)※「新琉球史第479回〜第493回(近現代編第52回〜第66回)」として

1991年

1月17日 湾岸戦争始まる
3月 地方自治法の改正で「慰霊の日」が沖縄独自の休日として

認められた。これを機に、この年の「慰霊の日」関連行事を刷新。従来の「沖縄全戦没者追悼式」(23日)のみから前・後夜祭を新たに加え、若者の参加を促し、恒久平和を祈る多彩な平和祭典として展開することを決めた

1月21日〜25日
　「沖縄タイムス」夕刊社会面　「つなげ平和を！松代大本営と沖縄」記者（社会部・謝花直美）による連載（5回）

2月8日〜9日
　「沖縄タイムス」朝刊文化面　篠原武夫「戦争マラリア避難命令の検証」連載（2回）

6月15日〜23日
　「琉球新報」朝刊社会面　「巡り来る6・23　私の慰霊の日」記者（「6・23取材班」）による連載（8回）

6月18日〜23日
　「沖縄タイムス」朝刊社会面　「『戦さ』語り継ぐ　46年目の慰霊の日」記者（「慰霊の日」取材班）による連載（6回）

6月18日〜24日
　「沖縄タイムス」朝刊文化面　玉木真哲、吉浜忍、下嶋哲朗（上下）、真喜名光各氏の寄稿、安仁屋政昭の談話「曲がり角の視点　6・23『慰霊の日』」連載（6回）

6月18日〜7月5日
　「沖縄タイムス」朝刊2面　「シリーズ復帰20年　いま沖縄戦は」記者（「シリーズ復帰20年」取材班）による戦災（シリーズ中の10回）

6月19日　「沖縄タイムス」朝刊7面　特集「沖縄戦で結ばれた友情　米須清一さん、アメリカを行く」

6月20日〜93年12月8日
　「沖縄タイムス」朝刊国際面　「相思樹に吹く風　仲宗根政善と時代」記者（長元朝浩）による連載（92年4月23日まで第1部145回。第2部55回は93年9月1

6月22日 「琉球新報」朝刊21面　大田昌秀・知事、宮城喜久子・元ひめゆり学徒と小学生（1人）、中学生（2人）高校生（2人）が「平和を語る知事と生徒」特集「6・23沖縄平和祭　戦争知らない若者の参加を」

6月22日 「沖縄タイムス」朝刊2・3面見開き　大田昌秀・知事と仲程昌徳各氏の寄稿を含む特集「語り継ごう沖縄戦/平和の心を世界に」

6月22日〜26日
　　　　「琉球新報」朝刊文化面　安仁屋政昭寄稿「検証・沖縄戦　平和の原点を考える」連載（4回）

6月23日 「琉球新報」朝刊9面　特集「平和ガイドの会（年間企画「当世沖縄事情」第26回として）

9月11日〜17日
　　　　「沖縄タイムス」夕刊社会面　「償いはいつ　戦争マラリア問題」記者（社会部・軸屋忍、比嘉満、東京支社・森田美奈子）による連載（5回）

11月12日〜92年8月8日
　　　　「沖縄タイムス」夕刊2社面　「語らなうちなー『戦さ』47年目の風景」記者（謝花直美ら多数、写真は写真家、石川真生）による連載（115回）写真

1992年＝復帰20年

2月16日　戦争マラリア国家補償実現総決起大会

3月30日〜12月22日
　　　　「沖縄タイムス」朝刊オピニオン面　上原正稔の寄稿「続・沖縄戦トップシークレット」連載（120回）

5月13日〜7月3日
　　　　「琉球新報」朝刊教育面　「復帰20周年　平和教育〝元年〟」記者（国吉真太郎、菊池和徳、米倉外昭）による連載（21回）

6月17日〜8月13日
「琉球新報」朝刊社会面 「首里城地下の沖縄戦 32軍司令部壕」記者(「32軍司令部壕取材班」)による連載(46回)

6月19日〜23日
「琉球新報」朝刊文化面 吉浜忍寄稿「6・23 語り継ぐイクサ世 若者による沖縄戦記録運動」連載（3回）

6月19日〜24日
「沖縄タイムス」朝刊教育面 「平和を考える 6・23特設授業」記者（新川秀明、浜元毅）による連載（3回）

6月22日〜26日
「沖縄タイムス」朝刊文化面 牧港篤三（上下）、仲本螢（上下）、村上有慶各氏の寄稿「平和の原点はどこに」連載（5回）

8月12日 「沖縄タイムス」朝刊7面特集面 座談会（安里要江、渡久山修、比嘉正則、當間龍也、司会・屋宜克昭社会部副部長）「語らなうちなー『戦さ』47年目の風景・連載を終えて」

10月9日〜11日
「沖縄タイムス」朝刊社会面 「10・10空襲 戦火に消えた学舎・甲辰小物語」記者（社会部・諸見里道浩、謝花直美）による連載（3回）

10月27日〜31日
「沖縄タイムス」朝刊社会面 「沖縄戦後補償の課題 九弁連シンポから」記者（「沖縄戦後補償取材班」）による連載（5回）

11月3日 首里城復元、一般公開

1993年

4月23日 沖縄で全国植樹祭、天皇・皇后初の沖縄訪問

5月23日〜7月10日
「琉球新報」朝刊社会面 「玉砕の島々 南洋群島50回

忌」記者（「玉砕の島々」取材班）による連載（第1部は6月3日まで12回、第2部は6月10日～7月10日で20回、計32回）

6月17日～7月8日
「沖縄タイムス」朝刊社会面 「障害者の沖縄戦」記者（社会部・武富和彦）による連載（16回）

6月21日～23日
「琉球新報」朝刊文化面 新城俊昭（上中）、平良研一（下）寄稿「6・23 戦後の原点」連載（3回）

6月21日～25日
「沖縄タイムス」朝刊文化面 新城俊昭、新垣尚子、星野英一、上原正稔各氏の寄稿と池原昌徳へのインタビュー「体験継承の現在 48回目の6・23をめぐって」連載（5回）

7月 1日 「沖縄タイムス」朝刊9面 創刊45周年座談会（上間正諭、牧港篤三、司会・宮城悦二郎）「反戦平和の原点貫く／米軍の圧力に〝筆〟曲げず 沖縄タイムスOBが語る報道姿勢」

7月26日～28日
「沖縄タイムス」夕刊2社面 共同通信「48年後の光と影 被爆地から」連載（3回）

9月15日 「琉球新報」朝刊14面 創刊100周年特集「数々の栄光と〝負の歴史〟も 戦争への反省に立ち新聞作りへ」

1994年

5月23日～6月25日
「沖縄タイムス」朝刊1面（2回以降は対社面）「あしたへの礎」記者（編集委員・長元朝浩、諸見里道浩、社会部・武富和彦、平良秀明、政経部・屋良朝博）による連載（25回）

「琉球新報」「沖縄タイムス」の沖縄戦関連の主な企画連載・特集年表

6月 9日〜14日
　　　　「沖縄タイムス」夕刊1面　「西洋桜はいま　サイパン・テニアン・ロタ」記者（政経部・屋良朝博）による連載（5回）
6月20日〜25日
　　　　「琉球新報」夕刊社会面　"語り"はいま　49年目の『6・23』」記者（無署名）による連載（6回）
6月22日〜23日
　　　　「琉球新報」朝刊文化面　上原恵子寄稿「6・23慰霊の日―生き残った私たち　『平和の礎』調査に参加して」連載（2回）
7月 3日〜8日
　　　　「沖縄タイムス」朝刊5面（オピニオン面）　宮田道夫寄稿「地底からの生還　屋嘉比島での沖縄戦」連載（6回）
7月17日〜26日
　　　　「沖縄タイムス」朝刊5面（オピニオン面）　田中成子寄稿「私の戦時体験記」連載（8回）
7月27日　「沖縄タイムス」朝刊文化面　長嶺良造寄稿「南洋諸島は今　戦没者追悼式に参加して」連載（2回）
8月16日〜95年4月16日
　　　　「琉球新報」朝刊1面（9月6日まで）、2社面（9月17日以後）「学童たちの疎開」記者（学童疎開取材班）による連載（105回）
8月24日〜9月22日
　　　　「沖縄タイムス」朝刊社会面、対社面（8月25日以後）、特集面（9月22日）「学童疎開　こどもと戦争」記者（編集委員・長元朝浩、同・諸見里道浩、社会部・銘苅達夫、同・内間健、与那原支局・後田多敦）による連載（20回）
9月20日　「琉球新報」朝刊7面　学童疎開特集「教師、家族含む6565人が疎開」

10月 8日〜10日
「沖縄タイムス」朝刊社会面 「そして炎があがった」記者（社会部・川端俊一）による連載（3回）

10月15日〜23日
「沖縄タイムス」朝刊2社面 「先輩記者たちに聞いた」記者（編集委員・長元朝浩、諸見里道浩、社会部・平良武）による連載（7回）

1995年＝戦後50年

1月 1日 「沖縄タイムス」朝刊6面 特集「平和への新たな出発点」
1月 1日 「琉球新報」朝刊37面 特集「20万人の貴い命が犠牲になった沖縄戦…あれから50年」
1月 1日 「琉球新報」朝刊44・45面 特集「金網の中の原風景 基地に眠るふるさと」
1月 1日 「沖縄タイムス」朝刊60面 特集「繁栄の世に続く戦後処理」
1月 1日 「琉球新報」朝刊39面、「沖縄タイムス」朝刊45面 特集（共同通信配信）「太平洋は見つめる 鎮魂の島はいま」
1月16日 「琉球新報」、「沖縄タイムス」両紙とも別刷り特集で48ページにわたり「平和の礎」に刻銘される14万5491人の名簿を掲載
2月14日 仲宗根政善、死去
4月18日〜5月10日
「沖縄タイムス」夕刊2社面 「沖縄戦版画シリーズ 朝鮮人軍夫と慰安婦たち」儀間比呂志による版画と寄稿（12回）
4月20日〜6月22日
「沖縄タイムス」朝刊7面 特集「検証 戦争の記憶」連載（週1回、計10回＝第1回は季刊雑誌「けーし風」編集の普天間朝良、平田守、平良次子による紙上座談会

1995年

を再編集、第2～5回は記者による取材、第6～10回は上原正稔、袖井林二郎、新垣安子、加藤典洋、岡本恵徳の寄稿）

5月 1日～15日
「琉球新報」朝刊2社面（第1回は1面）「戦後50周年企画展　学童達の疎開」記者（無署名）による連載（11回）

5月16日～21日
「琉球新報」、「戦後50年企画展・学童たちの疎開」を21日まで那覇市内で開催

5月17日～29日
「琉球新報」朝刊文化面　宮城悦二郎寄稿「イギリス艦隊の先島空爆　『忘れられた艦隊』より」連載（5回）

5月28日～6月25日
「琉球新報」朝刊特集面　宮良ルリ、阿波根昌鴻、土井たか子、大城和也、平良修各氏にインタビュー「戦後50年シリーズ　平和を考える　次世代へのメッセージ」日曜日ごとに連載（5回）※土井へのインタビューに「東京支社報道部」。他のインタビュー無署名

5月29日～7月8日
「琉球新報」朝刊文化面　上原正稔・訳寄稿「司令官の見た戦場　バックナー中将の日記」連載（35回）

6月 1日～7月8日
「琉球新報」朝刊2社面（第1回は1面）「未来へ刻む50年目の6・23」記者（「未来へ刻む取材班」＝社会部・池間聡、与世田兼浩、近藤好沖、八重山支局・崎原孫雄）による連載（30回）＜登場人物の「年齢は当時」、「住所は現住所」とした初の試み＞

6月 5日～30日
「沖縄タイムス」朝刊2社面（第1回は1面）「次代へ」記者（社会部・銘苅達夫、船越三樹、政経部・稲嶺幸弘、学芸部・大峰忍、糸満支局・上間正敦、八重山支局・濱

　　　　　　本毅）による連載（20回）
6月 8日〜8月1日
　　　　　　「琉球新報」朝刊5面　吉田健正寄稿「50年目の証言　沖縄戦に参加した米兵たち」連載（36回）
6月10日〜14日
　　　　　　「琉球新報」朝刊文化面　石川文洋寄稿「遺骨の告発　沖縄戦とベトナム戦争」連載（4回）
6月15日〜21日
　　　　　　「沖縄タイムス」朝刊3面（第1回は1面）「50年目の広島・長崎・沖縄　平和サミットに向けて」社会部・上間雅人記者による連載（6回）
6月16日　「琉球新報」、「沖縄タイムス」両紙とも別刷り特集で48ページにわたり「平和の礎」に刻銘される14万5491人の名簿を掲載
6月20日　「沖縄タイムス」朝刊1面、8・9面　特集「戦後50年の県民意識調査」
6月20日〜6月23日
　　　　　　「琉球新報」朝刊文化面　高阪薫寄稿「たった一人のレジスタンス　当山昌謙の反戦思想」連載（4回）
6月22日　「琉球新報」朝刊1面、2・3面　特集「戦後50年の県民意識調査」
6月22日　「琉球新報」朝刊別刷り8頁　「『慰霊の日』特集」
6月22日〜23日
　　　　　　「琉球新報」朝刊文化面　仲程昌徳寄稿「時代に旗振った文学」連載（2回）
6月22日〜24日
　　　　　　「沖縄タイムス」朝刊文化面　宮城晴美寄稿「母の遺言　きり取られた〝自決命令〟」連載（3回）
6月23日　「平和の礎」建立
6月24日〜28日
　　　　　　「琉球新報」夕刊2社面　上原正念訳・解説「戦場より

　　　　　　　間を込めて　バックナー中将から妻への手紙」連載(4回)
6月26日～28日
　　　　　　　「琉球新報」朝刊文化面　新城俊昭寄稿「平和教育を考える」連載（3回）
7月29日～31日
　　　　　　　「琉球新報」朝刊文化面　竹田秀輝機構「真の『慰霊』への道」連載（2回）
7月30日～8月2日
　　　　　　　「琉球新報」朝刊社会面　「『慰霊の旅』に思う　戦後50年・天皇来県」記者（無署名）による連載（3回）
8月15日～17日
　　　　　　　「琉球新報」朝刊文化面　波平恒男「加害者史観への転換　戦後50年ドイツ戦後史の視角から」連載（3回）
9月 4日　米海兵隊員3人による小学生女児への暴行事件発生
9月19日　河野外相、事件再発を訴える知事の地位協定見直し要求を一蹴
10月21日　女児暴行事件に抗議する県民総決起大会。8万5000人が参加
10月 4日～8日
　　　　　　　「琉球新報」朝刊2社面　「侵略の跡を歩く」記者（社会部・米倉外昭）による連載（3回）

1996年

4月12日　橋本首相、モンデール駐日大使会談で普天間基地の返還合意
6月1日～25日
　　　　　　　「琉球新報」朝刊文化面　グレン・シアレス、訳注・上原正稔寄稿「沖縄戦ショウダウン　『集団自決』を目撃した米兵士の記録」連載（13回）
6月11日～21日
　　　　　　　「琉球新報」朝刊社会面　「新たなる戦後　6・23　21

世紀へ語り継ぐ」記者（「新たなる戦後」取材班＝近藤好沖、与世田兼治＝以上社会部）による連載（10回）

6月18日～27日
「沖縄タイムス」朝刊社会面　「それぞれの礎　平和発信」記者（無署名）による連載（8回）

6月19日～20日
「琉球新報」朝刊文化面　知花昌一寄稿「反戦地主の平和学」連載（2回）

6月20日～25日
「沖縄タイムス」朝刊文化面　宮城晴美寄稿「女・子ども・戦争　座間味島『集団自決』の実相」連載（5回）

6月21日～23日
「琉球新報」朝刊文化面　内海恵美子寄稿「'96　6・23私の平和学」連載（2回）

6月22日　「琉球新報」朝刊14・15面　特集「平和の礎　新たに1,968人追加　県関係者は668人」

1997年

1月16日　海上ヘリ基地、辺野古沖で日米基本合意。地元、猛反発

6月9日～25日
「沖縄タイムス」朝刊1面（第1回）・地域面（第2回～第13回）「鎮魂の夏戦争遺跡は今」連載（13回）

6月17日～25日
「沖縄タイムス」朝刊社会面　「無銘の証言　52年目の慰霊の日」記者（社会部・親泊千里、平良武）による連載（9回）

6月18日～22日
「琉球新報」朝刊社会面　「終らぬ戦後　私の『6・23』」記者（社会部・松永勝利）による連載（5回）

6月19日～23日
「琉球新報」朝刊文化面　新城俊昭寄稿「民衆と戦争犠牲」連載（3回）

6月21日~23日
　「琉球新報」朝刊2社面　保坂広志寄稿「暗号で見る沖縄戦　米情報公開文書から」連載（3回）
12月21日　名護市民投票、52.86％海上基地建設に反対
12月24日　比嘉鉄也名護市長、基地受け入れと市長辞任表明

1998年

1月6日~99年3月9日
　「沖縄タイムス」朝刊特集面　「人物列伝・沖縄戦後新聞の足跡」記者（真久田巧）による連載（62回）
2月6日　大田昌秀知事、海上基地受け入れ拒否表明
6月11日~19日
　「沖縄タイムス」朝刊文化面　十菱駿武、大日方悦夫、志村欣一、池田栄史、菊池実、村上有慶各氏の寄稿「戦争遺跡の保存　現状と課題」連載（6回）
6月16日~21日
　「沖縄タイムス」夕刊2社面　「レンズの記憶　沖縄復興への日々と民衆」連載（注、「終戦直後に米軍通訳として在沖した日系二世ジェームス・M・古川さんが撮影、保管していた写真を連載で紹介します」という形で5回）
6月16日~22日
　「沖縄タイムス」朝刊社会面　「戦禍を越えて　守り通した『もの』～53回目の慰霊の日」記者（社会部・寺沢尚晃、上間正教、稲嶺幸弘、中島一成、渡部豪）による連載（7回）
6月18日~23日
　「琉球新報」朝刊社会面　「ハルモニの遺書　元『従軍慰安婦』ペ・ポンギさんの戦後」記者（社会部・松永勝利）による連載（6回）
6月22日　「琉球新報」朝刊文化面　特集「充実する沖縄戦関係図書」記者（無署名）による執筆

8月11日~15日
「沖縄タイムス」朝刊2社面　共同通信企画「平和の風景」連載（5回）

8月12日~27日
「沖縄タイムス」朝刊文化面　吉浜忍、保坂広志、石原昌家各氏の寄稿「新資料が語る沖縄戦」連載（10回）

11月15日　沖縄県知事に稲嶺恵一当選

1999年＝資料館展示改ざん問題

4月4日　沖縄尚学高、選抜高校野球大会で優勝。沖縄勢の優勝は春夏通じて初

5月31日~6月2日
「琉球新報」夕刊社会面　「語り継ぐために　マラリア平和記念館オープン」記者（八重山支局・米倉外昭）による連載（3回）

6月18日~22日
「沖縄タイムス」朝刊社会面　「次代につなぐ　沖縄戦継承のいま」記者（社会部・安里努、与那嶺一枝、熊谷徹也）による連載（5回）

6月19日~23日
「琉球新報」朝刊社会面　「6・23慰霊の日　それぞれの〝終戦〟」記者（社会部・島洋子、冨田恭裕、宮古支局・近藤好沖、八重山支局・米倉外昭）による連載（5回）

6月21日~29日
「沖縄タイムス」朝刊文化面　仲本賢（2回）、新城郁夫（2回）、比嘉要、中江裕司各氏の寄稿「いくさを描く世代をつなぐ」連載（6回）

6月22日~24日
「琉球新報」朝刊文化面　吉浜忍、恩河尚、比嘉豊光各氏の寄稿「点から面へ　沖縄戦の記録　'99慰霊の日」連載（3回）

6月25日〜7月2日
  「琉球新報」朝刊社会面 「消えぬ恨の記憶 沖縄戦の朝鮮人」記者（社会部・松永勝利）による連載（6回）
7月16日 沖縄県平和祈念資料館完成
8月2日〜7日
  「琉球新報」、「沖縄タイムス」両紙とも夕刊社会面で共同通信企画「定着してますか 日の丸・君が代の今」を連載（6回）
8月6日〜11日
  「沖縄タイムス」朝刊社会面 「それぞれの心風景 日の丸・君が代」記者（社会部・稲嶺幸弘、与那嶺一枝、熊谷徹也）による連載（5回）
8月10日〜18日
  「沖縄タイムス」夕刊社会面 共同通信企画「平和の曲がり角」連載（6回）
8月11日〜2000年4月2日
  「琉球新報」、8月11日付朝刊1面で「新しい平和祈念資料館/『ガマで惨劇』の模型・日本兵消える/自決強要の兵士 住民に向いた銃・一部内容を無断変更/監修委が疑問の声」を特報。「沖縄タイムス」も当日付夕刊ですぐに追いかけ、以後2000年4月の開館まで両紙で改ざんを正すキャンペーンを展開
8月24日〜25日
  「沖縄タイムス」朝刊文化面 宮城晴美寄稿「ミッドウェー環礁に思う」連載（2回）
9月1日〜7日
  「琉球新報」朝刊社会面 「歪められる『平和』 資料館展示変更問題」記者（社会部・松永勝利、問山栄恵、八重山支局・米倉外昭）による連載（7回）
9月2日〜12日
  「沖縄タイムス」朝刊社会面 「揺れる平和行政 新資料

館展示見直し」記者（社会部・安里努、稲嶺幸弘、与那嶺一枝、八重山支局・渡部豪）による連載（11回）

9月 9日～10月15日
「沖縄タイムス」朝刊文化面　新崎盛暉、保坂廣志、目取真俊、高良倉吉、ましこひでのり（上下）、渡名喜明（上下）、宮城晴美、徳武敏夫、屋嘉比収（上下）、村上有慶（上下）、大田静男（上下）、仲程昌徳、金城実、秋山勝（上下）、辺見庸、比屋根照夫各氏による寄稿「見る、読む、記す　新平和資料館問題」連載（22回）

9月13日～10月11日
「琉球新報」朝刊文化面　安仁屋政昭、中山良彦（上中下）、星雅彦（上下）、大城立裕各氏の寄稿「沖縄戦の真実　新平和祈念資料館展示変更問題」連載（7回）

9月19日　「琉球新報」朝刊1・2・3面・社会面　特集「平和資料館問題でシンポ」

10月12日　「琉球新報」朝刊2・3面　特集「新資料館問題　記者座談会」記者（社会部・松永勝利、問山栄恵、米須清光、島洋子、政経部・名城知二朗、与世田兼好、宮城修、小那覇安剛）が参加

11月22日　稲嶺知事、普天間代替施設として辺野古沿岸域移設表明

12月27日　名護市長、移設受け入れを表明

12月28日　辺野古移設閣議決定

2000年＝沖縄サミット

3月20日　森喜朗自民党幹事長、「沖縄地元紙は共産党が支配」発言

3月20日　「琉球新報」朝刊3面　特集「新県平和祈念資料館の展示内容の変遷」（独自取材で経過表作成）

3月30日　「琉球新報」朝刊特集面　「完成した新しい平和祈念資料館」（7枚の写真を配したグラフ）

4月 3日～4日
「琉球新報」朝刊文化面　保坂廣志寄稿「八重山平和祈

念館　現状と課題」連載（2回）

6月19日～23日

「琉球新報」夕刊社会面　「愛楽園の沖縄戦　ハンセン病回復者の証言」記者(社会部・金城美智子)による連載(5回)

6月21日～23日

「沖縄タイムス」朝刊社会面　「沖縄の心とは　55年目の慰霊の日」記者（社会部・安里努、金城雅貴）による連載（3回）

6月21日～24日

「沖縄タイムス」朝刊文化面　新城郁夫、宮城悦二郎、大城将保、屋嘉比収各氏の寄稿「2000年　慰霊の日」連載（4回）

6月22日～23日

「琉球新報」朝刊文化面　目取真俊寄稿「『慰霊の日』を想う　戦争の世紀と沖縄」連載（2回）

6月22日～7月1日

「琉球新報」朝刊文化面　吉浜忍(第1・2回)、石原昌家(第3・4回)各氏の寄稿「神州不滅　『国土決戦教令』に見る沖縄戦」連載（4回）と関連源記事として石原昌家寄稿「『御前会議議事録』と『機密戦争日誌』『国土決戦教令』に関連して」

7月21日～23日　沖縄サミット

2001年

6月3日～13日

「琉球新報」朝刊5面　佐敷興勇寄稿「沖縄戦と少年兵」連載（7回）

6月14日～7月14日

「琉球新報」朝刊5面　宮城信昇寄稿「サイパンの戦いと少年」連載（21回）

6月17日〜22日
「琉球新報」朝刊社会面　「語り継ぐ　現場から　沖縄戦から56年」記者（社会部・石井恭子、米須清光、大城誠二、我謝香織、松永勝利）による連載（5回）

6月17日〜24日
「沖縄タイムス」朝刊社会面　「戦争を知っていますか　模索する平和教育」記者（森田美奈子、石川元）による連載（7回）

6月20日〜8月15日
「琉球新報」朝刊文化面　石川文洋、大石芳野、大島俊一、南風島渉、林克明、山本宗補、長倉洋海、遠藤政雄、吉田ルイ子各氏の寄稿「リレーエッセイ沖縄よ　戦場ジャーナリストからのメッセージ」連載（9回）

6月20日〜22日
「沖縄タイムス」夕刊社会面　「記憶の旅　戦世を生きて」記者（文・写真　中島一人、城間有）による連載（3回）

6月21日〜22日
「沖縄タイムス」朝刊文化面　仲田晃子、玉城江梨子各氏の寄稿「『ひめゆり』手記　読みのこころみ」連載（2回）。23日に同面で「ひめゆりの悲劇を『読み解く』作業　沖縄戦継承へ琉大大学院生らの試み」（学芸部・玉城淳）

6月26日〜27日
「沖縄タイムス」朝刊文化面　鳥山淳寄稿「〝戦後〟はじまりの風景」連載（2回）

7月 1日　「琉球新報」朝刊15・16面　特集「移民と戦争　今もいえぬ傷跡／新天地で3万人が戦争犠牲」

8月 5日〜12月31日
「琉球新報」朝刊6面　仲宗根政善遺稿（原文のまま）「ひめゆりと生きて　仲宗根政善日記」連載（95回）

9月11日　米本土で同時多発テロ
10月 8日　米軍基地警備のため日本本土から機動隊来沖

11月21日〜24日
「琉球新報」夕刊社会面　「鎮魂の汽笛　戦時遭難船舶の洋上慰霊祭」記者（社会部・下地寧）による連載（3回）

2002年＝本土復帰30年、有事関連法案審議入り

6月12日〜27日
「沖縄タイムス」朝刊社会面　「戦への足音　6・23体験が伝える『有事』」記者（社会部・与那原良彦、徳本貴子、平良武）による連載（12回）

6月14日〜7月2日
「琉球新報」朝刊文化面　上原正稔寄稿「戦争の時　平和の時　バックナー中将の死をめぐる人間の物語」連載（10回）

6月15日〜19日
「琉球新報」朝刊5面　菊池一郎寄稿「戦争で消えた命とハンセン病」連載（3回）

6月18日〜24日
「琉球新報」朝刊社会面　「6・23戦場（いくさば）をたどる　なぜ住民は巻き込まれたか」記者（社会部・小那覇安剛、友寄隆哉）による連載（6回）

6月18日〜25日
「沖縄タイムス」朝刊文化面　石原昌家寄稿「幻化される沖縄戦　体験記録の二重構造」連載（6回）

6月19日〜25日
「沖縄タイムス」朝刊文化面　高嶋伸欣、比屋根薫、佐喜眞道夫、大城和也各氏の寄稿「『慰霊の月』に考える」連載（4回）

6月20日〜21日
「琉球新報」朝刊5面　藤井昭夫寄稿「沖縄戦を知らない人たちへ」連載（2回）

6月21日〜22日
　「琉球新報」朝刊文化面　「戦争を描く〜表現の現場から」記者（聞き手・米倉外昭、赤嶺知洋）による連載（2回）
6月24日〜26日
　「琉球新報」朝刊文化面　林博史寄稿「暗号解読史料に見る沖縄戦の実相」連載（3回）
7月24日〜25日
　「沖縄タイムス」朝刊文化面　岡部伊都子、窪島誠一郎各紙の寄稿「無言の声　沖縄戦に散った画学生たち展」連載（2回）

2003年＝有事関連法成立

3月27日　F15など、嘉手納からイラクへ
4月7日〜9日
　「沖縄タイムス」朝刊2社面　「戦争とメディア　春の新聞週間に寄せて」記者（無署名）による連載（3回）
6月6日　有事関連3法成立
6月17日〜23日
　「琉球新報」朝刊社会面　「〝心層〟の傷跡　沖縄戦とトラウマ」記者（社会部・国吉美千代、島洋子、宮里努、友寄隆哉）による連載（5回）
6月17日〜23日
　「沖縄タイムス」朝刊社会面　「記憶を紡ぐ　58年目の慰霊の日」記者（社会部・仲村武裕、新崎哲史、西田慎介）による連載（6回）
6月18日〜20日
　「沖縄タイムス」朝刊文化面　林博史寄稿「発掘　沖縄戦の新資料」連載（3回）
6月23日〜27日
　「琉球新報」朝刊文化面　保坂廣志（上下）、高橋晃一、池宮城淳美、上間かな恵各氏の寄稿「沖縄戦の記憶　ト

	ラウマを超えて」連載（5回）
7月26日	イラク支援特措法成立
9月15日	「琉球新報」朝刊特集号10・11面　創刊110年特集「語り部と戦禍の記録」
11月16日	ラムズフェルド米国防長官来沖

2004年

4月19日	辺野古沖ボーリング調査阻止の座り込み始まる
6月14日	有事関連7法成立
6月14日～16日	「琉球新報」朝刊文化面　目取真俊、幸喜秀良、加藤治子各氏へのインタビュー（聞き手　文化部・小那覇安剛）「『風音』をめぐって　戦争体験と記憶」連載（3回）
6月18日～23日	「琉球新報」朝刊社会面　「6・23　戦禍を生きた障害者たち」記者（社会部・高江洲洋子、赤嶺知洋）による連載（5回）
6月22日～25日	「沖縄タイムス」朝刊文化面　渡名喜守太寄稿「有事法制下の沖縄戦書き換え」連載（3回）
6月19日～23日	「沖縄タイムス」朝刊社会面　「祈りをつなぐ　『ひめゆり』から未来へ」記者（社会部・福島慎悟、大濱照美、平良秀明）による連載（4回）
7月 7日	「琉球新報」朝刊15・16・17・18面　特集「沖縄戦新聞・第1号『サイパン陥落』」
8月13日	米軍普天間基地所属の大型輸送ヘリ、沖縄国際大学に墜落
8月15日～22日	「沖縄タイムス」朝刊2社面　「今、海底から　『対馬丸』沈没60年」記者（社会部・与那原良彦、平良吉弥）による連載（8回）

8月16日〜21日
「琉球新報」朝刊2社面　「海からの叫び　対馬丸記念館開館」記者（社会部・高江洲洋子、国吉美千代、志良堂仁）による連載（6回）

8月20日　「沖縄タイムス」朝刊17・18・19・20面　特集「今、海底から　語り継ぐ戦争」

8月22日　「琉球新報」朝刊15・16・17・18面　特集「沖縄戦新聞・第2号『対馬丸沈没』」

10月4日〜7日
「琉球新報」朝刊文化面　福地曠昭寄稿「十・十空襲とやんばる　喜如嘉に押し寄せた避難民」連載（3回）

10月4日〜9日
「琉球新報」朝刊社会面　「爆風の雨　語り継ぐ10・10空襲」記者（社会部・国吉美千代、北部報道部・黒田華、東京報道部・玉城真理子）による連載（6回）

10月5日　「沖縄タイムス」朝刊15・16・17・18面　特集「60年目の10・10空襲」

10月6日〜10日
「沖縄タイムス」朝刊社会面　「街が燃えた日　60年目の10・10空襲」記者（社会部・平良吉弥）による連載（5回）

10月10日　「琉球新報」朝刊15・16・17・18面　特集「沖縄戦新聞・第3号『10・10空襲』」

10月12日〜14日
「沖縄タイムス」夕刊社会面　「海に散った600人　もう1つの10・10空襲」記者（社会部・謝花直美）による連載（3回）

11月23日〜28日
「沖縄タイムス」朝刊2社面（第1回は社会面）「足下の『戦場』　不発弾処理の迷路」記者（社会部・謝花直美）による連載（6回）

12月 7日　「沖縄タイムス」朝刊16・17面　特集「戦後X年　戦前まであと何分？」（第1回）
12月14日　「琉球新報」朝刊17・18・19・20面　特集「沖縄戦新聞・第4号『戦時動員体制』」

2005年＝戦後60年

1月 1日　「沖縄タイムス」朝刊41面　特集「兵器包み込む命の力」
1月 1日　「沖縄タイムス」朝刊42・43面　特集「戦場に生まれ 60歳が語る」
1月 1日～2月6日
　　　　　「沖縄タイムス」朝刊社会面　「戦場の童」記者（社会部・謝花直美）による連載（21回）
1月31日　「沖縄タイムス」朝刊14・15面　特集「戦後X年　軍事化と子どもたち」（第2回）
2月10日　「琉球新報」朝刊15・16・17・18面　特集「沖縄戦新聞・第5号『疎開と動員』」
2月24日～4月3日
　　　　　「沖縄タイムス」朝刊社会面　「戦闘参加者とは誰か」記者（社会部・謝花直美）による連載（21回）
3月 1日　「沖縄タイムス」朝刊16・17面　特集「戦後X年　戦時の労働力」（第3回）
3月26日　「琉球新報」朝刊15・16・17・18面　特集「沖縄戦新聞・第6号『米軍、慶良間上陸』」
4月 1日　「琉球新報」朝刊37・38・39・40面　特集「沖縄戦新聞・第7号『米軍、本島上陸』」
　　　　　「沖縄タイムス」朝刊18・19面　特集「戦後X年　家族と戦争」（第4回）
4月21日　「琉球新報」朝刊13・14・15・16面　特集「沖縄戦新聞・第8号『伊江島占領』」
4月28日～5月8日
　　　　　「沖縄タイムス」朝刊社会面　「有事その時　国民保護法

の姿」記者（社会部・平良吉弥）による連載（8回）

5月 5日 「琉球新報」朝刊13・14・15・16面　特集「沖縄戦新聞・第9号『第32軍、総攻撃失敗』」

5月 6日 「沖縄タイムス」朝刊16・17日　特集「戦後Ｘ年　国民保護法の行方」（第5回）

5月19日～6月5日
　　　　　「沖縄タイムス」社会面　「沈黙の語り　精神障害と沖縄戦」記者（社会部・謝花直美）による連載（12回）

5月26日～7月17日
　　　　　「琉球新報」朝刊1面（第1部第10回まで。第2部第4回まで）、その後、それぞれ2社面　「戦（いくさ）を刻む・第1部、第2部」「沖縄戦60年取材班」として第1部「勝者なき地上戦」は社会部・宮里努、東京報道部・高江洲洋子。第2部「民の記憶」は政経部・宮城修、編集委員・国吉美千代、社会部・島袋貞治、南部報道部・玉城江梨子の各記者による連載（計34回）

5月27日 「琉球新報」朝刊17・18・19・20面　特集「沖縄戦新聞・第10号『第32軍、首里放棄』」

6月 4日 「沖縄タイムス」朝刊18・19面　特集「戦後Ｘ年　戦時下の地域」（第6回）

6月 6日～10日
　　　　　「沖縄タイムス」朝刊文化面　宮城晴美、屋嘉比収、比嘉豊光各氏による座談会「戦争と記憶　戦後60年」連載（5回）

6月 9日 「沖縄タイムス」夕刊社会面　「ひめゆりの証言『退屈』／東京の私立校入試問題」を特報。「琉球新報」も10日夕刊で報じ、その後、13日に高校側が謝罪したが、両紙が社説などでこの問題を取り上げるなど大きな波紋が広がった

6月 9日～12日
　　　　　「沖縄タイムス」朝刊2社面　「『語り』始めること」記

2005年

	者(社会部・謝花直美)による連載(4回)
6月14日	「琉球新報」朝刊16・17面　特集「写真で見る沖縄戦」記者(「沖縄戦60年取材班」)による見開き
6月14日～16日	「琉球新報」朝刊文化面　高嶋伸欣、平良宗潤、山内榮各氏の寄稿「日本軍強要は『虚構』か　自由主義史観研究会への反論」連載(3回)
6月14日～7月5日	「沖縄タイムス」朝刊2社面(第1回は1面)「『集団自決』を考える」記者(社会部・澄川卓也、平良吉弥、謝花直美)による連載(21回)
6月20日～22日	「琉球新報」朝刊社会面　「刻まれた思い　検証『平和の礎』記者(「沖縄戦60年取材班」)による連載(3回)
6月20日～27日	「琉球新報」朝刊文化面　石原昌家、宮城晴美、安仁屋政昭、下嶋哲朗、屋嘉比収各氏の寄稿「追い込まれた命　『集団自決』と『集団死』をめぐって」連載(5回)
6月22日～24日	「琉球新報」朝刊文化面　上間かな恵、吉川由紀各氏の寄稿「戦を語る　平和を学ぶ〜青山学院高『入試問題』と証言活動」連載(2回)
6月22日～27日	「沖縄タイムス」朝刊文化面　新城郁夫、大城貞俊、土江真樹子、我部聖各氏の寄稿「『慰霊の日』に考える戦後60年と沖縄」連載(4回)
6月23日	「琉球新報」朝刊15・16・17・18・19・20・21・22面　特集「沖縄戦新聞・第11号『沖縄戦　事実上終結』」
7月3日	「琉球新報」朝刊特集15・16・17・18面　「沖縄戦新聞・第12号『宮古・八重山の戦争』」
8月15日	「琉球新報」朝刊15・16・17・18面　特集「沖縄戦新

聞・第13号『日本が無条件降伏』」
9月 7日 「琉球新報」朝刊15・16・17・18面　特集「沖縄戦新聞・第14号『南西諸島の日本軍が降伏調印』」
9月13日〜20日
「沖縄タイムス」朝刊社会面　「沖縄と靖国」記者（社会部・謝花直美、粟国雄一郎）による連載（8回）
10月19日 「琉球新報」朝刊13・14・15・16面　特集「沖縄戦新聞　新聞協会賞受賞」

参考・引用文献

＜主要に用いた文献＞
- 『沖縄戦新聞』 2004年7月7日付（第1号）〜2005年9月7日付（第14号）
- 「琉球新報」、「沖縄タイムス」の沖縄戦関連連載及び特集（本論文「附録」参照）
- 「琉球新報」、「沖縄タイムス」、「沖縄新報」、「ウルマ新報」、「うるま新報」の記事

＜参考・引用文献＞
- 赤嶺　秀光　「南洋移民とは何だったのか」『新沖縄文学 84号　特集／もうひとつの戦争体験』沖縄タイムス社、1990年
- 阿波根昌鴻　『米軍と農民』岩波新書、1973年
- 阿波根昌鴻　『命こそ宝　沖縄反戦の心』岩波新書、1992年
- 安仁屋政昭　「総説　庶民の戦争体験記録について」『沖縄県史 10　沖縄戦記録 2　各論編 9』沖縄県教育委員会、1974年
- 安仁屋政昭　「沖縄戦を記録する」歴史学研究会編『事実の検証とオーラル・ヒストリー』青木書店、1988年
- 安仁屋政昭　「識者の視点・苦悩と屈辱の原点／『軍民共生共死』の持久戦」『沖縄戦新聞』第7号、2005年4月1日付最終面
- 安仁屋政昭編　『裁かれた沖縄戦』晩聲社、1989年
- 新川　明　『反国家の兇区』現代評論社、1971年
- 新川　明　「琉球のなかの天皇制」『われらの内なる天皇制』太平出版社、1973年
- 新川　明　『沖縄・統合と反逆』筑摩書房、2000年
- 新崎　盛暉　『戦後沖縄史』日本評論社、1976年
- 新崎　盛暉　『沖縄現代史』岩波新書、1996年
- 新崎　盛暉　『沖縄現代史　新版』岩波新書、2005年
- 新城　俊昭　『教養講座　琉球・沖縄史』東洋企画、2014年

- 蟻塚　亮二　『沖縄戦と心の傷　トラウマ診療の現場から』大月書店、2014年
- 池田和、いれいたかし、我部政男、比屋根照夫
「近代沖縄と天皇制」『新沖縄文学号』28号、沖縄タイムス社、1975年
- 池宮城秀意　『戦場に生きた人たち』サイマル出版会、1968年
- 池宮城秀意　『沖縄に生きて　沖縄ジャーナリストの記録』サイマル出版会、1970年
- 池宮城秀意　『沖縄のアメリカ人』サイマル出版会、1971年
- 池宮城秀意　『激流／ジャーナリストのみた沖縄戦前・戦後』那覇出版社、1979年
- 池宮城秀意　『戦争と沖縄』岩波ジュニア新書、1980年
- 池田和、岡本恵徳、川満信一、与那国暹
「沖縄にとって天皇制とは何か」「沖縄タイムス」1973年3月14日付〜24日付朝刊文化面
- 伊佐　眞一　「105年前の沖縄　近藤栄次『沖縄県修学旅行日誌』」第1回「琉球新報」1999年5月12日付朝刊オピニオン面
- 石川　友紀　「海外移民の展開」『沖縄県史7　各論編6　移民』沖縄県教育委員会、1974年
- 石原昌家、大城将保、いれいたかし、仲程昌徳、宮城晴美
「『太田・曽野論争』と沖縄戦」「沖縄タイムス」1985年6月11日付〜15日付朝刊文化面
- 石原　昌家　『沖縄の旅・アブチラガマと轟の壕』集英社新書、2000年
- 石原　昌家　「識者の視点・『国体護持』の沖縄戦」『沖縄戦新聞』第11号、2005年6月23日付中面
- 石原　昌家　『援護法で知る沖縄戦認識』凱風社、2016年
- 石原　昌家　「日本軍の住民迫害と虐殺」沖縄県教育庁文化財課史料編集班『沖縄県史　各論編6　沖縄戦』沖縄県教育委員会、2017年
- 石原昌家、大城将保、保坂廣志、松永勝利編
『争点・沖縄戦の記録』社会評論社、2002年

- 石原昌家編　『ピース・ナウ沖縄戦　無戦世界のための再定位』法律文化社、2011年
- 井上　亮　『忘れられた島「南洋群島」の現代史』平凡社新書、2015年
- 今泉裕美子　「沖縄移民社会」『沖縄県史　各論編　第5巻　近代』沖縄県文化振興会史料編集室、2011年
- いれいたかし　「支配のための仮象の体系」「沖縄タイムス」1973年2月3日付〜6日付朝刊文化面
- 上原一慶、桐山昇、高橋孝助、林哲
　　『東アジア近現代史［新版］』有斐閣、2015年
- 上原　栄子　『辻の華　戦後篇』（上・下）時事通信社、1989年
- 上間かな恵　「沖縄戦の記憶　トラウマを超えて5　空白／『沖縄戦の図』が語るもの／人間の感性の力を信じる」「琉球新報」2003年6月27日朝刊文化面
- 上間かな恵　「死の恐怖乗り越え証言／知る機会奪うことへの抵抗を」「琉球新報」2005年6月22日付朝刊文化面」
- 浦崎　純　『沖縄かく戦えり』1967年、徳間書店
- 演劇「人類館」上演を実現したい会
　　『人類館　封印された扉』アットワークス、2005年
- オーウェル、ジョージ、鶴見俊輔編訳
　　『右であれ左であれ、わが祖国』平凡社、1971年
- オーウェル、ジョージ、小野寺健編訳
　　『オーウェル評論集』岩波文庫、1982年
- 大島　幸夫　『沖縄の日本軍―久米島虐殺の記録』新泉社、1975年
- 大城　立裕　『沖縄「風土とこころ」への旅』社会思想社現代教養文庫、1973年
- 大城　立裕　『大城立裕全集9』勉誠出版、2002年
- 大城　将保　「『沖縄戦』の現在」『青い海』青い海出版社、1985年6月号
- 大城　将保　『改訂版　沖縄戦　民衆の目でとらえる［戦争］』高文研、1988年

- **大城　将保**　「識者の視点・総動員体制の極限」『沖縄戦新聞』第4号、2004年12月14日付最終面
- **大田　静男**　「識者の視点・横暴極まる日本軍／住民を死に追いやる」『沖縄戦新聞』第12号、2005年7月3日付最終面
- **大田　静男**　「疎開」沖縄県教育庁文化財課史料編集室『沖縄県史　各論編6　沖縄戦』沖縄県教育委員会、2017年
- **大田　昌秀**　「慰霊の日に　亡き友をしのぶ／反戦の誓いも新たに」「沖縄タイムス」1965年6月23日付朝刊8面
- **大田　昌秀**　『沖縄のこころ』岩波新書、1972年
- **大田　昌秀**　「8月15日を思う」「琉球新報」1977年8月14日付朝刊文化面
- **大田　昌秀**　『沖縄戦とは何か』久米書房、1985年
- **大田昌秀、船越義彰、宮城喜久子、幸喜良秀**　座談会「『沖縄の昭和』を語る」「沖縄タイムス」1989年1月9日付朝刊8・9面
- **大田　昌秀**　『新版　沖縄の民衆意識』新泉社、1995年
- **大田　昌秀**　『醜い日本人　日本の沖縄意識』岩波現代文庫、2000年
- **大田　昌秀**　『久米島の「沖縄戦」―空襲・久米島事件・米軍制―』沖縄国際平和研究所、2016年
- **大田昌秀編著**　『総史　沖縄戦』岩波書店、1982年
- **大田昌秀編著**　『写真記録　これが沖縄戦だ』琉球新報社、1977年
- **大田昌秀編著**　『沖縄　鉄血勤皇隊』高文研、2017年
- **太田　良博**　「沖縄出身兵と天皇の軍隊」『新沖縄文学』28号、沖縄タイムス社、1975年
- **太田　良博**　「渡嘉敷島の惨劇は果たして神話か」「琉球新報」1973年7月11日付〜25日付朝刊文化面
- **太田　良博**　「沖縄戦に〝神話〟はない」「沖縄タイムス」1985年4月8日付〜18日付朝刊文化面
- **太田　良博**　「土俵をまちがえた人」「沖縄タイムス」1985年5月11日付〜17日付朝刊文化面
- **太田　良博**　「『鉄の暴風』の取材背景　終戦41年にあたって」「沖縄

タイムス」1986 年 8 月 15 日朝刊文化面
- 太田　良博　『太田良博著作集③戦争への反省』ボーダーインク、2005 年
- 岡本　恵徳　「水平軸の思想―沖縄の共同体意識について」谷川健一編『叢書わが沖縄第 6 巻　沖縄の思想』木耳社、1970 年
- 岡本　恵徳　「仲宗根政善先生と『ひめゆりの塔をめぐる人々の手記』」『追悼・仲宗根政善』沖縄言語研究センター、1998 年
- 岡本　恵徳　「記録すること　記憶すること―沖縄戦の記憶をめぐって」『地域の自立　シマの力＜下＞』沖縄大学地域研究書叢書、2006 年
- 岡本　恵徳　『「沖縄」に生きる思想　岡本恵徳批評集』未来社、2007 年
- 岡本恵徳、仲程昌徳
　　　　　　対談「仲宗根政善の戦争・戦後体験と倫理」「沖縄タイムス」1995 年 2 月 23 日付朝刊文化面
- 岡本恵徳、星雅彦、いれいたかし
　　　　　　「曽野綾子『ある神話の背景』をめぐって」「沖縄タイムス」1973 年 6 月 8 日付〜 21 日付朝刊文化面
- 沖縄県教職員組合戦争犯罪追及委員会編
　　　　　　『これが日本軍だ―沖縄戦における残虐行為』沖縄県教職員組合、1972 年
- 沖縄市町村会事務局
　　　　　　『地方自治 7 周年記念誌』沖縄市町村会、1955 年
- 沖縄タイムス社刊
　　　　　　『鉄の暴風』初版・朝日新聞社、その後・沖縄タイムス社、1950 年
- 沖縄タイムス社刊
　　　　　　『沖縄大百科事典』沖縄タイムス社、1983 年
- 沖縄タイムス刊
　　　　　　『沖縄タイムス社 50 年史』沖縄タイムス社、1998 年
- 沖縄タイムス編
　　　　　　『沖縄にとって天皇制とは何か』沖縄タイムス社、1976 年

- 沖縄県知事公室編
　　　　　　　『沖縄から伝えたい。米軍基地の話。Q＆A　Book』沖縄県、2017年
- 小熊　英二　『＜日本人＞の境界』新曜社、1998年
- 女たちの戦争と平和資料館編刊
　　　　　　　『沖縄の日本軍慰安所と米軍の性暴力』第10回特別展カタログ、2014年
- カー、E・H、清水幾太郎訳
　　　　　　　『歴史とは何か』岩波新書、1962年
- 笠原十九司　『日中戦争全史・上、下』高文研、2017年
- 笠原十九司　「戦争と平和の歴史に学ぶ・中国での虐殺、直視を」「琉球新報」2017年8月17日付文化面
- 笠原十九司　インタビュー「歴史の教訓を見よ」「図書新聞」第3316号、2017年8月19日付
- 加藤　聖文　『満蒙開拓団　虚妄の「日満一体」』岩波現代全書、2017年
- 勝方＝稲福恵子、前嵩西一馬編
　　　　　　　『沖縄学入門　空腹の作法』昭和堂、2010年
- 鹿野　政直　『鹿野政直思想史論集　第4巻』岩波書店、2008年
- 鹿野　政直　『沖縄の戦後思想を考える』岩波書店、2011年
- 鹿野　政直　「沖縄戦という体験と記憶」『アジア・文化・歴史』第4号、アジア・文化・歴史研究会、2016年）
- 川田　文子　『赤瓦の家　朝鮮から来た従軍慰安婦』筑摩書房、1987年
- 川満　彰　「秘密戦」沖縄県教育庁文化財課史料編集班『沖縄県史　各論編6　沖縄戦』沖縄県教育委員会、2017年
- 川満　彰　「やんばるの少年兵『護郷隊』—戦場の記録③」名護市史編さん委員会『名護市史本編・3　名護・やんばるの沖縄戦』名護市役所、2016年
- 川満　信一　『沖縄・根からの問い—共生への渇望』泰流社、1978年
- 我部　聖　「岡本恵徳試論　戦争・記憶・沈黙をめぐって」『沖縄文化研究』第34号、法政大学沖縄文化研究所、2008年
- 我部　聖　「山之口貘『会話』を読む　近代沖縄文学の葛藤」勝方

・我部　　聖　「占領者のまなざしをくぐりぬける言葉　『琉大文学』と検閲」田仲康博編『占領者のまなざし　沖縄／日本／米国の戦後』せりか書房、2013年
・北村　　毅　『死者たちの戦後誌』御茶の水書房、2009年
・北村　　毅　「＜強姦＞と＜去勢＞をめぐる恐怖の系譜「集団自決」と戦後の接点」『世界』臨時増刊第774号「沖縄戦と『集団自決』」岩波書店、2008年
・喜納　育江　「ひめゆりの視点から見える日本の英語教育と言葉の問題」『青山学院高等部入試問題に関する特集』財団法人女師・一高女ひめゆり同窓会立ひめゆり平和祈念資料館、2006年
・金城和彦、小原政雄編
　　　　　　　『みんなみの巌のはてに』光文社、1959年
・金城　重明　『「集団自決」を心に刻んで』高文研、1995年
・金城　重明　「強制された死―集団死の実相」『挑まれる沖縄戦』沖縄タイムス社、2008年
・金城正篤、上原兼善、秋山勝、仲地哲夫、大城将保
　　　　　　　『沖縄県の百年』山川出版社、2005年
・儀部　景俊　「戦争責任について　赤松氏の来県に寄せて」「沖縄タイムス」1970年4月3日付朝刊〜4日付朝刊文化面
・國森　康弘　『証言　沖縄戦の日本兵－六〇年の沈黙を超えて』岩波書店、2008年
・黒田　　清　『新聞記者の現場』講談社、1985年
・古賀　徳子　「ヨーロッパ平和交流　旅に参加して（上、下）」「沖縄タイムス」2017年6月19日付〜20日付朝刊文化面
・「子どもたちにフィルムを通して沖縄戦を伝える会」（通称「沖縄戦記録フィルム一フィート運動の会」
　　　　　　　『一フィート運動十周年記念誌』子どもたちにフィルムを通して沖縄戦を伝える会、1993年
・後藤　乾一　『近代日本の「南進」と沖縄』岩波書店、2015年

- 櫻澤　　誠　『沖縄現代史』中公新書、2015年
- 「サンデー毎日」編集部
　　　　　　「沖縄のソンミ事件」『サンデー毎日』1972年4月2日号
- 島　　　清　『わが言動の書－沖縄への報告－』沖縄情報社、1970年
- 嶋　津与志　『沖縄戦を考える』ひるぎ社、1983年
- 下嶋　哲朗　『平和は「退屈」ですか　元ひめゆり学徒と若者たちの500日』岩波現代文庫、2015年
- 白井文吾編　『烈日サイパン島』東京新聞出版局、1979年
- 城間　良昭　「2000年以降の沖縄戦関係刊行物について」沖縄県教育庁文化財課史料編集班『沖縄史料編集紀要』第35号、沖縄県教育委員会、2012年
- 新里　金福　「沖縄にとって天皇制とは何か」「沖縄タイムス」1973年2月10日付～13日付朝刊文化面
- 新里金福、大城立裕共著、琉球新報社編
　　　　　　『沖縄近代の人びと』太平出版社、1972年
- 新城　郁夫　『沖縄文学という企て　葛藤する言語・身体・記憶』インパクト出版会、2003年
- 新城　郁夫　『沖縄を聞く』みすず書房、2010年
- 新城　郁夫　『沖縄の傷という回路』岩波書店、2014年
- 新城郁夫、鹿野政直
　　　　　　『対談　沖縄を生きるということ』岩波現代全書、2017年
- 進藤　榮一　「『天皇メッセージ』をめぐる断章」「沖縄タイムス」1989年1月26日付～2月1日付朝刊文化面
- 進藤　榮一　『分割された領土　もうひとつの戦後史』岩波現代文庫、2002年
- 謝花　直美　『証言　沖縄「集団自決」―慶良間諸島で何が起きたか』岩波新書、2008年
- 総務省統計局　2004年10月1日現在推計人口
- 曽野　綾子　「沖縄戦から未来に向かって」「沖縄タイムス」1985年5月1日付～6日付朝刊文化面
- 曽野　綾子　『ある神話の背景』文芸春秋社、1973年

- 曽野　綾子　『沖縄戦・渡嘉敷島 「集団自決」の真実』ワック、2006 年
- ダワー、ジョン・W、外岡英俊訳
　　　　　　　『忘却のしかた、記憶のしかた　日本／アメリカ／戦争』岩波書店、2013 年
- 髙嶋　伸欣　「識者の視点・残存する差別的民族間／アジアの対日不信消えず」『沖縄戦新聞』第 13 号、2005 年 8 月 15 日付最終面
- 高嶺　朝光　『新聞 50 年』沖縄タイムス社、1973 年
- 高良　倉吉　「見る／読む／記す④」「沖縄タイムス」1999 年 9 月 15 日付朝刊文化面
- 玉城江梨子　「沖縄戦はどのように記録、継承されてきたか」労働大学出版センター刊『まなぶ』2015 年 8 月
- 玉城　常邦　「あの悪夢を再現させないために」日本新聞協会『新聞研究』2005 年 10 月号
- 玉栄　ヤス　「マーランで避難」『沖縄県史 10　沖縄戦記録 2　各論編 9』沖縄県教育委員会、1974 年
- 長堂　英吉　コラム「唐獅子・死と美意識」「沖縄タイムス」1970 年 4 月 1 日付朝刊文化面
- 対馬丸記念会学芸部編
　　　　　　　『対馬丸記念館公式ガイドブック』対馬丸記念会、2016 年
- 辻村明、大田昌秀
　　　　　　　『沖縄の言論』南方同胞援護会、1966 年
- 津波古ヒサ、仲里正子
　　　　　　　「寄せられた感想文から」『青山学院高等部入試問題に関する特集』財団法人女師・一高女ひめゆり同窓会立ひめゆり平和祈念資料館編集、2006 年
- 鶴木眞編著　『客観報道』成文堂、1999 年
- 鶴見　俊輔　『現代日本思想体系第 12 巻　ジャーナリズムの思想』筑摩書房、1965 年
- 渡久山朝章　『南の巌の果まで』文教図書、1978 年
- 當山冨士子　『終戦から 67 年目にみる沖縄戦体験者の精神保健』沖縄

戦トラウマ研究会編、2013年
・戸邉　秀明　「戦争・証言・記憶　沖縄」成田龍一、吉見俊哉編『思想読本5　20世紀日本の思想』作品社、2002年
・冨山　一郎　『近代日本社会と「沖縄人」「日本人」になるということ』日本経済評論社、1990年
・冨山　一郎　『増補　戦場の記憶』日本経済評論社、2006年
・豊川　善一　「氷焔─仲宗根政善私記」『追悼・仲宗根政善』沖縄言語研究センター、1998年
・鳥山　淳　「沖縄戦をめぐる聞き書きの登場」倉沢愛子、杉原達、成田龍一、テッサ・モーリス＝スズキ、油井大三郎、吉田裕編『岩波講座アジア・太平洋戦争6』岩波書店、2006年
・**名嘉正八郎、谷川健一編**
　　　　　　　『沖縄の証言（下）』中公新書、1971年
・仲宗根政善　『沖縄の悲劇─姫百合の塔をめぐる人々の手記─』華頂書房、1951年
・仲宗根政善　『沖縄の悲劇─ひめゆりの塔をめぐる人々の手記─』東邦書房、1974年
・仲宗根政善　『ひめゆりの塔をめぐる人々の手記』角川文庫、1982年
・仲宗根政善　『石に刻む』沖縄タイムス社、1983年
・仲宗根政善　『ひめゆりと生きて　仲宗根政善日記』琉球新報社、2002年
・仲田　晃子　コラム「落ち穂・呼称について」「琉球新報」2005年10月28日付朝刊文化面
・仲田　晃子　「入試問題への反響」『青山学院高等部入試問題に関する特集』（財団法人女師・一高女ひめゆり同窓会立ひめゆり平和祈念資料館編集、2006年）
・仲田　晃子　「沖縄戦61年　記憶と継承の課題⑤青学入試問題から1年／捉え方さまざま／一緒に考えることが大切」「琉球新報」2006年6月23日付朝刊文化面
・仲田　晃子　コラム「落ち穂・大変だったこと」「琉球新報」2005年12月8日付朝刊文化面

- 仲田　晃子　「『ひめゆり』をめぐる語りの戦後史」沖縄県教育庁文化財課史料編集班『沖縄県史　各論編8　女性史』沖縄県教育委員会、2016年
- 仲田　晃子　「ひめゆり×欧州　平和交流の旅報告（上、下）」「琉球新報」2017年6月22日付〜23日付朝刊文化面
- 中野好夫、新崎盛暉
　　　　　　『沖縄戦後史』岩波新書、1976年
- 仲程　昌徳　「収容所の声　『沖縄新聞』に触れて＜下＞」「沖縄タイムス」1981年4月11日付朝刊文化面
- 仲程　昌徳　『沖縄の戦記』朝日新聞社、1982年
- 仲程　昌徳　「『ひめゆり』の読まれ方　映画『ひめゆりの塔』四本をめぐって」『日本東洋文化論集（9）』琉球大学法文学部、2003年
- 仲程　昌徳　『「ひめゆり」たちの声　「手記」と「日記」を読み解く』出版舎Mugen、2012年
- 仲本　政基　『新聞人の沖縄戦記　壕の中で新聞を発行』（私家版、2005年。初出・那覇市企画部市史編集室『那覇市史　資料編第2巻中の6』那覇市、1974年）
- 長元　朝浩　「相思樹に吹く風　仲宗根政善と時代」（連載、総計200回）「沖縄タイムス」1991年6月20日付朝刊国際面〜93年12月8日付朝刊国際面
- 成田　龍一　『「戦争経験」の戦後史　語られた体験／証言／記憶』岩波書店、2010年
- 成田龍一、吉見俊哉編
　　　　　　『思想読本5　20世紀日本の思想』作品社、2002年
- 西谷　修　「沖縄戦　玉砕と原爆のはざまで」『世界』臨時増刊第774号「沖縄戦と『集団自決』」岩波書店、2008年
- 日本新聞協会　『実名と報道』日本新聞協会編集委員会、2006年・
- 野里　洋　『汚名　第26代沖縄県知事　泉守紀』講談社、1993年
- 林　博史　『沖縄戦が問うもの』大月書店、2010年
- 林　博史　『沖縄戦と民衆』大月書店、2001年

- 原　　寿雄　『ジャーナリズムの思想』岩波書店、1997 年
- 比嘉春潮、霜多正次、新里恵二
　　　　　　　『沖縄』岩波新書、1963 年
- ひめゆり平和祈念資料館資料委員会
　　　　　　　『ひめゆり平和祈念資料館ガイドブック』財団法人女師・
　　　　　　　一高女ひめゆり同窓会、2004 年
- ひめゆり平和祈念資料館
　　　　　　　『青山学院高等部入試問題に関する特集』財団法人女師・
　　　　　　　一高女ひめゆり同窓会編集、2006 年
- ひめゆり平和祈念資料館
　　　　　　　『ひめゆり平和祈念資料館　資料集 4　沖縄戦の全学徒
　　　　　　　隊』公益社団法人沖縄県女師・一高女ひめゆり平和祈念
　　　　　　　財団立ひめゆり平和祈念資料館、2008 年
- ひめゆり平和祈念資料館
　　　　　　　『未来へつなぐひめゆりの心』財団法人女師・一高女ひ
　　　　　　　めゆり同窓会立ひめゆり平和祈念資料館、2010 年
- フィールド、ノーマ、大島かおり訳
　　　　　　　『天皇の逝く国で [増補版]』みすず書房、2011 年
- 福地　曠昭　『オキナワ戦の女たち　朝鮮人従軍慰安婦』南風社、
　　　　　　　1992 年
- 福地　曠昭　「識者の視点・血迷った敗残兵 / 山岳戦、住民を巻き添え」
　　　　　　　『沖縄戦新聞』第 10 号（2005 年 5 月 27 日付）最終面
- 藤原彰編著　『沖縄戦と天皇制』立風書房、1987 年
- 米国陸軍省編、外間正四郎訳
　　　　　　　『沖縄　日米最後の戦闘』光文社 NF 文庫、1997 年
- 白　　永瑞　『共生への道と核心現場―実践課題としての東アジア』
　　　　　　　法政大学出版局、2016 年
- 辺見　　庸　「見る / 読む / 記す㉑」「沖縄タイムス」1999 年 10 月 14
　　　　　　　日付朝刊文化面
- 防衛省戦史資料室蔵
　　　　　　　「沖縄連隊区司令部　庶発第二六号　沖縄防備対策送付

之件」
- 防衛庁防衛研究所戦史室
　　　　　　『沖縄方面陸軍作戦』朝雲新聞社、1968年
- 外間　正四郎　「太平洋の勝利　米海兵隊沖縄戦の記録」第1回「連載にあたって」「琉球新報」1975年1月30日付朝刊5面
- 保坂　廣志　『戦争動員とジャーナリズム』ひるぎ社、1991年
- 保坂　廣志　「『沖縄戦新聞』を見る目」『沖縄戦新聞』別売附録（2006年2月2版改訂版）
- 保阪　正康　「遅れてきた帝国のおごり」「琉球新報」2017年7月10日付朝刊文化面
- 保坂　正康　『昭和陸軍の研究＜上＞＜下＞』朝日文庫、2006年
- 星　雅彦　コラム「唐獅子・20年前は昨日の出来事」「沖縄タイムス」1970年4月3日付朝刊文化面
- 洪　玧伸　『沖縄戦場の記憶と「慰安所」』インパクト出版会、2016年
- 本多　勝一　『事実とは何か』朝日文庫、1984年
- 本多　勝一　『ジャーナリズム論』すずさわ書店、1975年
- 毎日新聞特別報道部取材班
　　　　　　『沖縄　戦争マラリア事件　南の島の強制疎開』東方出版、1994年
- 真久田　巧　『戦後沖縄の新聞人』沖縄タイムス社、1999年
- 松田　賀孝　「天皇制と沖縄」「琉球新報」1972年10月5日付〜13日付朝刊文化面
- 馬淵　新治　『沖縄作戦講話録』陸上自衛隊幹部学校、1961年
- 宮城悦二郎　『占領者の眼』那覇出版社、1982年
- 宮城修、国吉美千代
　　　　　　「再現紙面で語り継ぐ戦争　戦後60年夏に向け『沖縄戦新聞』発行」日本新聞協会『新聞研究』2005年1月号
- 宮城　喜久子　「証言員のひとりとして」『青山学院高等部入試問題に関する特集』財団法人女師・一高女ひめゆり同窓会立ひめゆり平和祈念資料館編集、2006年
- 宮城　初枝　「あれから40年　座間味島の惨劇」「琉球新報」1985年

　　　　　　3月26日付〜27日付朝刊文化面
・宮城　晴美　「米兵による犯罪」「沖縄を知る事典」編集委員会編『沖縄を知る辞典』日外アソシエーツ、2000年
・宮城　晴美　「識者の視点・8割が女性と子ども／家父長制が犠牲広げる」『沖縄戦新聞』第6号、2005年3月26日付）最終面
・宮城　晴美　「座間味島の『集団自決』　ジェンダーの視点から（試論）」屋嘉比収編『沖縄・問いを立てる4　友軍とガマ〜沖縄戦の記憶』社会評論社、2008年
・宮城　晴美　『母の遺したもの』高文研、2000年
・宮城　晴美　『新版　母の遺したもの』高文研、2008年
・ミュールホイザー、レギーナ、姫岡とし子監訳
　　　　　　『戦場の性　独ソ戦下のドイツ兵と女性たち』岩波書店、2015年
・目取真　俊　「受賞の言葉　目取真俊」『文藝春秋』1997年9月号
・目取真　俊　「見る／読む／記す③」「沖縄タイムス」1999年9月14日付朝刊文化面
・目取真　俊　「風音」『水滴』文春文庫、2000年
・目取真　俊　「映画『風音』を巡って」『Wander』36、ボーダーインク、2004年
・目取真　俊　『沖縄「戦後」ゼロ年』NHK出版生活人白書、2005年
・モーリス＝スズキ、テッサ
　　　　　　『批判的想像力のために』平凡社ライブラリー、2013年
・モーリス＝スズキ、テッサ
　　　　　　『過去は死なない　メディア・記憶・歴史』岩波現代文庫、2014年
・本村　つる　「次の世代にいかに伝えるか」『青山学院高等部入試問題に関する特集』財団法人女師・一高女ひめゆり同窓会立ひめゆり平和祈念資料館編集、2006年
・森　宣雄　『沖縄戦後民衆史』岩波書店、2016年
・森宣雄、鳥山淳編著
　　　　　　『「島ぐるみ闘争」はどう準備されたか』不二出版、2013年

- 森口　豁　『ヤマト嫌い　沖縄言論人　池宮城秀意の反骨』講談社、1995年
- 森口　豁　『最後の学徒兵』講談社文庫、1996年
- 門奈　直樹　『沖縄言論統制史』雄山閣出版、1996年
- 門奈　直樹　「占領下沖縄ジャーナリズムの形成過程―民衆言論成立の一系譜として」日本新聞学会『新聞学評論』21号、1972年)『民衆ジャーナリズムの歴史』(講談社、2001年に収録
- 屋嘉比　収　「沖縄戦の歴史認識深めるために（上）（下）」「沖縄タイムス」1999年9月28日付～29日付朝刊文化面
- 屋嘉比　収　「沖縄、土地の記憶　パトリオティズムの思想」『沖縄を読む』情況出版社、1999年
- 屋嘉比　収　「植民地状況、歴史認識、沖縄のアイデンティティ」『EDGE』第11号、APO、2000年
- 屋嘉比　収　「識者の視点・軍事優先の疎開」『沖縄戦新聞』第2号、2004年8月22日付最終面
- 屋嘉比　収　「沖縄戦における兵士と住民　防衛隊員、少年護郷隊、住民虐殺」岩波講座『アジア・太平洋戦争5　戦場の諸相』岩波書店、2006年
- 屋嘉比　収　基調講演録「『反復帰論』を、いかに接木するか」『情況』2008年10月号「特集　来たるべき沖縄の自己決定権」
- 屋嘉比　収　『沖縄戦、米軍占領史を学びなおす　記憶をいかに継承するか』世織書房、2009年
- 屋嘉比　収　『＜近代沖縄＞の知識人　島袋全発の軌跡』吉川弘文館、2010年
- 屋嘉比収編　『友軍とガマ　沖縄戦の記憶』社会評論社、2008年
- 安田　浩一　『沖縄の新聞は本当に「偏向」しているか』朝日新聞出版、2016年
- 矢内原忠雄　『南洋群島の研究』岩波書店、1935年
- 八原　博通　『沖縄決戦』中央公論新社、2015年
- 山腰　修三　「沖縄社会における反基地感情のメディア表象：沖縄地

　　　　　　　方紙の言説分析（1995年9月－11月）を中心に」』慶応義塾大学メディア・コミュニケーション研究所紀要』No.61、慶應義塾大学、2011
・吉岡　　至　「日本の中の沖縄の新聞―ローカルジャーナリズムの立ち位置―」関西大学経済・政治研究所『セミナー年鑑』2011年
・吉岡　　至　「戦後沖縄における新聞ジャーナリズムの営為と思想―『琉球新報』と『沖縄タイムス』を事例として」関西大学、2012年
・吉川麻衣子　『沖縄戦を生きぬいた人びと』創元社、2017年
・吉川　由紀　「証言者に思い寄せる／痛み分かち合う姿勢を」「琉球新報」2005年6月23日付朝刊文化面
・吉浜　　忍　「沖縄戦記録・研究の歩み」沖縄県教育庁文化財課史料編集班『沖縄県史　各論編6 沖縄戦』沖縄県教育委員会、2017年
・吉浜　　忍　『沖縄の戦争遺跡』吉川弘文館、2017年
・吉浜忍、大城和喜、池田栄史、上地克哉、古賀徳子
　　　　　　　『沖縄陸軍病院南風原豪』高文研、2010年
・吉見　義明　「従軍慰安婦と日本国家―解説にかえて―」『従軍慰安婦資料集』大月書店、1992年
・吉本　秀子　『米軍の沖縄占領と情報政策』春風社、2015年
・琉球弧を記録する会
　　　　　　　『島クトゥバで語る戦世　100人の記録』琉球弧を記録する会、2003年
・琉球新報社　『証言　沖縄戦・戦禍を掘る』琉球新報社、1995年
・琉球新報社　『沖縄県民意識調査報告書2006』琉球新報社、2007年
・琉球新報社　『沖縄県民意識調査報告書2011』琉球新報社、2012年
・琉球新報社　『沖縄県民意識調査報告書2016』琉球新報社、2017年
・琉球新報社会部編
　　　　　　　『昭和の沖縄』琉球新報社、1986年
・琉球新報編集局
　　　　　　　『異議申し立て基地沖縄～琉球新報の紙面に見る』琉球

　　　　　　　新報社、1995 年
・琉球新報百二十年史編纂委員会
　　　　　　　『琉球新報百二十年史』琉球新報社、2013 年
・琉球新報百年史刊行委員会編
　　　　　　　『琉球新報百年史』琉球新報社、1993 年
・琉球新報八十年史刊行委員会編
　　　　　　　『琉球新報八十年史』琉球新報社、1973 年
・ロバーツ、メアリー・ルイーズ、佐藤文香監訳、西川美樹訳
　　　　　　　『兵士とセックス　第二次世界大戦下のフランスで米兵は何をしたのか？』明石書店、2016 年
・若桑みどり　『戦争とジェンダー』大月書店、2005 年
・若林　千代　『ジープと砂塵　米軍占領下沖縄の政治社会と東アジア冷戦 1945 － 1950』有志舎、2015 年

＜参考文献・自治体史＞
・『沖縄県史 7　各論編 6　移民』（1974 年）
・『沖縄県史 10　沖縄戦記録 2　各論編 9』（1974 年）
・『沖縄の慟哭（那覇市）』（1981 年）
・『宜野湾市史　第 3 巻　資料編 2　市民の戦争体験記録』（1982 年）
・『浦添市史　第 5 巻　資料編 4　戦争体験記録』（1984 年）
・『南風原町沖縄戦戦災調査 1　喜屋武が語る沖縄戦』（1984 年）
・『南風原町沖縄戦戦災調査 2　兼城が語る沖縄戦』（1985 年）
・『北谷町民の戦時体験記録集　第 1 集』（1985 年）
・『西原町史』（1987 年）
・『宜野座村史』（1987 年）
・『座間味村史』（1989 年）
・『中城村史　戦争体験編』（1990 年）
・『渡嘉敷村史』（1990 年）
・『北谷町史』（1992 年）
・『楚辺誌　戦争編』（1992 年）
・『知念村史　戦争体験記』（1994 年）

- 『城辺町（宮古島）史　戦争体験編』（1996年）
- 『竹富町史　戦争体験記録』（1996年）
- 『与那原町の学童疎開　疎開関係目録』（1997年）
- 『糸満市史　戦時資料（下）』（1998年）
- 『伊江村史　証言資料集成　伊江島の戦中・戦後体験記録』（1999年）
- 『東風平町史　戦争関係資料』（1999年）
- 『佐敷町史　戦争』（1999年）
- 『南風原町史　第3巻　戦争編ダイジェスト版　南風原町が語る沖縄戦』（1999年）
- 『嘉手納町史　戦時資料（上）』（2000年）
- 『豊見城村史　戦争編』（2001年）
- 『金武町史　戦争・本編』（2002年）
- 『金武町史　戦争証言編』（2002年）
- 『金武町史　戦争・資料編』（2002年）
- 『読谷村史　戦時記録編上』（2002年）
- 『糸満市史　戦時資料（上）』（2003年）
- 『嘉手納町史　戦時資料（下）』（2003年）
- 『読谷村史　戦時記録編下』（2004年）
- 『玉城村史　戦時記録編』（2004年）
- 『具志川市史　戦時記録編』（2005年）
- 『具志川市史　戦時体験Ⅰ、Ⅱ』（2005年）
- 『北中城村史　戦争論述編』（2010年）
- 『北中城村史　戦争証言編Ⅰ、Ⅱ』（2010年）
- 『与那原町史　与那原の沖縄戦』（2011年）
- 『沖縄県史　各論編5　近代』（2011年）
- 『沖縄県史　資料編23　沖縄戦6　沖縄戦日本軍資料』（2012年）
- 『南風原町史　戦争本編　戦世の南風原　語る　のこす　つなぐ』（2013年）
- 『新大宜見村史　戦争証言集　渡し番　語り継ぐ戦場の記憶』（2015年）
- 『名護市史本編・3　名護・やんばるの沖縄戦』（2016年）
- 『沖縄県史　各論編8　女性史』（2016年）
- 『沖縄県史　各論編6　沖縄戦』（2017年）

あとがき

　本書は、沖縄大学大学院に提出した修士論文「『沖縄戦の記憶／記録を継承する』という思想〜戦記として『土地の記憶』を描いた『沖縄戦新聞』にみる戦後沖縄の新聞ジャーナリズムから」(2018年)に加筆し、修正を加えたものである。

　私は日本本土で新聞記者としてジャーナリズムに携わり、義母が「ひめゆり学徒隊」として沖縄戦に動員され、奇跡的に生還した人だったこともあって、「琉球新報」と「沖縄タイムス」の沖縄戦関連の紙面展開を常に意識していた。沖縄戦の最中に離島で起きた「戦争マラリア事件」について本にまとめたこともある。

　2016年、定年を機に沖縄に居を移して大学院で沖縄の近現代思想史と戦後沖縄のジャーナリズムを学び直す一方、「琉球新報」でコラム「おきなわ巡考記」の執筆を続けている。今回の出版は、そのコラムを最初に受けていただいた松元剛・読者事業局特任局長（当時・報道本部長）の推薦で実現した。

　多少、沖縄に縁があるとはいえ、戦後沖縄の新聞人たちが心血を注いできた新聞づくりについて私がこうした形で向き合うことには、ためらいがあった。ただ、安倍晋三首相に政治的に近い政治家や作家が「沖縄の二つの新聞はつぶさないといけない」と発言したことや、高江の米軍ヘリパッド建設に反対する住民に大阪府警の機動隊員が吐いて捨てるように「土人」という言葉を投げつけるなど、昨今の沖縄への目に余るヘイトが横行する状況を放置していいはずがない。ヘイトは、沖縄の歴史や沖縄戦の実相への無知、無関心、忘却が下支えしている。そうだからこそ、沖縄の現代思想史、戦後沖縄のジャーナリズムに取り組む身として、歴史への真摯さや人間の尊厳への敬意とは対極にある下卑たヘイトを押し返すことに貢献できる方法があるのではないか、とささやかに考えた。

　『沖縄戦新聞』を題材に選んだのは、この「新聞」が「琉球新報」と「沖

縄タイムス」が展開する沖縄戦報道の良質な部分を体現していたことによる。加えて、「新聞人の責任」を明示しつつ読者に向かって「二度と戦争のためにペンを執らない」と誓った姿勢と、新発想の「魂の新聞」とも呼ぶべき内容につくりあげた、その手法への同じ新聞人としての共感もあった。

　日本本土で戦後に生まれた私が、沖縄戦や戦後沖縄史の流れのなかで体験者であったことはない。しかし、『沖縄戦新聞』を精読、精査しながら沖縄戦の戦跡巡りを重ねるうち、私よりも若い世代の人たちが沖縄戦体験者の記憶を引き継ぎ、懸命に継承活動をしていることを知り、その姿に共感した。無視せず、関心を持ち続け、忘れない。若き継承者の内にある、こうした心に気づいたとき、屋嘉比収が継承の要として重視した「当事者性の獲得」（本書21頁）やテッサ・モーリス＝スズキの指摘した自らの歴史的位置の自覚である「連累」（同26頁）を想起し、その意味と意義の深さを確認できた。

　多くの方々に支えられて沖縄に学び、沖縄を学んでいるが、論文作成と出版にあたっては、次の方々に感謝申し上げたい。

　沖縄大学で沖縄近現代思想史、沖縄近現代文学を講じる我部聖先生には私の指導教官として終始、沖縄戦の記憶継承への鋭い視点を提起し続けた屋嘉比について貴重なアドバイスをいただいた。沖縄女性史家の宮城晴美さんからは、生まれ故郷の座間味島の「集団自決（強制集団死）」に始まる沖縄戦研究に必携の史料／資料を提供していただき、論文にも目を通していただいた。「ひめゆり平和祈念資料館」の仲程昌徳・理事長にも史料／資料を貸していただいたうえ、論文構成についてご意見もうかがった。「ひめゆり平和祈念資料館」の「説明員」として活動する仲田晃子さん、尾鍋拓美さん、宮城奈々さんには多忙な時間を割いてインタビューに応じていただいた。各地の戦跡を案内いただいている多くの平和ガイドの皆さんとの会話は、沖縄戦を考えるうえで刺激になった。

　そして何より、私の背中を押し続けていたのは、沖縄戦体験者の生々しい証言であった。もう90歳前後にも達する人も含め高齢の体験者の方々が、エネルギーを振り絞って話す姿勢にしばしばメモを取る手が震

え、思わず漏らした涙でノートが濡れた。この想いをどう伝えるか。自問自答し、その都度、『沖縄戦新聞』を読み返した。

　本書には計22人の「琉球新報」記者が登場するが、普久原均・編集局長、私のコラムの現在の受け手である松永勝利・報道本部長、最初に戦跡巡りを勧めていただいた志良堂仁・編集局次長など編集局の全面的な協力がなければ本書は成立しなかった。記者の皆さんの名は本文中に明記してある。

　論文に加筆、修正するのに際し、編集者の坂本菜津子さんにお世話になった。締め切り間際まで重ねた修正作業に我慢強くお付き合いいただいた。固いテーマをどうビジュアルにするかの工夫もいただいた。

　本書の作成が最終局面にさしかかっていた2018年6月20日、母が逝った。そのちょうど1カ月後の7月20日、今度は私が倒れ、救急搬送された。胃がんによる吐血があり、胃の全摘手術を受けた。このほど退院したが、がんは他の部位に転移している可能性があり、今後も入退院を繰り返しながら抗がん剤投与の治療を続けることになった。これからやって来る時間のなかで余命が削られるであろうことを、医師から宣告された。

　思いもしなかったことが身に降りかかり、本書の出版は予定よりも遅れてしまった。どうにか刊行にこぎつけたのは、上記の皆さんの励ましがあったからである。あらためて深く謝意を表しておきたい。

2018年11月1日
藤原　健

藤原 健（ふじわら けん）

　1950年、岡山県生まれ。早稲田大学政治経済学部政治学科卒。毎日新聞入社。大阪本社社会部長、同編集局長などを歴任。スポーツニッポン（スポニチ）新聞社常務取締役を退任後2018年、沖縄大学大学院現代沖縄研究科沖縄・東アジア地域研究専攻修士課程修了。現在、琉球新報客員編集委員、沖縄大学地域研究所特別研究員。

　共著書に『沖縄　戦争マラリア事件　南の島の強制疎開』、『介助犬シンシア』、『対人地雷　カンボジア』、『カンボジア　子どもたちとつくる未来』など。2006年、毎日新聞の「戦後60年報道」で「平和・協同ジャーナリスト基金大賞」を代表受賞。

魂マブイの新聞

2018年12月3日　初版第1刷発行

著　　者	藤原 健
発 行 者	玻名城 泰山
発 行 所	琉球新報社
	〒900-8525
	沖縄県那覇市泉崎1-10-3
問 合 せ	琉球新報社読者事業局出版部
	電話（098）865-5100
発　　売	琉球プロジェクト
制作・印刷	新星出版株式会社
製　　本	仲本製本所

Ⓒ Ken Fujiwara 2018 Printed in Japan
ISBN978-4-89742-238-1　C0031
定価はカバーに表示してあります。
万一、落丁・乱丁の場合はお取り替えいたします。
※本書の無断使用を禁じます。